KB274699

마음의 혁신

마음의 혁신

Dallas Willard

Renovation of the Heart

: Putting On the Character of Christ

마음의 혁신

달라스 윌라드

윤종석 옮김

그리스도의
성품을 입는다

복 있는 사람

마음의 혁신

2003년 8월 23일 초판 1쇄 발행
2020년 7월 17일 초판 20쇄 발행
2022년 2월 14일 개정증보판 1쇄 발행
2025년 12월 5일 개정증보판 3쇄 발행

지은이 달라스 윌라드
옮긴이 윤종석
펴낸이 박종현

(주) 복 있는 사람
주소 서울특별시 마포구 연남동 246-21 (성미산로23길 26-6)
전화 02-723-7183(편집), 7734(영업·마케팅) 팩스 02-723-7184
이메일 hismessage@naver.com
등록 1998년 1월 19일 제1-2280호

ISBN 979-11-91987-34-8 03230

Renovation of the Heart
by Dallas Willard

내가 작을 때 큰 분이었고
언제나 내 자리를 열어 주신 분,
내가 깊이 사랑하며 아끼는 L. 듀앤 월라드에게
이 책을 바친다.

차례

우리는 모두 가능성의 지평에 기대어 살아간다. 이 세상의 삶에서 가능한 일은 무엇이며, 그렇지 않은 일은 무엇인지를 늘 느끼면서 살아가는 것이다.

이런 사실은 그 어떤 영역보다도 우리 자신이 지닌 인격성의 차원에서 뚜렷이 드러난다.

우리는 어떤 운명을 타고난 존재일까? 그렇기에 여러 세대에 걸쳐 이어져 온 집안의 내력을 그대로 반복할 수밖에 없는 것일까? 아니면 혹시 그 내력을 떨쳐 버리고 스스로를 치유하며 변화와 **번영**으로 나아갈 길이 있을까?

우리는 모두 "지극히 경이롭게 지음받은" 존재로 이 세상에 태어난다.[1] 하나님이 친히 우리 각 사람의 존재 속에 고유한 DNA의 가닥들을 심어 주시기 때문이다. 이때 우리의 영혼 깊이 그분의 신적 지문이 새겨진다.

그렇게 우리는 숭고한 인격자로 성장해 갈 수 있지만, 지극히 부패하고 타락한 존재로 변질해 버릴 수도 있다. C. S. 루이스가 말했듯이, 우리는 모두 "불멸의 악한" 또는 "영원한 성자"가 되어 가는 중에 있는 것이다.[2] 이 점을 현대의 격언으로 표현해 보면 이러하다. '마흔 살이 되면 누구나 자기 얼굴에 책임을 져야 한다.'

어떤 이들은 넬슨 만델라나 테레사 수녀 혹은 달라스 윌라드 같은 인격자로 자라가는 데 반해, 다른 이들은 상상하기도 힘들 정도의 악인으로 변질되고 마는 이유는 어디에 있을까?

이 문제는 인간의 영성 형성에 관한 질문이다.

나는 '영성 형성'이라는 용어를 만들어 낸 사람이 누구인지 잘 모른다. 하지만 달라스 윌라드 역시 이 용어가 널리 보급되는 데 상당히 영향을 끼쳤음이 분명하다. 그는 기독교의 영성 형성을 이렇게 정의한다. "성령의 주도로 인간 자아의 내면세계가 형성되되 그리스도 자신의 내면을 닮아가는 과정."

달리 말하면, 그것은 예수를 따라가는 제자도이다.

'영성 형성'이라는 용어는 근래에 만들어졌지만, 그 개념 자체는 아주 오래되었다. 수천 년 전, 바울은 자신이 갈라디아에 세운 교회의 신자들을 향해 이렇게 말했다. "너희 속에 그리스도의 형상이 이루기까지 다시 너희를 위하여 해산하는 수고를 하노니"(갈 4:19). 여기서 바울은 제자도의 **과정**에 관해 이야기한다. 예수를 따르는 일은 그저 일회성의 결정이 아니다. 그것은 평생에 걸쳐 날마다 그리스도께 의지하며 그분의 사랑과 뜻에 복종해 나가는 우리의 행위이다. 오랫동안 진지하게 이 일을 수행할 때, 우리는 점점 더 그리스도를 닮아가게 된다. 그리고 이를 통해 우리는 자신의 참된 자아에 도달할 수 있다.

우리 영혼의 모습은 고정되어 있지 않다. 그것은 점점 더 오그라들거나 넓혀질 수 있으며, 치유되거나 파열해 버릴 수도 있다. 또한 우리의 영혼은 스스로를 내어주는 놀라운 사랑을 행하기도 하지만, 그저 자기 안에 틀어박혀 마침내는 스스로를 망가뜨리는 결과를 초래하기도 한다.

이것은 단순히 종교적인 현상이 아니라, **모든 사람이 겪는** 보편적인 현상이다. 우리는 누구나 하나의 인격체가 되어 가는 과정 속에 있다. 그리고 윌라드에 따르면, **우리 삶에서 가장 중요한 일은 우리 자신이 어떤 인격체가 되느냐 하는 데 있다.**

이 일에는 참으로 많은 점들이 걸려 있다.

하지만 다음의 질문이 여전히 남는다. '그러면 우리는 그 일을 **어떻게** 감당해야 할까?'

어떻게 하면 하나님이 마련해 두신 길을 좇아 우리의 영혼이 앞으로 나아갈 수 있을까? 우리의 영혼이 하나님 안에 머물면서 그 잠재력을 온전히 실현하는 데까지 자라가려면 어떻게 해야 할까?

바로 여기서 나는 이 책 『마음의 혁신』*Renovation of the Heart*을 권한다.

윌라드의 책들은 모두 하나같이 걸작이다. 그런데 당신이 펼친 이 책은 그중에서도 특별한 성격을 지닌다. 『마음의 혁신』은 영성과 심리학을 탁월하게 종합해 놓은 책이자, 기독교 영성에 독특하게 기여하는 책으로 널리 인정받고 있다. 그렇긴 하지만 윌라드 자신은 영성과 심리학이 원래부터 서로 분리되어 있지 않다고 여겼을 것이다. 결국 '심리학'psychology의 어원에 놓인 것은 그리스어 '프쉬케'인데, 이 단어는 '영혼'을 뜻하기 때문이다.

영성과 심리학은 모두 인간 영혼을 치유하고 확장시키는 데 관심을 둔다. 과거 계몽주의 시대에 이 두 분야는 서로 갈라졌다. 영성은 교회의 영역이, 심리학은 프로이트와 그 세속적인 추종자들에게 속한 영역이 되어 버렸기 때문이다. 하지만 이런 결별이 있기 전까지 영혼의 문제를 다루는 것은 목회자 또는 사제들의 전문 분야였다.

여러 세기 동안 영적 지도자들은 '쿠라 아니마룸'cura animarum의 사역을 감당해 왔다. 라틴어 '쿠라'는 '치료'나 '돌봄'을 뜻하며, '아니마룸'은 '영혼'을 가리킨다. 당시 목회자들의 직무는 사람들의 영혼을 치유하며 돌보는 데 있었다. 그들은 사람들이 하나님과의 연합을 통해 영적인 치유와 생명을 얻는 길로 나아가도록 인도하는 목자였던 것이다(예수님은 이 생명을 "영생"이라 부르셨다). 그런데 그 이후로 목회자들은 **다른** 여러 역할을 감당하게 되었다. 그들은 사람들에게 새로운 비전을 심어 주는 인물이 되기도 했으며, 기업가나 공동체의 운영자, 사회 활동가 또는 소셜 미디어 전문가가 되기도 했다. 이 모든 일이 전부 나쁜 것만은 아니었다. 하지만 윌라드는 오래전부터 늘 존재해 왔던 직무 곧 '영혼 돌봄'의 역할을 수행했던 것이다. 이는 곧 사람들의 영적 여정을 안내하는 일이었다.

지금 우리에게는 영적인 삶의 안내자들이 절실히 필요하다. 지난 여러 세기 동안에 영성과 심리학이 둘로 나뉘었으며, 두 분야 사이에 서로를 향한 불신과 의심이 쌓여 왔다. 그 결과, 우리 세대의 교회들은 성경을 가르칠 줄은 알면서도 그 내용을 삶 속에서 실천할 방법은 잘 모르는 상태에 놓여 있다. 그리고 지금 이 사회는 사람의 영혼을 돌보는 일을 그 창조주이신 분의 존재를 믿지 않는 전문 직업인들에게 맡겨 버리곤 한다. 그 결과, 지금 우리는 창조주 하나님의 인자하신 뜻을 좇아 각 사람의 심령 속에 그리스도의 형상이 자리 잡도록 인도하는 데 필요한 자원들을 거의 잃어버린 상태에 놓여 있다.

하지만 하나님은 신실하셔서 각 세대마다 탁월한 지도자들을 일으켜 세우신다. 그들로 하여금 세월의 먼지 속에 묻혀 버린 그분의 가르침들을 다시금 드러내게 하시며, 그분의 진리를 새롭게 전파하도록 이끄시는 것이다. 예수님은 자신의 생애 끝 무렵에 "선지자들과 지혜 있는 자들과 서기관들"을 교회에 보내 주실 것을 약속하셨다. 이는 곧 성령님과 함께 우리를 "모든 진리 가운데로 인도하는"(마 23:34; 요 16:13) 이들이다. 가톨릭 교회의 형제자매들은 그런 이들을 가리켜 "성인"이라 부른다.

하지만 근래에 우리는 성인들을 유명인사들과 맞바꾸어 버렸다. 그 결과, 우리는 진정한 영성 형성이 어떻게 가능한지를 잊게 되었다. 지금 우리에게는 한 사람이 자신의 모든 것을 하나님께 내어드릴 때 어떻게 되는지를 보여줄 수 있는 지도자가 거의 없다. 그 헌신은 그저 일회적인 사건에 그치지 않고 자신의 삶 전체에 걸쳐 이루어져야 하며, 그럼으로써 수천 번에 걸쳐 작은 죽음을 맛볼 때 비로소 하나의 거대한 생명에 도달하게 된다. 그때에 우리는 주위를 환하게 밝히는 존재가 되는 것이다.

윌라드는 그와 같이 환히 빛났던 인물 중 하나였다. 개신교 전통에 뿌리를 두고 있지만 우리는 윌라드를 한 사람의 '성인'이라 부를 수 있을 것이다. 그는 미주리 주 농촌 지역의 가난한 가정에서 태어났으며, 어린 시절에 어머니의 예기치 않은 죽음을 겪었다. 이처럼 슬픔과 상실에 익숙한 성장기를 보냈기에, 우리는 이후에 그가 어떤 인격자가 되었는지를 살피면서 보다 깊은 존경심을 느끼게 된다. 윌라드는 사람들에게 전했던 가르침의 요지를 실제로 자신의 삶 속에서 보여준 인물이다. 그는 우리가 "예수님의 제자(도제)가 되어 그분께 배우면서 하나님 나라에 속한 삶을 살아가는" 쪽을 선택하기만 하면, **누구든지** 깊은 사랑에 찬 인격자가 될 수 있음을 몸소 보여주었다.

나는 윌라드를 직접 대면하는 영광을 누리지는 못했다. 하지만 그의 책들을 읽으면서 그저 "그 책들이 내 삶을 바꾸어 놓았다"는 말만으로는 이루 다 표현할 수 없을 만큼 깊은 감화를 받았다. 지금까지 읽어 온 성경 외의 그 어떤 책도, 예수님은 어떤 분이시며 그분의 제자(도제)가 되는 일은 무엇을 뜻하는지에 관해 윌라드의 책들만큼 깊은 영향을 주지 못했다. 독서의 유익은 인류 역사상 가장 탁월한 스승들의 가르침을 접할 기회를 갖는다는 데 있다. 우리는 모두 달라스 윌라드에게서 배울 수 있다. 그저 이 책의 첫 페이지를 펼치고 계속 읽어 나가기만 하면 된다.

『마음의 혁신』은 윌라드의 저작 중 가장 이해하기 쉬운 책이라 할 수 있다. 물론 그의 어떤 저작도 그저 가볍게 읽고 넘길 수 없는데, 각각의 책들은 저마다 이 세상을 깊이 있게 바라보는 관점을 제시하고 있기 때문이다. 우리는 그 책들의 내용을 천천히 음미할 때 가장 많은 유익을 얻는다. 생전에 윌라드는 어떤 이에게 "서두르는 마음을 당신의 삶에서 단호히 떨쳐 버려야 합니다"라고 충고했던 적이 있다. 그런데 자신의 어떤 저작을 누군가가 **대충** 읽어 치우려 한다면, 아마도 그는 깊은 실망감을 느낄 것이다. 나는 실제로 서두르지 않는 법에 관한 책을 썼지만, 여전히 예수님의 인도하심을 따라서 내 삶의 속도를 늦추려고 애쓴다. 그런 내게 『마음의 혁신』을 다시 읽는 일은 참으로 귀한 유익을 가져다주었다. 우리가 그저 선한 의도를 품는 것만으로는 충분하지 않음을 새삼 일깨워 주었기 때문이다. 우리에게는 구체적인 삶의 변화를 위한 계획이 필요하다.

그러니 천천히 시간을 들여서 이 책을 읽으라. 윌라드가 말을 건네는 속도에 맞춰서 차분히 읽어 나가기 바란다. 그의 말을 머릿속에 새기고, 그 내용이 당신의 마음속 깊은 곳까지 내려가게 하라. 성령께서 일으키시는 변화가 우리의 내면에서 시작되어 마침내 외적인 삶에서도 드러나게 되는 것을 경험하기 위해서는 시간이 필요하다.

몇 년 전, 나는 윌라드가 세상을 떠난 뒤 그의 집을 찾아가 그의 아내 제인과 차를 마시면서 대화를 나눈 적이 있다. 그 집은 로스앤젤레스 북쪽의 고요한 협곡에 자리 잡고 있었는데, 기도와 일, 가정생활을 위해 마련된 장소였다. 당시 그 집에 발을 들여놓은 순간, 나는 그곳에 사는 윌라드의 가족들이 사회적 신분 상승을 위해 애쓰는 사람들이 아님을 직감했다. 그들은 일반적인 경우와는 상당히 다른 열망을 품고 있었기 때문이다. 나는 생전에 윌라드가 사용했던 서재에 앉아 제인과 함께 그가 남긴 신앙의 유산과 영향력에 관해 이야기를 나누었다. 이때 나는 윌라드가 남긴 유산들을 떠올리며 깊은 인상을 받았다. 그는 많은 재산을 남기지 않았으며, 자신의 업적을 기리는 기념비나 자신의 이름으로 설립된 연구소도 남겨 두지 않았다. 물론 우리에게는 그의 저작들이 있으며, 그 책들은 늘 변함없는 가치를 지니는 보물과도 같다. 하지만 그가 남긴 유산은 그 책들을 전부 합친 것보다도 더 크다. 그 유산은 바로 그리스도의 사랑과 생명력으로 환히 빛나는 윌라드 자신의 인격이 사람들의 마음속에 새겨 놓은 지울 수 없는 흔적 가운데서 나타난다. 날마다 진솔한 기쁨을 품고 주님을 노래하면서 밝게 미소 짓던 사람. 여러 시간 동안 홀로 하나님 앞에 나아가 기도하곤 했으며, 자신의 탁월한 지성을 온전히 활용했던 사람. 다른 사람들 곁에 있을 때 차분히 그들의 이야기를 들어 주었으며, 무엇보다도 깊은 사랑을 품었던 사람. 그는 한 사람의 성인이었다.

사람의 삶 속에는 이렇게 풍성한 가능성이 있다. 물론 누구나 달라스 윌라드 같은 인물이 되지는 못한다. 하지만 우리는 모두 예수님의 사랑에 가득 찬 존재가 될 수 있다. 우리는 저마다 다양한 특징과 성별, 국적과 배경에 속해 있지만, 누구나 하나님 안에서 환하게 빛나는 삶을 살아갈 수 있다. 그리고 그 빛은 심지어 우리의 상처 속에서도 드러나게 된다.

우리가 성인됨을 향해 나아가는 길은 느리고 고되다. 더욱이 그 상태에 이르기까지 거쳐야만 할 지형들을 보여주는 지도 같은 것도 없다. 하지만 그 길은 오래전부터 이미 존재해 왔으며,

그곳에 이르기 위한 분투와 노력에는 충분한 가치가 있다. 그리
고 우리에게는 윌라드처럼 좋은 안내자들이 있다.

존 마크 코머(브리지타운교회 설립목사)

예수님은 당신의 멍에를 메고 늘 당신과 함께 걷자고 우리 각 사람을 부르십니다. 거기가 그분을 따르는 우리 제자도의 자리요 우리가 그분에게 배우며 마음(영혼)의 쉼을 얻는 자리입니다(마 11:29-30). 우리 삶의 모든 차원이 그분의 삶과 연합할 때 우리 마음은 혁신됩니다. 그분의 "멍에"란 그런 뜻입니다. 예수님과 동행함으로 마음이 혁신된 자들은 마음을 다하고 목숨(영혼)을 다하고 뜻을 다하고 힘을 다하여 주 하나님을 사랑하게 됩니다. 또한 그 때문에 이웃을 내 몸처럼 사랑할 수 있습니다(막 12:29-31). 이것이야말로 우리가 예수 그리스도의 멍에를 메고 살아갈 때 일어나는 은혜의 기적입니다.

그분은 우리 성품의 핵심 차원을 모두 변화시키십니다. 물론 첫째로 우리 의지(심령/마음)가 하나님을 향하며 날로 더 그분을 의지하게 됩니다. 그러나 이 일은 우리의 사고생활, 감정, 육신의 본성과 성향, 대인관계, 영혼의 깊은 무의식이 그분의 성품을 취할 때에만 진척될 수 있습니다. 이런 다른 차원들과 떼어서는 마음(의지/심령)의 혁신이 있을 수 없습니다. 이것은 단지 행동적 노력이나 의지적 결심의 문제가 아니라 우리 삶 전체가 그리스도의 성품에 붙들리는 일입니다. 그분의 성품이란 그분의 생각과 감정, 몸의 행동 태세, 사람들에 대한 즉각적 반응, 하나님 아래 머무시는 영혼의 제자리를 모두 말합니다.

그리스도의 성품, 곧 바울이 말한 "새 사람"을 성공적으로 입는 열쇠는 우리 삶 속에 일하시는 하나님의 은혜의 행위를 의도적으로 받아들이는 것입니다. 그러면 우리 존재의 모든 차원이 하나님을 닮은 모습으로 새롭게 됩니다. 그럴 때 그리스도의 성품과 능력 안에 사는 삶은, 피로 값 주고 사신 하나님의 아들딸이라는 우리 존재의 자연스런 표출이 됩니다. 이것이 바로 예수께서 약속하신 "마음(영혼)의 쉼"을 얻는 길입니다. 그리스도의 충만함 가운데 사는 아름다운 삶이 이 세상에 얼마나 절실히 필요한지 모릅니다! 과거에도 그런 삶이 많이 있었습니다. 그래서 오늘날 다른 어떤 사람이나 종교보다도 그리스도를 따르는 이들이 세상에 더 많은 것입니다. 그러나 지금은 우리 시대입니다. 그리스도의 사람들 속에 그분의 영광스런 임재가 지금처럼 요긴했던 적은 없습니다.

사랑하는 한국의 형제자매 여러분,

그분을 따라 자아 전체의 영성 형성로 그분을 닮아가기만 한다면 여러분과 저 개개인이나 지구상에 흩어진 그리스도인 모임들은 우리 삶과 이 세상에서 예수님의 확실한 승리를 볼 수 있습니다. 특별한 준비나 프로그램이나 돈이나 설비가 필요하지 않습니다. "그리스도를 옷 입으려는" 마음, "내가 너희에게 분부한 모든 것을 가르쳐 지키게"(마 28:20) 하려는 의도로 진실히 행하기만 하면 됩니다. "볼지어다. 내가 세상 끝 날까지 너희와 항상 함께 있으리라"는 약속이 있기 때문입니다. 뿐만 아니라 우리는 그분의 영광스런 우주에서 세세토록 그분과 함께 다스릴 것입니다(계 22:5).

달라스 윌라드

들어가는 말

> 내가 주는 물을 먹는 자는 영원히 목마르지
> 아니하리니 나의 주는 물은 그 속에서 영생하
> 도록 솟아나는 샘물이 되리라.
> _나사렛 예수(요 4:14)

신약성경에 우리 마음을 열 때, 예컨대 복음서 중 하나나 에베소서, 베드로전서 같은 서신서에 우리 마음과 생각이 젖을 때 강하게 느껴지는 인상이 있다. 우리가 딴 세상, 다른 삶을 들여다보고 있다는 것이다.

하나님의 세상이요 하나님의 삶이다. "천국"의 삶이다. 그러면서도 그것은 보통 사람들이 들어갔고 지금도 들어가고 있는 세상과 삶이다. 우리에게 열려 있어 들어오라고 손짓하는 세상이다. 우리는 그 부르심을 느낀다.

예수를 믿음으로 이 새 세상에 삶을 바친 자들에게 주어진 놀라운 약속들이 있다. 그 약속들이 성경 도처에서 우리에게 튀어나온다.

예컨대, 우리는 예수께서 친히 주신 이런 말씀을 읽는다. 그분께 자신을 드리는 자들은 "생수" 곧 성령 자신을 받아 다시는 목마르지—채워지지 않는 욕구에 쫓기며 지배당하지—않으며, 이

물은 "영생하도록 솟아나는" 우물이나 샘물이 된다(요 4:14). 나아가 그것은 신자들 삶의 수원(水源)에서 목마른 세상으로 흐르는 "생수의 강"이 된다(요 7:38).

신자들을 위한 바울의 이런 기도도 읽는다. "[그리스도의 사랑의] 넓이와 길이와 높이와 깊이가 어떠함을 깨달아 하나님의 모든 충만하신 것으로 너희에게 충만하게 하시기를 구하노라. 우리 가운데서 역사하시는 능력대로 우리의 온갖 구하는 것이나 생각하는 것에 더 넘치도록 능히 하실 이에게"(엡 3:19-20).

예수를 사랑하고 믿는 자들에 대한 베드로의 말도 읽는다. 그들은 "말할 수 없는 영광스러운 즐거움으로 기뻐하[고]"(벧전 1:8), "마음으로 뜨겁게 피차 사랑하[고]"(1:22), "모든 악독과 모든 궤휼과 외식과 시기와 모든 비방하는 말을 버리고"(2:1), 그리스도의 도를 비웃는 자들을 선행으로 잠잠케 하며(2:15), 하나님이 돌보시기에 모든 염려를 그분께 맡긴다(5:7).

비전은 명확하다. 마음이 열린 자라면 아무도 그 의미를 착각할 수 없다. 그러나 그 모두가 명확하고 바람직하지만 꼭 인정해야 할 것이 있다. 과거나 현재나 대체로 그리스도인들은 하나님의 이 삶에 설령 들어간다 해도, 그 과정이 몹시 힘들고 속도도 지지부진한 수준을 벗어나지 못한다는 사실이다.

수많은 사람들이 실제로 신약성경의 세계에 들어가지 **못하고** 그것을 무시하거나 피하기까지 하는 한 가지 이유는, 내가 믿기로 그들이 거기서 보는 삶이 자기 경험을 통해 아는 것과 너무 다르기 때문이다. 규정대로 교회에 꽤 충실하고 정말 예수 그리스도를 자신의 유일한 소망으로 삼은 자들도 마찬가지다.

따라서 신약성경이 명백히 말하고 그리스도 안에서 우리에게 확실히 주어진 그 삶이 오히려 그들에게 낙심이나 절망만 가져다 줄 뿐이다.

왜 그래야 할까? 하나님이 예수 안에서 우리에게 주시는 삶은 정녕 알쏭달쏭한 퍼즐이 아니다! 그렇다면 가능한 설명은 하나뿐이다. 지극히 선한 의도로 힘써 노력함에도 불구하고 **우리는 그 삶에 바르게 접근하지 못하고 있으며, 그래서 그 삶을 받지 못하고 있는 것이다.** 우리는 인간에 관한, 그리고 인간의 모든 기본적 차원을 장악하려고 온 파괴적 세력으로부터 우리를 건지는 은혜의 구속(救贖)에 관한 예수와 성경의 지혜를 이해하지 못하며 전하지 못하고 있다.

물론 뜻이 중요하기는 하지만, 뜻이 있는 곳에 길이 열린다는 말은 맞지 않다. 해야 할 일의 정확한 내용과 성취 방법, 그리고 그 삶의 실현에 필요한 도구들과 사용 절차에 대한 이해가 또한 필요하다.

그리스도 안의 영성 형성spiritual formation은 질서정연한 과정이다. 하나님은 무질서 속에서도 승리하실 수 있지만 그것은 그분이 택하시는 길이 아니다. 우리는 하나님이 **능히 하실 수 있는** 일에 매달리기보다는, 우리와 함께 일하시고자 실제로 **택하신** 길을 겸손히 받아들여야 한다. 그 길은 성경과 특히 예수의 말씀과 인격에 명백히 나와 있다.

예수는 무거운 짐, 특히 "종교적" 짐에 허덕이는 길을 버리고 그분과 함께 멍에를 지는 훈련에 들어서라고 우리를 부르신다. 이것은 온유하고 겸손한 길이며 영혼이 안식하는 길이다.

이것은 **그분과 함께** 그분의 짐을 져 나르는 삶이 쉽고 가벼운 삶임을 입증해 주는 내적 변화의 길이다(마 11:28-30). 하나님의 세계와 삶에 온전히 들어서기가 아득히 멀고 힘들어 보이는 것은 전적으로 우리 잘못이다. **총체적 내적 변화의 길이 그 "입구"임을 깨닫지 못하기 때문이요**, 조용하지만 확실하게 거기로 데려다 줄 작은 걸음들을 내딛지 못하기 때문이다.

이 통찰은 우리 삶에 구원의 여망을 준다. 개인에게 그것은, 옛 사람을 벗고 새 사람을 입지 못하게 하는 모든 장애물을 **제하거나 극복할 수 있다**는 뜻이다. 그럴 때 우리는 점점 하나님 나라의 온전함과 거룩함과 능력 속에 행할 수 있다. 아무도 신앙과 인격의 패배 속에 살아갈 필요가 없다. 죄와 환경을 이기는 승리의 삶은 우리 모두에게 가능하다.

기독교 단체와 지도자들에게 그것은, 예수의 회중들이 예외 없이 **에클레시아**_ecclesia_, 곧 "불러냄을 받은" 자들로서 소명을 이룰 수 있는 단순하고 곧은 길이 있다는 뜻이다. 그 소명이란 천국과 지상의 접촉점이 되어 십자가와 부활의 치유로 잃은 영혼들을 구원하고, 구원받은 자들을 그리스도 안에서 온전한 인간으로 자라게 하는 것이다. 특별한 시설이나 프로그램이나 재능이나 기술이 필요 없다. **예산도 필요 없다.** 오직 그리스도를 닮아가는 영성 형성의 과정에 충실하기만 하면 된다. 그 과정은 성경에, 그리고 고금을 통틀어 그분의 "친 백성"(딛 2:14)의 삶에 나타난다.

1.
영성 형성: 내면과 예수의 길

무릇 지킬 만한 것보다 더욱 네 마음(heart)을
지키라. 생명의 근원이 이에서 남이니라.
_잠언 4:23

우리는 마음으로 산다. 우리 삶을 조정하고 관리하는 부분은 육체가 아니다. 아무리 부인해도 불변의 사실이다. 당신 안에는 심령spirit이 있다. 그 심령은 어떤 식으로든 형성돼 왔고 특정한 성품을 입고 있다. 내 안에도 심령이 있고 그 심령도 형성돼 왔다. 모두가 마찬가지다.

심령이란 모든 인간의 불가피한 근본 요소다. 심령의 성품character은 우리가 지금까지 겪어 온 경험이나 과거의 선택에서 비롯된다. "형성된다"formed는 의미가 그것이다.

거의 전적으로, 삶이란 존재의 심연—심령/의지/마음—에서 형성되어 온 내 모습의 결과다. 현재에든 미래에든, 세상을 보는 우리 시각도 마찬가지다. 거기서 우리는 세상을 보고 현실을 해석한다. 거기서 우리는 선택하고 행동하고 주변을 변화시키려 한다. 우리는 내면의 대부분을 자신도 모르면서, 그 내면에 산다.

이렇게 말할 사람들도 있다. "세상에 넘쳐나는 개인과 집단의 재앙이 외부에서 닥치는 것이 아니라는 말인가? **난데없이** 벌어지는 일이 아니라는 말인가?"

그렇다. 그것이 내 말이다. 현대세계의 기근과 전쟁과 전염병은 거의 전적으로 인간 선택의 결과이며, 선택은 인간 심령의 표출이다. 다양한 부연설명이 뒤따를 수 있으나 대체적으로 그것이 사실이다.

개인의 재앙도 다분히 인간 선택의 결과다. 자신의 선택일 수도 있고 타인의 선택일 수도 있다. 설사 그렇지 않은 경우가 있다 해도, 우리가 처한 상황은 절대 그 상황에 대한 우리의 반응만큼 중요하지 않다. 물론 반응은 우리의 "영적" 측면에서 온다. 잘 형성된 마음은 하나님의 은혜에 힘입어 대부분의 고통스런 상황을 예견하거나 미리 손쓰거나 변화시킨다. 반면에 다른 사람들은 무력한 아이처럼 그 앞에 서서 "왜?"를 되뇐다.

성경은 이런 문제에 대한 지혜로 가득하다. 구약의 상당 부분을 "지혜서"라 부르는 것도 그 때문이다. 그 모두가 예수의 가르침에 압축되어 있다. 그분은 하나님의 능력과 지혜다(고전 1:24). 예컨대, 그분은 우리에게 "너희는 먼저 그의 나라와 그의 의를 구하라. 그리하면 이 모든 것을 너희에게 더하시리라"(마 6:33)고 말씀하신다. 또 "누구든지 나의 이 말을 듣고 행하는 자는 그 집을 반석 위에 지은 지혜로운 사람 같으리니 비가 내리고 창수가 나고 바람이 불어 그 집에 부딪히되 무너지지 아니하나니 이는 주초를 반석에 놓은 연고"(마 7:24-25)라고 말씀하신다.

따라서 당신과 나의 가장 절실한 필요는 **마음의 혁신**renovation

이다. 인류 전체의 가장 절실한 필요도 동일하다. 관점과 선택과 행동의 출처인 우리 내면의 영적 영역은 하나님을 떠나 세상을 통해 형성돼 왔다. 이제 변화되어야 한다.

인간의 영적 차원은 여태 **형성돼**[formed] 온 것처럼 **변형되는**[transformed] 것도 가능하다. 사실 인류의 유일한 희망은 그 사실에 있다. 모세, 솔로몬, 소크라테스, 스피노자, 마르크스, 니체, 프로이트, 오프라 윈프리, 작금의 페미니스트와 환경주의자 등 인간 실태를 깊이 숙고한 자라면 동서고금의 누구나 인정하는 바다. 다만 인간 심령의 **어떤** 부분이 변화돼야 하고 그 변화가 **어떻게** 일어날 수 있는지에 대해서만 견해 차이가 있을 뿐이다. 우리가 강단에서 계속 이 가능성과 필요성을 설교하는 것은 지극히 옳은 일이다.

예수의 혁명

인생을 보는 예수의 도저한 타당성은 바로 그 두 가지, 곧 변화돼야 할 부분과 변화의 방법에 있다. 2천 년 전 그분은 갈릴리 언덕에서 작은 무리의 친구들과 훈련생들을 모아 "모든 족속을 가르치고" 모든 민족 중에서 그분의 제자(도제)를 삼으라고 내보내셨다. 그분의 목표는 궁극적으로 지상 모든 인생을 자신의 지혜와 선과 능력의 영향 아래 두는 것이다. 그것은 우주를 향하신 하나님의 영원한 계획의 일부다.

분명히 알아야 한다. 그렇게 훈련생들을 내보내심으로 그분은 **영속적 세계 변혁**에 착수하셨다. 그 일은 지금도 진행중이며,

하나님 뜻이 하늘에서와 같이 땅에서도 이루어지는 날까지 계속될 것이다. 이 변혁이 완성되면 인류를 괴롭혀 온 모든 악의 세력이 정복되고, 하나님의 선이 드러나고 인정되며, 인간 삶의 모든 차원에 기쁘게 통합될 것이다.[1] 그분은 이 일을 자신의 제자들과 함께, 부분적으로 그 제자들을 통해 이루기로 하셨다.

스랍 천사가 환상 중에 이사야에게 선포한 것처럼, 거룩하신 만군의 여호와의 영광이 "온 땅에 충만"(사 6:3)한 것은 지금도 사실이다. 그러나 "대저 물이 바다를 덮음같이 여호와의 영광을 **인정하는** 것이 세상에 가득[한]"(합 2:14) 날은 아직 오지 않았다.

예수의 혁명이란, 처음부터 지금까지 인간 마음이나 심령의 변혁이다. 그것은 인간 실존의 외적 형태인 사회제도와 법 개조를 통해 진행되지 않았고 지금도 그렇다. 제도와 법이 바뀐다고 그 영향권 아래 있는 자들의 삶에 저절로 선한 질서가 잡히는 것이 아니다. 오히려 그분의 혁명은, 그리스도 안에서 하나님과의 꾸준한 인격적 관계와 인간 상호 간의 관계를 통해 사람을 안으로부터 바꾸는 **성품** 혁명이다. 인간의 생각과 신념과 감정과 선택 습관은 물론, 몸의 성향과 사회적 관계까지 바꾸는 혁명이다. 그것은 영혼의 가장 깊은 차원까지 꿰뚫는다. 외부의 사회적 조정은 이 목표에 유용할 수는 있으나 목표 자체는 아니며, 심지어 수단의 근본적 부분도 아니다.

한편, 사회구조는 심연부터 새로워진 사람의 신적 성품을 통해 자연히 변화됨으로 "오직 공법을 물같이, 정의를 하수같이 흘[리게]"(암 5:24) 된다. 타락한 영혼을 통해서는 이런 강물이 흐를 수 **없다**. 반대로, 변화된 "내면"은 불의한 시류에 영합하지 않는다. 오히려 목숨을 걸고 시류를 막아선다. 변화된 내면만이 그렇게 할 수 있다.

T. S. 엘리엇^{T. S. Eliot}의 말대로, 현대인들은 인간이 선해질 필요가 없을 정도의 완벽한 질서 시스템을 찾고 있다. 반대로, 예수의 길은 우리가 진정 선해지기만 하면 웬만한 시스템―물론 전부는 아니다―으로 다 통한다고 말한다. 그럴 때 우리는 더 좋은 길, 가장 좋은 길을 구할 자유가 생긴다.

"시스템"은 무능하다. 예수께서 제자들로 하여금 정부나 심지어 오늘날 우리가 알고 있는 교회―늘 인간 시스템의 요소를 강하게 풍기는―를 세우라고 내보내시지 않은 주원인이 거기 있다. 대신 그들은, 약하고 무력한 인류 속에 그분의 인격과 말씀과 능력의 교두보를 세워야 했다. 그들은 인간 삶의 구석구석에 하나님 나라와 왕의 임재를 들여놓아야 했고, 그러기 위해 단순히 그분과 함께 온전히 그 나라 안에서 살아야 했다.

그분을 자신의 살아계신 주와 영원한 스승으로 받아들인 자들은 "하나님의 택하신 거룩하고 사랑하신 자"(골 3:12)가 되어 "흠이 없고 순전하여 어그러지고 거스리는 세대 가운데서 하나님의 흠 없는 자녀로 세상에서 그들 가운데 빛들로 나타내며 생명의 말씀을 밝[히는]"(빌 2:15-16) 법을 배운다.

교회, 곧 그런 사람들의 지역적 모임은 자연스런 결과다. 교회는 하나님 나라는 아니지만 우리 가운데 임한 하나님 나라의 일차적·필연적 표출이요 전초기지요 도구다. 교회는 평범한 인생에 그리스도의 실체가 임함에 따라 예루살렘과 유대와 사마리아와 땅 끝에서 생겨나는 예수의 "모임"이다(행 1:8). 이것은 아직 완성되지 않은, 오늘도 계속되는 과정이다. "이 천국 복음이 모든 민족에게 증거되기 위하여 온 세상에 전파되리니 그제야 끝이 [올 것이다]"(마 24:14).

인간의 "내면"

의와 공급과 목적이라는 인간 성품의 가장 깊은 필요를, 예수께서는 하나님 나라의 임재를 통해 채우신다. 그분을 밀쳐 내면 우리는 이런 의문을 피할 수 없다. 내가 지금처럼 사는 이유는 무엇인가? 마땅히 살아야 할 삶은 어떻게 가능한가? 정답을 찾을 능력이 없는 우리는 주변 사건의 홍수에 키 없이 떠밀리며 닥치는 대로 아무 생각이나 세력에 지배당한다. 한마디로 그것이 인간 실상이다. 날마다 사방에서 볼 수 있다.

그러나 고금의 생각 깊은 이들은 이런 의문에 답하려 했고, 앞서 말한 것처럼 똑같은 사실을 깨달았다. 지금의 삶과 마땅히 살아야 할 삶의 가장 중요한 요소는 인간 "내면"에 있다는 것이다. 물론 좋은 일과 궂은 일이 우리에게 닥친다. 그러나 어떤 삶을 사느냐 하는 것은 전부는 몰라도 다분히 내면의 문제다. 적어도 성년에 이른 자들은 그렇다. 영성 형성의 장(場)도 "내면"이요 후에 마음이 변화되는 장도 "내면"이다.

우리 생각과 감정과 의지가 내면에 있고, 그런 것들의 가장 깊은 출처도 무엇이 됐든 내면에 있다. 우리가 살아가는 순간과 시간과 날과 해의 삶은 숨은 심연에서 나온다. 우리가 어떤 존재가 되어 어떻게 사는가에서 "마음"의 실상보다 더 중요한 것은 없다. "당신은 여기 내 품 안에 있으나 당신 마음은 어디 있는가?"라는 옛 노래가 있다. 정말 중요한 문제다. 둘의 관계만 아니라 인생 전체도 그렇다.

작가 오스카 와일드 Oscar Wilde 는 나이 마흔이면 누구나 자기 얼굴에 책임져야 한다고 말했다. 뜨끔하면서도 정말 심오한 진리다. 사실 이것은 얼굴로 표현되는 "내면"을 두고 한 말이다. 신체의 한 표면 부위에 지나지 않는 얼굴이 아니라 마음과 영혼을 가리킨 말이다. 그렇지 않다면 별 의미가 없다.

"내면세계"의 의식적 표면인 얼굴에 우리 생각과 감정과 의도와 계획이 어느 정도 나타난다. 바로 본인도 의식하는 부분이며, 본인만 아니라 남들에게도 훤히 보일 수 있다. 우리는 의식적으로 그 차원에서 주변 세계와 자기 행동을 대한다.

이런 표면적 측면은 무의식적 "영적 심연"의 전체 특성, 곧 내면의 구성요소에 대한 좋은 지표이기도 하다. 하지만 우리가 의식하는 생각과 감정과 의지는, 사실 우리 심연에 실존하는 세계의 작은 일부에 지나지 않는다. 우리가 정말 누구이며 왜 이런 삶을 살고 있는지 가장 잘 밝혀 주는 것은 대개 그런 의식적 부분이 아니다.

내 진짜 생각과 진짜 감정과 예견되었거나 혹은 불시의 상황에 취할 진짜 행동은, 나 자신이나 나를 잘 아는 이들도 전혀 모를 수 있다. 우리는 "바람처럼" 서로 스쳐 지날 수 있으며, 상상이 가능하다면 자신에게조차 그럴 수 있다. 우리는 늘 그렇게 하면서 살고 있다.

인생 하나하나의 숨은 차원은 남들에게 보이지 않을뿐더러 본인도 다 알 수 없다. 내 영혼 안에서 벌어지는 역동, 내 삶의 가장 깊은 차원, 내 삶을 움직이는 요인을 우리는 거의 모르기 일쑤다. 우리 내면은 놀랍도록 복잡하고 미묘하다. 자칫 속을 수도 있다. 내면은 자기만의 생명을 지니고 있다. 우리 심연과 실체와 우리가 취할 행동은 하나님만이 아신다.

그래서 시편기자는 **자기**를 다루는 문제에 대해 하나님의 도움을 부르짖었다! "오 하나님, 나를 살피소서." "내 마음의 묵상이 주께 열납되기 원하나이다." "내 안에 정직한 영을 새롭게 하소서." 주어진 시점의 내 "내면"(마음)은 그동안 계속해서 형성되어 왔고, 나는 이제 거기에 지배당한다. 하나님만이 나를 구하실 수 있다.

인간의 "영적" 측면

자아의 숨은 세계가 우리의 **영적** 측면임은 이미 말한 바와 같다. 요즘 "영"spirit "영적"spiritual "영성"spirituality 등의 말이 점차 흔해지고 있다. 피할 수 없는 말이다. 그러나 대개 의미가 불확실하며, 그것은 위험할 수 있다. 우리를 혼돈과 파멸의 길로 이끌어 갈 수 있다. "영적"이라고 해서 자동으로 "선한" 것은 아니다. 이 용어에 우리는 신중을 기해야 한다. 그럼에도 "영적"이라는 말의 의미를 "비육체적"인 것으로 볼 때, 인간 자아의 숨은 세계 또는 내면세계는 정말 영적이다.

인간 사고의 자랑스런 산물인 과학지식이 이렇게 진보했는

데도, 과학은 인간의 내면생활에 대해 **아무 말도** 해주지 못하니 흥미로운 일이다. 과학지식에 기초를 두려는 모든 학문 분야도 마찬가지다. 과학은 기껏해야 주변의 물리적·사회적 사회에서 벌어지는 사건들과 인간 내면생활의 일부 신기하고 중요한 상관성을 지적해 줄 수 있을 뿐이다.

이것은 과학이 다루는 주제가 정확히 외면의 물리적 세계, 공식적 측량과 지각이 가능한 세계이기 때문이다. 한마디로 "오감"의 세계라 할 수 있다. 물리적 세계는 본질상 인간의 영적 측면과 전혀 다른 실체다. 영적 세계는 "숨어 있을" 수 있으나 물리적 세계는 절대 그럴 수 없다. 너무 뻔한 말이지만, 억압되거나 망각될 때가 많다. 과학은 마음을 놓친다.

역설적으로, 인간의 "영적" 측면—오감으로 지각할 수 없고 어떤 식으로도 다 이해할 수 없지만—은 절대로 인간의 생각을 완전히 떠나지 않는다. 그것은 언제나 의식의 중심이 아니더라도 의식의 주변에 버티고 있다. 예술과 전기(傳記)와 역사가 정말 칭송하는 (혹은 혹평하는) 것도 이 영적 측면뿐이다. 잡지 따위의 대중저작도 대부분 그렇다. 강조점은 언제나 사람들이 어떻게 생각하고 느끼는가, 그들이 할 수 있거나 해야 할 일은 무엇이며 그 이유는 무엇인가, 그들의 성품은 어떤가 등에 있다. 인간의 "잡담"에 그 밖의 주제란 없다. 소위 "뉴스"라는 것도 대부분 그런 잡담에 지나지 않는다.

이것은 오히려 우리가 삶의 영적 측면을 늘 깊이 의식하고 있음을 강조해 줄 뿐이다. 정말 중요한 것이 영적 측면임을 우리는 직감으로 안다. 그리고 무엇보다 거기에 더 많은 관심을 쏟는다. 자신에 대해서든 남에 대해서든 마찬가지다. 여기에 깊은 지혜가 있다. 물론 그 지혜가 왜곡될 때가 많지만 말이다. **한 마디로 삶이란 영적인 것이다.** 아무리 거창한 이론을 떠벌리고 아무리 그럴듯한 말로 해박한 신지식인 인상을 풍기려 해도 별수 없다.

최근 수십 년간, 포괄적 의미의 인간적 영성이 계속해서 다양한 방식으로 인간 의식의 전면에 튀어나온 이유도 그 억누를 수 없는 관심으로 설명된다. 1960년대 문화예술 부흥에서 1990년대 환경주의와 무수한 "영성"—대중문화의 뉴에이지와 학계의 포스트모더니즘—에 이르기까지, 인간 심령에서 터져 나오는 갖가지 항변은 지금도 소리치고 있다. 우주의 물리적·가시적 측면으로는 인간 실존을 풀어낼 수 없다. "사람은 떡으로만 살 것이 아니다." 누구 말이든 귀담아 들어야 할 말이다.

물론 이것은 예수의 말이다. 그분의 길은 진정 마음의 길, 심령의 길이다. 그분과 동행하려면 그 내면의 차원에서 동행해야 한다. 그분의 이 점을 정녕 모르는 사람은 거의 없다. 그분은 우리를 구원하시되 우리 심령을 하나님께 현실적으로 회복시키신 후, 특유의 성령을 통해 아버지와 함께 거기 거하심으로 구원하신다. 이렇게 예수를 통해 새롭게 되어 그분이 내주하시는 심령만이 지상 인류의 유일한 참 희망이다.

"사람이 떡으로만 살 것이 아니요"라는 말은 예수께서 유대 역사에서 따오신 것이다. 유대인들은 그 말씀으로 하나님을 경험했다. 무엇보다 예수 자신이 그 경험의 가장 깊고 강력한 표현이었다. 그러나 그 경험은 그분의 죽음과 부활을 통해 의미가 더 깊고 새로워졌다. 죽음과 부활을 통해 예수는 하나님 나라 안에서 지상에 전혀 새로운 삶의 질서를 세우셨다. 그것은 특정한 민족이나 문화의 형태를 완전히 벗어난 것이었다. 이제 모든 인류는 그분의 인격적 임재에 끊임없이 거함으로써 변화된 마음의 삶을 살 수 있다. 그분의 죽음과 우리의 죽음을 넘어 지금 여기 이 세상에서 말이다.

오늘날 많은 이들의 말과 달리, 구원은 자연적 생명의 출처인 모호한 인간 심연에서 나오지 않는다. 그 생명의 출처에 "인류 합일의 신"이나 "집단적 무의식"이 포함되든 그렇지 않든 상관없다. 그러나 심연의 내용이 무엇이든, 예수는 그 심연 속으로 뚫고 들어와 우리를 하나님께 데려가신다. 여기서도 그분은 주인이시다. 영적 혁신과 예수께로부터 오는 "영성"이란 "위로부터" 초자연적 생명이 자연적 인간 실체 속에 침투해 들어오는 것과 같다.

인간적 차원의 영성과 영성 형성

그와는 극히 대조적으로, 오늘날 영성과 영성 형성은 순전히 인간적 문제로 이해될 때가 많다. 내면세계를 인간적 차원이나 힘으로 생각하는 것이다. 관리만 제대로 하면 그것이 우리 삶을 신적 삶으로 바꿔 줄 것처럼, 그것이 아니라면 적어도 인간 실존의 혼돈과 상처—최소한 술, 일, 섹스, 마약, 폭력 등 삶을 파괴하는 중독들—로부터 우리를 건져 줄 것처럼 생각한다. 이런 생각을 전제로 한 책과 프로그램과 세미나가 주변에 넘쳐난다.

이렇듯 요즘 들려오는 "영성"은 예컨대 그것이 무엇이든, "인생에 가장 중요한 모든 것과의 관계"나 "긍정적·창의적 인간이 되어 가는 과정"으로 묘사된다. 현대 저서에서 취한 이런 표현은 인간 사고와 문화 저변의 시류를 대변한다.[2]

좋은 것을 비웃을 생각은 절대 없다. 인간의 절박한 지상생활에 진정 도움되는 것이라면 무엇이든 고마운 일이다. 그러나 예수의 영에 필적할 수 있는 것은 없다. 하나님의 끝없는 사랑은 생명 있는 모든 인간에게 미친다. 때로 하나님이 원치 않으시는 자리에서 원치 않으시는 모습으로 사는 이들에게도 미쳐서 적잖은 선한 열매를 맺는다. 그러나 인간의 필요를 충분히 채워 마음에 참된 변화를 낳는 영성이 단순히 인간 능력의 문제일 수 있는지 아닌지는 현실적 물음이다. 여기서 실수하면 가장 심각한 결과를 초래한다.

어쨌든 한 가지만은 확실하다. 외면적 실존의 출처인 인간 내면생활의 형성과 향후 변화는 인간의 불가피한 문제라는 것이다. **영성 형성—특정한 종교적 정황이나 전통과 무관한 의미에서—이란 인간 심령/의지가 일정한 "형태"나 성품을 입는 과정이다.** 이것은 모든 인간에게 일어나는 과정이다. 가장 훌륭한 사람뿐 아니라 가장 흉악한 인간도 영성 형성을 겪었다. 성자뿐 아니라 테러리스트도 영성 형성의 산물이다. 그들의 영이나 마음은 형성되었다. 그 점 재론의 여지가 없다.

우리 각자는 존재의 심연에 특정 형태의 성품을 얻어 특정 유형의 사람이 된다. 그리고 그것은 인간의 일반적 관점에서 본 영성 형성 과정의 결과다. 좋든 싫든 그것은 만인에게 해당된다. 내 심령과 내면세계를 정말 강하고 선하게 하나님 지향적으로 형성해 줄 삶의 길, 그런 길을 찾을 수 있거나 이미 받은 사람은 운이 좋거나 복된 자다.

이렇듯, 내면생활의 형성과 재형성은 인류 자체만큼이나 오랫동안 존재해 온 문제다. 인간 사상의 첫 기록에서부터 이 문제를 해결하려는 인간의 고뇌가 생생히 증언되고 있다.[3] 그러나 성과는 극히 미약했음을 인정할 수밖에 없다.

물론 인간 역사에는 다른 때보다 인간 심령의 함양에 큰 성과를 보인 시점들이 있다. 그러나 성과가 낮은 시점이 높은 시점을 훨씬 앞지르며, 평균은 시원찮을 정도로 낮다. 현재 전 세계 사회들은 기껏해야 지상생활을 파괴적이지 않은 방식으로 감당할 수 있는 자들을 만들어 내려고 쩔쩔매고 있다. 고뇌의 표면적 형태야 지역마다 다르지만, 북미와 유럽이 그렇고 나머지 세계도 그렇다. 영적인 문제에 "제3세계"란 존재하지 않는다. 모두가 제3세계다.

인간적 차원을 너머

이렇듯 영성 형성, 곧 심령의 변화는 인간의 불가피한 문제지만 인간에게는 답이 없다. 냉엄한 현실이다. 세계 역사와 세계 문화를 살펴보면 알 수 있는 사실이다. 종교와 교육과 법과 의술로 인생을 해결하려고 해온 과거와 현재의 노력을 보아도 알 수 있다. 안타깝지만, 우리 시대의 다양한 심리학과 경쟁적인 영성들이 가르치는 수많은 기법을 보아도 그런 관측은 여전히 사실이다.

참된 전인적 변화를 통해 예수와 그분의 "아바" 아버지 안에 있는 선과 능력을 입는 것—인간 자아에 충족한 유일한 변화—이야말로 인생의 필수 목표로 남는다. 그러나 이것은 인간 심령에만 **전적으로** 의존하는 내면 변화 프로그램의 영역을 벗어난다. 인간 심령 자체를 결국 신적인 것으로 간주한다 해도 마찬가지다.

일반 대중 앞의 현 기독교는 영적 삶의 수준이 극히 낮아, 위의 모든 실체를 보지 못하고 있다. 현재 그토록 많은 심리학과 영성이 이 분야를 놓고 싸우는 이유를 그 낮은 수준의 삶에서 찾을 수 있다. 한때는 주로 그리스도인 출신들이 그 분야를 주도하거나 지배했건만, 이제 그들은 공인된 형태의 기독교를 절망적이거나 심지어 유해하다 하여 저버렸다.

그러나 최근 많은 그리스도인 단체와 지도자들 사이에 영성 형성—바로 그 명칭으로—에 대한 폭넓고 깊은 관심이 일고 있다. 왜 그럴까? 그것은 현재 대중 앞에 드러난 형태의 기독교가 인간 실존의 핵심 문제에 이렇다할 답을 제시하지 못해 왔다는 인식에 주로 기인한다. 그 인식은 실생활의 압도적 증거는 물론 많은 신중한 심층 연구를 통해 지금도 확인되고 있다. 기독교는 적어도 광범위한 자칭 그리스도인들에게 답을 제시하지 못했고, 불신자들에게는 더 말할 것도 없다. 그러므로 지금 영성 형성은, 채워지지 않아 절규하고 있는 인간 영혼의 필요에 부응할 수 있는 희망의 대안으로 등장하고 있다. 이 필요는 기독교 전통에 깊이 뿌리를 둔 것이자 현대생활의 상황에 그대로 들어맞는 것이다. 그 필요에 부응할 희망이 다시금 떠오르고 있다.

전진하시는 하나님

하나님은 지속적으로 자기 백성들 위에 그리고 주변 문화 속에 역사하셔서, 우리가 "인간 역사"라고 부르는 우주 시간의 한 찰나에 대한 그분의 영원한 뜻을 이루신다. 그것은 대개 그분 외에는 아무도 계획하거나 예견하지 못한 방식으로, 우리의 통제나 이해를 훨씬 벗어나는 방식으로 이루어진다.

우리는 강력한 변화가 발생해 편만하게 퍼진 것을 대개 사후(事後)에야 발견한다. 개인에게나 단체에나 문화 전체에나 있을 수 있는 일이다. 과거에 막강한 힘을 발했을 수 있는 옛 생활 방식들이 이제는 효력을 잃는다. 여기서 바로 현실적 위험이 생겨난다. 우리는 하나님이 현재 정말 하고 계시고 장차 하시려는 일을 가로막을 수 있는 것이다. 우리는 지금이라는 시간 속에서 하나님과 함께 행동할 기회를 놓칠 때가 많다. 우리는 새 포도주를 담을 새 부대를 신속히 찾지 못한다.

하나님의 그런 새로운 움직임은, 히브리 백성이 "때가 차매" 애굽에서 나올 때도 있었고 바빌론에 포로로 잡혀갔다가 다시 나올 때도 있었다. 유대 문화 속에서 "그리스도인들"이 출현할 때도 그랬고, 유대 교회로부터 민족 개념이 없는 "그리스도의 몸"이 형성될 때도 그랬다.

그후로 하나님의 강력하고 편만한 역사는 그리스도께서 그 백성을 통해 지상에 체류하시는 동안 수없이 계속돼 왔다. 고전적 이교신앙의 전복, 수도원적 형태의 기독교 신앙 출현, 수도원 운동의 변천(시토 수도회, 프란체스코 수도회, 데보티오 모데르나 Devotio Moderna 등), 개신교 종교개혁, 경건주의, 웨슬리 부흥, 미국 부흥, 기타 20세기 카리스마적 반문화 물결('예수의 사람들' 등) 같은 역사적 영향력이 덜했던 많은 운동들이 거기 해당된다. 이런 운동의 발흥과 전개는 분명 하나님의 손이 우리 가운데 역사하신 결과다.

하나님은 지금도 역사하고 계신다. 영성 형성(앞서 말했듯이, 실제는 영적 **변형**)에 대한 추구는 사실 옛날부터 있었고 전 세계적인 것이다. 그것은 선에 대한 깊은 인격적, 심지어 생물학적 필요에 뿌리를 두고 있다. 그 필요가 인류를 놓아 주지 않는다. 많은 형태를 취했던 그 추구가, 지금 21세기 초를 맞아 우리의 현재 상황을 해결하고자 다시 표면에 떠오르고 있다. 나는 이것이 밀물처럼 밀려드는 하나님 생명의 한 자락이라고 확신한다. 그 생명이 우리의 오늘의 삶을 영원의 여정에 올려놓을 것이다. 우리 심령은 부르짖는다. "주님, 진심으로 신자 되고 싶습니다."[4]

현재 이토록 절감되는 이 추구는, 이렇듯 새로운 것이자 동시에 아주 오래된 것이다. 아주 전망이 밝은 것이자 위험이 가득한 것이다. 우리의 부족함과 실패를 지적하는 것이자 은혜로 충일한 것이다. 인간을 향한 하나님의 영원한 추구의 표현이자 하나님을 향한 인간의 뿌리깊은 필요의 표현이다. 영성 형성에 대한 작금의 이런 추구는, 하나님의 사람들 안에 있는 그분의 생명에 필수적인 것이다. 그들은 오늘과 영원에 대한 그분 뜻의 완성을 향해 지금도 나아가고 있다.

영적으로는 물론 사회학적·역사학적으로 볼 때, 이 새로운 충동은 우리가 알고 있는 개신교 교단주의의 해체의 일면이자 그리스도인들의 새로운, 그러면서도 오래된 정체감 출현의 일면이다. 바로 모든 교단과 민족적·자연적 경계선을 넘어서는 것이다.

"나는 그리스도인인가?"라는 질문에 교단적·민족적·국가적 명칭이나 상징을 들먹이는 것은 더 이상 의미 있는 답이 못된다. 이것은 이제 일반적 인식이 됐다. 현재 지구상에는 33,800개의 기독교 교단이 있다.[5] 충분한 답이 되려면 분명 자신의 종교적 소속기관보다 깊이 들어가야 한다. 마음의 차원에서 내가 누구인지를 담아내야 한다. 하나님 앞에서, 그리고 언제나 **기독교 영성 형성**의 핵인 우리 존재의 심연 속에서 그렇게 해야 한다.

이런 답은 언제나 "하나님 앞에서" 요구되어 왔다. 누가 그것을 부인할 수 있으랴. 그러나 우리는 그것을 항상 인식하거나 충분히 강조하지 못했다. 특히 근년에 그렇지 못했다. 다행히 요즘은 그 점에 대한 인식이 높아지고 있다. 이런 변화는 지극히 선한 것이며, 전 세계 그리스도인들의 가까운 과거와 결별하는 아주 장래성 있는 것이다.

기독교 고유의 영성 형성

우리는 이렇게 말할 수 있다. 기본적으로 그리스도인의 영성 형성이란, 성령의 주도로 인간 자아의 내면세계가 형성되되 그리스도 자신의 내면을 닮아가는 과정이다.[6] 이것이 오늘날 갖는 의미가 무엇인지 지금부터 우리는 신중히 살펴봐야 한다. 그러나 이 점만은 미리 못박아 둘 수 있다. 즉 그리스도 안에서 영성 형성이 성과를 거두는 정도만큼 개인의 외면생활은 예수의 성품과 가르침의 자연스런 표현이나 발로가 된다는 것이다.

기독교 영성 형성의 초점은 전적으로 예수께 있다. 목표는 그리스도를 따르고 순종하는 것이다. 순종은 내적 변화의 결과며, 내적 변화는 그리스도 안에 있는 하나님의 은혜와 의지적으로 교류할 때 이루어진다. 순종은 기독교 영성 형성의 필수적 결과다(요 13:34-35; 14:21).

그러나 "그리스도를 닮은 모습"의 **외면적** 표출은 영성 형성 과정에서 핵심이 아니다. 주요 강조점을 거기에 둔다면 이 과정은 생명 없는 율법주의와 부질없는 파벌주의에 빠져 실패할 수밖에 없다. 과거에 그런 일이 수없이 있었으며, 그 사실이야말로 현재 기독교 영성 형성을 전심으로 받아들이지 못하게 하는 주요 장애물이다. 특이한 형태의 복장과 행동과 조직이 관건이 아님을 이제 우리는 안다.

소위 "외관주의"externalism는 신약 시대에도 위험 요소였다. 그러나 "너희 속에 그리스도의 형상을 이루[는 것]"(갈 4:19)이야말로 기독교 영성 형성의 영원한 표어다. 이 말씀은 "의문(儀文)은 죽이는 것이요 영은 살리는 것"(고후 3:6)이라는 깊은 도덕적·영적 통찰을 통해 한층 강화된다.

간단한 예로, 예수의 산상수훈(마 5-7장)에는 분노의 행동, 정욕의 눈길, 냉혹한 이혼, 조종하는 말, 악을 악으로 갚는 것 등 다양한 악행이 언급된다.7 마음에서 비롯된 하나님 나라의 삶이 어떠해야 하는지에 대한 그분의 표현이다. 그러나 풍부한 경험이 가르쳐 주듯이, 단순히 **행위**로만 그분 말씀에 따르려 한다면 그것은 불가능한 일을 시도하는 꼴이다. 아울러 명백히 잘못되고 심지어 우스꽝스러운 행위로 이어진다. 그리스도께 대한 당연한 헌신 행위로 자신을 거세(去勢)하는 것 등인데, 안타깝게도 기독교 역사에 그런 일이 반복해서 있었다.

영성 형성의 "외면적" 해석은 구체적 **행위**를 강조하여 단지 "서기관과 바리새인의 '의'"만 가중시킬 뿐이다. 그것으로는 마땅히 "더 낫지 못하[여]"(마 5:20) 철두철미 **내 존재**의 참된 변화를 이룰 수 없다. 그리스도의 나라 안에서 풍성하게 살아가는 그분의 사람이 될 수 없다.

은혜와 안식의 길

그러므로 기독교 영성 형성의 도구는 우리의 통제 아래 있는 인간적 노력과 행위를 훨씬 능가한다. 영성 형성은 수동적 과정이 아니기 때문에 지식에 바탕을 둔 인간의 노력도 물론 꼭 필요하다. 그러나 그리스도를 닮은 내면은 인력으로 얻을 수 있는 것이 아니다. 궁극적으로 그것은 은혜의 선물이다.

인간 행동도 필요하지만 영성 형성의 자원은 인간의 차원을 훨씬 벗어난다. 그 자원은 그리스도를 믿는 자들의 삶에 거하며 교류하시는 성령의 임재에서 온다. 또한 과거와 현재를 통틀어 지상에 있는 그리스도의 사람들의 몸에 저장된 영적 보배—인간, 사건, 전통, 교훈—에서도 온다.

그러므로 우리는, 영성 형성이란 단지 **개인**의 심령이나 내면이 형성되는 것이 아님을 알아야 한다. 그것이 과정이자 결과이기는 하지만 말이다. 영성 형성은 하나님의 **성령께서** 하시는 일이요, 자기 백성 속에 계속 성육신하시는 그리스도의 영적 부(富)를 통해 이루어진다. 이 부에는 무엇보다 그분의 기록된 말씀과 들려주시는 말씀의 보배와 그분이 충만히 내주하신 자들의 놀라운 성품이 포함된다.

실제적 의미에서 영성 형성은 지치고 곤한 자들에게 안식의 길이며 짐이 가볍고 멍에가 쉬운 길이다(마 11:28-30). 그것은 잔과 대접의 안을 깨끗이 하는 길이며(마 23:26) 못된 열매를 맺을 수 없는 좋은 나무의 길이다(눅 6:43). 그리고 그것은 하나님의 계명이 힘들고 "무거운" 것이 아님을 깨닫는 길이다(요일 5:3).

그것은 예수께 배우는 제자(도제)들이 "하늘과 땅의 모든 권세를 내게 주셨으니……볼지어다. 내가 세상 끝 날까지 너희와 항상 함께 있으리라"는 약속 안에서 "내가 너희에게 분부한 모든 것을……지키[려]"(마 28:18, 20) 하는 길이다.

그러나—너무 중요하므로 재차 강조한다—여기서 일차적 "배움"은 어떻게 행동할 것인지가 **아니다**. 인간 삶의 일차적 과오나 문제가 우리 행위에 있지 않음과 같은 이치다. 물론 행동을 끊는 것만이 중요하다고 생각해도 무방할 정도로 인간 행동은 극악할 때가 많다. 그러나 그것은 정말 극악한 것을 회피하는 처사다. 바로 끔찍한 행동의 출처인 마음이다. 두 경우 다 중요한 것은, 생각과 감정과 성향과 선택의 측면, 곧 내면생활에서

우리가 어떤 사람이냐 하는 것이다. 외면의 악을 확실히 정복할 수 있는 것은 내면의 깊은 변화뿐이다.

이것을 늘 바로 알고 있기가 아주 어렵다. 그것을 놓치는 것이 영적으로 성장하지 못하는 주원인이다. 사랑은 오래 참고 온유한 것이라 했다(고전 13:4). 이제 우리는 인내와 온유의 **행위**로 사랑의 **존재**가 되려고 잘못 애쓴다. 그리고는 금세 실패한다. 물론 우리는 늘 행동에 최선을 다해야 한다. 그러나 우리가 사랑 자체—남의 유익을 구하려는 참된 내면의 준비와 갈망—에서 진보하지 않는 한 행동의 진보는 미미할 수밖에 없다. 내면에 상당한 진척이 없는 한 우리의 인내와 온유는 기껏해야 얄팍하며 잠깐뿐이다.

"모든 것을 참으며 모든 것을 믿으며 모든 것을 바라며 모든 것을 견디[며]……언제까지든지 떨어지지 아니[할]"(고전 13:7-8) 능력을 지닌 것은 사랑 자체이지 사랑의 행위나 심지어 사랑하려는 소원이나 의지가 아니다. 사랑의 행위에만 애쓸 때 그것은 절망을 낳고 사랑의 실패를 낳는다. 우리에게 분노와 낙심을 안겨 준다.

그러나 반대로, 영성 형성을 통해 우리 존재의 심연에 사랑 자체—하나님식의 사랑—가 심겨지면 처음에는 자신조차 놀랄 정도로 사랑의 행위가 가능해진다. 그리고 그 사랑은 자신과 남들에게 끝없는 기쁨과 새 힘의 출처가 된다. 사실 그것은 약속대로 "영생하도록 솟아나는 샘물"(요 4:14)이 된다. 삶 속에 져야 할 짐이 늘어나는 것이 아니다. 그러나 "사랑의 행위"만이라면 반드시 짐이 될 것이다.

하나님의 성령은 우리 시대에 "영성 형성"의 용어와 실체를 새롭게 하시며, 그 실체에 이르는 길을 새로이 열어 주신다. 이제 그분은 자기 사람들을 불러 성품 변화의 충분한 기초 위에 살게 하신다. 그 결과는 그리스도께 순종하는 풍성한 삶이다. 이것은 정말 다른 세계다. 현재는 그리스도인들이 가까운 과거에 해왔던 똑같은 일들을 계속 되풀이할 때가 아니다. "이번엔 진짜"라는 말만 덧붙이면서 해온 것처럼 말이다. 지금은 우리 개인이나 기독교 단체나 초점을 바꿀 때다.

우리가 그리스도의 사람들로서 진정으로 그리스도의 마음의 길에 들어선다면, 개인들은 본연의 인간 모습인 교만함과 둔감성과 자기만족을 씻음받아 철저히 선하고 경건한 인간이 되는 확실한 길을 찾을 것이다. 그렇게 될 때 기독교 모임들은 과거 많은 시점에 이루었던 모습이자 오늘 세상이 절실히 요청하는 모습, 곧 견줄 나위 없는 생명의 학교가 될 것이다. 그것은 지금 질적으로 영원하며 양적으로 끝없는 생명이다.

이것은 가능한 일이다. 인간 심령과 내면, 그리고 그것이 그리스도 안에서 새롭게 되는 과정이 질서의 영역인 까닭이다. 무질서와 상처 속에도 하나님은 질서정연한 회복의 길을 마련해 주셨다. 은혜는 원칙을 배제하지 않으며 원칙도 은혜를 배제하지 않는다. 은혜는 원칙으로 형통하며 원칙도 은혜로 형통한다.

따라서 그리스도 안의 영성 형성은 신비롭고 비합리적이거나 심지어 병적인 과정이 아니다. 그것은 언제 어디서나 번개처럼 떨어지는 것이 아니다. 신기한 의식(儀式)과 고대 관습 속에 거할 때 우리에게 마술처럼 주어지는 것도 아니다. 영적 체험(다메섹 도상의 바울 등)이 영성 형성의 뜻깊은 일부가 될 수 있고 간혹 그럴 때가 있지만, 영성 형성은 영적 체험으로 이루어지지 않는다.

선뜻 인정하거니와, 영성 형성은 은혜를 수동적으로 보는 견해와 정반대다. 사실 그런 견해가 현재 널리 퍼져 있다. 그러나 하나님이 의도하신 영적 성장의 결과를 얻으려면, 우리는 하나님이 은혜 아래 정해 주신 영혼의 질서를 발견하고 존중하며 거기에 협력해야 한다.

영성 형성은 우리 인간이 이해할 수 있고 마땅히 이해해야 하는 일이다. 개인으로서 그리고 예수의 다른 제자들과의 교제권 안에서 그렇다. 그것은 말씀과 성령을 통한 하나님의 은혜 역사의 깊은 표출이자, 동시에 우리가 하나님 앞에서 책임감을 가지고 지각 있고 체계적인 방식으로 성취에 나설 수 있는 일이다.

따라서 이 책의 취지는 극히 실제적이다. "하나님 나라와 의를 구하는" 자들을 도와 그 나라와 의를 찾아 그 안에서 충만하게 살도록 하는 것이다. 그리스도의 지상명령의 모든 내용을 진지하게 수행할 뜻으로, 사람들에게 그분이 분부하신 모든 것을 행하도록 가르치는 단체 지도자들에게도 도움이 되었으면 좋겠다(마 28:18-20).

끝으로, 이 책은 모든 구도자—명시적으로 그리스도인이든 아니든—에게 하나님 안의 선에 이르는 길을 제시한다. 인간 심령의 본성적 갈망이 바로 그것이다. 이 책은 다음 가사와 같은 심정으로 예수 그리스도 그분의 내면의 삶을 얻고자 간절히 원하는 모든 이들에게 길잡이가 되어 줄 것이다.

내게 효험 되어서

정결하게 하소서.[8]

묵상 및 토의 질문

1. 예수께서 주시는 "물"을 마시면 다시는 목마르지 않는다는 약속을 당신은 어떻게 이해하는가?(요 4:14) 그것은 실제적으로 당신에게 어떤 의미가 있는가? 당신이 아는 다른 사람들에게는 어떤 의미가 있는가?

2. 당신의 영적(비신체적) 측면을 비교적 상세히 설명할 수 있는가? 그 측면은 당신의 행동과 삶에 어떤 영향을 미치는가? 캘커타의 테레사 수녀 같은 성인과 골수 테러리스트의 영적 측면으로까지 확대하여 설명해 보라.

3. 예수와 그분의 제자들이 성품 변화를 통해 영속적 세계 변혁을 꾀한다는 개념에 당신은 동의하는가?

4. "영적"인 것이라고 해서 무조건 "선한" 것이 아니라는 말은 사실일 수 있을까?

5. 단지 인간적 실체와 사업으로서의 영성 형성과 기독교 고유의 영성 형성을 비교해 보라.

6. 최근 일반사회에나 기독교 교계에나 영성 형성에 대한 관심이 폭넓게 고조되고 있다. 몇 가지 배후 요인은 무엇인가?

7. 영성 형성의 "표피적·외면적" 해석에는 어떤 위험이 도사리고 있는가? 이것은 율법주의와 어떤 연관이 있는가?

8. 최근에 대두된 영성 형성은 우리 시대에 그리스도의 일을 진척시키고 인간의 삶에 복을 가져다 줄 수 있는 참된 새 기회인가?

인생 시스템 안에서의 마음

> 어떤 율법사가 일어나 예수를 시험하여 가로되 선생님, 내가 무엇을 하여야 영생을 얻으리이까. 예수께서 이르시되 율법에 무엇이라 기록되었으며 네가 어떻게 읽느냐. 대답하여 가로되 네 마음을 다하며 목숨을 다하며 힘을 다하며 뜻을 다하여 주 너의 하나님을 사랑하고 또한 네 이웃을 네 몸과 같이 사랑하라 하였나이다. 예수께서 이르시되 네 대답이 옳도다. 이를 행하라. 그러면 살리라. _누가복음 10:25-28

관심은 이해를 요한다

이해는 관심의 기초다. 관심을 가지려면 우선 그 대상을 이해해야 한다. 대상이 화초든 국가든 마찬가지다. 당신의 영적 핵—당신의 마음/의지—에 관심을 가지려면 그것을 이해해야 한다. 즉 당신의 심령을 이해해야 한다. ("마음" "의지" "심령" 등 용어의 의미는 아래에서 밝힐 것이다.)

당신 마음을 경건하게 형성하거나 남들의 그 과정을 도우려면, 마음의 본질과 기능이 무엇이며 특히 인생 시스템 전체에서 마음이 차지하는 자리가 무엇인지 이해해야 한다.

몇 해 전 『리더스다이제스트』에 귀, 허파, 발, 위 등 다양한 신체 부위에 대한 유익한 기사가 간격을 두고 실렸다. 취지는 독자들의 신체 건강관리를 돕기 위한 것이었다.

제목은 언제나 비슷했다. "안녕, 난 조[Joe]의 간이야"(간 대신

허파, 발 등). 간이나 기타 기관의 특성과 구조가 기술된 뒤 몸 전체에서 차지하는 역할이 설명된다. 그리고는 그 신체 부위를 좋은 상태로 유지하고 기능을 원활하게 하기 위한 방법이 제시된다.

그렇다면 이번 장 제목은 "안녕, 난 조의 마음이야"라 할 수 있다. 취지는 마음(심령/의지)의 본질과 인간 전체 내에서의 기능을 설명하는 것이다. 그러기 위해 먼저 인간 전체를 살펴본 뒤 마음 등 인간을 구성하는 다양한 측면들을 구분하고자 한다.

인간 본성에 대한 현대의 전투

어떤 상황에서든 이 일은 쉬운 일이 아니다. 그러나 그것을 이중삼중으로 어렵게 하는 요인이 있다. 오늘날 **인간 본성**이 각기 상충되는 학문적·과학적·예술적·종교적·법률적·정치적 견해의 전쟁터가 되고 있다는 사실이다.

여기서 독자들에게 꼭 부탁할 것이 있다. 다음 몇 문단의 내용을 단지 학문적인 것으로 여겨 중도에 제쳐 두지 말기 바란다. 현대 "서구문화"의 학문은 더 이상 "학문적인" 것이 아님을 우리는 알아야 한다. 오늘날에는 세계의 관념체계를 지배하고 인간 본성에 대한 전통적 주장—특히 인생에 대한 유대-기독교적 또는 성경적 이해—을 반박하는 것이 곧 학문이다.

오늘 당신은 소위 배웠다는 많은 사람들한테서 인간 본성 같은 것은 존재하지 않는다거나 인간에게 본성이란 없다는 말을 들을 것이다. 여기서 다룰 수는 없으나 그런 주장 뒤에는 기나

긴 역사적 배경이 있으며 중요한 부분이 전혀 없는 것은 아니다. 그러나 그 중요한 부분은 인간에게 본성이 없다는 말을 통해 왜곡되며, 나아가 "정체성"identity 규정에 대한 사나운 정치적·도덕적 분노로 변한다. 정체성이 자유를 제한한다는 개념에 기초한 분노다. 그것이 현대생활의 특징이다. 예컨대 나는 배추나 다람쥐가 아니라 인간이건만 그것은 내가 할 수 있는 일, 마땅히 해야 할 일, 의당 받아야 할 대우에 제약을 가한다.

인간 본성에 대한 이런 전쟁 상태는 우리에게 적어도 두 가지를 말해 준다.

첫째, 인간 본성의 문제가 대단히 중요한 것임을 말해 준다. 그냥 밀쳐두기에는 너무 중요한 문제다. 영성 형성과 예수께서 가져다 주시는 영적 삶에 대해 뭔가 쓸 만하게 말할 것이 있으려면 반드시 이것을 다루어야 한다. 그렇지 않으면 우리의 말은 실제 인간의 구체적 실존과 전혀 무관할 것이다. 안타깝게도 그것이 "영적"인 세계에 대한 논의의 실상일 때가 비일비재하다.

둘째, 현재 공적으로 팽배한 인간 구조에 관한 혼돈은 내재적 모호함 때문이 아닐 수 있음을 말해 준다. 오히려 다음 사실에 기인할 수 있다. 이 분야에 중무장한 편견들—저마다 옳다고 여기는 가정, "사실 운운하며 날 귀찮게 하지 마" 등—이 선의의 사람들마저 방해해 실체를 보지 못하게 한다는 사실이다. 사실 그 실체란 최소한 기본 윤곽에서만은 매우 단순 명료하고 확실하다.

우리가 특히 우려하는 주장들이 있다. 인간이란 순전히 육체적 존재요 동물이며 한마디로 두뇌밖에 없다는 취지의 주장이다. 또 인간은 그대로 선하다거나 본인이 원치 않는 것을 강제로 시켜서는 안된다는 주장이다. 또 인간에게 사실상 본성은 없으며, 성별·인종 등 인간에 관한 모든 구분은 사회단체나 문화의 판단과 동기 외에는 전혀 실체가 없는 사회적 "구성물"이라는 주장이다. 현재 정부와 사회기관들은 이런 주장에 극히 경도돼 있어 인간을 사회적 구성물로 보고 있다.

현실이 그렇다보니, 평소 생각이 깊다는 사람들도 전통적으로 인생에 관한 최고의 "상식"으로 통하던 것들의 가치, 그리고 대다수 문화의 지혜 전통에 보존돼 온 것들의 가치를 놓칠 수 있다. 이 가치는 특히 인간 자아에 대한 지혜에서 세상 최고의 양대 출처인 유대-기독교적 전통과 그리스 전통(성경과 고전)에 잘 보존돼 있다.

현대의 편견들을 버리고 이 두 출처를 신중히 살펴보면, 내가 믿기로는 "마음" "심령" "의지"(또는 그에 상응하는 것들)가 한 가지 동일한 것, 즉 인간의 동일한 근본 요소를 지칭하는 말임이 분명해진다. 다만 동일한 것이되 강조하는 측면이 다르다. "의지"는 그 근본 요소의 능력 가운데 행동에 착수하고 창조하며 없던 것을 있게 하는 힘을 가리킨다. "심령"은 그것이 육체적 실체와 분리 독립된다는 근본 특성을 지칭한다. "마음"은 그것이 인간 안에서 차지하는 자리가 중심 또는 핵임을 가리킨다. 자아의 모든 다른 요소의 해당 기능은 거기서 나온다. 그럼에도 이 셋은 이 모든 기능을 갖춘 인간의 동일한 차원이다.

이런 예비적 이해를 바탕으로 지금부터 "조^{Joe}의 마음"을 살펴보자. 웬만큼 선한 질서 속에 살아가는 삶에서 그것이 기능하는 방식을 생각해 보자.

마음은 삶을 지배한다

마음이 잘 간수된 자들은 인생 상황에 선하고 옳은 쪽으로 반응할 준비와 능력을 갖춘 자들이다. 그들의 의지는 제 기능을 다하여 선을 택하고 악을 피하며, 그들 본성의 다른 요소들도 그 목표에 협력한다. 그들이라고 "완벽할" 필요는 없다. 그러나 모든 사람들이 최소한 삶의 작은 영역에서 이따금씩 관리하는 것을 그들은 삶 전체에서 관리한다.

이 말이 무슨 뜻이며 왜 그런지 살펴보려면, 먼저 **인간 시스템 안에서** "마음/심령"이 무엇이며 어떻게 하면 그것이 우리 삶을 선한 쪽으로 잘 다스릴 수 있는지 분명히 알아야 한다.

인간의 마음/의지/심령은 인생의 중앙 살림부서다. 마음이란 전인(全人)의 결정과 선택이 내려지는 곳이다. 그것이 마음의 기능이다.

그렇다고 전인이 실제로 마음의 지시대로만 움직인다는 말은 아니다. 전체 기관이 실제로 정확히 최고경영자(CEO)의 지시대로만 움직이지 않는 것과 마찬가지다. 그것이 이상적일 것이다(물론 그렇지 않을 수도 있다). 하지만 CEO 등 관리직에 있는 자라면—가장(家長)도 마찬가지—누구나 알듯이, 시스템이 지시대로 돌아가는 경우는 드물며 완벽한 경우는 전무하다. 실제로 발생하는 행동과 결정 속에는 언제나 많은 요인들이 작용한다. 집단과 마찬가지로 개인도 조각조각 앞뒤가 맞지 않게 나누일 때가 많다. "자기의 마음을 제어하지 아니하는 자는 성읍이 무너지고 성벽이 없는 것 같으니라"(잠 25:28).

그래도 실생활이 부과해 오는—"분쟁하는 집은 서지 못하리라" 등—필요성 때문에 이상은 여전히 존재한다. 우리가 그 이상에 가까워지는 만큼만 우리 삶은 체계가 잡히고 일관성을 띠게 된다. 악과 우연 발생적 "사건"에 지독히 감염된 세상이다 보니, 개인들이 자기 마음의 지시대로 선과 의를 일관성 있게 행하지 못하는 것이 통상적 모습이다. 온갖 종류의 집단들도 대부분 마찬가지다.

지향하는 선을 향해 일관성 있게 기능하는 단체를 찾기란 얼마나 힘든 일인가. 사실 단체는 대개 멤버들의 분열된 마음과 삶을 일개 개인보다 더 적나라하게 보여준다. 범위가 넓고 복잡성이 더하기 때문이다. 제대로 잘될 경우, 영성 형성(실제로는 **변혁**)은 개인의 분열된 마음과 삶을 하나로 모아 준다. 그럴 때 그 사람은 자신이 속한 단체에 놀라운 화합을 이룰 수 있다.

인간 삶의 여섯 가지 기본 측면

전인을 자세히 뜯어보면, 모든 인생 개개인의 삶 속에 여섯 가지 불가분의 기본 측면이 있음을 알 수 있다. 이들이 함께 상호작용하여 "인간 본성"human nature을 이룬다.

1. 생각(이미지, 개념, 판단, 추론)

2. 감정(감각, 정서)

3. 선택(의지, 결정, 성품)

4. 몸(행동, 물리적 세계와의 상호작용)

5. 사회적 정황(타인과의 개인적·구조적 관계)

6. 영혼(위 모두를 통합해 한 생명을 이루는 요인)

간단히 말해 모든 인간은 생각하고(사고생활이 있고), 느끼고, 선택하고, 제 몸과 사회적 정황으로 더불어 상호작용하고, 이 모두를 한 생명의 부분들로 (어느 정도) 통합한다. 이것이 인간의 필수 요인들이다. 인생의 본질치고 이것을 벗어나는 것은 없다. 기독교가 이해하는 영적 삶의 이상은 인간 자아의 모든 필수 요소가 하나님을 통해 회복, 유지되어 그분 중심으로 올바로 조정된 상태다.

그리스도 안의 영성 형성이란 그 이상적 목표를 지향하는 과정이며, 결과는 마음과 목숨과 뜻과 힘을 다하여 하나님을 사랑하고 이웃을 내 몸처럼 사랑하는 것이다. 그럴 때 인간 자아는 하나님 아래 온전히 통합된다.

그리스도 안에서 신자의 구원이란, 본질상 전인적이며 삶 전체를 아우른다. 시편기자 다윗의 고백은 자신의 체험이자 메시아 예수에 대한 이해를 예언적으로 표현한 것이다. "나를 훈계하신 여호와를 송축할지라. 밤마다 내 심장(마음)이 나를 교훈하도다. 내가 여호와를 항상 내 앞에 모심이여. 그가 내 우편에 계시므로 내가 요동치 아니하리로다. 이러므로 내 마음이 기쁘고 내 영광(영혼)도 즐거워하며 내 육체도 안전히 거하리니"(시 16:7-9).

생각, 의지, 감정, 영혼, 몸 등 이 구절에 명백히 포함된 자아의 측면이 몇 가지나 되는지 보라. 성경 기록은 인간의 다양한 본질적 차원과 그것이 삶 전체에서 차지하는 역할을 반복적으로 강조한다. 기독교 전통의 영성 형성을 이해하는 데 중요한 부분은 성경의 그 기록방식을 바짝 좇아가는 것이다.

인간 자아는 신비가 아니다!

여기서 다시 독자들에게 부탁한다. 이 부분의 말을 단지 학문적인 것으로 생각하지 말기 바란다. 앞서 말한 것처럼 인간 자아는 "신비"가 아니다. 존재하는 다른 모든 것이 신비가 아닌 것과 똑같다. 물론 **무엇이든** 이해하려면 어느 정도 지적 주목과 체계적 연구가 필요하다. 신비는 아니라도 명확하지 않을 수 있다. 다른 것들보다 이해하기 어려운 주제도 있다. 그러나 하나님은 만물을 지으실 때 본질상 알 만하게 지으셨다.

모든 것은 각 부분들로 되어 있다. 부분은 특성을 지닌다. 특성은 부분과 부분을 잘 연결해 큰 전체를 이룬다. 큰 전체도 특성을 지닌다. 특성은 다시 큰 전체들을 잘 연결해 더 큰 전체를 이룬다. 그렇게 계속된다. 창조된 실체의 이런 기본 구조는 원자나 소금 알갱이에서 태양계나 은하수까지, 생각이나 감정에서 전인이나 사회 단위까지 모든 것에 적용된다.

물론, 결국 모든 존재는 그것이 하나님의 신비에 의존한다는 의미에서 신비롭다. 만물의 설명이 되시는 하나님 자신은 반드시 전혀 알 수 없는 분은 아니지만, 중대한 의미에서 설명 불가능한 분이어야 한다. 그러나 인간이 **무엇이냐**에 관해서라면, 인간은 특성과 기능을 지닌 부분들로 이루어진 특정 유형의 전체다. 부분이 모여 전인의 특성과 기능이 된다. 그것을 통해 다시 인간이 자연세계와 사회세계 그리고―그 모든 차원을 넘어 영적 존재로 온전히 살아있다면―하나님 나라와 맺는 관계가 가능해진다. 그것이 인간 본성의 구성 내용이다.

인생에 접근하는 우리 연구의 주제―우리 연구의 "분석 단위"―는 **사회적·영적 정황에 놓인 전인**이다. 앞서 말한 여섯 가지 측면은 각기 상이한 능력 범위, 곧 인간이라면―그러나 다람쥐나 배추는 아니다―누구나 할 수 있고 해야 하는 일들이다. 우리는 느끼고 생각하고 선택하고 행동하며, 외부에서 우리 몸에 행동이 가해질 수도 있고 또 마땅히 그래야 한다. 우리는 대인관계에 들어가거나 대인관계 없이, 존재의 이들 각 부분을 다른 모든 부분들과 통합해야 한다. 이 작업은 앞서 말했듯이 **영혼**의 일이다. 영혼은 인간의 삶에서 연합(또는 분열)의 가장 깊은 차원이며 구속(救贖)의 가장 포괄적 대상이다.

인간의 각 측면이나 차원은, 그 상태에 따라 전인에게 약점이나 강점의 출처가 된다. 그리고 각 측면의 상태는 결국 마음에 달려 있다. 인생 상황에 "선하고 옳은" 쪽으로 반응할 **준비**와 **능력**을 갖춘 사람은 잘 간수된 마음의 지도 아래, 나아가 하나님의 지도 아래 영혼에 질서가 잡혀 있는 사람이다. 인간의 각 차원이 수행하는 일을 염두에 두면 그 의미를 더 잘 알 수 있다. (여기서는 간략히 알아보고 나중에 한 장씩 따로 할애해 각 차원을 충분히 살펴볼 것이다.)

생각

생각이란 이런저런 소재를 다양한 방식(지각과 상상을 포함해)으로 머릿속에 넣음으로써, 다양한 관점에서 사고하며 그 상호관계를 추적하는 것이다. 생각을 통해 우리 의지/심령은 코앞에 닥친 환경의 테두리와 오감의 지각을 훨씬 넘어설 수 있다. 생각을 통해 우리 의식은 우주와 과거와 현재와 미래의 심연에 이르게 되는데, 이때 생각은 추리와 과학적 사고, 상상력과 예술을 통해 이루어진다. 물론 주로 생각의 형태로 오는 하나님의 계시를 통해서도 그렇게 된다.

감정

생각을 통해 머릿속에 들어온 소재에 끌리게 하거나 등돌리게 하는 것이 감정이다. 감정에는 생각거리의 존재나 소유에 대한 매력이나 반감, 좋고 싫음의 기류가 담겨 있다. 음식, 자동차, 관계, 직위, 기타 수많은 것들에 대한 우리 기분이 그 점을 잘 보여준다.

감정과 사고가 언제나 함께 다닌다는 점에 주목하라. 둘은 상호의존적이며 절대 분리되지 않는다. 생각으로 머릿속에 뭔가가 들어오지 않고는 감정도 없다. 사고 내용에 대한 긍정적 혹은 부정적 느낌 없이는 생각도 없다. 흔히 말하는 "무관심"은 결코 감정—긍정적이든 부정적이든—의 완전 부재가 아니라, 단순히 감정 수위가 유난히 낮은 것이며 대개는 부정적 감정이다.

사고와 감정의 연관성은 너무 밀접해 흔히 사고와 감정이 **함께** "생각"을 이루는 것으로 간주될 정도다. 나도 여기서 그런 태도를 취했다. 물론 이런 관점의 생각이란—저마다 다른 관점도 마찬가지—인간의 아주 복잡한 측면이며, 사고와 감정 속에 무수한 지류를 거느린다. 파괴된 영혼의 생각은 사고와 감정이 어지러이 뒤엉킨 두려운 광야다. 이것은 고집불통의 미련한 언동, 뻔한 모순, 혼돈 등으로 나타나며 강박증, 미침, 귀신들림의 지경까지 가는 경우도 많다. 생각의 이런 상태야말로 하나님을 떠난 세상의 특징이다. 그것은 "이 세상 임금"(요 12:31; 14:30)인 사탄에 지배당하는 생각이다.

의지(심령/마음)

의지란 달리 존재하거나 발생하지 않을 사건과 일을 **일으키는** 인간 기능이다. 결단이나 선택은 의지의 구사다. 여기 "일으킨다"는 말에는 인생에 가장 소중한 두 가지가 포함된다. 자유와 창의력이다. 제대로 이해한다면 둘은 사실 동전의 양면이다. 곧 **선이나 악을 행하는 능력**이다.

이 능력은 어디까지나 개개인 자신만의 것이다. 그들로 선악을 일으키게 **만드는** 것은 아무것도 없다. 자신이 원하면 할 수도 있고 안할 수도 있다. 자유 행동에 많은 조건이 따르지만, 조건이 행동을 만들어 내는 것은 아니다. 그것이 **내** 행동이라면 반드시 그런 조건에 나의 "예"나 "아니요"가 더해져야 한다. 상황에 대한 개인의 이 반응은 절대 외부의 강압이 아닌 내면의 답이다. 이것은 현실에 대한 나만의 반응이다. 내 것이다. **나다.**

다른 모든 반응이 내가 아니듯 말이다.

내면의 "예"가 없이는 죄도 없다. "예"나 "아니요"만이 **나**이기 때문이다. 죄에 대한 **생각**은 죄가 아니며 아예 유혹이랄 것도 없다. 유혹은 생각에 죄의 의향이 더해진 것이다. 그것은 그 생각에 집착하거나 행동화하려는 시도로 나타날 수 있다. 그러나 죄 자체는 우리가 유혹에 대해 속으로 "예"라고 말할 때, 설령 실제 행동하지 않는다 해도 행동할 **의사**를 품을 때 이루어진다. 선과 의를 행하는 쪽에도 비슷한 구분이 필요하다. 나중에 다시 나오겠지만 결단이나 선택과 관련된 이런 구분은 극히 중요한 것이다.

여기서 아주 분명히 해둘 점이 있다. 결단의 역량과 그것이 구사되어 나타나는 의지의 행동은 인간의 **심령**을 이룬다. 이렇게 협의로 국한하여 볼 때 "영적" 세계란 앞서 설명했던 것처럼 단지 비육체적 세계가 아니라 인간의 비육체적 부분의 중심 핵이다. 인간 안에는 육체적이 아니면서 "영적" 세계도 아닌—즉 의지에 속하지 않은—부분이 많이 있다.

이렇듯 인간 안에는 심령이 있다. 그것은 **내** 심령이다. 즉 **인간**의 심령이다. 영성 형성을 이해하려면 인간 심령이 무엇인지 알아야 한다. 일반적으로 심령이란 자력으로 시작해 자력으로 지탱하는 존재다. 순전히 영적인 존재, 곧 순전한 창조 의지와 성품을 지닌 존재는 하나님뿐이다. 그분만이 진정 "나는 스스로 있는 자"(출 3:14)라고 말씀하실 수 있다.

그분은 **비육체적·인격적 힘**이다. 그것이 그분의 전체적 근본 속성이다. 인간은 심령—비육체적·인격적 힘—의 작은 요소만 지녔으며, 그것은 인간 존재와 장차 되어질 모습의 **중심부**에 위치한다. 영성 형성이 가닿아 보살펴 변화시켜야 할 부분이 무엇보다 바로 이 심령(의지)이다. 인간 의지가 우선 경건한 성품을 받아야 하며, 그후 그 경건한 통치를 전체 인격으로 확장시켜 나가야 한다.

따라서 앞서 말한 것처럼 의지/심령은 인간 시스템의 **심장부**, 곧 존재의 **핵**이기도 하다. 성경이 인간의 선악을 마음의 문제로 가르치는 것이 그 때문이다. 인간을 대하실 때 그리고 인간으로 하여금 당신을 대하게 하실 때(대하 15:4, 15; 렘 29:13; 히 11:6), 하나님이 보시는 것은(삼상 16:7; 사 66:2) 마음이요(막 7:21) 심령이다(요 4:23).

생각과 감정이 분리될 수 없듯이 의지도 그 둘과 밀접하게 얽혀 있다. 선택하려면 생각 속에 대상이나 개념이 있어야 하며 좋거나 싫은 감정이 있어야 한다. 생각과 감정이 둘 다 개입되지 않는 선택이란 없다. 역으로, 우리가 정상적인 성인일 경우 인간의 감정과 생각은 다분히 선택의 문제다(그럴 수 있고 마땅히 그래야 한다). 즉 인간은 자신의 사고와 감정 내용에 매우 신중을 기한다. 영성 형성의 실제적 방법에서 아주 중요한 대목이다.

감정과 생각이 다분히 선택의 문제라는 사실은 안타깝게도 널리 이해되지 않고 있다. 감정의 경우 특히 그렇다. 우리는 감정을 수동성이 깔린 "정념"passion으로 본다. 그러나 나중에 살펴보겠지만, "정념"을 불러들이고 허용하고 다루는 것에서 우리는 사실 매우 능동적이다.

다시 말하지만, 영성 형성의 대상은 전인이다. 인간 자아의 다양한 기본 차원은 서로 분리될 수 없는 부분들이다. 그 측면들은 본질상으로나 기능상으로나 서로 철저히 맞물려 있다.

특히 이 시점에서 짚어 둘 것이 있다. **인간의 삶 전체는 의지만으로 움직이지 않는다.** 천만부당한 말이다. 그럼에도 불구하고 삶이 어떻게든 조정되려면 **반드시** 의지로 조정돼야 한다. 삶이란 "안에서부터" 통합되어야만 한다. 우리 삶을 하나의 전체로 조정하되 하나님 중심으로 조정하는 것, 그것이 의지/마음의 기능이다. 물론 내 실존이 내 자아나 주변 사람들에게 웬만큼 용납될 만한 것이 되려면 삶은 반드시 조정돼야 하고 잘 조정돼야 한다. 모든 문명은 그 형태를 떠나 이 점을 인식했다. 현대생활의 재난은 다분히 삶이 감정 중심으로 조정돼 있다는 사실에 기인한다. 사람들은 거의 항상 감정대로 행동하며 그것이 옳다고 생각한다. 상황은 감정을 유발하고 의지는 그 감정에 힘없이 끌려 다닌다. 오늘 기독교 영성 형성은 이 사실을 똑바로 직시해 극복해야 한다.

몸

몸은 물리적·사회적 세계 안에서 우리 존재의 집약점이다. 우리 실존은 몸과의 연합을 통해 시작되어 영원히 존재할 그 모습이 된다. 몸은 우리의 일차적 에너지원이나 "힘" 곧 개인화된 전원함(電源函)이며, 최소한 얼마동안은 하나님께 반항할 수도 있는 곳이다. 바깥세상의 자극을 느끼는 곳도 몸이고 타인들과 서로 대면하는 곳도 몸이다.[1]

인간의 대인관계는 몸과 분리될 수 없다. 거꾸로 몸도 대인

관계와 따로 떼어서는 이해할 수 없다. 몸은 본질상 사회적이다. 따라서 영원히 우리 몸은 인간인 우리 정체의 일부다. 예컨대, 나는 영원히 메이미 조이스 린즈미스와 앨버트 알렉산더 윌라드의 아들이다. 내 몸은 그들을 통해 하나님께로부터 왔다. 나를 나 되게 한 사회적·영적 정황을 제공한 것은 무엇보다도 그분들이다.

똑같이 중요한 것이 있다. 우리는 **몸으로** 산다. 앞서 말했듯이, 우리는 의지만으로 살지 않는다. 얼마나 다행인가! 선택이 성품으로 굳어지면(뒤에서 설명할 것이다) 선택은 사회적 정황에서 우리 몸에 "하청"이나 "외주"를 준다. 그렇게 되면 선택은 상당히 "자동으로" 이루어진다. 내가 지금 무슨 행동을 하는지 굳이 생각할 필요 없이 말이다.

대체로 그것은 아주 좋은 일이다. 스케이트 강습, 차 운전, 언어 회화 등 내가 하고 있는 일을 **생각해야만** 한다는 것이 얼마나 부담스런 일인지 생각해 보라. 굳이 매번 생각이나 결정을 거치지 않고도 특정 활동을 내 지배 아래 두는 것이야말로 일부 활동의 학습과 훈련 목표 자체다. 몸이 그것을 가능케 한다. 몸에는 몸만의 "지식"이 있다.

몸의 이런 기능—이를테면 "나만의 생명을 지니는" 역량—은 근본적으로 선할 뿐 아니라 심지어 영광스럽기까지 하지만, 그것은 또한 영성 형성의 주요 문제이자 주요 대상이기도 하다. 몸이 악하고 어긋난 세상에서 훈련되었기 때문이다. 그래서 몸은 "생각하기 전에" 잘못 행동하게 된다. 바울의 말대로 "그 지체 속에 죄의 법"을 품고 있다. 그것은 심령이나 의지보다 먼저 튀어나와 본의를 틀어 놓을 수 있다.

바울은 "이것을 행하는 자가 내가 아니요 내 속에 거하는 죄니라"(롬 7:17)고 부르짖는다. 또 "육체의 소욕은 성령[심령]을 거스리고 성령[심령]의 소욕은 육체를 거스리나니 이 둘이 서로 대적함으로 너희의 원하는 것을 하지 못하게 하려 함이니라"(갈 5:17)고 말했다.

그러나 동시에 몸의 이 놀라운 기능도, 인간 삶의 다른 차원들처럼 개혁되어 그리스도를 닮아가는 길에 우리 동지가 될 수 있다. 나중에 보겠지만, 몸의 개혁은 영성 형성 과정의 중요한 부분이다. 성경적 관점에서 몸이란 본질상 악하지 않다. 악에 물들어 있지만 구속(救贖)될 수 있다. 영성 형성도 본질상 육체적 과정이다. 몸이 변화되지 않고는 성공할 수 없다.

사회적 정황

인간 자아는 타인 안에 뿌리를 두어야만 한다. 이것은 주로 존재론적 문제, 곧 우리가 어떤 **존재인가**의 문제다. 단지 도덕적 문제, 곧 어떤 모습이 **옳은지**의 문제가 아니다. 도덕적 측면은 존재론적 측면에서 파생된다.[2]

인간에게 가장 근본적 "타자"는 물론 하나님 자신이다. 인간에게 하나님은 궁극적인 사회적 실체다. 전반적으로 인간이 어떤 다른 것, 예컨대 섹스나 죽음보다 하나님 생각을 더 많이 하는 것도 그 때문이다. 그러나 **만인**이 하나님 안에 뿌리를 두어야 하기에—원하든 원치 않든 실제 그분께 뿌리를 두고 있다—우리 대인관계는 공유된 그분과의 관계와 분리될 수 없고, 그분과

의 관계도 우리 대인관계와 분리될 수 없다. 타인을 하나님과 그 사람의 관계 안에서 보지 못하는 한, 우리의 대인관계는 바를 수 없다. 그분은 타인을 통해 우리에게 오시며, 우리도 타인을 그분 안에서 볼 때에만 **진정** 상대를 만날 수 있다.

"누구든지 하나님을 사랑하노라 하고 그 형제를 미워하면 이는 거짓말하는 자니, 보는 바 그 형제를 사랑치 아니하는 자가 보지 못하는 바 하나님을 사랑할 수가 없느니라"(요일 4:20). 우리는 하나님 및 타인들과 바른 관계에 있을 때만 본연의 삶을 살 수 있다. 이번 장 앞에 인용한 양대 지상계명이 거기서 나온다. 어머니나 타인이 사랑으로 받아 주지 않은 아기는 평생 가는 상처를 입거나 심지어 죽을 수도 있다. 아기가 자아와 삶을 입으려면 어머니나 중요한 타인과 결속돼야 한다. 연령과 상관없이 거부는 영혼을 찌르는 비수다. 그것이 실제로 많은 사람을 죽였다. 서구문화는 다분히 알게 모르게 거부의 문화다. 거부는 소위 "현대성"의 불가피한 결과 중 하나로, 우리 시대 기독교 기관들이 취하는 구체적 형태에 깊은 영향을 미치고 있다. 거부는 우리 영혼에 스며들며 그리스도 안의 영성 형성에 치명적인 적이다.

대인관계는 위력이 있다. 내 심령과 삶 전체의 형성에서 타인들은 좋은 쪽으로든 나쁜 쪽으로든 막대한 중요성을 갖는다. 물론 이 관계의 초점은 우리 몸이다. DNA부터 "외모"(내 모습은 어떤가, 나는 남을 어떻게 보며 남은 나를 어떻게 보는가)까지, 함께 살을 맞대고 일하는 것부터 함께 대화하고 기도하는 것까지 그렇다.

그러나 타인과 더불어 있는 것, 곧 우리의 사회적 차원도 우리 **내면**의 생각과 감정과 선택과 행동과 분리될 수 없다. 그런 것들의 존재와 본질은 우리의 사회적 정황과 동떨어진 것이 아니다. 우리 구주요 스승이요 친구이신 그리스도와의 관계 자체도 사회적 차원에 좌표를 둔다. 즉 지상에서 그분의 몸—그분의 지속적 성육신인 교회—안이 우리 자리다. 바로 이해한다면 "교회 밖에 구원이 없다"는 말은 사실이다. 물론 "이" 교회, "저" 교회의 의미로는 아니다.

영혼

영혼은 인간의 다른 모든 차원을 통합하여 하나의 삶을 이루는 차원이다. 영혼의 직접적 활동 범위는 다른 차원들(생각, 몸 등)로 구성되며, 그것들을 통해 영혼은 인간의 광활한 환경인 하나님과 피조세계로 무한히 깊이 들어간다. 그런 면에서 영혼은 복합차원이나 고등차원이라고 할 수 있다. 영혼은 저마다 영적 우주의 별이라는 말이 있다. 그것이 영혼 본연의 모습이다(마 13:43). 의심의 여지없이 이것은 성경적 관점이다. "영혼"이야말로 가장 깊은 차원의 전인을 가리키는 용어임을 생각할 때 그렇다.

영혼은 전인을 아우르며 전인을 "조정"한다. 그래서 영혼은 인간 **자체**로 통할 때가 많다. 우리는 인간을 자연스럽게 "영혼"으로 대한다. 그러나 물론 영혼이 인간은 아니다. 그보다 영혼은 총체적 운영의 관점에서 자아의 가장 깊은 부분이다. 몸처럼 영혼도 의식의 감독 없이 움직일 역량이 있다(대체로 그렇게 움직인다).

영혼은 어떤 면에서 컴퓨터와 같다. 컴퓨터는 사업체나 공장을 탈 없이 돌아가게 할 때는 눈에 띄지 않다가도, 고장나거나 업무가 바뀌어 조정이 필요할 때만 눈에 띈다. 영혼도 상당 수준 "프로그램 개정"이 가능하다. 이 또한 인간의 영성 형성(개혁)에 들어가는 중요한 부분이다.

영혼은 극히 포괄적·근본적일 뿐 아니라 어느 정도 의식의 지시와 독립돼 있다 보니, 성경과 시어에서 3인칭으로 지칭될 때가 많다. 시편기자는 "내 영혼아, 네가 어찌하여 낙망하며 어찌하여 내 속에서 불안하여 하는고. 너는 하나님을 바라라. 그 얼굴의 도우심을 인하여 내가 오히려 찬송하리로다"(시 42:5)고 말했다. 누가복음 12장의 어리석은 부자는 "영혼아, 여러 해 쓸 물건을 많이 쌓아 두었으니 평안히 쉬고 먹고 마시고 즐거워하자"(19절)고 했다. 올리버 웬델 홈즈^{Oliver Wendell Holmes}는 '앵무조개'라는 시에서 "오 내 영혼아, 세월이 유수 같으니 웅장한 맨션을 더 많이 짓거라"고 노래했다.[3]

그러나 이토록 광활하고 독립적인 영혼이지만, 인간의 작은 행정중추인 심령/의지가 하나님을 힘입어 그 영혼의 방향을 조정하고 개혁할 수 있다. 그 방법은 주로 몸의 방향을 조정하는 것이며, 이때 사용되는 것이 영적 훈련들과 하나님 아래 있는 다양한 다른 형태의 경험이다.

전체 그림

이 모든 내용을 바탕으로 이제 인간 자아 전체를 아래처럼 그림으로 나타내 보는 것도 좋을 것이다.

물론 비물리적·역동적 실체를 도표화한다는 것은 언제나 역부족이지만, 그럼에도 유익할 수 있다. 우리가 이해하려는 바의 중요한 측면들을 그림이 잘 보여줄 수 있다.

그림에서 안쪽 원은 바깥쪽 원을 **배제**하지 않고 오히려 그것을 부분적으로 포괄하고 있음에 주의하라. 즉 바깥쪽 원을 밀쳐

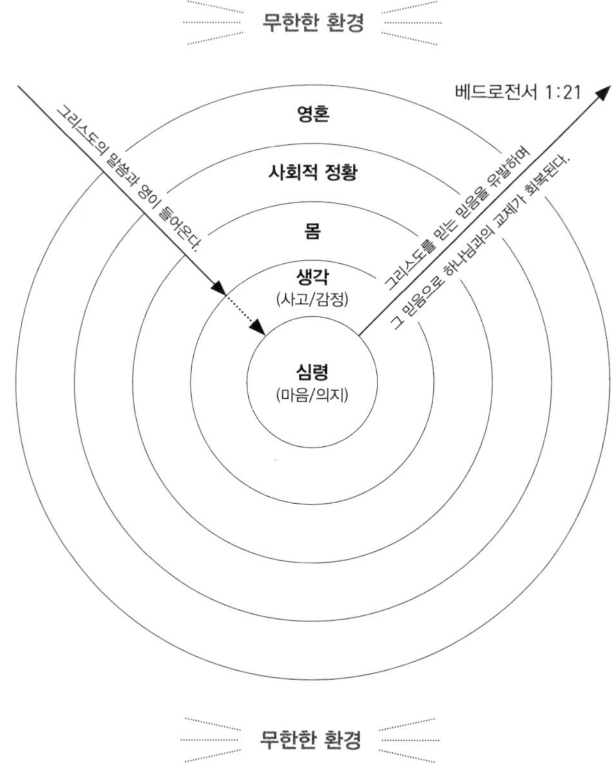

내는 것이 아니라 그 위에 포개진 것이다. 그러나 바깥쪽 원이 나타내는 것이 안쪽 원이 나타내는 것보다 언제나 더 많다.

즉 심령(마음/의지)이 생각과 얽혀 있기는 하지만 심령보다 생각의 영역이 크고, 생각이 몸과 얽혀 있기는 하지만 생각보다 몸의 영역이 크다. 계속 같은 이치다. 영혼은 가장 바깥쪽 원으로 무한한 환경과 접해 있다. 그것은 영혼이 자아의 가장 포괄적 차원, 다른 모든 차원의 근본이라는 뜻이다. 전적으로 인간 밖의 출처—하나님은 물론이고 다른 선악의 세력도 가능하다—에서 직접 영혼에 접근할 수 **있다**는 뜻도 있다.

영혼의 외벽은 생물학적 유기체의 삼투막에 견줄 수 있다. 삼투막은 외부 물체 가운데 일부만 통과시키도록 돼 있다. 그 벽이 무너지면 인간은 자신이 감당 못할 세력에 좌우된다. 영혼은 하나님의 보호 아래서만 본연의 모습대로 손상되지 않고 제 기능을 다할 수 있다. 주님은 "모든 영혼이 다 내게 속한지라"(겔 18:4)고 말씀하셨다.

행동의 영향력

이제 행동으로 넘어간다. 우리 행동은 **언제나** 인간 삶의 보편 요인인 심령, 생각, 몸, 사회적 정황, 영혼의 **상호작용**에서 나온다. 행동이 의지만의 작용으로 나올 때는 전혀 없다. 종종—어쩌면 대개—우리 행동은 고의적 선택의 결과나 단순한 의지 행위가 아니라, 자아의 다른 차원들이 의지에 가하는 압력에 **굴하는** 것에 더 가깝다. 영성 형성을 이해하고 실천하려면 이 개념을 반드시 이해해야 한다. 의지에만 초점을 두면 영성 형성은 실패하게 돼 있다.

선한 의도만으로는 바른 행동을 보장하기에 부족하다. "마음에는 원이로되 육신이 약하도다" 하신 예수의 말씀에도 잘 나타나 있다. 여섯 가지 차원이 하나님과 선한 길—또한 그 결과로 그것들 상호 간에—로 잘 맞춰져 있으면 "그저 굴하는" 행동이 선해져 우리 행동은 좋은 나무의 좋은 열매가 된다. 제대로 맞춰져 있지 않으면 행동은 어쩔 수 없이 못된 나무의 못된 열매 가 된다.

인간 자아와 행동 사이에 고도의 일관성이 있음을 우리는 분명히 알아야 한다. 우리가 가장 속기 쉬운 부분 중 하나다. 내가 악을 행한다면 나는 악을 행하는 부류의 사람이다. 선을 행한다면 나는 선을 행하는 부류의 사람이다(요일 3:7-10). 행동이란 됨됨이에 얹어지는 것이 아니라 됨됨이의 표출이다. 행동은 우리 마음과 그 마음이 지휘하며 관계맺는 내면의 실체에서 나온다.

"어쩌다 망쳤어." 오늘날 죄나 바보짓에 대한 가장 흔한 합리화 중 하나다. 그 말도 일리는 있으나 그 말을 사용하는 자들이 바라는 목적을 이루어 주지는 못한다. 그렇다고 그들이 무죄가 되는 것은 아니다. 물론 내가 다른 상황에서는 같은 죄나 바보짓을 저지르지 않을 수도 있고, 그 행동이 내 모습 전부를 대변하는 것도 아닐 수 있다. 그러나 "망치는" 것은 내 모습 전부를 대변한다. **나는 "망치는" 부류의 사람이다.** "망치는" 것이 내 인간 됨됨이를 보여준다. 자아의 심연부터 철두철미 나는 "망치는" 부류의 사람이다. 아름답고 유망한 모습은 아니다.

내 행동이 어떻든 그것은 내 전인에서 나온다.

이 그림은 독립적 인간 시스템을 나타낸 것이다. 작은 힘인 의지(마음/심령)는 자아의 더 큰 부분과 그 너머에서 가해지는 세력들에 다분히 좌우된다. 하나님이 의도하신 의지의 기능은 믿음으로 하나님께 나아가는 것이다. 의지를 통해 하나님과 바른 관계에 있을 때 우리는 은혜를 받아들일 수 있다. 그 은혜는

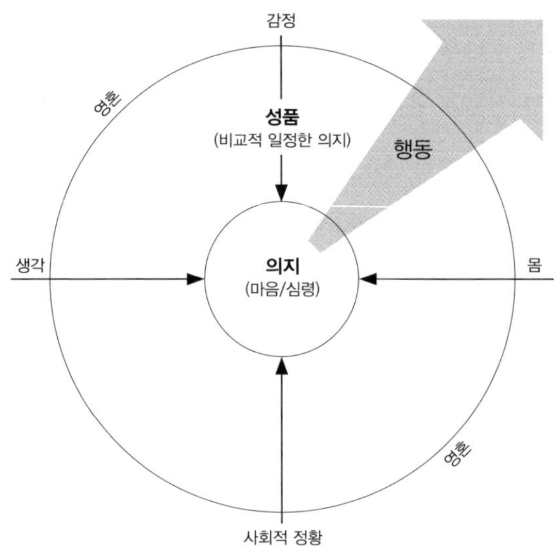

자아의 다른 다섯 요소와 아울러 영혼에 바른 질서를 찾아 준다. 하나님 없는 삶의 지배 질서는 이렇다.

몸

영혼

생각(사고/감정)

심령

하나님

모든 종류의 우상숭배가 바로 이런 질서로 돼 있다. 소위 "행복한 삶"을 숭배하는 자들도 마찬가지다.

톨스토이는 말했다. "두 가지 신이 있다. 먼저 사람들이 일반적으로 믿는 신이 있다. **인간을 섬겨야 하는** 신이다(때로 방법도 아주 세련되어 인간에게 평안한 마음만 주면 된다). 이런 신은 존재하지 않는다. 그러나 사람들이 잊고 있는 신이 존재한다. **우리 모두가 섬겨야 하는 하나님**이다. 그분은 우리 실존과 우리가 지각하는 모든 것의 궁극 원인이다."[4]

하나님 아래 있는 삶의 지배 질서는 이렇다.

하나님

심령

생각(사고/감정)

영혼

몸

여기 몸은 영혼을 섬기고 영혼은 생각을 섬기고 생각은 심령을 섬기고 심령은 하나님을 섬긴다. "위로부터" 오는 생명은 하나님한테서 나와 몸과 사회적 정황을 포함한 전인 속으로 흐른다.

전자의 질서는 바울이 말한 "육신의 생각"의 특징이다. "육신의 생각은 사망"(롬 8:6)이다. 후자는 "영의 생각"을 보여준다. "영의 생각은 생명과 평안"이다. 하나님을 떠난 인간에게 "육신"이란 실제로 그의 몸 자체가 된다. 몸에 주안점을 두면 하나님을 기쁘시게 할 수 없으며, 동시에 극히 허무한 삶이 보장된다.

> 육신을[인간의 자연적 힘만을] 좇는 자[곧 육신의 관점에서 사는 자]는
> 육신의 일을, 영을 좇는 자는 영의 일을 생각하나니 육신의 생각
> 은 사망이요 영의 생각은 생명과 평안이니라. 육신의 생각은 하나
> 님과 원수가 되나니 이는 하나님의 법에 굴복치 아니할 뿐 아니
> 라 할 수도 없음이라(롬 8:5-7).

인간 시스템의 바른 질서가 하나님 아래서 완성되면—물론 자아의 사회적 차원, 인간의 유한성, 우리를 둘러싼 전체 영적 환경 때문에 이생에서는 절대 **온전히** 이루어질 수 없다—그때 우리는 "네 마음을 다하며 목숨을 다하며 힘을 다하며 뜻을 다하여 주 너희 하나님을 사랑하고 또한 네 이웃을 네 몸과 같이 사랑"(눅 10:27; 또한 막 12:30-31 참조)하는 자들이 된다. 그렇게 될 때 우리 삶 전체는 영원한 삶이다. 우리가 하는 모든 일은 영원히 중요해 영원 속에 간수된다.

물론 심령이 먼저 하나님을 통해 그분께 살아나야 한다. 그렇지 않으면 우리는 죄와 허물로 그분께 죽어 있다(엡 2:1). 일단 심령이 하나님 안에서 살아나면 자아의 모든 측면을 하나님 아래 굴복시키는 긴 과정이 시작될 수 있다. 영원의 관점에서 본 영성 형성의 과정이다.

이 책의 핵심은 이것이다. **영적 변화는 인간의 각 본질적 차원들이 중생한 의지의 지휘 아래, 하나님 은혜의 끝없는 주도에 협력하여 그리스도를 닮은 모습으로 변화될 때에만 가능하다.**

이 변화는 단지 인간적 노력의 결과가 아니며 의지(마음/심령)에만 압력을 가해서는 얻어질 수 없다.

이스라엘과 우리

구약의 역사적 사건과 개인의 영적 생활 사이에 흥미롭고 교훈적인 유사성이 보일 때가 아주 많다. 아브라함의 후손은 이집트 노예생활의 용광로 안에서 구별된 백성이 됐다. 언제나 그렇듯이, 하나님은 전체 그림 속에 역사하고 계셨다. 그러나 이스라엘 백성들은 그들이 아는 한, 바로로 집결되는 신(神) 체제의 철저한 지배 아래 살았다. 즉 이집트 노예로 있을 때 그들은 아브라함과 이삭과 야곱의 하나님께 대해 "죽어" 있었다. 그들이 아는 한, 그분은 그들에게 아무 의미가 없었고 그들과 아무 상관도 없었다.

때가 차매 그분은 한 버림받은 자(모세)를 통해 그들에게 오셨다(행 7:37-40). 그리고 역시 한 버림받은 분(예수)을 통해 우리에게 오신다(행 7:52; 히 13:12-14). 죽어 있던 그들에게 (후에 우리에게) 개입하여(신 11:1-7), 그분은 그들과 상호 (언약) 관계를 맺으심으로 새 생명을 주셨다. 이 상호 언약관계가 곧 영생이다(요 17:3). "위에서 난다"는 것이 그런 뜻이다. 이스라엘의 선생 니고데모는 마땅히 그것을 알아야 했으나 몰랐다. "육신의 생각"밖에 없어 "자연적" 관점에서밖에 생각할 줄 몰랐기 때문이다(요 3:10 참조).

그러나 이 영생은 수동적 삶이 아니다. 이스라엘 백성은 수동적이었다. 우리의 영적 실존에도 그것은 최대 위험과 난제 가운데 하나다. 그들에게 약속된 땅은 성경에 계속 "젖과 꿀이 흐르는 땅"으로 표현됐듯이 더할 나위 없이 좋은 곳이었다. 그럼에도 그것은 신중하고 꾸준하고 지혜로운 인간 행동을 통해 장시간에 걸쳐 정복되어야 할 땅이었다.

약속의 땅 정복이 시작되자 여리고 성이 **무너져** 하나님의 임재와 능력을 확증했다. 왕국 입성을 환영했다! 그러나 다시는 그런 일이 없었다. 이스라엘 백성은 일일이 손으로 싸워 남은 성들을 취해야 했다. 물론 언제나 하나님의 도우심이 있었다.

이스라엘 백성의 약속의 땅만 그랬던 것은 아니다. 예나 지금이나 하나님께 나오는 모든 인간 개인도 마찬가지다. 이스라엘 백성도 우리처럼 분명 은혜로 구원받았다. 그러나 두 경우 모두 "은혜"란 우리가 이전에 몰랐던 차원으로, 능동적이 돼야 한다는(그리고 실제 그럴 능력이 주어진다는) 뜻이다. 바울은 은혜를 이렇게 보았다. "하나님이 능히 모든 은혜를 너희에게 넘치게 하시나니 이는 너희로 모든 일에 항상 모든 것이 넉넉하여 모든 착한 일을 넘치게 하게 하려 하심이라"(고후 9:8).

따라서 우리는 예수 그리스도를 "열렬히 좇으며" 산다. 시편 기자는 "나의 영혼이 주를 가까이 따르니"(63:8)라고 고백했다. 바울은 그리스도의 부활의 삶에 동참하기 위해 "내가 그리스도와 그 부활의 권능과 그 고난에 참예함을 알려 하여 그의 죽으심을 본받[는다]"(빌 3:10-11)고 뜨겁게 고백했다. 이보다 더 중요한 일이 있다고 생각하는 자에게 뭐라고 말할 것인가? 그리스도를 닮아가는 영성 형성은 젖과 꿀이 흐르는 땅을 쟁취하는 작업이다. 우리는 개인으로나 단체로나 하나님과 함께 그 땅에 거해야 한다.

옛 찬송가에 이런 소절이 있다.

풍랑 이는 요단 강가에 서
나 부러운 듯 바라보니
아름답고 복된 가나안 땅
내 유업은 거기 있다네.[5]

그러나 진짜 요단인 "영적" 요단은 흔히 빗대어지는 대로 육신의 죽음이 아니다. 젖과 꿀이 흐르는 땅에서 살기 위해 우리는 죽을 필요도 없고 그래서도 안된다. 우리가 지금 그 땅으로 가기만 한다면, 육적 죽음의 통과는 오래 전 시작된 끝없는 삶의 또 하루에 지나지 않는다. "사람이 내 말을 지키면 죽음을 영원히 보지 아니하리라"(요 8:51) 하신 예수의 말씀이 바로 그런 뜻이다.

광란의 연쇄 살인

악명 높은 맨슨가를 살인죄로 기소한 사람은 후에 『광란』*Helter Skelter*이라는 제목의 책을 썼다(찰스 맨슨은 1960년대에 연쇄 살인을 저지른 이단 교주였다—옮긴이). 이 제목은 어느 유명한 록 그룹의 노래에서 따온 표현으로 "난잡한 상태"를 일컫는 말이다. 맨슨은 자신과 추종세력을 혼돈 상태에 가두었고 그 특징을 살려 이 단어를 사용했다. 광란 상태에서는 모든 것이 무의미하고 또 모든 것이 의미로 통한다. 예컨대, 내가 누구의 목을 베거나 연신 칼로 찔러 그 사람을 죽여도 나는 실제 그를 죽인 것이 아니며 그도 실제 죽은 것이 아니다. 그것이 맨슨의 가르침이었다.

올더스 헉슬리^{Aldous Huxley}의 회고록에 보면, 젊었을 때 그의 친구들 사이에 "허무함"에 대한 이야기가 끊이지 않았다. 삶이 허무했으므로 삶에 들어 있는 모든 것 또한 허무했다. 그러나 사실 그것은 무엇이든 마음 내키는 대로 해도 좋다는 구실에 지나지 않았다. 그들의 삶은 감정과 빗나간 생각을 중심으로 조정(정확히 말해, 분열)돼 있었고, 의지는 거기에 끌려 다녔다.

그러나 단호하게 선한 행동을 취하려면 삶에 의미가 있어야 한다. 광란 상태에 빠진 사람에게 자신의 정원기계나 컴퓨터를 맡길 사람은 없다. 삶이란 그 기본 요소들과 그것들이 서로 맞물려 전체를 이루는 경위를 이해할 때에만 의미가 있다. 반면, 악은 혼돈 속에서 창궐한다. 하나님은 어지러움의 출처가 아니시다(고전 14:33).

솔직히 우리의 가시적 기독교 교계는 인격의 구성과 영적 삶과 영성 형성에 대한 이해에서 가히 혼돈 상태를 방불케 한다. 이런 문제에서 우리는 성경의 온전한 가르침을 접할 필요가 있다. 우리는 혼돈 속에 창궐하는 주변 문화의 영향력에 너무 과도히 시달리고 있다. (그리하여 인간에게 본성이 있음을 부인한다.) 우리 "기독교 교계"에 대해 그렇게 말하는 것을 심하게 여길 수도 있다. 나도 그렇게 말하는 것이 서글프다. 그러나 유화적 표현을 쓰기에는 너무 중요한 문제다.

따라서 기독교 교계에서 우리가 극히 선한 의도—꾸준히 눈에 띄게 성장하여 그리스도를 닮아가려는 뜻으로—로 행하는 많은 일들이 실은 전혀 무의미하며, 실질적 영성 형성에 관한 한 전혀 성과가 없다.[6] 얼마나 냉혹한 말인가! 그러나 우리는 그것을 인정하거나 그렇지 않음을 반증할 필요가 있다. 이번 장을 통해 분명한 개념 정리에 중요한 첫발을 내디뎠기 바란다. 그 기초 위에 기독교 영성 형성의 효과적 실천이 가능해진다.

1. 뭔가에 **관심**을 갖는 것과 그 본질을 **이해**하는 것은 어떤 관계가 있는가? "인간 본성에 대한 현대의 전투"는 오늘날 참 행복과 선을 가꾸는 우리의 능력에 어떤 영향을 미치는가?

2. 마음은 무엇이며, 그것이 인간 삶에 차지하는 역할은 무엇인가?

3. 인간의 여섯 가지 기본 차원은 무엇인가? 그것만으로 혹 빠진 부분이 있는가?

4. 여섯 가지 각 차원을 지상계명(눅 10:25-28)과 연관시켜 보라. 또 그리스도 안의 영성 형성과 연관시켜 보라.

5. 현재 우리 개인생활과 사회생활에서 감정이 차지하는 역할을 생각해 보라. 언론과 대중예술에서 차지하는 역할은 어떤가? 교회에서는 어떤가? 당신은 감정에 얼마나(가끔 그렇다, 늘 그렇다, 절대 아니다) 지배당하는 편인가?

6. **유혹**에 대해 이번 장에 설명된 내용에 당신은 동의하는가, 반대하는가?

7. 선택 또는 결단은 어떻게 생각과 감정에 의존하는가? 우리가 단순히 의지만 바꿀 수 없는 이유는 무엇인가? ("인간 삶은 의지로만 움직이지 않는다!")

8. "우리의 참 존재는 행동으로 나타난다." 동의하는가, 동의하지 않는가?

9. 이스라엘이 약속의 땅을 취하는 과정과 우리가 은혜와 행동으로 인격의 모든 차원을 정복하는 과정을 비교한 것은 타당성 있는 비교인가?

— 3.
파괴된 영혼의 철저한 악
—

> 여호와께서 하늘에서 인생을 굽어 살피사 지
> 각이 있어 하나님을 찾는 자가 있는가 보려
> 하신즉 다 치우쳤으며 함께 더러운 자가 되고
> 선을 행하는 자가 없으니 하나도 없도다.
> _시편 14:2-3

출발점

우리는 영혼과 인격의 파괴된 실상을 보아야 하며 기형화된 역기능적 생각, 감정, 몸, 사회적 관계도 함께 보아야 한다. 그래야 영혼에 구원과 개혁이 필요하다는 사실과, 그것이 이루어질 수 있는 방법을 이해할 수 있다. 오늘날 그리스도 안의 효과적 영성 형성을 막는 가장 큰 장애물 가운데 하나는 단순히 인간 실상을 모르고 또 인정하지 않는 데 있다. 인간 실상은 그리스도 인과 불신자에게 공히 영향을 미치고 있는데도 말이다. 우리는 정말 우리가 처한 자리에서 출발해야 한다.

여기서 다시 확인하거니와, 인간은 누구나 영성 형성 과정을 거친다. 인간의 심령은 형성되며 그와 함께 전인이 형성된다. 앞서 말한 것처럼 영성 형성은 특별히 종교적인 사람들에게만 해당되는 것이 아니다. 아무도 예외는 없다. 가장 경건한 사람 못지 않게 가장 악질의 범죄자도 영성 형성을 거쳐 왔다. 그들은 특정 부류의 사람이 되었다.

당신도 영성 형성을 거쳐 왔고 나도 그렇다. 그것은 지금도 계속되고 있다. 그것은 교육과 같다. 좋은 교육이든 나쁜 교육이든 누구나 교육을 받는다. 다시 강조하지만, 내 심령과 내면 세계를 선한 쪽으로 형성해 줄 삶의 길, 그런 길을 찾을 수 있거나 이미 받은 사람은 운이 좋거나 복된 자다.

C. S. 루이스^{C. S. Lewis}의 도전은 사뭇 충격적이다.

잊지 말아야 한다. 당신이 만난 가장 둔하고 가장 재미없는 사람이 언젠가 강한 숭배 욕구를 불러일으키는 인물로 변할 수도 있고 반대로 행여 악몽 속에나 나타나는 끔찍한 악한(惡漢)이 될 수도 있다……. **보통 사람**이란 없다. 당신은 단지 필멸(必滅)의 인간과 대화한 적이 한번도 없다. 자연과 문화와 예술과 문명, 이런 것들은 필멸이다. 그것들의 삶은 우리 삶에 비하면 하루살이의 삶에 지나지 않는다. 그러나 당신이 함께 농담을 주고받고 일하고 결혼하고 구박하고 착취하는 사람은 불멸(不滅)의 존재다. 불멸의 악한이거나 영원한 성자다.[1]

묘하게도, 파괴 상태의 인간을 "악몽 속에나 나타나는 끔찍한 악한"으로 만드는 것은 바로 인간 본연의 위대성이다. 우리가 시시한 존재라면 우리의 파멸도 끔찍하지 않을 것이다. G. K. 체스터튼^{G. K. Chesterton}은 말하기를, 기독교의 가장 받아들이기 어려운 부분은 일개 영혼에 부여하는 엄청난 가치라고 했다. 옛 기독교 저자들은 하나님이 인간 영혼의 위대함을 우리에게 감추심은 우리가 교만해져 망하지 않게 하려 하심이라고 말하곤 했다.

이처럼 파괴 상태에 처한 인간인데도 하나님께서 얼마든지 구원할 가치가 있다고 보시는 이유가 거기 있다. 죄는 인간을 무가치하게 만들지 못한다. 잃은 영혼이 되게 할 뿐이다. 잃어진 상태에서도 인간은 여전히 놀라운 힘과 품위와 숨가쁜 미와 선을 품을 수 있다. 무지한 자들이나 이해할 마음이 없는 자들에게 내 끔찍한 악—이미 되어 있고 지금도 되어 가고 있는 모습—을 능히 숨길 수 있을 정도로 말이다.

"숨어" 있는 악

현대 사상계에서 악이란 "숨어" 있기 때문에 인간 자아의 실상으로서의 "죄"는 하나의 설명원리로 존재하지 않는다. 삶이 왜 이런 모습인지 의당 알아야 하고 남의 길잡이가 돼 줘야 할 이들에게서는 그런 설명을 듣지 못한다. 예컨대, 미국인 부부의 절반 가량이 이혼하는 이유는 무엇인가? 약물중독 문제와 지도자들의 "도덕적" 실패 문제가 봇물처럼 터지는 이유는 무엇인가? 의당 알아야 할 자들이 "원인" 추론에서 길을 잃었다. 인간 실패의 진짜 출처는 선택과 거기 작용하는 요인들에 있는데 말이다. **선택은 죄가 머무는 곳이다.**

우리 사회과학과 심리학은 인간이 행해 온 끔찍한 죄악 앞에 무력하다. 인간 의지의 왜곡과 변질은 "진지한" 대화에 낄 수 없는 주제다. 우리는 열심히 작물을 심지만 잡초와 해충의 존재를 인정할 수 없는 농부와 같다. 농부가 생각할 수 있는 것이라 곤 비료를 더 주는 것뿐이다. 마찬가지로 오늘 인간 문제에 대해 우리가 알고 있는 유일한 해답은 "교육"이다.

물론 교육은 좋은 것일 수 있다. 누가 부인하겠는가? 교육은 도움이 될 수 있다. 하지만 어떤 교육인가? 우리는 정말 사람들이 오늘날 일반에 옳다고 여겨지는 길을 알기만 하면 그렇게 행하리라 생각할 수 있는가? 이런 의미의 교육—사실상 사회적 관습—은 인간 자아의 실상을 다룰 수 **없다**. 단순히 "정교 분리"와 그 파생 의미의 문제가 아니다. 오히려 교육(제도교육)이 표방하는 가치관과 태도와 실천은 인간 자아와 삶에 대한 냉철한 이해를 일절 불가능하게 만든다.

교회 안의 파괴된 영혼

영혼의 뿌리깊은 타락상을 보여주는 예화가 있다. 흔히 잘되고 성공했다고 할 만한 한 교회 이야기다. 실화인지 허구인지는 독자의 판단에 맡긴다. 실제 당신은 아주 흡사한 사연의 교회를 많이 볼 것이다.

문제의 교회는 타교회의 분쟁 속에서 생겨났다. 첫 목사를 모셨다. 잘되는 듯 싶다가 목사가 간음과 온갖 재정사기를 저질렀다. 교인들은 그를 해임했다. 두번째 목사가 지명됐다. 그는 아주 인기가 좋았고 교회도 성장했다. 그러나 그는 4년 만에 사임했다. 입장에 따라 스트레스 때문이라고도 했고 신경쇠약 때문이라고도 했다.

세번째 목사가 왔다. 그도 꽤 인기가 좋았다. 이번에도 교회는 성장했으나 얼마 후 그는 교인들의 승인도 없이 자기 월급을 올리기 시작했다. 10년 후 그는 교회를 떠나 그 교회에서 반경 15킬로미터 내에 다른 교회를 시작했다. 교인도 300명이나 데리고 갔다.

네번째 목사를 모셨다. 다 잘되는 듯했다. 그러다 그는 외도에 빠졌다. 결국 그는 직분자들에게 내막을 털어놓고 그들이 덮어 주기를 바랐다. 직분자들 사이에 속임수와 불화가 난무하는 가운데 교회는 전처럼 잘 굴러가는 듯했다. 어쨌거나 지역 주민들은 목사의 외도 사실을 알게 됐다. 1-2년 후 목사는 차로 두 시간 거리의 더 큰 교회에 "청빙"됐다. 그는 청빙을 수락함으로써 싸움과 분노에 빠진 교인들과 직분자들을 두고 떠났다. 모두가 한 교회 안에서 36년 동안 벌어진 일이다.

내가 이 이야기를 꺼내는 까닭은 베드로의 말대로 "하나님 집에서 심판을 시작"해야 하기 때문이다. 거기서 우리는 파괴된 영혼의 극한을 본다. 거기서 바로 할 수 없다면 어디서 할 수 있겠는가? 또 이 사연이 예시하는 바가 있다. 죄—누가 봐도 뻔한 죄다—는 그리스도의 사람답게 **되려는** 그리스도인들의 노력조차 그토록 심하게 훼방한다는 것이다. 그것이 죄의 위력이다. 정도와 내막은 다를지라도 교회의 이런 사연은 너무 흔하다. 극히 드물게 예외가 있기는 하지만, 주요 기독교 잡지들이 꾸준히 지면을 할애해 서글픈 사연을 매달 싣고 있을 정도다.

이 사연을 예화로 택한 이유가 하나 더 있다. 명백한 죄에 대한 그리스도인들의 반응은 이 경우 은폐가 주조를 이룬다. 흔히 있는 일이다. 물론 흔히들 "사역을 위해서"라고 말한다. 많은 목사들의 "고백"을 보면 진실은 절반도 안될 때가 많다. 목사와 직분자들의 "하나님 일"을 막지 않으려는 허울좋은 공식적 답변이다. 마지막 목사가 떠난 후 교회 직분자들은 전임 목사에 대한 충성심 문제와 사건의 진상을 발표할 것인지 여부 문제로 극심한 분열로 치달았다.

그후 오랜 세월 동안 모든 모임에는 분노와 긴장이 팽배했고 교인들은 대화가 거의 단절된 채 여러 갈래로 갈라졌다. 야고보의 말이 맞다. "시기와 다툼이 있는 곳에는 요란과 모든 악한 일이 있음이니라"(약 3:16). 대다수 그리스도인들은 인간 영혼의 타락상이 실제 맹위를 떨치지 않는 친밀한 교제권—만인이 옳다고 알고 있는 길을 만인이 의당 행하는 그런 교제권—에 속해 본 적이 없다. 우리 문화의 많은 사람들은 자기 경험을 토대로 아예 교회를 포기했다. 그중에는 하나님과 의의 이름으로 그렇게 한 자들도 많다.

수년 전 전국적으로 유명한 남부 캘리포니아의 세 목사가 성범죄를 저지른 것이 몇 주에 걸쳐 대중에 발표됐다. 소위 "뉴스"거리다. 그러나 문제는 결코 섹스만이 아니다. 믿는다는 그리스도인들 속에서 허영심, 이기주의, 적대감, 두려움, 무관심, 노골적 비열함 따위를 얼마든지 찾아 볼 수 있다. 그러나 "표준" 기독교 단체에서 그 반대되는 모습은 찾아 볼 수 없거나 아예 기대할 수 **없다**. 진정한 순결과 겸손, 이기주의에 대한 죽음, 분노와 우울로부터의 자유 등에 본이 되는 극소수 개인은 눈엣가시처럼 단체 내에서 확 드러난다. 그 사람은 단체 운영과정에 늘 장애물이 되며 본인도 그 과정에 갈등을 느낀다. 삶의 기준이 남들과 다르기 때문이다.

교회 밖

이제 베드로가 말한 그 구절의 남은 부분을 읽는다. "하나님 집에서 심판을 시작할 때가 되었나니 만일 우리에게 먼저 하면 하나님의 복음을 순종치 아니하는 자들의 그 마지막이 어떠하며 또 의인이 겨우 구원을 얻으면 경건치 아니한 자와 죄인이 어디 서리요"(벧전 4:17-18).

정말 교회 밖은 안보다 상태가 훨씬 심각하다. 인간의 죄성과 악행이 매일의 뉴스, 법정, 법률사무소, 지역 사회, 가정, 교육기관, 형사기관에서 끝없이 쏟아져 나온다. 모두가 인간의 변질된 심령, 생각, 영혼, 몸, 사회적 정황에서 발원하는 것들이다.

고대 그리스인 디오게네스는 정직한 사람을 찾으려고 대낮에 등불을 켜들고 아테네 거리를 걸었으나 한 명도 찾지 못했다 한다. 교회 내에서와 마찬가지로 일반인들 중에도 자아의 심연—본인이든 타인이든—의 실체에 부딪칠 각오가 돼 있는 사람은 거의 없다. 그리고 있다 해도 다른 이들에게 전혀 환영받지 못한다.

소크라테스는 아테네 영혼들의 실상을 논하려다 그것 때문에 목숨을 잃었다. 이것이 "선지자"의 통상적 운명이다. 밴스 해브너 Vance Havner 가 언제나 말했던 것처럼, 예수가 십자가에 달리신 것은 "들의 백합화가 어떻게 자라는가 생각하여 보라. 수고도 아니하고 길쌈도 아니하느니라"는 말씀 때문이 아니라 "저도적질하는 바리새인들을 보라"는 말씀 때문이었다.

선지자적 증거

인간의 잃은 영혼에 대한 성경의 선지자적 조명은, 모세와 사무엘에서 예수와 바울과 요한에 이르기까지 극히 명백하고 강력하게 거듭 되풀이된다. 오늘도 우리는 그 조명을 **통해** 영성 형성의 유일한 길을 알 수 있다. 우리는 그것을 감사로 겸손히 받아들여 적용하되 무엇보다 자기 자신에게 그렇게 해야 한다. 예컨대 "만물보다 거짓되고 심히 부패한 것은 마음이라. 누가 능히 이를 알리요"(렘 17:9)라는 선지자 예레미야의 말을 들을 때, 우리는 그것이 **나 자신**을 두고 한 말이며 **내가** 바로 그런 사람임을 마음으로 인정해야 한다. 그래야만 그리스도를 닮아가는 영성 형성의 기초가 놓일 수 있다.

그리스도를 닮아가는 내적 변화는 자존심을 지향할 수 없다. 자존심의 의미에 대한 혼돈 때문이요, 현실적으로 나도 정상이 **아니고** 당신도 정상이 **아니기** 때문이다. 우리는 다 심각한 문제에 처해 있다. 그것이 우리 출발점이 돼야 한다. 이런 상황에서 자존심이란, 이미 만연해 있는 자기기만과 좌절만 키울 뿐이다. 우리 영혼의 실상은 여전히 그대로이며, 그에 따른 당연한 악의 결과도 여전히 그대로인 까닭이다. 나나 타인이 아무리 "자부심을 살려 주려고" 내 실상을 속이고 부인하려 해도 소용없다. 인간을 높게 볼수록 악의 결과를 다루기가 더 힘들어질 뿐이다.

부정(否定)—대개 모종의 합리화로 찾아오는—은 인간이 자기 잘못을 대할 때 사용하는 일차적 무기다. 범죄한 아담과 하와의 입에서 처음 나온 것이 부정이었고, 그것은 최신판 신문에 지금도 계속되고 있다. 하나님께로부터 나온 선지자적 증거는 개인과 단체가 쏟아 내는 부정의 엄청난 하중을 버텨 내야 한다. 그 부정은 제도화되어 우리의 통상적 대화나 관계방식 속에 슬며시 스며들 때가 많다.

예수께서 당대 지도자들을 두고 하신 말씀은 우리에게 냉엄하고 혹독하게 들릴지 모르나, 그분이 그들을 도울 수 있는 길은 그것뿐이었다. 그만큼 그들의 자기 방어는 철통같았다. 어쩌면 우리도 마찬가지일 것이다. "너희 바리새인은 지금 잔과 대접의 겉은 깨끗이 하나 너희 속인즉 탐욕과 악독이 가득하도다. 어리석은 자들아, 밖을 만드신 이가 속도 만들지 아니하셨느냐"(눅 11:39-40). "소경 된 바리새인아, 너는 먼저 안을 깨끗이 하라. 그리하면 겉도 깨끗하리라"(마 23:26).

예수는 계속해서, 그들이 인간의 인정과 칭찬을 밝히고 탐하며(눅 11:43) 그리하여 겉은 온통 멋있게 꾸몄지만 속은 썩은 냄새가 역하게 진동하는 무덤 같다고 지적하신다(44절; 또한 마 23:27-28과 비교). 그들은 서로 영광을 구하느라 예수를 믿을 수 없다(요 5:44). 그들은 높아지고자 했다. 영성 형성은 그들에게나 우리에게나 그 방향이 아니다.

물론 이들 지도자들의 책임과 기회는 보통 사람들보다 컸다. 그러나 전반적으로 그들이 더 죄악된 것은 아니다. 예수께서 지적하신 그들의 실상은 바리새인의 실상이라기보다 **인간** 실상이다. 바리새인들은 자신의 의를 자랑하고 종교성을 과시해 인간 실상을 더 극명히 보여줬을 뿐이다. 로마서에서 바울은 인간 자아에 대한 선지자적 증거를 정리하며 그 뿌리를 추적하고 있다.

> 의인은 없나니 하나도 없으며 깨닫는 자도 없고 하나님을 찾는 자도 없고 다 치우쳐 한가지로 무익하게 되고 선을 행하는 자는 없나니 하나도 없도다. 저희 목구멍은 열린 무덤이요 그 혀로는 속임을 베풀며 그 입술에는 독사의 독이 있고 그 입에는 저주와 악독이 가득하고 그 발은 피 흘리는 데 빠른지라. 파멸과 고생이 그 길에 있어 평강의 길을 알지 못하였고 저희 눈앞에 하나님을 두려워함이 없느니라(롬 3:10-18).

인간 실상에 대한 구약의 진단을 한데 모은 말이다. 마지막 소절에 문제의 핵심이 들어 있다. "저희 눈앞에 하나님을 두려워함이 없느니라." 잠언은 하나님을 두려워함, 즉 경외함이 지혜의 근본이라고 말한다(잠 9:10). 그것은 분명 지혜의 귀결이나 결과는 아닐지라도, 내가 믿기로 지혜의 **시작**에는 필수요 근본 요소다. 하나님과 어긋난 상태를 두려워할 때, 즉 그분이 원하시는 바를 행치 않고 그분이 구하시는 모습이 되지 못한 것을 두려워할 때 인간은 비로소 똑똑해지기 **시작한다.**

두려움은 피해에 대한 예감이다. 행복은 하나님과 그분이 행하시는 그 "나라"의 일과 화합하는 데 있다. 똑똑한 사람은 그것을 인식한다. 하나님은 비열하지 않으나 위험하신 분이다. 그분이 현실에 두신 다른 큰 힘들도 마찬가지다. 예컨대 전기와 핵은 비열하지 않으나 위험하다. 어떤 의미에서 하나님에 관해 "걱정하지" 않는 자들은 한마디로 똑똑하지 못하다. 그것이 잠언 구절의 요지다.

바른 이해

잠언 9:10은 "거룩하신 자를 아는 것이 명철이니라"고 결론짓는다. 성경이 말하는 "앎"이란 소위 "머리로 아는 지식"을 가리키는 적이 없고 언제나 앎의 대상과의 **체험적 관계**, 실제적 맞물림을 뜻한다. 그렇다면 예수께서 친히 자기 사람들에게 주시는 영생을 "유일하신 참 하나님과 그의 보내신 자 예수 그리스도를 아는 것"(요 17:3)이라고 정의하신 것은 곧 삼위일체 하나님과 항상 가까운 관계를 누리는 은혜를 이르신 것이다. 예수는 자기를 구하고 찾는 이들의 삶에 그 관계를 가져다 주신다.

이것은 잠언 3:5-8을 더 깊고 온전히 이해한 것이다. "너는 마음을 다하여 여호와를 의뢰하고 네 명철을 의지하지 말라. 너는 범사에 그를 인정하라. 그리하면 네 길을 지도하시리라. 스스로 지혜롭게 여기지 말지어다. 여호와를 경외하며 악을 떠날지어다. 이것이 네 몸에 양약이 되어 네 골수로 윤택하게 하리라."

골로새서 3:17에도 동일한 기본 사실이 나오는데, 이번에는 그리스도 안의 영성 형성(변화)의 궁극적 결과로 표현돼 있다. "또 무엇을 하든지 말에나 일에나 다 주 예수의 이름으로 하고 그를 힘입어 하나님 아버지께 감사하라."

신이 아닌 우리

인생의 온전하고 건전한 기초는 그분을 아는 것뿐이건만, 파괴된 마음에는 바로 그것이 없다. 로마서 1장에서 바울은 점차 하나님과 멀어지는 강도(强度)를 묘사했다. 그것은 결국 우리가 주변에서 늘 보고 아는 삶으로 이어진다. 우리가 그리스도로 말미암아 온전히 변화되지 않았다면 서글프게도 우리 내면도 다를 바 없다. 이미 인용한 본문에 암시된 것처럼 변질된 영혼이 변질과 타락으로 치닫는 내리막길은, 생각 속에 하나님을 두지 않는 마음/의지에서 시작된다.

인간은 언제나 하나님이 계신 것을 알았고 그분이 누구이며 어떤 존재인지도 어느 정도 알았다(롬 1:19-20). 사실 지금도 그렇다. 그러나 인간이 달가워하지 않은 것이 있다. 그것은 하나님이 단지 하나님이라는 이유로 우주에서 마땅히 점해야 할 자리를 점하셔야 한다는 점이다. 이것이 인간의 현 실상을 이해하는 열쇠다. 십계명의 제1계는 하나님을 벗어나려는 이 성향을 다룬 것이다(출 20:2-3). 어거스틴이 분명히 지적한 것처럼, 하나님이 하나님이라는 사실이 인간의 자존심을 건드린다. 우주를 운행하고 우리 생명을 첫번째로 주장하는 분이 하나님이라면, 결국 누가 우주를 운행하지 않는다는 뜻인가? 만사가 누구 마음대로 되지 **않는다**는 뜻인가?

필립 얀시 Philip Yancey 는 말했다.

> 알코올 중독 방지회AA의 역사 기록을 맡은 자는 책제목을 『신이 아닌 우리』Not-God로 붙였다. 그에 따르면, 내가 신이 아님을 영혼 깊이 인정하는 것이야말로 중독자가 정복해야 할 가장 중요한 장벽이기 때문이다. 알코올 중독자들은 조작과 통제에 능하지만, 아무리 그런 데 통달해도 문제의 뿌리를 극복할 수 없다. 반대로 알코올 중독자들은 자신의 무력감을 인정하고 "신"의 품으로 돌아와야 한다. "먼저 우리는 하나님 노릇을 그만둬야 한다." AA 창설자들의 결론이다. 중독자의 삶에 하나님이 "하나님 되게" 해드려야 한다. 거기에는 매일 매 순간의 복종이 포함된다.[2]

부정과 그 영향

그러나 개인과 인류가 실제로 하나님 자리를 찬탈하면서 세계 역사에 막강한 **부정**의 힘이 작용한다. 인간이 뻔한 것조차 늘 보지 못하는 이유가 거기 있다. 이 점을 고려하지 않고는 어떤 차원에서도 인간사를 이해할 수 없다. "이 세대의 관원"(고전 2:8)이 현재처럼 행동하도록 허용되는 것도 오직 그 때문이다. "영광의 주"를 십자가에 못박는 지경에 이르도록 말이다.

알다시피 현실 부정은 인간 의지와 떼어 놓을 수 없는 기능이다. 부정은 부정으로 인식되지 않을 때 그 힘이 극에 달한다.

(물론 여기서 말하는 "부정"은 사실을 거부하는 것은 물론, 사실이 아닌 것을 인정하는 것까지 포함한다.)

하나님을 떠난 세상에서 삶이 지속되려면 부정의 위력은 절대 필수다. 의지/심령은 뻔히 아는 실상 앞에서 장시간 버틸 수 없다. 심리적으로 불가능하다. 따라서 심령은 자신을 부정하고 회피하고 속여야 한다. 영성 형성을 이해하려는 자들과 본인이 그리스도를 닮은 모습으로 변화되려는 자들은, 인간 악의 뿌리에 대한 바울의 예리하고도 영감 어린 통찰—"저희 눈앞에 하나님을 두려워함이 없느니라"—을 절대 잊어서는 안된다. 단순히 인간들 사이에 책임감 있는 지도자가 되려는 자들도 마찬가지다.

근본 진리와 실체의 빛이신 하나님이 마음과 영혼에 비쳐 들면 인간의 머리는 기능 혼란에 빠져, 인간이 신이라는 기본 거짓에 부합되는 "진리"를 고안해 내려 한다. 정서(느낌과 감정은 물론 감각까지)도 곧 그 뒤를 따라 혼돈에 빠진다. 바울의 말은 이렇게 이어진다. "오히려 그 생각이 허망하여지며 미련한 마음이 어두워졌나니 스스로 지혜 있다 하나 우준하게 되어." 그들은 하나님을 모종의 동물—대개 괴물형 동물이나 인간 모양의 존재—로 취급했다(롬 1:21-23). 하지만 잊지 말라. 인간의 사고는 이미 실상과 철저히 단절돼 있다. 그것은 거짓의 진리에 바쳐져 있다. "쓰레기를 넣으면 쓰레기가 나온다"는 **옛말**이 있다. 이제 생각과 함께 강렬한 욕심, 또는 "정욕"*epithumiais*이 쓰레기 속으로 직행한다.

정직하게 하나님과 더불어 살아가지 않는 자들에게 인간 몸은 쾌락의 일차적 장이다. 공포와 고통과 죽음의 진원지이기도 하다. 그러므로 "피조물을 조물주보다" 경배하고 섬기는 이들이 몸을 의지하는 것은 "뻔한" 일이다(롬 1:25). 몸의 쾌락이 그들의 원하는 바요 **고의로** 추구하는 바이기 때문에, 하나님은 몸에서 짜낼 수 있는 모든 쾌락적 감각을 좇아 살도록 그들을 내버려 두신다. 그 감각이란 주로 성적인 것이다. 최고의 "흥분"이 대개 거기 있기 때문이다. 하지만 신체 폭력도 근소한 차이로 뒤를 잇는다. 퇴폐 사회에 만연한 "섹스와 폭력"의 영적 뿌리가 바로 거기에 있다. 우리 사회든 다른 시대 다른 장소의 사회든 마찬가지다.

"사랑의 자유"라는 미화된 표현은 사실 거짓이다. 그것은 다양한 형태의 변태와 더불어 단순히 육체 숭배의 연장(延長)일 뿐이다(롬 1:26-27). 심지어 유방과 남녀 성기를 숭배하는 경우도 있다(요즘은 배와 엉덩이도 있다). 고고학의 세계에도 있고 현대인의 삶에도 있다. 거짓에서 논리적으로 모든 것이 파생된다. 그것이 논리의 생리다. 거짓이 진실이 되면 모든 것이 진실이다. 못할 것이 없다.

그러나 이때 밝혀지는 것이 있다. 감각은 만족을 줄 수 **없다**는 사실이다. 감각은 한계를 모른다. 감각적 행위를 일삼다 보면 감정이 둔해지기 때문이기도 하다. 거기서 불가항력의 욕구가 깨어난다. 단순히 **느껴야** 하는, **뭐든** 느껴야 하는 절박한 필요다. 곧 살펴보겠지만 이 충동의 뿌리는 인간의 원초적 본성에 있다. 우리는 감정을 느껴야만 한다. 감정은 깊어야 하고 계속돼야 한다. 그러나 우리가 하나님 나라 안에서 위대한 선(善)의 드라마를 살고 있지 않다면, 인간 "나라"에 남는 것은 오직 몸을 통한 감각뿐이다.

바울은 에베소 교인들에게 이렇게 말했다.

> 이제부터는 이방인[하나님을 모르는 자들]이 그 마음의 허망한 것으로 행함같이 너희는 행하지 말라. 저희 총명이 어두워지고 저희 가운데 있는 무지함과 저희 마음이 굳어짐으로 말미암아 하나님의 생명에서 떠나 있도다. 저희가 감각 없는 자 되어 자신을 방탕에 방임하여 모든 더러운 것을 욕심으로 행하되(엡 4:17-19).

이것이 하나님을 피할 때 나타나는 자연스런 결과다.

자기만족의 충동은 무한궤도의 삶을 열어 준다. 못할 일이 전혀 없다. 발각되지만 않는다면 말이다. "어떻게 그런 일을?"은 "못할 게 뭐 있어?"로 바뀐다. 이 철저한 방종이야말로 이 "신들"이 원하는 바이기에, 하나님은 그들을 무가치하거나 기능을 상실한*adokimon* 마음에 내버려 두신다. 한마디로 제 구실을 못하는 마음이다. "또한 저희가 마음에 하나님 두기를 싫어하매 하나님께서 저희를 그 상실한 마음대로 내어버려 두사 합당치 못한 일을 하게 하셨으니"(롬 1:28).

그 결과 인류는 "모든 불의, 추악, 탐욕, 악의가 가득한 자요, 시기, 살인, 분쟁, 사기, 악독이 가득한 자요, 수군수군하는 자요,

비방하는 자요, 하나님의 미워하시는 자요, 능욕하는 자요, 교만한 자요, 자랑하는 자요, 악을 도모하는 자요, 부모를 거역하는 자요, 우매한 자요, 배약하는 자요, 무정한 자요, 무자비한 자"로 가득 찼다. 그들은 이런 일이 하나님 앞에 죄인 줄 알면서도 "자기들만 행할 뿐 아니라 또한 그 일을 행하는 자를 옳다 [한다]"(롬 1:29-32).

오늘도 동일하다

사고력과 관찰력이 있는 자라면 이 묘사에서 인간사의 뻔한 노선—예외가 있다면 감사한 일이다!—을 감지할 것이다. 당신 모습이 사실상 그와 다르다면 당신은 "내가 그렇게 된 것은 오직 하나님의 은혜"라고 감사히 고백할 수 있다.

적어도 바울은 인간 역사가 더 진행된다 해서 사태가 나아질 것이라고 낙관하지 않았다. 그는 인간적 의미의 "진보"를 믿지 않았다. 자신의 마지막 서신이자 어쩌면 마지막 기록으로 보이는 편지에서 그는 디모데에게 이렇게 경고했다.

네가 이것을 알라. 말세에 고통하는 때가 이르리니 사람들은 자기를 사랑하며 돈을 사랑하며 자긍하며 교만하며 훼방하며 부모를 거역하며 감사치 아니하며 거룩하지 아니하며 무정하며 원통함을 풀지 아니하며 참소하며 절제하지 못하며 사나우며 선한 것을 좋아 아니하며 배반하여 팔며 조급하며 자고하며 쾌락을 사랑하기를 하나님 사랑하는 것보다 더하며 경건의 모양은 있으나 경건의 능력은 부인하는 자니(딤후 3:1-5).

"지금"과 너무 똑같다고 생각해도 무리는 아니다. 이 말씀 속에서 현대생활의 지배적 기류와 분위기를 감지하지 못할 이유가 없다. 이런 행동이 노골적으로 인정되지는 않는다 해도 합리화되거나 정당화되는 것을 모를 사람은 없다. 심리학적·법적·도덕적 교묘한 장난은 종종 고상한 "원리"를 되뇌며 그런 일을 일삼는다.

사실 지구상에 존재했던 모든 성공적 인간 사회의 최후 단계는 그런 것이었다. 언제나 그런 사회는 성공과 형통을 **자기** 소관으로 믿고 자기를 숭배하기 시작한다. 그리고 하나님 아래서 애초에 성공을 가능케 했던 교훈과 실천을 저버리기 시작한다. 선지자적 분석은 "여수룬이 살찌매 발로 찼도다"(신 32:15)라고 증거한다. 디모데에게 준 바울의 말에 표현된 인간의 몰락은 불가피한 것이다.

그러나 그 모든 것의 배후에 인간 심령의 철저한 악이 있다. 그 심령은 하나님 대신 **나**를 하나님으로 삼는다. 명백한 선지자적 증거는 지금도 만인이 읽고 시험하도록 그 자리에 있다. 우리 인간의 "의"는 "더러운 옷" 같다(사 64:6). 바로 그 실상을 두고 들려오는 말씀이 있다. "나 여호와는 심장^{heart}을 살피며 폐부를 시험하고 각각 그 행위와 그 행실대로 보응하나니"(렘 17:10).

잃은 영혼

인간 심령과 영혼에 대한 이 섬뜩한 그림을 앞에 놓고, 이제 우리는 잃은 영혼이 우리 시대에 어떤 의미가 있는지 재고할 필요가 있다. 파괴된 영혼은 **잃은** 영혼인 까닭이다. "잃은 영혼"이란 무엇인가? 그저 하나님이 노하시는 대상인가? 인간은 언제 잃은 상태가 되는가? 오늘날 잃은 영혼은 존재하는가?

이 주제에 대한 많은 혼란은 잃은 상태를 **결과**의 관점에서 보려는 데서 비롯됐다. 신학적으로 그 결과는 지옥이다. 지옥은 가장 불편한 개념이다. 물론 어떤 의미로든 당신이 길 잃은 상태라면 원하는 목적지에 도달할 가능성은 희박하다. 그러나 잃은 상태는 거기서 말미암는 결과와 같지는 않다. 우리는 결국 엉뚱한 곳에 이를 것이기 때문에 길 잃은 것이 아니다. 길을 잃었기 때문에 결국 엉뚱한 곳에 이르는 것이다.

잃은 상태란 **제자리에 없다**, 빠졌다는 뜻이다. 신약성경에 잃은 자들의 자리로 자주 사용된 "게헨나"*Gehenna* 라는 단어는, 회복 가망성 없이 무용해진 것들을 버리는 우주적 쓰레기더미로 생각하면 맞을 것이다. 생각해 보라. 당신이 회복 가망성 없이 무용해진다면 그것은 어떤 의미일까. 잃은 것이란 있어야 할 곳에 없는 것이요, 잃은 상태인 까닭에 자기 주인의 삶에 통합되지 못한 것이다.

집이나 자동차 열쇠를 잃는다는 의미를 생각해 보라. 열쇠는 내게 무용해졌다. 아무리 필요하고 원하는 것일지라도 아무리 수려한 열쇠일지라도 소용없다. 하나님께 잃어버린 바 된 영혼일 때 우리는 그분 세계 안에 있어야 할 곳에 있지 않은 것이며, 따라서 그분 생명에 붙잡히지 못한 것이다. 우리는 "신의 성품에 참예하는 자"가 **아니며** 정욕을 인하여 "세상에서 썩어질 것을 피하[지]"(벧후 1:4) 못한다. 내가 내 자신의 신이다. 내 신은 별 볼 일 없다.

하나님께 잃은 영혼일 때 우리는 자신에게도 잃은 상태다. 우리는 내가 어디 있으며 목적지에 어떻게 가는지 모른다. 자기가 잃은 상태라는 것을 알 수도 있고 모를 수도 있다. 많은 운전자들이 길을 잃고 한참 지나서야 그 사실을 안다. 아내보다 먼저 아는 일은 극히 드물다. 마찬가지로 자신이 하나님 앞에 잃어진 상태이지만 그것을 모르는 이들이 많다. 그들은 자기가 어디 있고, 어디로 가고 있으며, 어떻게 가는지 안다고 진심으로 믿는다. 그러나 사실은 모른다. 너무 늦어서야 알 때가 많다. 물리적 현실은 물론 도덕적·인격적·신적 현실에 대한 방향 감각 상실은 때로 우리를 되넘을 수 **없는** 선 밖으로 데려간다. 이것이 인간의 시간과 행위가 갖는 비극적 의미의 일부다.

"잃은" 상태는 자기 집착이다

기독교적 관점에서 잃은 영혼이란 곧 자신을 하나님으로 착각하는 사람이다. 그들은 자신과 가장 가까운 존재인 자아를 알아보지 못하고 잘못 파악한다. 그렇게 되면 앞서 말한 것처럼 모든 것이 기만으로 바뀐다. 그런 사람은 정말 자기 삶이 자기 소관이라고 믿는다. 물론 소위 "성공적" 관리를 위해 바깥의 이런저런 사람과 세력에 절해야 할 수도 있다. 그러나 책임자는 **자신**이다(그렇게 믿는다). 그는 참 하나님이신 분을 믿지 않는다. 앞서 본 것처럼 그런 사람들은 "마음에 하나님 두기를 싫어"한다.

바울이 다른 곳에 쓴 것처럼 **그들**의 신은 "배"(빌 3:19), 곧 자아의 감각중추다. 그들은 자신의 감정이나 욕구에 자원하여 **노예**가 된 자들이다(롬 16:18). 노래가사처럼 그들은 "내가 원하는 것을 내가 원할 때 얻어야" 한다.[3] 그것이 그들에 관한 궁극적 사실이다. 얻지 못하면 그들은 분노와 우울에 빠져 자신과 타인에게 위험 요소가 된다.

이디스 쉐퍼 Edith Schaeffer 는 낙태에 관한 예리한 글에서 이렇게 지적했다.

근본 동기는 매사에 나 자신의 평안과 안위를 구하는 데 있다. 그런 생활 철학은 한때 "옳고 그름"의 범주 아래 놓였던 모든 것들을 신속히 잠식한다. 사고방식이 이렇게 바뀌면 사물이 완전히 달라 보인다. 흐리고 뭉툭한 붓질로 표준 자체를 덮어 버리거나 보이지 않게 음지로 밀쳐 낼 때가 많다. 내 평안, 안위, 생활방식, 편의, 평판, 기회, 일, 행복, 안락이 위협받으면 그때는 "보이는 것이 없다." 무엇을 낙태하는가? 아직 태어나지 않은 생명을 낙태하는 것이다. 맞다. 그러나 또한 장애자 자녀를 두는 데 따르는 고통을 낙태하는 것이다. 너무 이르거나 적법하지 않은 아이를 돌보는 데 따르는 부담을 낙태하는 것이다. 거기에 재빨리 덧붙일 것이 있다. 이제는 이런 태도가 당연시됐지만, 부모와 가정생활을 누릴 아기의 권리와 안전을 낙태하는 것이다. 믿고 의지할 남편을 둬야 할 아내의 필요를 낙태하는 것이다. 배우자만 아니라 친구요 동지가 되어 줄 아내를 둬야 할 남편의 필요를 낙태하는 것이다. 한번 시작한 일을 끝마쳐야 할 모든 책임을 낙태하는 것이다.[4]

이렇듯 자기 우상화는 영적·도덕적 전경을 송두리째 바꿔 놓는다. 온 우주를 다른 눈으로 본다. 낙태 대신 얼마든지 다른 것들을 대입할 수 있다. 어쨌든 타락한 자아의 온 세계는 자기를 우주의 중심에 놓는 근본적 교만을 중심으로 돌아간다.

존 칼빈은 "인간 파멸의 가장 확실한 출처는 제 뜻에 복종하는 것"[5]이라고 했다. 그런데도 자기 복종은 거의 모든 인간에게 괜찮아 보이는 유일한 길이다. "우리는 너무 눈멀어 자기애(自己愛) 쪽으로 치닫는다. 즉 모든 사람이 자기를 높이고 상대적으로 모든 타인을 경멸할 충분한 이유가 있다고 생각한다."[6] 폐부를 꿰뚫은 칼빈의 눈이 놀랍다! 현대의 실상도 그에게 아주 친숙할 것이다.

디트리히 본회퍼Dietrich Bonhoeffer의 말이 정곡을 찌른다. "인간 대 인간의 근본관계는 주는 관계이건만, 죄의 상태에서 순전히 요구하는 관계로 바뀌었다. 모든 인간은 철저히 자발적 고립 상태로 존재한다. 다같이 동일한 하나님의 생명으로 사는 것이 아니라 제각기 자기 삶을 살아간다."[7] 정말 그렇다. 모두가 자기의 신이다.

지옥

추상적 차원에서 지옥에 가기를 택하거나 지옥에 속할 만한 사람이 되려는 사람은 없다. 그러나 그들의 자아 지향이 그들을 그런 사람, 유독 하나님 없는 곳에만 걸맞은 사람으로 만들어 간다. 그들은 하나님 앞에 낮아져 그분을 받아들이기보다는 결국 스스로 지옥을 택한다. 하나님의 뜻은 유연성이 무한할지 몰라도 인간의 뜻은 그렇지 않다. 인간의 뜻은 돌아설 수 없는 지점이 있다. 돌이켜 회개할 수 없는 선(線)이 있다.

세상에는 하나님과 하나님을 알 만한 것들로 가득하다. 우리는 그런 세상 안의 삶이 정말 내가 원하는 삶인지 심각하게 물어야 한다. 그것을 원치 않는 자들이라면 하나님이 자기를 그분 임재에서 제하신다고 확신해도 좋다. 그들은 예수께서 말씀하신 "바깥 어두운 곳"에 처할 것이다. 그러나 그들에 관한 근본적 사실은 그들이 그곳에 있다는 것이 아니라, 그들이 하나님을 부인하고 자기숭배에 빠질 대로 빠져 이제 **하나님을 원할 수 없다**는 점이다.

과거의 한 유명한 목사는 수사적으로 "당신이 원할 때 하나님을 받아들이겠다 그 말입니까?"라고 물은 뒤 이렇게 덧붙이곤 했다. "당신 생각대로 그때 그것을 원할 수 있을지 어떻게 압니까?" 궁극적으로 **잃은 영혼은 하나님을 원할 수 없는 사람이다.** 하나님이 하나님이기를 원할 수 없는 사람이다. 그런 사람들이 날마다 무수히 세상을 지나 영원 속에 들어간다. 그들이 하나님을 만나지 못하는 이유는 그분을 원하지 않기 때문이다.

적어도 **그분이** 하나님이기를 원하지 않기 때문이다. 하나님이 하나님이기를 원하는 것과 하나님이 나를 도와주기를 원하는 것은 전혀 다른 문제다.

자존심에 대한 모욕

누군가가 잃은 상태라거나 그럴 수 있다는 말은 모욕인가? 그 영혼이 파괴된 상태라는 말은 모욕인가? 우리 주변에 멀쩡해 보이는 사람들이 얼마든지 많다! 하지만 상대가 목숨이 위태로운 병에 걸린 것을 당신이 알고 있을 때 적절한 상황에서 그렇게 말하는 것은 모욕인가? 그 사실을 알면 치료가 가능한 경우도 있다. 암이나 당뇨나 에이즈라고 하자. 시대가 과민성 자기중심의 시대인 만큼 분명 그것은 일부 사람들에게 모욕이 될 수 있다. 그러나 그것은 앞서 설명한 기만적 인간 현실을 더 확인해 줄 뿐이다. 내가 신이라면 사람들은 **내게** 그런 말을 해서는 안된다.

잃은 상태는 자아 또는 파괴된 영혼의 사실적 상태다. 당신은 잃은 영혼이거나 아니거나 둘 중 하나다. 특정 불치병에 걸렸거나 아니거나 둘 중 하나인 것과 같다. 당신이 잃은 상태라 해도 당신은 그것을 모를 **수 있다**. 사실 모르기가 쉽다. 그것은 본질상 자기가 안 보이는 상태인 까닭이다. 그럼에도 당신이 영원히 잃은 상태가 되지 않으려면 치료가 필요하다. 자기 상태와 대응책을 알면 치료에 도움이 된다. 당신이 모욕으로 느낄 수 있다는 이유만으로 나는 당신에게 아무 말도 하지 말아야 할까? 당신은 그보다는 귀한 존재가 아닌가. 인간 심령의 악의 실체는 무시하거나 가볍게 넘어갈 문제가 아니다.

악에 속수무책인 세상

악의 물결이 소위 "뉴스"라는 이름으로 TV 화면을 채우거나 출판매체를 장식할 때 사람들은 무력하게 눈동자를 굴리며 "왜 저러나?"를 되뇐다. 선한 일이 벌어질 때는 절대 그렇게 말하지 않는다. 파괴된 영혼의 실상에 한번이라도 직면한 적이 있다면 그들은 오히려 선한 일에 "왜?"라는 물음을 던질 것이다. 그러나 단순히 그들은 인간 심령, 생각, 몸, 사회적 정황, 영혼의 실제적 내용물을 다룰 수 없다. "지적" 세계에서 (지금 우리는 다 그 세계에 살고 있지 않은가?) 악이란 죄처럼 개념 자체가 존재하지 않는다. 악에 대해 진지하게 말하는 것은 불손한 일이며 정치적으로 옳지 못하다. 무죄한 피해자들을 태운 비행기가 고층건물로 날아든다 해도 말이다.

수년 전 대중매체의 한 유명인사가 콜로라도 애스펜에서 악을 주제로 고위급 회의를 주재했다. (그런 모임이라면 사우스 로스앤젤레스나 소웨토 등 다른 곳에서 열렸어야 하지 않을까?) 참석자가 많았으나 그중 악이란 것이 존재한다고 생각하는 사람은 한둘뿐인 것으로 밝혀졌다. 대다수는 애매한 태도를 취했거나 악이란 존재하지 않는다고 확신했다. 20세기의 그들 주변에 악이 홍수처럼 넘쳐나고 있건만 그들은 전혀 개념을 정립할 수 없었다. 그들의 말을 들어 보면 분명해진다. 현대의 윤리적 사고는 파산 상태다. 악을 다루지 못한다는 것이 가장 명백한 증거 가운데 하나다. 학계에 "악 연구" 분야를 창설하자는 최근의 한 제안은 뜨거운 호응을 얻지 못할 것이다.[8]

파괴된 영혼이란, 꽤 중요한 신학적 요지를 몇 개 놓쳐 생애 끝에 신학 시험을 망칠 그런 사람이 아니다. 지옥은 "아차!" 하는 간발의 실수로 가는 곳이 아니다. 인간은 털끝 하나 차이로 천국을 놓치는 것이 아니라 **하나님을 외면하고 피하려는 지속적 노력의 결과로** 놓치는 것이다. "바깥 어두운 곳"은 결론적으로 그것을 원하는 자가 가는 곳이다. 삶의 방향 전체가 천천히 그러나 확고부동하게 하나님과—그리하여 우주의 실상과—어긋나는 쪽으로 굳어진 자가 가는 곳이다. 자기 삶에 대해 그리고 하나님과 인간 앞에서 자기 자리에 대해 처참한 오류에 들어선 자들이 가는 곳이다.[9] 파괴된 영혼이 다른 길로 들어서려면 먼저 자신의 파괴된 실상을 기꺼이 듣고 인정해야 한다. 다른 길이란, 곧 그리스도 안의 영성 형성으로 이어지는 영생의 길이다.

영성 형성은 영생의 선물에 **선택사항**으로 추가되거나 말거나 할 수 있는 것이 아니다. 오히려 그것은 "위로부터" 온 영생의 길이 당연히 취하는 길이다. 그것은 영생의 삶을 살려면 누구나 가야 하는 길이다.

그것은 삶을 "향상"시키는 프로젝트가 아니다. 이때의 삶은 정상 인간의 통상적 삶, 곧 하나님 없는 삶이다. 그보다도, 그것은 다른 종류의 삶이다. 그것은 하나님 자신의 삶을 형성하는 과정이다. 예수를 하나님의 아들이요 기름부음 받은 자로 믿는 자들 안에 하나님이 새로운 실체로 유지시키시는 삶이다. "너희로 믿고 그 이름을 힘입어 영생을 얻게 하려 함이니라"(요 20:31). "그리스도 안에" 있는 자들—위로부터 난 내면적 출생의 선물을 통해 그분의 삶과 그분이 하시는 일에 붙잡힌 자들—은 "새로운 피조물^{ktisis}이라. 이전 것은 지나갔으니 보라 새것"(고후 5:17)이다. 바로 이 새 창조 안에 철저한 선(善)이 있고, 그것만이 마음을 근본적으로 변화시킬 수 있다.

가책의 필요성

범인이 범행에 대해 가책이나 진실한 후회의 기색을 보이느냐 그렇지 않느냐는, 평범한 인생 상황의 일반인들에게는 물론 법정의 판검사들에게도 여전히 매우 중요하다. 왜 그럴까? 진정한 가책은 당사자의 아주 깊은 일면을 보여주기 때문이다. 남을 해치고도 가책을 못 느끼는 자는 진정 후회할 줄 아는 자와는 다른 종류의 사람이다. 가책과 **뼈아픈** 후회가 없는 자에게는 진정한 변화의 가망이 별로 없다.

오늘날 기독교의 소위 많은 신앙고백에는 자신의 존재나 심지어 자신의 행위에 대한 가책이나 슬픔이 전혀 없다. 잃은 상태, 즉 내 마음과 몸과 영혼의 철저한 악에 대한 인식이 별로 없다. 우리가 그 악에서 **반드시** 벗어나야 함에도 말이다. 우리를 거기서 구하실 수 있는 분은 하나님뿐이다. 오늘 세상은 그런 인식을 표출하는 자—분명 대다수 그리스도인들도—를 심리적 환자로 취급한다. 오늘 그리스도인들은 자신의 "상처"에 대해 자주 이야기한다. 그러나 잘 들어 보면, 그들이 이야기하는 **상**

처가 자기 내면의 악이 아니라 자신의 고생담임을 알 수 있다.

오늘날 자신이 처참히 잘못되었다는 것과, 자력으로 그 결과를 바꾸거나 면할 수 없다는 사실을 깨달은 자는 극히 드물다. "화로다 나여, 망하게 되었도다. 나는 입술이 부정한 사람이요 입술이 부정한 백성 중에 거하면서 만군의 여호와이신 왕을 뵈었음이로다"(사 6:5). 이 의식이 별로 없다.

그러나 **처참히 파괴된 내 실상을 인식하지 않고는**, 그리고 그 냉엄한 인식의 당연한 귀결로 내 삶의 시각과 방향을 진정 바꾸지 않고는 **절대 내면 변화의 확실한 길이란 없다.** 그것은 심리적·영적으로 불가능한 일이다. 우리는 군데군데 조금씩 "하나님을 이용"해 가며 여전히 내 우주의 왕좌에 군림할 것이다. 새로워진 영혼의 철저한 선(善)을 들여다보면 이 점이 더욱 선명해진다.

묵상 및 토의 질문

1. 하나님을 떠난 인간은 **파괴된** 자라는 개념에 당신은 수긍하는가? 그 파괴를 당신은 어떻게 묘사하겠는가? 그것이 실제적 일상생활에 주는 의미는 무엇인가?

2. 문제의 그 파괴는 인간이 이 땅의 자연적 인생살이에서 받는 "영성 형성"의 결과다. 어째서 그런가?

3. 오늘날 "지식인들" 사이에서 **악**은 주변 사건들의 정당한 설명 범주로 어떻게 기능하고(또는 기능하지 않고) 있는가?

4. 그리스도를 발견하고 그분 안에서 영성 형성에 임하도록 사람들을 도울 때 우리는 자존심에서부터 시작할 수 있는가? 왜 그런가? 혹은 왜 그렇지 않은가? 자존심 중심의 인생관에는 일말의 진실이 있는가? 있다면 무엇인가? (4-6번째 문단의 내용을 참조하라.)

5. 일반 세상과 "가시적 교회"에서 당신이 볼 수 있는 파괴된 영혼의 증거는 무엇인가?

6. 인간 실상의 선지자적 증거에 대한 바울의 요약을 간단히 기술해 보라.

7. **자존심**(내가 하나님이 되는 것)은 어떻게 인간 파멸의 기초가 되는가?

8. **감각**이 인간 파멸에 그토록 중심 역할을 차지하는 이유는 무엇인가?

9. "말세"의 도덕적 타락에 대한 바울의 말을, 현재 우리가 살고 있는 세상에 적용해 보라. 주요 일간신문이나 주간지를 사용하라.

영혼에 회복되는 철저한 선

너희 중에 이와 같은 자들이 있더니 주 예수 그
리스도의 이름과 우리 하나님의 성령 안에서
씻음과 거룩함과 의롭다 하심을 얻었느니라.
_고린도전서 6:11

인간에 관한 놀라운 사실 가운데 하나는 회복이 가능하다는 것
이다. 사실 그 회복으로 인해 파괴되었던 인간은 더 아름다운
존재가 된다. 이것은 희망이면서도 신기한 개념이다. 우리는 그
경위를 차차 분명히 밝혀야 한다. 그러나 여기서는 "파괴가 걷
힌" 회복된 인간 내면에 일어나는 역동을 확실히 살펴보고자
한다. 특히 우리는 인간 자아의 여섯 가지 보편 차원을 재조정
해 하나님께 복종시킬 수 있는 근본 변화(중생과 사죄를 얻은 상
태에서)가 무엇인지 알아야 한다.

전체적 재조정을 이해하는 열쇠는 앞장에서 살펴본 인간 파
멸의 내용에 들어 있다. 역시 존 칼빈은 말했다. "인간 파멸의
가장 확실한 출처가 제 뜻에 복종하는 것이듯이, 인간의 유일한
안식처는 다른 의지와 지혜를 일절 버리고 주께서 어디로 이끄
시든 그분을 따르는 것이다. 자아를 버리고 내 마음의 모든 에
너지를 하나님을 섬기는 일에 바치는 것이야말로 그 첫걸음이

돼야 한다."[1] 고금의 그리스도의 사람들의 기본 관점을 그대로 재확인한 말이다.[2]

칼빈은 계속해서 이렇게 설명한다.

> 여기 섬긴다는 말은 입술로 고백하는 순종만 아니라 마음이 세속적 정욕을 벗고 하나님의 성령의 부르심에 무조건 순종한다는 뜻이다. 생명의 첫 관문은 이 변화(바울이 로마서 12:2와 에베소서 4:23에서 마음을 새롭게 함이라고 표현한)이건만, 철학자들은 하나같이 이 변화를 모른다. 그들은 인간의 통치권을 이성에만 내준다……. 그러나 기독교 철학은 성령께 자리를 드려 온전히 복종할 것을 인간에게 명한다. 그럴 때 더 이상 인간 자신이 살지 않고 그리스도께서 그 안에 사시며 다스리신다(갈 2:20).[3]

자아 부인

칼빈이 "자아 부인"이라는 제목으로 갈파한 내용은, 이처럼 인격의 총체적 변화다. 그는 그리스도인의 삶 전체를 압축하여 그 말로 표현했다.[4] 자아 부인을 절대 자아 **거부**와 혼동해서는 안된다. 내면의 강력한 저항을 꺾고 수시로 반복하는 괴롭고 고역스런 **행위**로 생각해서도 안된다. 자아 부인이란 하나님 나라 안에 자리잡은 전체적 생활 상태다. "자아에 대해 죽음"이라 바꿔 말할 수 있다. 영혼 회복의 열쇠는 오직 거기에만 있다. 기독교 영성 형성은 자아에 대해 죽음이라는 이 필요 불가결한 기초에 의존하며, 그 기초가 견고하게 놓여서 유지되지 않는 한 진척될 수 없다.

그렇다면 영혼의 회복—궁극적으로 전인의 회복—과 짝을 이루는 이 자아 부인 또는 자아에 대해 죽음이란 무엇인가? 우선 그것은 인간 소멸을 겨냥한 극히 부정적 개념으로 들린다. 솔직히 파괴된 영혼의 관점에서 볼 때 자아 부인은 대다수 사람들에게 주는 첫 느낌만큼이나 냉혹한 것이며 앞으로도 늘 그럴 것이다. 파괴된 삶에 필요한 것은 향상이 아니라 대체다. 우리는 단순히 삶—대다수 사람들이 늘 타령을 늘어놓는 그 **파괴된** 삶—을 **잃어야** 한다. 예수는 "자기 목숨(영혼)을 얻는 자는 잃을 것이요 나를 위하여 자기 목숨(영혼)을 잃는 자는 얻으리라"(마 10:39)고 말씀하셨다. 이런 말씀도 하셨다. "누구든지 제 목숨을 구원코자 하면 잃을 것이요 누구든지 나를 위하여 제 목숨을 잃으면 찾으리라. 사람이 만일 온 천하를 얻고도 제 목숨(영혼)—곧 제 자신—을 잃으면 무엇이 유익하리요. 사람이 무엇을 주고 제 목숨(영혼)을 바꾸겠느냐"(마 16:25-26; 또한 막 8:35-36; 눅 9:24-25 참조).

영혼의 가치에 대한 예수의 이런 말씀을 들을 때 늘 기억해야 할 것이 있다. 위대한 스승의 기술은 설사 당장 이해가 안가도 계속 기억에 남게 가르친다는 것이다. 그래서 그 가르침을 곱씹는 사이 (그리고 그 가르침이 우리를 곱씹는 사이) 결국 우리는 내용을 **이해**하게 된다. 예수는 인류 최고의 스승이며 그에 걸맞게 가르치신다.

영혼의 가치에 대한 그분 말씀이 맞음을 우리는 직감으로 안다. 1차 세계대전 중 프랑스 마른 강변의 참호에서 싸우던 한

독일인 병사는 집에 이런 편지를 보냈다. 그곳은 1914년 서부 전선에서 1백만 명이 전사했던 곳이다. "내 영혼이 다친다면 그 많은 총알과 포탄을 피한들 무슨 소용 있으랴."[5] 지상의 어떤 것으로도 보상할 수 없는 치명적 손실이 있는 법이다.

목숨을 잃어 목숨을 얻다

자기 목숨을 얻으려면 잃어야 한다는 예수의 가르침은, 나 자신과 내 "생존"을 세상의 궁극적 기준점으로 삼아서는 안됨—사실상 나 자신을 하나님처럼, 나아가 하나님으로 대해서는 안됨—을 부정적 측면에서 일러 주신 것이다. 그래서 바울은 "탐심은 우상숭배"(골 3:5)라는 충격적 발언을 내놓았다. 약간 과장된 말 아닌가? 아니다. 탐심은 자기 우상화다. **내** 욕심을 최고로 삼기 때문이다. 할 수만 있다면 내 소원대로 손에 넣겠다는 **저의**다. 탐심을 물리치려면 다른 사람들이 누리는 혜택을 함께 즐거워할 줄 알아야 한다.

내 욕심을 최고로 삼는 것은 역시 바울이 말한 "육신의 생각"이다. 육신의 생각은 사망이[다](롬 8:6). 그런 마음은 "자기의 육체를 위하여 심[어]"—자기의 자연적 자아에만 투자하여—"육체로부터 썩어진 것을 거[둔다]"(갈 6:8). "썩어짐" 또는 "부패"는 육신의 당연한 귀결이다. 육신은 하나님 나라의 더 높은 삶 안에 붙들려 소아적 삶을 "잃을" 때에만 보전될 수 있다.

달리 말해, 자기 목숨이나 영혼을 얻으려면 잃어야 한다는 예수의 말씀은 다음 사실을 지적해 준다. 내 삶의 주관자가 나라고 생각하는 자들이 있지만—"나는 내 운명의 주인이요 내 영혼의 선장이라" 한 시인 윌리엄 어니스트 헨리William Ernest Henley의 말처럼**6**—결국 그들도 절대 자신이 주관자가 아님을 알게 된다는 것이다. 그들은 자기 바깥의 세력과 심지어 자기 내면의 세력에 철저히 지배당하고 있다. 그들은 무력한 붕괴의 길에 확실히 들어서 있다. 자신과 하나님께 **잃은** 자가 되는 길이다. 그들은 항복해야 한다.

반대로, 그들이 제 삶의 궁극적 기준점이 되는—자기가 원하는 일만 하고 "자기의 육체를 위하여 심고" 인간의 본성적 뜻과 능력에 투자하는—계획을 포기한다면 희망이 있다. 그들이 **그런 의미에서** 하나님의 삶을 위해, 즉 예수와 그분이 지상에서 하시는 일—그분이 지금도 행하고 계신 영속적 세계 변혁을 잊지 말라—을 위해 제 목숨을 잃는다면 그들의 영혼(목숨)은 보전되며 다시 그들에게 되돌려진다.

내가 원하는 일을 하되 하나님 방식으로 한다

이것이 무슨 말인가? 비로소 그들은 난생처음 자기가 하고 싶은 일을 할 수 있게 된다는 뜻이다. 물론 그들은 원대로 실컷 도적질하고 속이고 살인할 수 있다. 문제는 그런 원함이 전혀 없어진다는 것이다. 동시에 그들은 진실하고 투명하고 도움을 베풀며 기쁨과 희생으로 사랑할 수도 있다. 그리고 그것을 원하게 된다. 그렇게 그들의 삶은 하나님의 삶에 붙잡힌 바 된다. 그들은 선을 원하게 되고 그것을 능히 행하게 된다. 이것만이 인간의 진정한 자유다. 영의 생각은 그런 의미에서 "생명과 평안"(롬 8:6)이다. 영의 삶은 하나님께로부터 오며 "성령을 위하여 심는 자는 성령으로부터 영생을 거두[기]"(갈 6:8) 때문이다.

이렇듯—기독교 영성 형성에 들어서려는 자들에게 가장 중요한 부분이다—우리는 통상적 의미의 삶, 곧 나를 지키고 나를 높이고 나에 취하는 것이 목표인 삶을 버려야 한다.

"여전히 그런 것들이 **생각날** 수 있을까?" 가능한 물음이다. 물론 생각날 수 있다. 그러나 점차 줄어들 것이다. 설사 생각난다 해도 중요하지 않다. 영성 형성의 진보로 점차 그리스도를 닮아가기 때문이다. 사실 그런 것들은 우습고 재미없어 보일 것이다. 내일 일을 염려하지 말라 하신 예수의 말씀과 들꽃과 새를 생각하라 하신 그분의 권고가(눅 12:13-34) 극히 온전하고 옳아 보일 것이다. 전에는 도무지 제정신이 아닌 듯 잘못되고 "현실성 없어" 보이던 그 말씀이 말이다.

십자가를 진다

그분의 제자나 도제의 자격에 대한 가르침에도 동일한 역설이 적용된다. 이것 역시 매우 충격적 언어로 표현된다. "무릇 내게 오는 자가 자기 부모와 처자와 형제와 자매와 및 자기 목숨(영혼)까지 **미워하지** 아니하면 능히 나의 제자가 되지 못하고"(눅 14:26).

이어 그분이 사용하신 이미지는 충격의 극치다. 당시 듣던 이들에게는 매우 익숙한 것이지만 오늘 우리로서는 온전히 실감하기 어렵다. 바로 인간이 등에 나무를 지고 가는 이미지다. 처형 장소에 도착하면 나무는 그를 죽이는 도구로 사용될 것이다. "누구든지 자기 십자가를 지고 나를 좇지 않는 자도 능히 나의 제자가 되지 못하리라"(27절).

십자가는 죽음의 도구, "제 목숨을 잃는" 도구다. 이 가르침은 우리의 목숨을 잃고 찾는 것에 대한 말씀과 정확히 똑같다. 누가복음 14장 뒷부분에 나오는 것처럼 이것은 대가를 비교하는 문제다. 인생에 정말 "수지맞는 거래"가 꼭 하나 있다면 예수와 그분의 일에 나 자신을 바치는 것이요, 내가 사랑하는 모든 것을 그분께, 그분을 위해 버리는 것이다. 그것을 참으로 확신하지 못하는 자들은 예수께서 가르쳐 주실 다른 교훈들을 **배울 수 없다**. 영혼의 전폭적 변화 같은 다른 주제로 진도가 나갈 수 없다. 그분이 막으신다는 뜻이 아니라 단순히 우리 쪽에서 불가능하다. 맹인은 차를 운전할 수 없다는 말은, 누가 운전을 막는다는 뜻이 아니라 설사 허락해도 불가능하다는 뜻이다.

십자가의 가르침과 평범한 인생의 모든 "최우선" 사항을 버려야 한다는 가르침은, 하나님께 "잃어진" 상태의 삶에서 보면 여전히 반감이 들고 불가능해 보인다. 실제로 비참하게 잘못 해석된 일도 많았다. 결과는 인간 마음과 삶의 혁신이 아니라 파괴였다. 혼자 놓아두면 그것은 위험한 절반의 진리가 되고 만다. 사실 이 부정은 긍정과 만나야만 온전해진다.

십자가와 "대가 계산"의 참뜻

영성 형성 과정의 최대 위험 가운데 하나는, 목숨(영혼)을 구하려는 자들이 자아 부인과 자아에 대한 죽음을 또 하나의 기술이나 "일" 정도로 취급하는 것이다. 그럴 경우 자아 부인은 집단특유의 가시적 행동들로 외면화된다. 그런 행동은 보기에 아주 희생적일 수 있지만 "육신의 생각"에 통제력을 다 내줄 수 있다. 검소한 옷차림을 하거나 특정 음식을 금하는 많은 이들에게서 그런 예를 볼 수 있다.

과거의 유명한 감리교 전도자 샘 존스^{Sam Jones}는 춤추는 발과 기도하는 무릎은 한 다리에 공존할 수 없다고 말했다. 경험적으로 꽤 일리 있는 일반론이라 할 수 있다. 무릎꿇어 기도하는 다리로 춤추러 다니는 사람은 사실 드물 것이다. 그러나 단순히 춤추지 **않는다** 해서 그것이 자기 삶을 하나님께 드렸다는 증거일 수는 없다.

"고행"은 자기 의(義)를 높이는 행위가 될 수 있다. 그런 일이 얼마나 많았던가! 이 음울하고 위험한 "자아 부인"은 종교와 짝을 이룰 때가 너무 많다. 우리 내면의 근본 실상이 예수와 그 나라를 향한 사랑의 시선이 될 때에만 그런 잘못된 자아 부인을 피할 수 있다. 여기가 바로 정확한 대가 계산이 들어설 자리다. 그렇게 되면 자아 부인의 외면적 표출이나 그 부재가 중요성을 잃는다. 그분의 경우처럼 말이다.

예수를 따르는 삶의 "대가 계산"에 대해 들으면서 대다수 사람들이 받는 인상은 그 대가가 너무 크고 고통스럽다는 것이다.

그러나 대가를 계산한다는 것은, 가능한 모든 행동노선의 득실을 따져 어느 쪽이 가장 좋은지 가린다는 뜻이다. 그렇게 따져 볼 때 우리가 감당할 수 있는 유일한 길은 제자도의 시련임을 예수는 아셨다. "영원한 것을 얻고자 영원할 수 없는 것을 버리는 자는 바보가 아니다"라는 말이 있다.[7] 제자도가 **아닌** 길의 대가는 사실상 우리가 감당할 수 없을 정도다. **훨씬 작은** "제자도의 대가"를 즐거이 견지할 수 있는 이유가 거기 있다.

십자가와 더 큰 삶으로의 부르심

예수는 사역을 통해 하나님 나라의 도래를 선포하셨다. 그분을 믿는 믿음을 통해 만인에게 다가온 하나님의 임재와 사랑과 통치를 전하셨다. 그분은 "회개하라, 이제 천국의 삶이 네 앞에 있다"고 말씀하셨다. 그분의 임재와 행동과 교훈은 그 나라를 보여주고 설명해 주셨다. 그분은 사람들 마음에 다가가 그들의 현실관과 인생 목표를 바꿔 주셨고, 그렇게 천국을 제시하고 천국으로 불러들여 그들을 "제자" 삼으셨다.

그분의 "천국 비유" 하나를 생각해 보라. "천국은 마치 밭에 감추인 보화와 같으니 사람이 이를 발견한 후 숨겨 두고 기뻐하여 돌아가서 자기의 소유를 다 팔아 그 밭을 샀느니라"(마 13:44).

당신이 땅 밑에서 아무도 모르는 금광이나 유전을 발견했다고 하자. 당신은 슬퍼할까? 그 땅을 사려고 온 재산을 다 모아 "희생"하는 것이 뭔가 빼앗기는 것처럼 느껴질까? 말도 안된다! 자신을 부인하고 십자가를 지고 예수를 좇는다는 것이 바로 그런 것이다!

물론 아픔도 조금 있다. 우리 마음과 삶에 아직 이전 것에 대한 애착이 있기 때문이다. 그것은 한꺼번에 사라지지 않는다. 또한 우리는 간혹 불안을 경험할 수도 있다. 특히 초기에 그렇다. 그러나 그것은 영성 형성이 진척되면서 해결되는 문제다.

진척될수록 새 시야에 애착이 생기며, 그것은 점차 더 큰 현실이 되어 이전에 애착을 품었던 것들을 우리 삶 밖으로 몰아낸다. 그때는 그것이 사라지는 것을 봐도 슬프지 **않다**. 사실 오히려 기쁘다. 이제는 전에 바라던 것을 바라지 **않게** 된다. 전에 머릿속에서 아른거리던 것을 생각하고 싶지 **않게** 된다. 전에 진심으로 원하지 **않던** 것을 진심으로 원하게 된다.

이렇듯 마태복음 16:24과 복음서 다른 곳들에 나오는 자아 부인은, 언제나 낮은 차원의 죽어가는 자아를 높은 차원의 영원한 자아에 굴복시키는 것이다. 이것이야말로 하나님이 우리를 창조하실 때 의도하신 모습이다. 그런 확신이 있을 때 우리는 "말할 수 없는 영광스러운 즐거움으로 기뻐[할]"(벧전 1:8) 수 있다. 예수는 우리의 자아 완성을 막으시는 것이 아니라 오히려 거기에 이르는 유일한 참 길을 보여주신다. 그분 안에서 우리는 "목숨을 얻는다." 우리는 하나님의 형상대로 지음받았고 그것은 우리의 장자권이다. 참된 선과 만족과 능력의 장자권이다. 우리는 본래 그 상태에 어울리게 되어 있다. 예수는 우리가 이 장자권을 한 그릇 팥죽을 위해 팔지 못하게 하신다(창 25:30-31). 약간의 부정한 섹스, 돈, 명예, 권력, 자기 의 등 "잠시 죄악의 낙"

이나 단순히 그 가능성 또는 전망이야말로 팥죽이 아니던가.

모든 부질없는 강박적 욕망을 우리가 져야 할 십자가로 덮는다. 그래야 폭넓은 아가페 사랑이 우리 안에 온전하고 영원한 삶을 이룰 수 있고, 우리는 하나님과 인간 앞에 그 삶으로 살아갈 수 있다. 예수는 고통을 위한 고통을 실천하거나 요구하신 엄격한 금욕주의자가 아니다. 그분은 죽음 자체가 선해서 죽음을 택하신 것이 아니라 "그 앞에 있는 즐거움을 위하여 십자가를 참으사 부끄러움을 개의치 아니하[신]"(히 12:2) 것이다.

그분을 주로 삼는다는 것은 그분 방법이 옳음을 믿는 것이요, 그분처럼 우리도 언제나 하나님 아래서 더 큰 선을 지향한다는 것이다. 그분처럼 우리도 공의로 심판하시는 자에게 계속 우리 자신을 부탁한다(벧전 2:23). 이것이 곧 예수께서 가르치신 방식대로 "우리 목숨을 잃음으로 얻는" 것이다.

온전한 기쁨

『아시시의 성 프란체스코의 작은 꽃들』*The Little Flowers of St. Francis of Assisi* 8장에서 프란체스코는 친구 레오에게 "온전한 기쁨"이 무엇인지 가르친다. 둘은 페루기아에서 그들 단체의 본부인 앤젤레스 세인트 메리로 눈길을 터벅터벅 걷고 있었다. 프란체스코는 그들의 형제애가 온 땅에 거룩함과 덕의 선한 모본이 될지라도, 그것은 온전한 기쁨이 **아니라**고 말했다. 병든 자를 고치고 죽은 자를 살리는 위대한 사역도 아니었다. 모든 언어와 모든 학문을 터득하는 것도, 예언과 성경을 통달하는 것도, 모든 영혼의 비밀을 꿰뚫어 보는 것도 온전한 기쁨이 아니었다. 심지어 모든 불신자를 회심시켜 그리스도를 믿게 한다 해도 그것은 온전한 기쁨이 아니었다!

이쯤 되자 레오 형제는 놀라서 프란체스코에게 "온전한 기쁨이 어디 있는지" 가르쳐 달라고 청한다. 대답은 이렇다. 그들이 지저분하고 축축하고 지치고 배고픈 모습으로 막사에 당도했을 때, 거기서 거절당하고 계속 방해받고 결국 무력으로 쫓겨난다 해도 "만일 우리가 그런 불의와 박대와 멸시를 인내로 받아들이고 성내지 않고 불평하지 않는다면, 그 모든 상처를 복된 주님의 고난으로 알아 인내와 기쁨으로 당하고 그분을 사랑하는 마음으로 고난에 동참한다면, 오 레오 형제여, 마침내 거기에 온전한 기쁨이 있다고 기록하시오."[8]

주는 삶이 중심이 됨

우리가 인간 영혼에 꼭 맞는 성품을 입어 감에 따라 재형성된 신적 삶에 중심이 되는 것은, 물론 주는 삶과 용서하는 삶이다. 에리히 프롬 Erich Fromm 의 말은 철저히 인간적 관점에서 나온 것이지만 옳다. "가장 팽배한 오해는 준다는 것이 뭔가를 '포기하고' 빼앗기고 희생하는 것이라는 착각이다. 사고의 주요 지향점이 비생산적인 자들은 주면 가난해진다고 생각한다……. 그들에게 베풂의 덕목은 희생을 수용하는 행위와 같다."[9]

이것은 앞서 말한 순전히 부정적 관점의 자아 부인과 꼭 맞아든다. 사실 그것은 우리 윤리 문화의 일부가 되었다. 그러나 프롬은 이렇게 말을 잇는다.

생산적 성품을 지닌 자들에게 베풂의 의미는 전혀 다르다. 준다는 것은 능력의 최고의 표현이다. 주는 행위 자체를 통해 나는 내 힘과 내 부와 내 능력을 경험한다. 충만한 생명력의 경험이 기쁨으로 나를 채운다. 나는 넘쳐흐르고 내보내며 살아있는, 그리하여 기쁨에 찬 나를 경험한다. 주는 것이 받는 것보다 기쁘다. 뭔가를 잃어서가 아니라 주는 행위로 내가 살아있음이 표현되기 때문이다.[10]

하나님 나라의 지원

그러나 이런 의미의 베풂과 자신을 절대적 기준점으로 삼지 않는 선(善)에는 외부의 지원이 필요하다. 내 삶을 내어줄 때 나는 "내 힘과 내 부와 내 능력" 이상의 것을 경험해야 한다. 우리는 여기서 현실적이 될 필요가 있다. 그렇지 않으면 빛 좋은 개살구가 될 위험이 있다. 요즘 어디 가나 들리는 자존감 이야기의 특징이 그것이다. 주는 삶과 용서하는 삶에 필요한 지원은 예수께서 하나님 나라의 실체를 통해 풍성히 공급하신다. 예수는 그 실체를 우리 삶 속에 들여놓으신다. 그분은 우리 믿음에 대한 반응으로 그것을 우리에게 가져다 주신다.

이런 지원이 있을 때만 우리는 예수의 가르침대로 "주라 그리하면 너희에게 줄 것이니 곧 후히 되어 누르고 흔들어 넘치도록 하여 너희에게 안겨 주리라"(눅 6:38) 하신 삶을 살 수 있다. 인간적 관점에서 볼 때 우리 뒤주가 텅 빌 때가 있기 때문이다.

십자가와 무덤을 경험하되 부활은 아직 오지 않은 때가 있기 때문이다. 그때 우리는 바울의 말이 사실임을 확실히 알아야 한다. "하나님은 즐겨 내는 자를 사랑하시느니라. 하나님이 능히 모든 은혜를 너희에게 넘치게 하시나니 이는 너희로 모든 일에 항상 모든 것이 넉넉하여 모든 착한 일을 넘치게 하게 하려 하심이라"(고후 9:7-8).

하나님은 그분을 하나님 삼고 그분의 보호에 자신을 맡기는 모든 이들을 돌보신다. 부활하신 예수의 임재와 가르침이 우리에게 그것을 확신시켜 준다. "적은 무리여 무서워 말라. 너희 아버지께서 그 나라를 너희에게 주시기를 기뻐하시느니라"(눅 12:32). "내 것은 내가 챙겨야" 하는 짐에서 우리를 자유케 하는 것은 하나님을 향한 사랑, 그분의 위대하심과 선하심에 대한 확신과 감격, 그분의 보호하심의 꾸준한 경험이다.

이것이 우리 일상생활에 가져다 주는 변화는 얼마나 놀라운 것인가! 개인적으로 나는 하루를 시작할 때—대개 기상 전에— 그 하루를 주님의 돌보심에 맡긴다. 대개 주기도문을 묵상하고 기도하며 그렇게 한다. 시편 23편을 함께 묵상할 때도 있다. 그리고는 하나님이 보내시거나 적어도 허용하시는 모든 일을 맞이한다. 돌보시는 그분 품안에 쉬면서 맞이한다. 그것이 "모든 일을 원망과 시비가 없이"(빌 2:14) 하는 데 도움이 된다. 이미 "관할권을 하나님께 드렸고" 매사를 그분이 내 유익을 위해 관리하실 것을 믿기 때문이다. 나는 더 이상 날씨나 비행기나 다른 사람들을 관리할 필요가 없다.

자아 전체의 통합

이렇게 경험을 바탕으로 하나님의 사랑과 보호를 믿을 때 인간 자아의 전 여섯 가지 차원이 점차 서로 조화를 이루어 갈 뿐 아니라, 우리는 매사에 주변 사람들을 관용으로 대할 수 있다. 하나님을 사랑하는 마음만이 이웃 사랑의 틀과 기둥이 된다. 전자가 후자의 방향을 잡아 주고 힘을 부여함으로써 하나님 나라의 선이라는 목표를 이루게 한다. 그리고 하나님 사랑과 이웃 사랑은 점차 인격의 전체 구조를 제자리로 조정해 간다.

하나님 안의 이런 지원이 없다면 "준다는 것이 능력의 최고의 표현"이라는 이야기 따위는 어느새 공허한 메아리, 허세, 자기기만, 위선, 심지어 자기 신격화로 전락하고 만다. 작금의 인간 잠재력 운동이나 뉴에이지 운동이 대부분 그 상태다. 그것은 전적으로 나 중심이 될 것이며, 그리하여 영혼의 파멸을 회복하기는커녕 오히려 영구화할 것이다. 뉴에이지 관점과 실천의 매력은 다분히 "내가 곧 신"이라는 주장에 있다.

자아에 대해 죽다

이렇게 예수와 그 나라에 대한 명백하고 강력한 비전을 바탕으로 우리 성품은 점차 하나님과 그분의 영원한 삶 중심으로 재조정된다. 그럴 때 자아 부인은 뜸하거나 잦은 행동의 차원을 넘어서 성향과 성품으로 자리잡는다.

처음에는 굉장히 의식적으로 자신을 부인해야 한다. 무턱대고 내 때에 내 방식대로 내가 원하는 것을 좇던 자세를 버려야 한다. 그리고 자아를 부인할 때마다 내 내면과 주변에서 하나님 은혜의 아주 구체적 움직임을 살펴서 능력과 인도하심을 삼아야 한다. 아울러 지혜롭고 지속적인 영성 생활훈련들도 활용해야 한다. 처음부터 우리 자아의 본질이 하나님을 대적하는 세상에서 형성되다 보니 모든 차원, 특히 몸과 사회적 정황 면에서 정반대 행동에 능하기 때문이다. 우리의 사고, 감정, 의지는 습관이 잘못 들어 있다. 여기에 대해서는 나중에 더 자세히 다룰 것이다. 영성 형성(변화) 과정에서 어떻게 하나님과 협력할 수 있고 또 그래야 하는지도 그때 함께 살펴볼 것이다.

그러나 예수의 제자들의 삶에는 "나는 자아에 대해 죽었다"고 말하는 적합한 시점이 온다. 물론 한 가지 방법으로만 그렇게 되는 것은 아니므로 언어 사용에 조심해야 한다. 이 부분은 지난날 많은 오해와 폐단의 소지가 되었다. 그럴지라도 그 사실 자체만은 마음과 영혼과 삶의 변화에 필수 불가결한 근본 요소다. 자아에 대해 죽었다는 것은 설사 내가 원하는 것을 얻지 못해도 놀라거나 기분 상하지 않으며, 그것이 절대 나를 지배할 수 없는 상태다. 하나님의 신실한 종들은 비결을 안다. 많은 이들이 간증을 남겼다. 영국 브리스톨의 조지 뮬러 George Mueller 는 이렇게 고백했다. "어느 날 나는 죽었다. 조지 뮬러와 그의 의견과 선호도와 취향과 의지에 대해 죽었다. 세상의 인정과 비판에 대해 죽었다. 내 형제나 친구들의 인정이나 비난에 대해서도 죽었다. 그때부터 나는 자신을 '하나님 앞에 인정된 자'로 드리기에 힘썼다." 누군가 뮬러를 두고 "시편 23편이 얼굴에 씌어 있다"

고 말한 것도 무리가 아니다.[11]

우리는 흔히 곤히 잠든 사람을 가리켜 "죽은 것처럼" 잔다고 말한다. 주변에서 벌어지는 일이 그에게 전혀 방해가 안된다는 뜻이다. 또 그가 세상사를 의식하지 못하며 거기에 대해 아무 행동도 취하지 않는다는 뜻이다. 정확한 비유는 아닐지라도 여기 중요한 교훈이 있다.

자아에 대해 죽은 사람은 분명 남들 눈에 띌 만한 일부 자극이 의식조차 되지 않는다. 예컨대 남들의 무시, 핀잔주고 빈정대는 말, 육체적 불편 등이다. 물론 "소중한 자아"—철학자 임마누엘 칸트의 표현대로[12]—에 대한 다른 많은 박대는 여전히 의식되며 그것도 대개 아주 생생히 느껴진다. 그럴지라도 내가 상당 수준 자아에 대해 죽었다면 그런 박대가 나를 지배하기는커녕 내 감정이나 마음의 평안을 흔들 정도도 되지 못한다. 아시시의 프란체스코의 말대로 우리에게 "세상은 헐렁헐렁한 옷 같아 몸에 닿는 곳도 별로 없거니와 닿아도 슬쩍 스칠 뿐이다."

그렇다면 자아에 대해 죽은 사람은 감정도 없단 말인가? 그리스도도 스토아 철학이나 불교처럼 욕심을 버리는 "무념무상"을 명하시는 것인가? 천만의 말이다. 문제는 단순히 감정과 욕심이 아니라 올바른 감정과 욕심이다. 감정과 욕심에 지배당하는 문제라고 할 수도 있다. 예수의 제자들도 많은 일에 감정이 동요되고 많은 일에 강한 욕심을 느끼지만, 그런 제 욕심의 성취에 대체로 무관심하다. 그들에게 단순히 자기 뜻을 관철시키는 것은 무의미하며 따라서 방해거리가 못된다.

그들은 "하나님을 사랑하는 자 곧 그 뜻대로 부르심을 입은 자들에게는 모든 것이 합력하여 선을 이루[심]"(롬 8:28)을 안다. 그들은 굳이 자기 몫을 챙길 필요가 없다. 내 삶을 내가 아니라 하나님이 주관하시기 때문이다. 물론 그들도 적절히 관심사를 돌보지만 행여 결과가 자기 욕심과 감정에 악영향을 줄까 걱정하지 않는다. 그들은 자유를 얻었기에 하나님과 남을 섬기고 전반적 선을 증진하는 데 주력한다. 그리고 그 노력에 상응하는 열정도 품는다.

일부 남아 있는 자의식

자아에 대해 죽은 자들, 곧 자아를 수시로 쉽게 부인하는 자들에게도 자아에 대한 민감함이 조금은 남아 있을까? 내 생각에 인간은 그런 민감한 자의식을 절대로 완전히 벗어나지 못한다. 그래야 할 이유도 없다. 우리가 그것을 즐기거나 행동과 삶의 "통제력"을 거기에 내주지 않는 한 자아에 대한 민감함 자체는 잘못이나 죄가 아니다. (앞에서 "죄에 대한 생각" 곧 끌림이나 유혹을 죄 자체와 구분했던 것을 기억하라.)

어렸을 때 나는 공기총으로 띄엄띄엄 서 있는 가로등이나 길 잃은 고양이를 쏘는 일이 재미있었다. 고백건대, 한때 매력 있던 그런 활동에 대해 지금 나는 완전히 죽었다. 그런 일에 전혀 마음이 끌리지 않는다.

대신 나이가 들면서는 공명심이 생겨 나에 대한 타인의 생각과 말에 많이 의존했다. 10대 후반과 20대 초반에 내 영적 고민은 주로 그 문제였다. 나는 칭찬받고 싶었다. 시간이 가면서 나는 말씀묵상과 일반공부와 고독과 기도와 남을 섬김과 "경험"을 통해 하나님의 은혜로 거기서 실질적으로—완전히는 아니지만—건짐받았다. 내 마음과 영혼에 일어난 은혜의 역사였다. 지금 나는 그런 공명심에 지배당하는 일이 별로 없지만—물론 남들이 판단할 일이다—그래도 그런 느낌은 자주 든다. 그냥 두거나 하나님이 나를 거기에 내버려 두신다면 지금이라도 그것이 내 감정과 행동을 지배할 수 있음을 나는 안다.

토마스 아 켐피스 Thomas à Kempis 의 권면은 자아 과잉에 아주 좋은 처방이다.

언제나 더 갖기보다는 덜 갖는 쪽을 택하라. 늘 만인의 아래, 더 낮은 자리를 구하라. 언제라도 하나님의 뜻만이 온전히 이루어지기를 바라고 기도하라. 그런 사람은 평안과 고요의 땅에 들어간다.[13]

이런 계획에 잘 따르고 또 우리 안에 성령의 역사가 충분히 수반될 때, 우리는 존 웨슬리 John Wesley 가 "감리교도의 성품"으로 묘사한 상태를 향해 큰 진보를 이룰 것이다.

그의 유일한 갈망은 제 인생을 향한 유일한 설계, 곧 "자기 뜻대로가 아니라 자기를 보내신 자의 뜻대로 행하는" 것이다. 범사에 항상 그의 유일한 뜻은 자기를 기쁘게 하는 것이 아니라 자기 영혼이 사랑하는 그분을 기쁘시게 하는 것이다. 그는 눈이 성하다. "눈이 성하기에 온몸이 밝다." 사실 영혼이 사랑의 눈빛을 시종 하나님께 두는 곳에 어둠이란 없다. "촛불이 환하게 온 집 안을 밝히듯 온 사방이 빛이다." 오직 하나님만이 다스리신다. 영혼의 내면은 온통 주님께 거룩하다. 그분 뜻에 따르지 않고는 심령에 아무런 움직임도 없다. 속에서 일어나는 모든 생각은 그분을 가리키며 그리스도의 법에 복종한다.[14]

많은 이들의 생각에 이생에서 얻기 힘든 모습일 수 있으나 이것이야말로 분명 예수의 제자로서 우리가 지향할 수 있고 마땅히 지향해야 하는 방향이다. 이것만은 확실히 말할 수 있다. 즉 자아에 대해 죽은 자들의 생각과 감정과 행동은 자기를 높이거나 제 뜻을 관철시키려는 의지에 지배당하지 않고 오히려 하나님과 이웃을 향한 사랑에 쉽게 지배당한다. 물론 아직도 민감한 자의식이 일부 남아 있으나 거기에 전적으로 종속되는 일은 절대 없다. 충분한 훈련과 은혜만이 실제로 그런 사태를 막아 준다. 어쨌든 그들은 그것과의 싸움에 더 이상 갇혀 있지 않다.

의를 부르짖을 때도 이기심이 없다

이와 관련해 발생하는 한 가지 현실적 난관이 있다. 선과 의가 이기기를 바라는 마음과 내 뜻을 관철시키려는 마음을 서로 혼동하는 것이다. 가정과 교회 안에서 또는 종교단체나 정치단체들 사이에 의견이 갈릴 때 이런 혼동의 파장을 흔히 볼 수 있다.

대개 몹시 중요하고 가치 있는 사안인지라 사람들은 저마다 제 주장을 강하게 표방한다. 옳은 일이다. 그러나 갈등 중에 불거지는 남에 대한 경멸과 분노는 내 뜻을 관철시키려는 고집의 표현일 때가 많다.

내/우리 뜻을 내세우는 옹고집만 아니라면 금방 풀리거나 없어질 갈등이건만, 가정과 교회와 지역 사회와 주권 국가는 그런 갈등에 매여 사투를 벌인다. 1차 세계대전도 전적으로 그런 인간 성향에 기인한 것이라 볼 수 있다. 그 끔찍한 결과는 온 세계에 오늘까지 파장이 미치고 있다. 경찰, 법정, 병원 업무의 상당 부분은 단순히 충동적 아집의 결과다. 하나님의 영광은 고사하고 개인과 단체의 유익에 대한 진정한 관심에서 나온 것이 아니다.

예수께서는 "한 알의 밀이 땅에 떨어져 죽지 아니하면 한 알 그대로 있고 죽으면 많은 열매를 맺느니라. 자기 생명[영혼]을 사랑하는 자는 잃어버릴 것이요 이 세상에서 자기 생명을 미워하는 자는 영생하도록 보존하리라"(요 12:24-25)고 말씀하셨다.

이것이 인생법칙이다. 그것은 순전히 인간적 차원의 이해에도 일부 나타나거니와(에리히 프롬을 기억하라), 예수의 삶과 동서고금의 그분 백성들의 삶을 통해 만인의 눈앞에 온전히 예시된다. 그것은 변화된 심령과 회복된 영혼의 지배원리다. 그 철저한 선이 타락한 인간의 심령, 생각, 몸, 영혼, 사회적 정황, 기타 환경의 철저한 악을 점차 전복시켜 대치한다.

분노와 복수와 용서치 않는 마음을 넘어

나는 다짜고짜 내 뜻을 관철시킬 필요가 없다. 하나님을 믿는 믿음으로 그 사실을 받아들이면 내 삶을 짓누르는 분노와 용서치 않는 마음과 "필연적" 복수의 엄청난 짐에서 벗어날 수 있다. 그 자체만으로도 인생 전경의 어마어마한 변화다. 세상에서 접해야 하는 대부분의 인간 악의 뿌리와 원인이 그것으로 제거된다.[15]

그래서 바울은 데살로니가 교인들에게 "삼가 누가 누구에게든지 악으로 악을 갚지 말게 하고 오직 피차 대하든지 모든 사람을 대하든지 항상 선을 좇으라"(살전 5:15)고 가르쳤다. 예수께서도 "악한 자를 대적지 말라. 누구든지 네 오른편 뺨을 치거든 왼편도 돌려대[라]"(마 5:39)고 명하셨다. 또 베드로는 우리에게 예수를 본받아 "악을 악으로, 욕을 욕으로 갚지 말고 도리어 복을 빌라. 이를 위하여 너희가 부르심을 입었으니 이는 복을 유업으로 받게 하려 하심이라"(벧전 3:9)고 권면한다.

막강한 위력으로 삶을 대번에 바꿔 놓는 이 놀라운 가르침과 모본들은 모두 한 가지를 전제로 하고 있다. 내 뜻을 관철시키려는 짐을 내려놓았다는 전제다. 믿음에 견고히 기초한 자아 부인의 자세가 아니고서는 거기에 따르기는커녕 뜻조차 이해할 수 없다. 자아 부인은 다시 내 삶에 거하시는 하나님의 충분한 임재에 대한 생생한 경험에 기초한다.

예수와 함께 자아 부인의 길에 들어서면, 인간 성품을 거머쥐고 있는 죄의 지독한 힘이 즉각 풀리면서 철저한 선이 영혼에 점점 더 온전히 회복되는 길이 열린다. 놀라운 초자연적 힘이 우리 삶에 주어진다. "힘을 얻고 더 얻[는]"(시 84:7) 이 진보에 우리는 능동적 주체자가 돼야 한다. 그래서 지금부터 영성 변화 과정의 3대 주요 요소를 살펴보는 것이 중요하다.

1. 인간 파멸과 구원에 대한 존 칼빈의 이해를 당신은 어떻게 생각하는 가?(2-4단락 참조.)

2. 영혼(목숨)을 **잃어야만** 그분 안에서 다시 찾는다는 예수의 말씀이 당신은 무슨 뜻이라고 생각하는가?(대다수 묵상 질문이 그렇듯 최대한 구체적이고 실제 적으로 답하라.)

3. 내 십자가를 지고 예수를 좇지 않으면 왜 나는 그분의 제자가 될 수 없는가?

4. "대가 계산"이란 무엇인가? 그분을 따를 때의 득과 실은 무엇인가?

5. **온전한 기쁨**에 대한 성 프란체스코의 가르침은 당신에게도 적용되는가? 그 것이 당신의 실생활에 적용될 수 있는 길들(실제로 벌어질 수 있는 일들)을 생 각해 보라.

6. **주는** 삶이 영혼 회복에 그토록 중심이 되는 이유는 무엇인가? 베푸는 삶은 하나님 나라의 실체에 어떻게 의존하고 있는가?

7. "자아에 대해 죽는" 것은 그리스도 안의 성장에 현실적 목표인가? 그것은 "아무것도 아닌 존재"가 되는 것과 동일한가? 그것은 "건강한" 것인가?

8. 자아에 대해 죽은 사람은 어떤 사람이라고 생각하는가? 역시 실생활의 실 제적 표현으로 말해 보라.

9. 선과 의를 부르짖을 때 우리는 **이기심**(고집의 자존심)을 피할 수 있는가? 어 떻게 그럴 수 있을까? 어떻게 분노를 넘어설 수 있을까?

— 5.
영적 변화: 확실한 패턴
—

> 우리가 다 수건을 벗은 얼굴로 거울을 보는
> 것같이 주의 영광을 보매 저와 같은 형상으로
> 화하여 영광으로 영광에 이르니 곧 주의 영으
> 로 말미암음이니라. _고린도후서 3:18

지금까지 우리는, 인간 자아의 기본 차원들과 타락한 역기능적 자아의 핵심 원리(자아 숭배), 그리고 변화의 기초(자아 부인)를 살펴보았다. 그리스도 안의 영성 형성은 자아 숭배에서 자아 부인으로 나아가는 과정이다. 하나님의 현재적이고 영원한 나라 안에서 자아 부인이 삶의 전반적 조건이 돼야 한다.

그렇다면 영성 형성의 실제적 처방에서 논리상 다음 단계는, 자화자찬의 삶에서 자아 부인의 삶으로 나아가는 방법의 세부 지침을 내놓는 것이다. 물론 그 과정에서 인간의 여섯 가지 차원을 하나하나 다뤄야 한다. 지금부터 우리가 하려는 일이 바로 그것이다. 그러나 그것이 우리 현재 상황에 제대로 시행될 수 있으려면 **먼저** 몇 가지 예비적 문제를 정리할 필요가 있다.

그리스도를 닮아가는 변화는 가능하다

무엇보다 분명히 해둘 것이 있다. 기독교 영성 형성에서 말하는 그런 변화는 실제 가능할 뿐 아니라 실제 **내게** 일어날 수 있다. 하지만 이 점이 모호한 것이 오늘의 현실이다.

오늘날 주변의 "통상적인" 그리스도인 삶을 보면 영성 형성이 한마디로 불가능하다는 생각이 얼마든지 들 수 있다. 믿는다고 말하는, 아니 실제로 신앙생활을 하는 그리스도인들이나 불신자들이나 실생활은 별 차이가 없다는 탄식이 기독교 지도자 자신들 사이에서 다반사로 나오고 있다. 기독교계에 "삶의 변화"에 대한 말들은 많지만 실체는 극히 드물며, 그나마 말보다도 훨씬 적다.

앞서 언급했듯이, 유명 기독교 지도자들의 "실패"를 볼 때마다 우리는 "진짜 인간"에게 그리스도를 닮아가는 진정한 영성 형성이란 불가능하다는 생각이 들 수 있다. 정확히 말하자면, 오랜 세월 훌륭히 그리스도를 섬겨 온 사람들에게 도덕적 붕괴가 어떻게 가능하단 말인가? 그나마 알려진 실패는 비교적 알려지지 않았거나 그리스도인들 사이에 의당 그러려니 하고 얼버무려지는 것에 비하면 얼마 되지도 않는다.

최근 나는 중요한 기독교 분야의 가장 유명한 지도자 가운데 한 사람이, 자기 사역의 질에 의문을 제기하는 사람 앞에서 분노를 참지 못해 "폭발해 버렸다"는 소식을 접했다. 황당한 행동이었지만 그런 행동이 (훌륭하다는 정도는 아니더라도) 당연시되고 있다. 이 경우 징계를 받은 것은 오히려 의문을 제기한 쪽이었다. 사실 그것이 교계든 일반 세상이든 세력 구조의 뻔한 양상이다. 하지만 그 지도자의 영성 형성에 대해 우리는 어떻게 말할 것인가? 뭔가 빠진 것인가? 아니면 우리가 갈 수 있는 수준도 고작 거기까지인가?

공공연히 그리스도인을 자처하지만 동일한 성품 결손을 보이는 정치, 사업, 오락, 교육 등 각종 생활분야의 평신도들에게도 똑같은 의문이 제기된다. 그런 사례를 생각하는 것은 유쾌한 일이 못되지만 우리는 현실을 똑바로 직시해야 한다.

물론 그런 실패의 파장은 상황에 따라 달라진다. 즉 실패가 얼마나 널리 알려지는가 등 여러 요인에 따라 달라질 수 있다. 또 다른 예를 들자면, 어느 목사는 일요일 아침 예배중 한 아랫사람이 한 일에 격분했다. 예배가 끝나자마자 그는 아랫사람을 찾아가 살벌한 욕을 퍼부었다. 소형 마이크를 옷깃에 꽂은 채로 말이다! 그의 지독한 구박 세례는 교회 건물과 캠퍼스로, 주일학교 모든 교실과 주차장으로 방송됐다. 얼마 후 그는 "주님의 부름을 받아" 딴 교회로 갔다. 하지만 이 지도자의 영성 형성은 어떤가? 우리가 할 수 있는 최선이 그것인가? 새 교회에서도 그는 여전히 같은 사람이 아니던가?

분노보다 용인되지 않는 것은 부정 축재이고 그보다 더 용인되지 않는 것은 간통이다. 그러나 내면 상태(심령)도 각 경우마다 다를까? 하나님 앞에서 말이다.

지도자가(어떤 개인도 마찬가지) "실패할" 때 슬픈 것은, 단순히 그 **행동**만이 아니라 그 행동으로 밝혀지는 심령과 삶과 전인이다. 이 지도자는 **평소** 어떤 사람이었고 내면생활은 어떠했는지가 슬픈 것이다. 물론 그런 "행동"이 나오거나 발각될 때까지 어떻게 그렇게 오랫동안 힘들게 참아 왔는지도 문제다. 그는 어떤 사람이었는가? 하나님과의 관계는 정말 어떠했는가?

앞서 강조한 것처럼 진정한 영적 필요와 변화는 내면, 곧 삶의 숨은 부분에 있다. 하나님은 그곳을 보시지만 우리는 그분의 도움 없이는 볼 수조차 없다. 사실 영성 형성 초기단계에 자기 내면생활의 실상을 본다면 우리는 견딜 수 없다. 부정(否定)과 자기기만의 가능성은 하나님이 우리에게 허용하신 것인데, 거기에는 우리가 그분을 구하기 시작할 때까지 우리를 보호하시려는 의미도 있다. 신화에 나오는 메두사의 얼굴처럼 우리도 하나님을 떠난 자신의 실상을 똑바로 대면한다면 돌로 변할 것이다. 그것은 우리를 미치게 만들 것이다. 하나님이 도우셔야만 우리는 그 실상을 대하고도 완전히 망하지 않을 수 있다.

부드럽고도 엄한 내적 변화의 과정은 우리 영혼과 주변 세계에 거하시는 하나님 은혜의 임재를 통해 시작되고 지속된다. 성경에 선포되고 명시된, 그리고 기독교 역사를 통해 설명되고 예시된 성품과 삶의 변화는 그런 내적 변화 없이는 **불가능**하다. 우리는 이 점을 인정하는 정도가 아니라 강하게 역설한다. 반면, 내적 변화 **없이** 행동을 바꾸려는 노력은 헛수고다. 어디서나 통탄의 대상이 되는 작금의 얄팍한 서구 기독교와 기독교 지도자들의 악명 높은 실패가 바로 그 결과다.

"불쌍한 죄인" 기독교

많은 이들에게 그리스도를 닮아가는 영성 형성이 불가능하다는 생각을 심어 주는 두번째 요인이 있다. 믿는다는 그리스도인들의 낮은 신앙생활 수준을 "당연한" 것, 슬프기는 하지만 어쩔 수 없는 것으로 보는 시각이 널리 퍼져 있다. 이 입장에 따르면, 인간 본성과 육신과 삶과 세계는 다 본질상 더럽고 부패해 무가치하다. **특히** 내면은 더욱 그렇다. 예컨대, 캘커타의 테레사 수녀나 히틀러나 심령이 더럽기는 마찬가지라는 것이 그들 생각이다. 하나님이 테레사 수녀를 그런 상황에 두어 각방으로 막아 주시지 않았다면 그녀도 평생 히틀러처럼 악하게 행동했을 수 있다는 것이다.

때로 "불쌍한 죄인" 기독교로도 통하는 이 견해는 수많은 오해를 양산한다. 하나는 성경(2장의 참조구절 참조)에 그려진 인간 심령과 삶의 불경한 상태가 **그대로** 인간의 본질이며, 따라서 우리가 이생을 떠나 새 형체(아마도 천사 같은. 눅 20:36 참조)를 입을 때까지 불변한다는 생각이다. 이런 설명에 흔히 몸—더럽게 찌든 정욕 덩어리—의 악함과 몸을 벗는 거룩함이 가세된다. 안타깝게도 성경을 자세히 보면 몸에 대한 이런 시각은 명백히 잘못이다. 여기서는 그 정도로만 말한다.[1]

또 하나 오해가 있다. "불쌍한 죄인" 논리가 사실만 아니라면 인간 공로를 내세워 하나님을 상대할 위치에 오를 수도 있다는 생각이다. 그러나 우리는 자기 의(義)의 인상을 조금이라도 없애려고 가장 훌륭한 그리스도인들이 "나도 누구 못지 않게 악하다"고 말하는 것을 간혹 듣는다. 사도 바울은 회심한 지 오랜 후에도 자신을 죄인 중의 괴수라고 말하지 않았던가(딤전 1:15).

그러나 이 고백의 시점에 바울은 내적으로 전과 똑같은 사람은 아니었을 것이다. 그리스도와 그분의 사람들을 핍박하다 붙들렸을 때처럼 분노와 자만심에 가득 찬 사람은 아니었을 것이다. 그런 사람이라면 빌립보서 3:7-14, 4:4-9 같은 말을 쓸 수 없다. 고린도 교인들에게 말한 것처럼 "내가 그리스도를 본받는 자 된 것같이 너희는 나를 본받는 자 되라"(고전 11:1)는 말도 할 수 없고, 남에게 "청년의 정욕을 피하고 주를 깨끗한 마음으로 부르는 자들과 함께 의와 믿음과 사랑과 화평을 좇으라"(딤후 2:22)고 권할 수도 없다.

아직 도달한 것은 아니다

그럼에도 그 고백의 시점에 바울이 깊이 확신했던 것이 있다. 여태껏 자신에게 주어진 그리스도를 닮아가는 영성 형성이 자칫 전복될 수도 있다는 점이었다. 그의 내면에는 악의 불씨가 남아 있었다. 조심하지 않거나 하나님이 그의 본성의 모든 차원에서 지속적으로 인도하시고 붙들어 주시지 않는다면 그 불씨가 화염으로 번질 수 있었다.

그는 자신이 경주중임을 알았다. 당신과 나도 그렇다. 그 경주는 우리가 하나님의 완성된 세계에 들어가서야 끝난다. 바울은 분명 중간에 넘어져 포기하는 자들을 평생 많이 보았을 것이다. 그들은 바울처럼 막판에 이렇게 고백할 수 없었다. "내가 선한 싸움을 싸우고 나의 달려갈 길을 마치고 믿음을 지켰으니"(딤후 4:7).

운동선수 이미지는 바울의 마음속과 주변에 늘 생생했다. 그는 영적 훈련을 지속해야 **완주**할 수 있고, 그것도 잘 완주할 수 있음을 알았다. 고린도전서 9장에 나오듯이, 그래서 바울은 평소 처신에 신중했고 제 몸을 엄히 다루고 훈련해 노예로 삼았다(자기가 몸의 노예가 된 것이 아니다). "내가 남에게 전파한 후에 자기가 도리어 버림이 될까 두려워함"이었다(고전 9:27).

"불쌍한 죄인" 기독교의 정당한 요지는 성 어거스틴의 엄선된 언어에 정확히 표현돼 있다.

> 지금처럼 이생의 유한한 삶을 사는 인간에게 혹 육체적·세속적 공상에서 비롯된 모든 어둠을 몰아내고 청산하는 것, 가장 청명한 불변의 진리의 빛에 도달하는 것, 현세적 삶에 완전히 초탈한 마음으로 늘 치우침 없이 진리에 착념하는 것이 가능하다고 생각하는 사람이 있다면, 그 사람은 자기가 무엇을 구하는지도 모르고 그런 명제를 내놓는 자신이 누구인지도 모르는 자다…… 하나님의 도우심으로 영혼이 혹 온 땅을 덮은 구름 너머에(집회서 24:6 참조), 온 지상생활을 덮은 세속적 어둠 너머에 이를 수 있다 해도, 그것은 영혼이 한순간 광휘에 닿았다가 다시 본연의 약한 모습으로 돌아가는 것에 지나지 않는다. 영혼은 남아 있는 갈망을 통해 다시 절정에 이를 수 있으나 거기에 머물기에는 순결이 부족하다. 그나마 그 과정을 자주 되풀이할 수 있는 자는 그만큼 큰 자다. 반대로, 그런 일이 별로 없는 자는 그만큼 작은 자다.[2]

영적 삶에서 계속 면류관을 쓰고 사는 사람은 없다. 그것은 실족의 확실한 길이다. 이미 도달한 분량은 광야에서 이스라엘 자손에게 주어진 만나와 같아서 하루 몫으로나 족하다(출 16:4, 20). 과거의 성취는 오늘 지금 우리로 하여금 하나님을 간절히 좇지 않아도 되는 공로의 자리에 올려놓지 않는다. 바울은 그것을 알았고, 다른 이들이 그것을 놓치거나 망각해 큰 해를 자초했다는 것도 알았다.

하나님 앞에서 우리는 아무것도 받을 자격이 없다. 지금까지 아무리 큰 진보를 이루었어도 상관없다. 우리는 위험을 벗어나 있는 적이 없다. "몸에 거할"(고후 5:6) 동안 우리는 여전히 회복 중인 죄인이다. 이런 점에서—오직 이 의미에서만—우리도 "누구 못지 않게 악하며" 테레사 수녀도 히틀러와 다를 바 없다.

그러나 이 중요한 진리를 왜곡해, 인간 특히 내면이 절대 변화될 수 없다고 주장한다면, 그것은 삶에 복과 자유를 주는 진리를 뻔한 해로운 오류로 대치하는 것이다. 이 왜곡은 간혹 진실한 겸손의 솔직한 표출일 때도 있지만, 반면 궁지에서 벗어나 내면생활의 현상유지를 즐기려는 자들에게서 나올 수도 있다. 진심으로 변화를 원한다는 것은 쉬운 일이 아니다.

우리는 절대 혼자가 아니다

끝으로, 방금 말한 것과 밀접히 연관된 오해가 있다. "불쌍한 죄인" 기독교의 유일한 대안은, 인간이란 하나님을 떠나서도 제법 선하기 때문에 인간의 공로로 자력 구원이 가능하다는 주장이다.

인간은 본질상 그대로 영원히 "부패한" 존재라는 위 주장을 취하지 않는다 해서, 자동으로 인간은 본질상 **그대로** 선하며 따라서 의롭고 공로가 있다는 입장을 취한다는 뜻인가? 많은 이들이 그렇게 보고 우려한다. 이것은 먼 옛날 펠라기우스와 어거스틴이 벌인 싸움이자 기독교 역사에 계속해서 재현된 싸움이다. 중요한 문제가 많이 걸려 있으나 여기서 다 다룰 수는 없다.

그러나 분명히 해둘 것이 있다. 인간 본질의 근거는 인간의 **가치**이지 의가 아니다. 가치가 높은 것들도 여전히 잃어질 수 있고 많은 경우 그렇다. 가치가 높다는 것은 잃어진 상태가 아니라는 뜻이 아니라, 구원받아 안전하다는 뜻이다. "타락"이란 본래 **행동**의 무능력을 지칭하는 것이 아니라, 행동할 의사가 없음과 분명 공로를 **얻을** 능력이 없음을 뜻한다.

모든 사람은 구원과 그리스도를 닮아가는 변화의 과정에 능동적이어야 한다. 피할 수 없는 사실이다. 그러나 과정의 **주도권**은 언제나 하나님께 있다. 그분의 주도권이 없으면 우리는 사실 아무것도 하지 않을 것이다. 그러나 그 주도권은 우리 쪽에서 기다리는 것이 아니다. 흔히들 하는 말로 공은 우리 쪽으로 넘어왔다. 하나님은 인간 역사와 현실에 침투해 들어오셨다. 예수 그리스도는 우리를 위해 죽으시고 부활하여 지금도 종말을 향해 지상의 사건들을 지휘하고 계신다. 그분은 반드시 하나님의 영광을 위해 종말을 이루실 것이다. 이제 **우리가** 어떻게 할 것인지가 문제다. 우리가 아무것도 할 수 없다는 생각은 불행한 착각이다. 그런 생각을 지지하는 자들도 그대로 실천하는 일은 없으니 그나마 다행이다.

구원과 변화에서 우리가 바른 방향의 꾸준한 행동을 통해 하나님의 은혜를 제대로 받는다면, 반드시 우리 내면은 그리스도를 닮는 쪽으로 점점 변화된다. 외면생활, 특히 행동의 변화는 자연히 따라온다. 그것 역시 "피할 수 없는 사실"이다. "못된 열매 맺는 좋은 나무가 없[다]"(눅 6:43). 단 이것은 하나님과의 **연합된** 상태의 선과 능력을 뜻한다. 그분을 떠나 나 혼자 독립한 상태가 아니다.

내면의 변화는 하나님 앞에서 칭의 못지 않게, 아니 그 이상으로 은혜의 선물이다. 물론 칭의도 변화도 전적으로 수동적인 것은 아니다. (반면, 영원히 잃은 존재가 되려면 **아무것도** 하지 않고 그대로 있으면 된다.) 그러나 칭의와 변화 어느 경우도 "자랑의 자리는 없다." 믿음으로 은혜의 법을 통해 주어지기 때문이다 (롬 3:27-31; 엡 2:1-10). 사실 은혜가 가장 많이 소요되는 것은 계속 범죄하고 계속 용서받을 때가 아니라 거룩한 삶을 살 때다. 그 삶은 끊임없이 은혜에 붙들려야만 가능하다. 은혜를 죄책과만 연결시켜 해석하는 것은 성경의 가르침을 심히 왜곡한 것이며, 그리스도 안의 영적 삶을 탁상공론으로 만든다.

이제, 우리 내면이 (따라서 외면도) 변화되어 점차 그리스도로 옷 입을 수 있다는 사실이 분명해졌기 바란다. 그 변화는 **가능한** 정도가 아니라 **실제로** 많은 이들의 삶 속에 상당 수준 이루어져 왔다. 나아가 그 변화는 **반드시** 필요하다. 그래야 우리 삶 전체가 그분의 선하심과 능력을 증거할 수 있고, 우리 개개인이 하나님께서 각 인생에 두신 영원한 소명 속으로 자라갈 수 있다.

인간 성장의 일반 패턴

그러나 인간의 다양한 차원의 변화를 자세히 알아보기 전에 먼저 **일반 패턴**을 이해할 필요가 있다. 이것은 비단 기독교 영성 형성만 아니라 인간 변화를 위한 효과적 노력이라면 **모두** 따라야 할 틀이다. 우리는 이 과정의 능동적 참여자이며, 우리가 하거나 하지 않는 일이 큰 차이를 가져오는 만큼 우리의 노력은 이해에 기초해야 한다. 노력의 성공 정도는 본질적으로 이 일반 패턴을 이해하고 거기에 의도적으로 따르는 정도에 달려 있다.

우선 두어 가지 쉬운 예화로 시작해 전체 패턴을 설명하기로 하자.

아랍어 배우기

불어, 아랍어, 일본어 등 외국어 회화를 새로 배우려는 이들의 경우를 생각해 보자. 부분적 인간 변화에 해당하는 단순한 사례다. 목표를 이루려면 그들은 문제의 외국어를 구사한다는 것이 어떤 것인지—즉 그 언어를 배웠을 때 자기 삶이 어떻게 될 것인지—그리고 그것이 왜 내게 바람직하거나 가치 있는 일인지 웬만큼 개념이 서야 한다. 회화를 배우려면 어떤 작업이 필요한지 그리고 소모될 시간과 노력과 돈이 장차 돌아올 보상에 비해 왜 오히려 실속 있는 투자인지도 웬만큼 윤곽이 잡혀야 한다. 이 모두가 명확하다면 그들은 이 일의 매력에 붙잡힐 것이다. 이상적인 경우다.

이것이 언어학습이라는 특정 작업에 담긴 비전이다. **비전이** 없는 한—비전이 나를 소유하지 않는 한—언어학습은 요원하다. 미국 교육 프로그램에서 대체로 외국어학습 성과가 그토록 저조한 것은 대개 그런 비전이 없기 때문이다. 반면 전 세계에서 영어학습이 엄청난 열매를 맺는 것은 그런 비전이 있기 때문이다. 영어를 배움으로 자기 삶이 향상될 수 있는 길을 수많은 사람들이 똑똑히 보고 있다. 비전이 확실하고 강하면 그 과정에 필요한 모든 것은 따라오게 마련이다. 어렵고 열악한 환경에서도 외국어학습은 성취된다.

물론 비전 외에도 필요한 것이 있다. 특히 **의도**가 필요하다. 인간 변화의 작업이란 우연이나 방치나 강요로 이루어지는 예가 거의 없다. 사실 우연과 방치와 강요가 지배하는 곳—솔직히 믿는다는 그리스도인들의 삶이 대개 그렇다—에서 인간에게 소중한 일이 일어나는 일은 극히 드물다. 효과적 행동에는 인격 내면에서 나오는 질서와 복종과 진행이 있어야 한다. 다시 말해, 그것은 영적 문제요 의미와 의지의 문제다. 우리가 영적 존재인 까닭이다. "인격 **내면**에서 나오는 질서와 복종과 진행"에 의식적으로 들어서야만 삶이 **내** 삶이 된다. 그래야만 "삶을 얻을" 수 있다.

의지/심령이란 물리적·사회적 세계의 관점에서 보면 **신비롭**다. 그런 세계를 지배하는 것은 선택이 아니라 **원인**이기 때문이다. 그러나 인간은 인과적 관점에서는 절대 자기 삶—남의 삶도 마찬가지—을 붙잡을 수 없다. 아랍어를 배울 것인지, 특정인과 결혼할 것인지 날마다 궁리만 하는 사람이 있다고 해보라. 그런 일이 "벌어질지" 아닐지 그저 기다리며 구경만 한다고 해보라.

웃을 일이다. 그러나 많은 이들이 중대한 이슈들과 관련해 실제 그런 삶을 살고 있는 듯 보인다. 비참한 결과를 당하며 말이다. 인간 삶이 왜 이러한지 그것으로 다분히 설명된다. 그러나 외국어를 배우려면 비전대로 **의도**를 품어야 한다. 그래야 비전이 실현된다. 더 중요한 많은 인생사들은 말할 것도 없다. 즉 우리는 착수해야 한다. 비전 성취에 필요한 요인들을 만들어 내야 한다.

물론 그것은 일반 패턴의 마지막 요인인 **방법** 또는 도구로 이어진다. 본 예화의 경우 패턴은 이렇게 완성된다. 즉 외국어 강좌에 등록해 녹음 테이프를 듣고 책을 산다. 아랍어를 말하는 이들과 어울리며 그 문화에 젖어든다. 요르단이나 모로코에 단기간 다녀올 수도 있다. 연습, 연습, 연습을 쉬지 않는다.

사람을 아랍어 회화가 가능한 자로 변화시키는 데는 이미 알려진 효과적 방법이 있다. 신비가 아니다. 비전이 확실하고 강하며 방법을 신중하고 끈기 있게 기용한다면 결과는 보장된다. 기본적으로 비전과 의도에 부합된 결과가 나온다.

알코올 중독 방지회의 사례

인간 변화의 일반 패턴을 보여주는 또 한 가지 사례는, 알코올 중독 방지회(AA)와 그와 유사한 12단계 프로그램들에서 찾아볼 수 있다. 물론 이 경우 변화의 의미는 외국어학습의 경우보다 훨씬 크다. 즉 때 아닌 죽음의 원인이 될 수 있는 아주 해로운 일을 삼가는 것이다. 그러나 패턴은 기본적으로 동일하다.

우선 바람직한 존재 상태를 그려본다(**비전**). 그리고 그것을 이루려는 **의도**의 표현으로 결단을 내린다. 의도(그리고 그에 따른 결단)를 실현하기 위해 **방법**을 동원한다. 바람직한 존재 상태를 연습한다. 이 경우 금주의 삶과 거기 수반되는 모든 상태다. 전통적 AA의 친숙한 방법은 유명한 12단계다. 개인생활과 사회생활이 그에 따라 구체적으로 조정되며 거기에는 하나님과의 의식적 관계도 포함된다. 이 방법은 인간 변화를 낳는 데 매우 효과적이다.

역사상 AA프로그램은 교회와 기독교 전통과 밀접한 조화를 이루었다. 이제 그것은 그리스도인의 표준 생활노선으로서의 영성 형성을 다분히 잃어버린 교회에 돌려 줄 것이 많다. **개인이든 단체든 영성 형성의 모든 성공적 계획은 사실 AA프로그램과 대폭 비슷할 수밖에 없다.** AA프로그램이 기독교적 근원에서 시작됐고 거기서 힘을 얻었다는 데는 의심의 여지가 없다. 당시 기독교 기관들이 마땅히 채워 주었어야 하되 그러지 못한 필요에 부응하기 위해서였다. 이 프로그램은 하나님께서 자기 백성을 통해 계시하신 인간 자아의 본질적 구조에 맞게 작용한다.

VIM/일반 패턴

이 두 예화(외국어학습과 AA)를 통해 인간 변화의 일반 패턴이 분명해졌을 것이다. 그것은 기독교 전통의 영성 형성에도 그대로 적용된다. 사실 이것은 모든 인간 성취의 패턴이다. 영성 형성처럼 하나님의 주도권과 지속적 지도와 붙드심을 통해서만—은혜로만—이루어질 수 있는 성취도 마찬가지다. 일반 패턴을 잘 기억하기 위해 "활력, 정력"을 뜻하는 vim and vigor라는 표현에 나오는 영문 첫 글자 VIM을 활용하려 한다.

- 비전(Vision)
- 의도(Intention)
- 방법(Means)

Vim은 방향, 힘, 원기, 활력, 세력, 정력, 덕행을 뜻하는 라틴어 vis의 파생어다. 센스, 진의, 본질, 정수를 뜻할 때도 있다. 그리스도를 닮아가는 영성 형성은 인간 실존에 그 모든 것을 갖추는 것이다. 그것은 바울이 에베소 교인들에게 말한 것처럼 우리가 진정 "주 안에서와 그 힘의 능력으로 강건하여지고"(엡 6:10) "그의 성령으로 말미암아……속 사람을 능력으로 강건하게"(엡 3:16) 하는 길이다.

그리스도 안의 영성 형성을 원한다면, 우리는 알맞은 **비전**과 **의도**와 **방법**을 구비하고 시행해야 한다. 그저 아무 길로나 가도 되는 것이 아니다. 이 VIM 패턴이 제자리를 찾아 계속 유지되지 않는 한, 그리스도는 우리 안에 형성될 수 없다.

우리가 실패해 성장하지 못하는 이유

앞서 말했듯이, 지도자들이나 추종자들이나 그리스도인의 성숙에 도달하지 못하는 현상이 만연하고 있다. 그 이유를 한마디로 이렇게 설명할 수 있다. 예수께서 친히 행하시고 가르치신 것들이 우리 "내적" 실체의 자연스런 표출이 될 정도로 꾸준한 진보가 있으려면 VIM이 필요하다. 그러나 오늘날 믿음을 고백하는—물론 진실한 고백이다—그리스도인들은 대개 그것이 없으며 거기로 인도함 받지 못하고 있다. 오히려 그들의 내면은 불신자들과 마찬가지로 **본래 그대로**이며, 그들은 늘 그것과 싸워야 한다. 오늘날 믿는다는 많은 그리스도인들이 내면생활의 문제를 해결하기 위해 다시 세상으로 돌아가 답을 찾는 이유가 거기 있다.

내적 변화 대신 종교의 외적 형태—요즘은 아예 "영성"이라는 이름을 내걸 때도 많다—가 실제적 노력의 목표가 되며, 멤버들에게도 그렇게 주입된다. 중요한 것은 "훌륭한 (단체)인"(각자 괄호를 채울 수 있다)이 되는 것이다. 해당 소속단체—훌륭한 (단체)인들—는 단체에서 비판받고 제외되는 고통을 미끼로 그 중요성을 강변한다. 또는 개인이 그것을 "확실한" 정답으로 자신에게 강요하기도 한다. 그러나 경우야 어떻든, 그리스도를 닮아가는 진정한 내적 변화는 빠져 있다. 그것에 대한 비전과 의도와 성취가 없다.

그분 나라에서 그분의 제자로 그분과 함께 살아가자는 예수의 부르심은 그렇지 않다. 그분과 아버지께 중요한 것은 반대로 마음이다. 다른 모든 것은 따라오게 되어 있다. 내면 혁신의 과정은 하나님 나라의 삶에 대한 선명한 비전으로 시작된다.

우리가 자신이나 타인의 영성 형성에 관심이 있다면 하나님 나라에 대한 비전이 그 출발점이 돼야 한다. 예수의 출발점도 거기였음을 잊지 말라. 그것이 그분이 전하신 복음이었다. 그분은 오셔서 천국의 가까움과 본질을 선포하시고 보여주시고 가르치셨다. 그분은 "나는 이 일로 보내심을 입었노라"(눅 4:43)고 말씀하셨다. 그것은 엄연한 사실이다. 거기에 충실하고 총체적 헌신으로 바로 반응한다면, 우리의 두 발은 기독교 영성 형성의 바른길에 든든히 설 것이다.

하나님 나라는 하나님 뜻이 실효를 거두는 영역, 곧 하나님이 원하시는 바가 시행되는 영역이다.³ 하나님 자신처럼 그 나라도 영원무궁하다(시 103:17; 또한 시 93:1-2; 단 4:3; 7:14 참조). 온 피조세계 가운데 지구와 그 인접 주변만이 하나님께서 당신 뜻이 이루어지지 **않도록** 허용하신 유일한 곳인 듯하다. 그래서 우리는 "나라이 임하옵시며 뜻이 하늘에서 이룬 것같이 땅에서도 이루어지이다"라고 기도하며, 그 나라가 이곳 지구상에도 온전히 이루어질 날을 소망한다(눅 21:31; 22:18). 사실 그 나라는 이미 이곳에 있으며(눅 17:21; 요 18:36-37), 전심으로 구하는 자들에게 가까이 와 있다(마 6:13; 11:12; 눅 16:16). 그 나라를 구하는 자들에게는 "모든 것이 합력하여 선을 이루느니라"(롬 8:28)는 말씀은 이미 지금부터 사실이다. 하나님의 끊을 수 없는 사랑과 강력한 보호에서 아무것도 그들을 갈라놓지 못한다는 말씀도 마찬가지다(롬 8:35-39). 그것이 지금 천국 **안에** 사는 삶의 본질이다.

그렇다면 그리스도를 닮아가는 영성 형성(변화)의 밑바탕에 깔려 있는 비전은 지금부터 영원토록 하나님 뜻이 실효를 거두는 영역에서 살아간다는 비전이다. 곧 "위로부터" 난 출생을 통해 신의 성품에 **참예**하며(벧후 1:4; 요일 3:1-2), 하나님이 지금 내 생애 중에 지상에서 하고 계신 일에 행동으로 **동참**한다는 비전이다. 그래서 "무엇을 하든지 말에나 일에나 다 주 예수의 이름으로 하고 그를 힘입어 하나님 아버지께 감사"(골 3:17)하는 것이다. 우리는 범사에 그분의 일을 할 수 있다. 우리가 이 비전을 통해 목표하는 바는 온전히 하나님 나라 안에 살되 장래에만 아니라 **지금 여기서** 최대한 온전히 사는 것이다.

이 비전 속의 삶은 우리에게 저절로 올 수 없다. 인간 영혼의 심연이 본능적으로 그 상태를 갈구함에도 말이다. 이따금씩 가장 심오한 사상가들과 꿈꾸는 자들과 예술가들이 그런 삶의 일면을 포착한다.[4] 이것은 하나님이 친히 우리 상황에 맞는 계시를 통해 인간에게 **주셔야만** 하는 비전이다. 우리 힘으로는 그것을 선명히 볼 수 없다. 과연 그 계시는 지구상의 그분의 언약 백성인 유대 민족을 통해 주어졌다. 그 언약 백성의 만개한 꽃이 곧 예수 자신이다.

예수는 수세기에 걸친 유대 민족의 풍부하고 생산적인—종종 고통이 따랐지만—경험과 사상을 통해 준비됐다. 그분을 통해 유대 민족은 지상 모든 민족의 빛이 된다는 하나님께 받은 복과 책임을 성취했다(창 18:18; 22:18; 사 42:1-6; 60:3). 사실 그들을 통해 지상 모든 민족은 복을 **받았고** 지금도 받고 있으며 앞으로도 더 많이 받을 것이다.

하나님 나라 사람이 되려는 의도

예수를 믿음으로 들어가는 하나님 나라의 삶에 대한 비전이 있으면, 우리도 그분처럼 그 나라 안에 살려는 **의도**를 품을 수 있다. 실제 우리는 **그렇게 살기로 결단할** 수 있다. 물론 그것은 우선 그분을 기름부음 받은 자, 곧 그리스도로 믿고 의지하고 신뢰한다는 뜻이다. 하나님 나라의 계시와 선물은 바로 그분을 통해 우리 개개인에게 온다. 예수를 "기름부음 받은 자"로 믿지 않는다면, 우리에게는 하나님 나라와 그 나라 삶에 대한 충분한 비전도 없고 거기 들어갈 길도 없다. 그분은 "문"이요 "길"이다. 누구든지 다른 길이 있거든 찾아보라.

하나님 나라 안에 살려는 의도는 **구체적으로** 예수의 본과 가르침에 그대로 순종하려는 의도라 할 수 있다. 그것이 그분을 **의지**한다는 것의 가시적 형태다. 단순히 그분에 관한 내용을 믿는 형태가 아니다. 그 내용이 아무리 사실일지라도 말이다. 사실 순종할 의도로 그분을 의지하지 않고서는 아무도 그분에 관한 진리를 믿을 수 없다. 어불성설이다. 그럴 수 있다고 생각한다면 그것은 만연된 망상에 빠지는 것이다. 그 망상이 지금 믿는다는 그리스도인들 사이에 그리스도를 닮아가는 영성 형성을 짓누르고 있고, 의당 그런 영성 형성이 온 세계에 퍼지는 것을 막고 있다.

영국에서 주변의 기독교 현실을 면밀히 살펴본 간디는, 그리스도인들이 예수의 가르침에 대한 자기네 믿음대로만 산다면 "우리도 다 그리스도인이 되겠다"고 말했다. 무슨 뜻인지 우리는 안다. 맞는 말이다. 가슴아픈 사실은, 그리스도인들이 정말 예수의 가르침에 대한 자기네 "믿음"대로 살았다는 것이다. 그러나 말만 "믿음"이고 정작 믿지 않은 것이 문제였다!

게다가 "정답"을 안다고 해서—즉 정답이 무엇인지 찾아낼 수 있다고 해서—그대로 **믿는다**는 뜻은 아니다. 정답을 믿는다는 것은 그것이 사실인 것처럼 행동하되 모든 해당 환경에서 그렇게 한다는 뜻이다. 믿음의 대상이 무엇이든 마찬가지다. 정답이 사실인 것처럼 행동한다는 것은 곧 기름부음 받은 예수의 본과 가르침에 순종할 의도를 품는다는 뜻이다. 그분을 고금을 통해 그분 백성들이 선포한 분으로 믿는다면 그것 말고 어떤 의도를 품겠는가?

진실한 그리스도인들이 가장 떨치기 어려운 것은 자기 삶에 실재하는 불신의 수준일 것이다. 즉 예수에 대한 막연한 회의론이 그들 존재의 모든 차원에 배어 있어서 그리스도를 닮아가려는 그들의 노력을 저해하는 것이다.

순종할 의도 없이 그리스도를 믿을 수 있다는 생각은 만연된 불신 "기독교 문화"가 만들어 내는 환상이다. 사실 순종할 의도 없이 그리스도를 믿는 것은, 의사나 자동차 정비공의 권고에 따를 의도 없이 그들을 믿는 것만큼이나 불가능한 일이다. 그들의 권고에 따를 의도가 없다면 그들을 믿지 않는 것이다. (물론 이 경우 얼마든지 그럴 만한 이유가 있을 수 있다.)

의도는 결단을 수반한다

의도는 그 의도를 이루거나 수행하려는 **결단**을 통해서만 완성된다. 말로는 어떤 일을 할 의도가 있다면서 실제로는 행하지 않는 이들을 우리는 종종 본다. 물론 때로 외적 환경이 행동을 막았을 수도 있다. 우리 몸과 삶의 정황에 깊이 뿌리박힌 습관들이 진실한 의도조차 한동안 방해할 수 있다. 그러나 그런 경우가 아니라면 그들은 필시 말로만 의도 운운하고는 실제 그렇게 행하기로 **결단한** 적이 없다. 그 말은 곧 진정으로 **의도**하지 않았다는 뜻이다. 의도다운 의도가 없으니 삶의 과정에 힘과 질서가 있을 수 없다.

그들은 자칭 의도했다는 내용이 실현되기를 바랐을 수 있다. 그런 행동을 (또는 그런 결과를) 원했을 수도 있다. 그러나 그들은 그렇게 행하기로 결단하지 않았다. 그들의 의도는 한참 생겨나기 **시작**했을 수 있으나 끝내 제대로 형성되지 못한 채 중지됐다.

미루는 버릇은 의도가 중지되는 흔하고 유명한 방법이다. 그 밖에도 방법은 많다. 반면 의도의 **고백**이나 **진술**은, 고백한 의도의 사실성 여부를 떠나 삶의 길을 타협하는 주된 방법이다. 약속과 계약에 의도의 고백이 들어간다. 사회적 정황에서는 그런 고백만으로 내가 원하는 것을 얻을 수 있을 때가 많다. 그러나 인간사에서 고백이 헛말일 때가 얼마나 많은가. 심지어 하나님께 드리는 서원도 그렇지 않은가. 성경에 하나님 이름을 망령되이(헛되이) 일컬어 맹세하는 문제가 그토록 자세히 다뤄진 것도 그 때문이다. 진정한 의도가 있다면 확실한 행동이 따라 나오게 돼 있다. 그러나 의도가 없다면 십중팔구 행동도 없다.

결연한 의지와 그것과 뗄 수 없는 결단은 강력한 비전의 기초 위에서만 형성되고 유지될 수 있다. VIM의 3요소는 상호 상승작용을 일으킨다. "말이 곧 천금"인 사람, 곧 언행일치로 정평이 난 사람은 확실한 비전을 가진 자다. 그들은 "말 따로 생각 따로"가 아닌 자들로, 하나님 앞에서 인생을 살아간다. 그들은 말과 뜻이 같다. 하나님은 이것을 매우 귀히 보신다. 그분은 "망령된 자" 곧 거짓 맹세하는 자를 싫어하시며, "그 마음에 서원한 것은 해로울지라도 변치 아니"(시 15:4)하는 자를 존중하신다. 마찬가지로 그리스도께 순종할 확고부동한 의도의 충분한 기초가 되는 것도 하나님 나라의 삶과 그 선에 대한 비전이다.

예수의 내적 성품으로 대치할 방법

이런 비전과 그리스도께 순종하려는 확고한 의도는 당연히 목표를 이룰 방법 모색과 적용으로 이어진다. 이 경우 방법이란 곧 영성 형성의 방법이다. "잃은" 영혼의 내적 성품을 예수의 내적 성품—그분의 비전, 이해, 감정, 결정, 인품—으로 대치하는 방법이다. 우리는 그런 방법을 혼자 힘으로 찾을 필요가 없다. 예수의 본과 가르침, 성경 전반, 그분의 사람들을 통해 우리에게 풍성한 자원이 주어져 있다.

예컨대, 우리가 남에게 관용하고 싶다고 하자. 상대는 이미 법정소송을 통해 내 돈이나 재산을 꽤 빼앗아 갔다. 순전히 이를 악문 의지만으로는 관용을 베풀 수 없다. 그렇다면 어떤 **방**

법으로 우리는 예수 자신처럼 관용을 보이는 그런 부류의 사람이 될 것인가? 비전과 의도를 품고 결단이 섰다면 정녕 우리는 방법을 찾아 시행할 수 있다. 하나님이 그 일을 도우신다.

여기서는 간략하게 윤곽만 제시하고 더 자세한 내용은 다음 장들로 넘기기로 하자. 우선 우리는 남에게 관용하지 못하게 **막는** 내 생각, 감정, 습관적 의지, 사회적 관계, 몸의 성향을 찾아내고 **파악**하는 것부터 시작해야 한다. 우리 기독교 교육과 교사들이 이 부분에 도움이 돼야 하는데, 실제 어느 정도는 도움이 되겠지만 거의 언제나 불충분하다.[5]

내 도움이 필요한 자를 돕지 않으려는 원인이 상대에 대한 내 원한과 분노에 있는 경우 조금만 자신을 돌아보면 그것을 파악할 수도 있다. 물론 **정의**(正義)의 문제도 있다. 오 정의여! 그것은 "난 그럴 **의무**가 없어. 그 사람이 나한테 그렇게 요구할 권리가 없지"의 형태로 나타날 수 있다. 상대의 승소와 나의 패소로 끝난 법정소송이 농간이거나 불공평하게 느껴질 수도 있다.

그것도 아니라면 그나마 남은 세간을 움켜쥐어 확보해야 한다고 생각될 수도 있다. 앞일이 어떻게 될지 아무도 모르는 일 아닌가? 불로소득을 내주는 것은 상대에게 오히려 해롭다는 생각도 가능하다. 무엇이든 공짜로 얻을 수 있다는 생각을 심어주어 상대의 성격을 망쳐 놓을 수 있다는 것이다. 설사 상대가 나를 해치거나 내 것을 빼앗지 않았다 해도 정당한 사전 청구가 없는 한 무엇이든 남에게 베푸는 것이 내 습관이 아닐 수도 있다. 아니면 신앙 친구들을 포함해 내 친구들이 나를 바보로 알지도 모르는 일이다. 그런 식이다.

어려움에 처한 자—상대는 어쩌다 나를 상대로 법정소송에 이긴 적이 있으며 그 판결은 꽤 공정했을 수 있다—를 돕는다는 단순한 선행 하나를 가로막는 "잃은" 영혼의 숲이 얼마나 울창한가. 이때 선행을 가로막는 것은 굳어질 대로 굳어진 인간의 사고와 감정과 사회적 습관이다. 예수께서 명하신 선행을 행함으로 다른 사람을 도울 수 있는 **그 필요의 순간**, 거의 아무것도 행할 수 없게 되는 것이다.

그러나 예수의 모든 본과 가르침의 특성은 그것이다. 내 내면에 가득한 생각과 감정과 습관이 파괴된 영혼과 세상의 모습 그대로라면, 과거에 나를 이긴 적이 있는 내 이웃이 지금 내 힘으로 도울 수 있는 곤궁에 처해 내 앞에 설 때 나는 "현장에서" 선을 행할 수 없을 것이다. 따라서 예수 그리스도를 순종할 의도가 있다면, 순종이 **몸에 밴** 사람이 되려는 의도와 결단이 필요하다. 즉 내면을 변화시킬 방법을 찾아야 한다. 내 내면이 실질적으로 그분과 같아져 그분의 생각, 감정, 습관, 아버지와의 관계가 곧 내 존재 전체의 특징이 될 때까지 말이다.

현장 밖의 훈련

그 목표에 이르는 모든 방법이 내 **직접적** 통제 아래 있지는 않다. 일부는 나를 향해, 내 안에서 행하시는 하나님의 행동이다. 그러나 일부는 내 직접적 통제 아래 있다.

아직 "현장"에 있지 않을 때 나는, 하나님과 그분의 세계와 내 삶에 대해 그리스도 자신과 성경의 가르침을 공부하고 묵상

함으로 내 생각을 재훈련할 수 있다. 특히 복음서에 나오는 예수의 가르침을 묵상하면 좋다. 나머지 성경은 그것을 더 풀어주는 역할을 한다. 그런 상황에서 취할 수 있는 **전형적 인간의 길**—예수의 길과 대비되는—의 본질과 쓰라린 결과를 깊이 묵상하는 것도 내 생각과 감정에 도움이 될 수 있다. 다른 "덜 힘든" 상황에서 명백한 "자기희생" 행위를 의식적으로 연습할 수도 있다. 나는 "일인자가 되려는 것"이 삶의 틀이 아닌 사람이 될 수 있다.

실생활에서 원수들과 곤경에 처한 이들에게 지속적으로 예수의 길을 실천한 유명 "성인들"의 삶을 배우고 묵상할 수도 있다. 법정 싸움의 살벌한 세계—사람들이 어떻게 법정에서 서로 증오하는 법을 배우는지—를 주도면밀하게 살펴보아 나도 **그 속에** 들어가기 원하는지 생각해 볼 수 있다. 하나님이 친히 역사하셔서 내 내면을 변화시켜 나를 그 아들께 순종하는 자 되게 해달라고 계속 간절히 기도할 수 있다. 우리가 의도하고 선택한 하나님 안의 삶, 그 비전을 이루기 위해 실시할 수 있는 **방법**은 그 밖에도 많이 있다.

여기서 강조할 것이 있다. 한마디로 영성 형성에 방법이 있다는 사실이다. 영적 삶의 경우 "뜻이 있는 곳에 길이 있다"는 말은 정말 사실이다. 그것이 사실인 까닭은, 하나님이 개입하셔서 모든 구하는 자에게 도움을 베푸시기 때문이다.

반면, 뜻(분명한 비전에 근거한 확고한 의도)이 없는 곳에는 길이 없다. 그리스도께 대한 순종이 "저절로 흘러나올" 정도로 내적으로 변화될 의도가 없는 자들은 정말 변화되지 않는다. 어떤 방법을 기용하든 소용없다. 하나님은 우리를 즉석에서 단번에 들어 올려 하나님 나라의 변화된 삶, 곧 "거룩함"으로 옮겨 놓지 않으신다.

따라서 오늘날 자칭 그리스도인들이 보여주는 영성 형성의 문제점(영성 형성의 통상적 부재 현상)은 그 불가능성이나 실제적 방법의 부재에 있지 않다. 의도가 없는 것이 문제다. 사람들은 그 가치를 보지 못하며, 따라서 그런 행동을 결단하지 않는다. 그들은 예수께서 행하시고 명하신 것을 행하기로 **결단**하지 않는다.

결국 그것은, 오늘 그들에게 하나님 나라 삶의 비전이 주어지지 않았다는 사실에 크게 연유한다. 그 비전 안에서만 결단과 의도는 의미를 갖는다. 그들 삶의 의도적 실체와 틀은 그리스도의 삶과 그리스도 안의 삶의 전체 VIM 패턴이 아니다. 그들을 섬기는 일꾼들은 거기에 모든 노력을 기울이지 않는다. 그리스도의 모본과 가르침이 많은 이들에게 냉엄한 현실이 아닌 옛날 이야기처럼 보이는 것도 이상할 것이 없다.

인간 심령이 변화되고 내면의 숨은 세계가 점차 빚어지면 뿌리와 가지의 끄트머리까지 "나무 자체"가 좋아진다. 그렇게 되기 위해 지금부터 하나님의 도우심으로 우리 삶과 존재의 **각 차원**에 행할 수 있는 일들을 살펴보고자 한다.

묵상 및 토의 질문

1. 기독교 지도자들과 평신도들의 흔한 실패는 그리스도를 닮아가는 변화가 불가능하다는 증거인가?

2. "불쌍한 죄인" 기독교는 그리스도 안의 구속된 삶을 정확히 보여주는 그림인가? "불쌍한 죄인" 관점의 정당한 요지는 무엇인가?

3. 영성 형성 과정에 적극적으로 임한다는 것은 "내 힘으로" 행한다는 뜻인가? 영적 성장에서 은혜와 노력은 서로 어떤 연관이 있는가?

4. 모든 인간 성장의 일반 패턴은 무엇인가? "아랍어학습" 사례를 가지고 말해 보라.

5. AA 사례를 가지고 말해 보라.

6. 하나님 나라 안의 우리 삶에 대한 성경적 비전은 무엇인가? 당신 삶에 적용시켜 자세히 말해 보라.

7. "지금 하나님 나라 삶을 살려는 의도"를 구체적으로 어떻게 품을 수 있는가?

8. **의도와 결단**은 어떻게 연관되는가? "정답을 아는 것"으로 영적 삶의 의도와 결단을 대치할 수 있는가?

9. 지금 하나님 나라 삶을 살려는 결단을 실천하기 위해 당신이 개인적으로 사용하는 주된 **방법**들은 무엇인가? 그 방법들은 의도를 살리기에 충분한가?

10. 당신은 그리스도께 순종하기 위해 어떤 "현장 밖" 훈련들에 임하고 있는가?

쉬어 가는 말

지금까지 우리는 신중한 공부와 사고를 요하는 제법 어려운 내용을 살펴보았다. 인간 실존과 하나님 역사의 심오한 측면들을 서로 구분해 바른 관계도 설정해 보았다. 그러나 그리스도 안의 영성 형성의 **단순성**을 놓치지 않는 것이 매우 중요하다. 그렇지 않으면 엉뚱하게도 그 실제적 시행이 극도로 어렵거나 아예 불가능해 보일 수 있다. 자기 삶을 대하는 개인들도 그렇고 단체를 이끄는 지도자들도 그렇다.

그 결과는 심지어 기독교 단체들도 영성 형성을 **진지하게 시행하지 않는** 것으로 나타날 것이다(실제 그런 경우가 많다). 시행하되 성과가 미미한 수준에 그치거나 아예 실패할 수밖에 없는 방식으로 할 수도 있다.

예컨대, 개인들은 때로 영적 삶의 훈련에 대해 듣고 그것이 그리스도를 닮아가는 성장에 매우 중요하다는 것도 바로 이해한다. 과거와 현재의 "위대한" 그리스도인들에게 훈련이 얼마나 요긴한 역할을 했는지도 배운다. 그러나 정작 본인들은 그런 훈련을 실천해 큰 성과를 거두지 못한다. 그런 실천이 그리스도 안의 영성 형성 과정 전체에 어떻게 맞아 들어가는지 모르기 때문이다. 내가 보기에 특히 그들은 특별한 실천—고독, 성경 암송, 금식 훈련 등—을 나머지 삶, 곧 앞서 말한 여섯 가지 각 차원과 매끄럽게 융화시킬 줄 모른다.

영성 형성의 단순성은 그 의도에 있다. 목표는 안에서부터 밖으로 변화되는 방식을 통해 우리 존재의 모든 요소가 하나님 뜻과 하나님 나라에 조화되게 하는 것이다. 그것이 단순한 초점이다. 우리는 그것을 늘 앞에 두어야 한다. 다른 것들이 아무리 좋아 보일지라도 거기에 주의를 빼앗겨서는 안된다.

물론 우리는 혼자 힘으로 이 목표를 이룰 수 없다. 사실 그럴 필요도 없다. 목표 달성에 필요한 자원을 하나님이 공급하신다. "은혜 안에 자란다"는 것은 삶 전체가 은혜에 힘입을 때까지 갈수록 더 은혜에 의지해 산다는 뜻이다. 그럴 때 우리는 "무엇을 하든지 말에나 일에나 다 주 예수의 이름으로 하[게 된다]"(골 3:17). 가장 위대한 성인들일수록 은혜가 **덜** 필요한 자들이 아니라 은혜를 가장 많이 소모하는 자들, 사실 은혜가 가장 필요한 자들이다. 존재의 모든 차원이 은혜에 푹 젖은 자들이다. 그들에게 은혜는 호흡과 같다.

지금부터 2장에 개괄한 인간 성품의 여섯 가지 각 근본 차원을 대할 때 실제적 도움이 될 내용을 이야기하려 한다. 영성 형성이 전인적 과정이라는 사실을 충분히 살릴 것이다. 따라서 설명의 명료성을 위해 각 차원을 따로 다룰지라도 실은 여섯 가지 차원이 서로 분리된 것이 아니라 항상 **실생활**의 흐름 속에 서로 깊은 영향을 주고받는다는 사실을 늘 염두에 두어야 한다. (이 책에 사용된 "실생활"이라는 말은, 언제나 우리가 실제 연루돼 있는 모든 사건과 우리가 실제 취하고 있는 모든 행동을 일컫는다.)

앞으로 여러 장에 걸쳐 각 차원의 기본 특성이 잠깐씩 거듭 강조될 것이다. 매 경우 각 차원 특유의 핵심적 실패도 지적하겠지만, 그리스도 안의 영성 형성 과정과 결과에서 각 차원의 **긍정적** 상태를 강조하는 데 가장 주력할 것이다.

내면이 예수의 성품으로 자라가는 데는 정해진 공식이나 방법론이 없다. 이런 성장은 끊임없이 추구할 과정이다. 그러나 우리를 하나님의 처분에 맡길 수 있는 길들은 많이 있다. "너희가 전심으로 나를 찾고 찾으면 나를 만나리라"(렘 29:13). 선지자 아사랴는 "너희가 만일 저를 찾으면 저가 너희의 만난 바 되시[리라]"(대하 15:2; 또한 15:4 참조)고 표현했다. 우리는 그분의 선하심을 믿을 수 있다.

우리 목표는 그렇게 찾다가 그리스도를 만난 이들을 돕는 것이다. 우리는 작지만 효력 있는 몇몇 걸음들을 제시하고 권할 것이다. 그것을 통해 하나님이 반드시 그들을 만나 주셔서 그리스도를 닮아가는 영성 형성의 놀라운 일을 이루게 하실 것이다.

생각의 변화1 : 영성 형성과 사고생활

> 내가 여호와를 항상 내 앞에 모심이여. 그가 내
> 우편에 계시므로 내가 요동치 아니하리로다.
> _시편 16:8

> 구주를 생각만 해도 내 맘이 좋거든
> 주 얼굴 뵈올 때에야 얼마나 좋으랴.
> _클레르보의 버나드

파괴에서 돌아서는 첫 동작

인간이 생각으로 하나님을 처음 등진 것처럼, 심령의 변화를 향한 첫 동작이 일어나는 곳도 생각이다. 생각이야말로 우리가 변화되기 시작할 수 있고 마땅히 그래야 하는 곳이다. 거기서 하나님의 빛은 그리스도의 말씀을 통해 우리에게 처음 다가오기 시작한다. 거기서 성령은 특정 생각 쪽으로 우리 의지의 방향을 점점 잡아가기 시작한다. 그 생각을 기초로 우리는 하나님과 그분의 길에 자신을 재조정하는 길을 택한다.

인간의 궁극적 자유란 자기 생각이 머물도록 허용하거나 지시할 곳을 선택하는 힘이다. 이 부분에서 우리는 완전히 자유롭지는 않으나 큰 자유가 있는 것은 사실이다. "허물과 죄로 죽은" 자임에도, 여전히 우리는 부족하고 미흡하게나마 **우리 지식 속에 하나님을 간직하려고** 애쓸 책임과 능력이 있다. 그렇게 하는 자들은 반드시 그분을 향해 진보를 이룬다. 우리가 진정 최선을 다해 하나님을 구하면, 늘 우리 심령의 실상을 아시는 그분이 반드시 우리에게 자신을 알려 주시기 때문이다. 이 사실 때문에 우리는 영적으로 죽은 상태에서도 언제나 하나님 앞에 책임이 남아 있다.

생각이란 무엇인가

생각이 무엇인지 이미 2장에서 약간 언급했지만 이제 더 깊어 들어가야 한다. "생각"이란 **우리가 사물을 의식하는 모든 방식**을 가리킨다. 여기에는 기억, 지각, 신념이 포함되며 흔히 "어제 네 생각을 했다"든지 "내일 있을 회의에 대해 생각중이었다"는 말로 지칭되는 것들도 포함된다.

분명 생각은 삶의 가장 기본 원천 가운데 하나다. 생각은 우리 모든 행동의 방향을 결정한다. 생각은 감정을 유발하고 감정은 우리 세계의 틀을 정하며 행동 동기가 된다. 흥미롭게도, 특정한 감정을 느껴서 생각을 유발할 수는 없지만 생각을 조정해 감정을 유발하고 웬만큼 통제하는 것은 가능하다. 생각의 통제는 감정을 다스리고 통제하는 데 필수요 큰 도움이 된다. 감정이란 의지의 직접적 지휘 아래 있지 **않다.** 감정을 선택할 수는 없는 일이다.

생각하고 사안을 상상할 수 있는 능력 덕에 우리는 현실—그리고 비현실—세계를 폭넓게 접할 수 있다. 이것은 언제나 생각의 내용에 부합된 방식이나 심지어 정확한 방식으로 되는 것은 아니다. 사실, 생각이 정확성이나 현실에 제한받지 않는다는 점이야말로 생각의 위대성의 일면이다. 우리는 그럴 수도 있지만 그렇지 않은 것, 그렇지 않지만 마땅히 그래야 하는 것, 절대 그래서는 안되는 것 따위를 고루 생각할—머릿속에 떠올릴—수 있다.

능동적·창의적 존재로서 우리의 본질적 특성은 현실의 경우만 아니라 반대의 경우까지 떠올릴 수 있는 능력에 의존한다. 미래를 계획하는 능력은 언제나 현실을 앞서가야 한다. 우리는 그 일을 생각으로 한다. 물론 앞서가는 의지는 사고 능력에 의존한다. 생각과 상상과 신념과 추측 **내용**은 우리 의지나 선택의 범위를 결정한다. 나아가 창조의 테두리도 그것으로 정해진다.

감각이 몸의 활동 범위인 것처럼 생각은 의지와 삶 전체의 활동 범위다. 그 "사고 범위"(지각도 포함) 안에서 우리는 결정을 내린다. 그리고 그 결정이 내가 무엇을 하고 어떤 사람이 될 것인지를 정한다.

생각의 영역에는 개념, 이미지, 정보, 사고력 등 네 가지 주요 요인이 있다. 그러나 가장 강력한 것 둘은 **개념과 이미지**다.

개념

개념이란 현실에 대한 아주 개략적 모델이나 가정(假定)이다. 개념은 역사적으로 개발되고 사회적으로 공유되는 해석의 틀이다. 개념에 신념이 들어갈 때가 있으나, 개념은 신념보다 훨씬 이상의 것이며 신념에 의존하지도 않는다. 개념은 사물을 생각하고 해석하는 방식이다. 개념은 우리가 생각하고 살아가는 방식에 극히 필수인데다 너무나 넓게 퍼져 있어, 우리는 개념이 존재한다는 것조차 모르거나 개념이 언제 어떻게 작용하는지 이해하지 못할 때가 많다. 우리의 개념체계는 유년 초기부터 가정과 공동체의 교육, 기대, 관찰 가능한 행동 등을 통해 우리와 함께 자라 온 문화적 인공물이다.

인류학자들의 관측에 따르면, 인간이 살고 있는 세상은 주변의 땅과 바다와 하늘, 동식물, 인간, 인간의 작품으로만 구성되는 것이 아니라 물리적 현실을 덮고 있는 "상징적 현실"까지 아우른다. 우리 개념체계는 많은 이들—국가나 가정 등 전체 사회체계—이 공유할 수 있다. 그것은 시간과 역사적 과정을 통해 형성되고 변화되는데, 사실 그 변화는 눈에 띄지 않을 때가 많다.

개념의 예로는 자유, 교육, 행복, "아메리칸 드림", 과학, 진보, 죽음, 가정, 남성성, 여성성, 종교, "기독교", "회교", 교회, 민주주의(정부 형태), 공정성, 정의, 가족, 진화, 하나님, 세속 등 얼마든지 많다.

행동화된 개념을 보려거든 다양한 형태의 예술행위(특히 오늘날 소위 "대중문화"가 대폭 집결된 영화와 음악)와 각종 설득 시도(특히 오늘날 정치와 광고)를 잘 보면 된다. 예컨대, 현대의 주요 개념인 **자유**가 자동차 광고와 록음악 가사에서 차지하는 역할을 보라. 또 요즘 가히 마비 상태에 빠진 공교육 제도를 보면 학생들과 교사들의 지배적 개념을 볼 수 있다.

인생에 이렇게 중요한 것임에도 개념은 **절대** 정의나 정확한 규정이 불가능하다. 그래도 사람들은 개념을 정의하려는 시도를 그치지 않는다. 개념을 **통제**하려는 노력이지만 헛수고다. 개념은 넓고 포괄적이며 사물과 사건을 해석하는 방식이다. 그 방식은 역사 속에서 개발된다. 대단한 위력에도 불구하고 개념은 개인의 의식 속에 떠오르지 않을 때가 많다. 따라서 어떤 개념이 내 삶을 지배하고 있고 그 개념이 **어떻게** 내 삶을 지배하고 있는지 인식한다는 것은 대다수 사람들에게 극히 어려운 일이다.

이것은 흔히 사람들이 자신의 지배적 개념을 순전히 현실 속에서 **찾아내는** 데도 일부 원인이 있다. 흔히 자신을 "실용주의적" 또는 "행동적"—물론 둘 다 굵직한 **개념**이다—사람으로 여기는 자들이 개념에 가장 젖어 있으니 아이러니다. 굳이 생각조차 안하고 살 정도로 그들은 개념에 젖어 있다. 그들은 무엇이 자기를 움직이는지 전혀 모른다. 그러나 그들을 지배하는 것은 개념이며, 개념의 결과는 어쨌거나 나타난다. "개념에 절은" 상태의 또 한 가지 예는, 대다수 사람들이 인생 성공을 승진과 소유의 관점에서 본다는 것이다. 문화란 사람들이 "당연하게" 여기는 것, 즉 설명이나 생각조차 불필요하게 여기는 것을 통해 가장 극명히 드러난다.

영성 형성은 개념을 변화시켜야 한다

어차피 기독교 영성 형성이란 **내 안에 있는** 악의 개념체계를 인식하는 문제다. 하나님을 **떠난** 삶을 구성하는 현 시대와 각 문화를 (또는 다양한 문화들을) 그 악의 개념체계가 지배한다. 필요한 변화란 다분히 내 안에 있는 악의 개념체계들(그리고 그에 상응하는 문화들)을, 예수 그리스도께서 구현하고 가르치신 개념체계와 하나님 나라의 문화로 대치하는 문제다. 이것은 정녕 어둠에서 빛으로 옮겨 가는 일이다.

물론 이런 문제를 이해했고 가르쳤던 사도 바울은 우리에게 "우리의 씨름은 혈과 육에 대한 것이 아니요 정사와 권세와 이 어두움의 세상 주관자들과 하늘에 있는 악의 영들에게 대함이라"(엡 6:12)고 경고했다. 이 고차원적 권세와 주관자들은 악의 개념체계와 손잡고 일하는—끊임없이 그것을 수행하고 떠받들려고 애쓰는—영적 세력들이다. 악의 개념체계야말로 인류를 지배하는 그들의 주요 연장이다.

반면 "흑암의 권세에서 건져내사 그의 사랑의 아들의 나라로 옮[겨진]"(골 1:13) 우리는, 우리 안에 이 마음 "곧 그리스도 예수의 마음"(빌 2:5)을 품어야 한다. 이것이 기독교 영성 형성의 본질과 근본 실체를 묘사하는 가장 중요한 방식이다. 바울의 익숙한 표현대로 우리는 정확히 "마음을 새롭게 함으로"(롬 12:2) 변화된다.

개념의 변화는 극히 어렵다

개인이든 단체든 지배적 개념을 바꾼다는 것은 인생의 가장 어렵고 고통스런 일 가운데 하나다. 진정한 "회심"은 엄청난 고통이 따르는 경험이다. 개인이든 단체든 신적 개입이나 혁명이나 정신적 붕괴 같은 일이 아니고는 회심은 거의 일어나지 않는다. 예수께서 예고하신 대로, 회심은 가장 친밀한 관계에 영구적 손상을 깊이 입힐 수 있다(눅 12:51-53). 단체적 차원에서, 미국과 많은 서구사회의 가까운 과거 속에서 그것을 잘 보여주는 것이 1960년대다. 또 세계 많은 나라에서 그리스도인들은 다른 사람들의 개념체계를 위협한다는 이유로 오늘도 핍박받고 죽어가고 있다.

20세기 말에 "영성"이 무더기로 쏟아져 나오면서, 사실 우리는 1960년대보다 지금 훨씬 더 깊은 변화를 겪고 있다.[1] 시끄럽기야 그때보다 덜하지만 말이다. "영혼의 지진"에 견줄 수 있는 이 변화는 아무것도 부동자세로 그냥 두지 않으면서 많은 이들을 다치게 하거나 파멸에 몰아넣고 있다.

물론 예수 자신도 한 가지 본질적 시각에서 세상의 개념체계와 그 문화에 맞서 일격을 가하셨고, 그로 인해 죽임당하셨다. 그러나 그분은 자신이 어떤 개념체계나 문화보다 크심을 입증하셨고 지금도 살아계신다. 그분은 세계적 개념 전환과정을 지속하고 계신다. 그것은 **그분의** 영속적 혁명에 절대 필요한 부분이며 우리도 각자 이 일에 동참하고 있다.

이미지

우리 생각을 점유하는 **이미지**는 지배적 개념과 밀접하게 연관돼 있다. 개념의 추상성과 반대로, 이미지는 언제나 구상적 또는 구체적이며 감정이 강하게 실려 있다. 이미지는 흔히 강력한 지각으로 찾아오며, 정서적·감각적으로 지배적 개념체계와 강하게 연결돼 있다. 이미지는 그런 개념체계의 힘을 일상생활의 실제 상황 속으로 중개한다. 모든 개념체계는 소수의 강력한 이미지를 통해 삶의 한 세력으로 우리를 찾아온다.

미국과 유럽의 최근 역사를 보면, 머리(장발·단발·삭발·염색), 브래지어(또는 그것을 착용하지 않거나 불태우는 행위), 깃발(깃발 모독), 록음악, 헐렁헐렁한 펑키풍 옷차림 등은 상충되는 개념체계들과 그에 따른 생활방식에 대한 강력한 이미지와 상징으로 떠올랐다. 반면에 전통문화—소위 "기성세대"—의 권위가 담긴 이미지들은 힘을 잃었다.

오늘날 많은 기독교 교회는 예배를 "전통" 예배와 "현대" 예배로 구분해 드린다. 차이라면 주로 이미지와 거기에 수반되는 폭발적 감정이다. 기타와 파이프오르간은 더 이상 한낱 악기 정도가 아니라 강력한 상징이다. 그렇다고 그런 구분이 중요하지 않다거나 죄라는 말이 아니다. 다만 그런 문제에 책임감 있게 임하려면 그런 구분을 유발하는 요인을 이해할 필요가 있다.

물론 예수는 이미지의 엄청난 의미를 아셨고 실은 친히 한 이미지가 되셨다. 의도적으로 그러셨다. 그분은 또 자신과 자신의 메시지를 똑똑히 전해 주는 한 이미지를 신중히 고르셨다. 바로 십자가다. 십자가는 인간이 잃은 영혼이라는 사실과, 하나님께 자신을 드릴 때 그분의 희생을 통해 구속된다는 사실을 동시에 보여준다. 말할 것도 없이 십자가야말로 인류 역사상 단연 가장 강력한 이미지와 상징이다. 그분이 모든 것을 아시고 그것을 고르셨음을 굳이 말할 필요가 있을까? 모두가 그분의 계획이었다. 또한 그분은 이미지의 주인이다. 그분의 제자들은 자신의 유익을 위해 십자가 이미지를 가슴에 생생히 새길 필요가 있다.

개념과 이미지, 악의 요새

그러나 개념과 이미지는 인간 자아와 사회에서 악의 주요 요새이기도 하다. 개념과 이미지는 우리가 일상생활의 사건과 사물을 "취하는" 방식을 결정한다. 그것은 우리가 당면 문제에 부여하는 의미를 좌우하며, 눈을 가려 뻔히 눈앞에 있는 것도 못 보게 할 수 있다. 역시 성경 역사와 기독교 역사와 인간 삶 전반에서 그런 현상을 수없이 볼 수 있다. 개념과 이미지가 지닌 악의 힘은 절대 과소 평가될 수 없으며, 대다수 인간 정부에 언제나 작용하고 있다.

따라서 개념과 이미지는 인류를 향한 하나님의 뜻을 궤멸시키려는 사탄의 노력의 중심점이다. 우리가 사탄의 정예 개념과 이미지에 지배당하고 있을 때 사탄은 얼마든지 낮잠을 자거나 휴가를 떠날 수 있다. 하와를 하나님과 떼어 놓을 때도 사탄은 하와를 막대기로 친 것이 아니라 개념으로 쳤다. 하나님은 믿을 수 없는 분이므로 하와 혼자 스스로 자기 행복을 챙겨야 한다는 개념이었다.

모든 유혹의 배후에 있는 기본 개념은 이것이다. 즉 하나님은 금령으로 우리한테서 좋은 것을 빼앗는 분으로 그려진다. 자연히 우리는 문제를 내 손으로 쥐고 그분 말씀을 거슬러 행동해야 한다고 생각한다. 하나님 이미지가 그러할 때 우리는 앞서 말한 것처럼 그분을 생각 밖으로 몰아내고 자신이 우주의 왕좌에 오른다. 파괴된 영혼과 세상의 실상은 그 자연스런 결과다. 우리 생각의 가장 중요한 부분은 단연 하나님에 대한 개념과 그 연관 이미지들이다.

A. W. 토저^{A. W. Tozer}의 말은 과장이 아니다.

우리의 하나님 개념은 하나님의 실상에 최대한 가까워야 한다. 이 것은 대단히 중요한 문제다. 그분에 대한 우리의 실제 생각에 비하면 신조로 외우는 문구는 별로 중요하지 않다. 우리의 실제 하나님 개념은 종교의 인습적 사고의 쓰레기더미에 묻혀 있을 수 있다. 지식을 동원해 열심히 찾아야만 마침내 그 실체가 밝히 드러날 수 있다. 고통스럽고 지난한 자기 성찰을 통해서만 우리는 하나님에 대한 자신의 실제 생각을 알 수 있을 것이다.

바른 하나님 개념은 조직신학에만 아니라 그리스도인의 실생활에도 기본이다. 성전에 기초가 있듯이, 바른 하나님 개념은 예배의 기초다. 기초가 부실하거나 어긋나면 머잖아 건물 전체가 쓰러질 수밖에 없다. 교리의 오류나 기독교 윤리의 잘못된 적용치고 궁극적으로 하나님에 관한 부실하고 무지한 개념으로 거슬러 올라가지 않는 것은 거의 없다고 나는 믿는다.[2]

이미지는 잘못된 개념을 만든다

이미지는 부실한 개념의 위험을 증폭시킨다. 이미지는 사람을 강박적으로 사로잡아 최면에 빠뜨리는 힘이 있다. 비판적 정밀 검사를 피하는 힘도 있다. 예컨대, 인간의 자아 이미지는 다른 모든 것 위에 군림하여 모든 현실과 상식에 어긋나는 행동을 유발할 수 있다.

어려서 거부나 학대를 당한 사람들은 자아와 "현실"에 대한 이미지가 뒤틀려 있다. 중독에 빠진 부모나 "냉담한" 부모와 함께 산 사람들도 그렇다. 왜곡된 이미지가 언제나 머릿속에 남아 그들을 위험한 "사고 범주"로 몰아넣는다. 이제 그들은 그 안에서 살아야 한다. 단체의 경우 공유된 이미지는 유행, 집단적 사고, 군중 광란으로 이어지며 역시 그것들은 사실이나 사리와 전혀 무관하다.

빈곤한 자아 이미지로 고생하는 개인들은 자기 거부에 사로잡혀 집단의 압력을 막아 내지 못한다. 그들은 자신을 하나님 사랑의 대상으로 보지 못하며 따라서 저항할 근거가 없다. 헨리 나우웬 Henri Nouwen 은 이렇게 말했다. "성공과 인기와 권력은 정말 대단한 유혹일 수 있으나, 실은 자기 거부라는 훨씬 큰 유혹의 일부다. 전자의 유혹의 질은 대개 거기서 연유한다. 우리가 무가치하고 사랑받지 못할 존재라고 말하는 음성들이 있거니와, 그것을 믿을 때 성공과 인기와 권력은 어느새 매력 있는 해답으로 다가온다." 황량한 실존에 대한 해답으로 말이다.[3] "너는 밀려나고 거부당해 마땅하다"는 음성을 우리는 사실로 받아들인다. 자신을 그렇게 **보는** 것이다. 나우웬의 말은 이렇게 이어진다. "자기 거부는 영적 삶의 최대 적이다. 우리를 '사랑하는 자'라 부르시는 거룩한 음성을 부인하기 때문이다. 사랑받는 자라는 사실이야말로 우리 실존의 핵심 진리를 이룬다." 그러나 이 심오한 진리도 자신을 하나님의 사랑받는 자로 보는 강력한 이미지가 없이는 거의 혹은 전혀 효과를 발하지 못한다. 자기 거부란 궁극적으로 우리 영혼이 하나님을 비난하는 것으로, 그것은 그분과 그분의 세계에 대한 잘못된 이미지에서 비롯된다.

이미지—그리하여 사람까지—를 **조작**하는 것은 선전원과 광고업자들의 일이다. 안타깝게도 원하는 결과를 얻기 위해 그리스도의 이름으로 그런 일이 심심찮게 행해지고 있다. 반면 타락한 이미지와 그 배후의 개념구조를 깨뜨리는 것은 정신건강 전문가들이 환자를 돕기 위해 행해야 할 기본 작업이다. 그것은 기독교의 내적 치유와 전도사역에도 본질적 요소다.

파괴적 개념과 이미지에서 건짐받음

하나님을 떠난 삶은 거짓되고 파괴적인 이미지와 개념에 지배당한다. 예수 그리스도의 인격과 복음—단순히 "예수 사랑하심은 성경에 써있네"에[4] 기초한—은 그런 이미지와 개념에 대한 유일하고 완전한 답이다. 그리스도 안의 영성 형성 과정이란 그런 파괴적 이미지와 개념을 예수 자신의 마음에 충만한 이미지와 개념으로 대치하는 점진적 과정이다. 그리하여 우리는 점점 "하나님의 형상"이신 "그리스도의 영광의 복음의 광채"(고후 4:4)를 보게 된다.

파괴된 자아와 회복된 자아에 대한 이 책 3-4장의 내용을 통해 예상할 수 있듯이, 인간의 개념체계와 하나님의 개념체계의 대비는 아주 극명하다. 하나님이 누구이며 인간이 어떤 존재인지에 대한 기본 가정이 전혀 다르기 때문이다. 그래서 선지자

이사야는 말했다. "여호와의 말씀에 내 생각은 너희 생각과 다르며 내 길은 너희 길과 달라서 하늘이 땅보다 높음같이 내 길은 너의 길보다 높으며 내 생각은 너희 생각보다 높으니라"(사 55:8-9).

자신이 곧 해를 받고 죽을 것이라는 예수의 선언에 대한 베드로의 반응에 그것이 여실히 드러난다. 베드로는 방금 예수가 약속된 메시아, 곧 인류의 기름부음 받은 구세주라고 고백했다. 그러나 이제 그는 예수를 꾸짖으며 메시아에게 절대 그런 일이 있어서는 안된다고 강변한다. 베드로의 마음속에 있는 "메시아" 개념의 내용과 연관 이미지는 예수께서 하신 말씀과 전혀 달랐다. 그래서 예수는 베드로를 "사탄", 곧 "적"이라 부르시며 그가 하나님의 관점에서가 아니라 인간의 관점에서 생각하고 있다고 지적하셨다(마 16:23). 두 길은 철저히 다르다. 철저히 다른 개념과 철저히 다른 이미지다. 철저히 다른 사고와 행동노선이 뒤따름은 물론이다.

관점의 확연한 차이를 보여주는 또 다른 예가 바울의 골로새서에 나온다. 거기서 그는 땅의 길 또는 육신의 길과 새 사람의 길을 대비했다. 인간적 길은 분과 악의와 훼방과 부끄러운 말과 거짓말의 길이다(골 3:8-9). 잠시 생각해 보라. 인간 삶의 현실이 아닌가. 그러나 바울은 이제 "너희가 서로 거짓말을 말라. 옛 사람과 그 행위를 벗어 버리고 새 사람을 입었으니 이는 자기를 창조하신 자의 형상을 좇아 지식에까지 새롭게 하심을 받[으라]"(9-10절)고 말한다. 그 새로운 시각에서 볼 때 통상적 인간 구분(헬라인과 유대인, 할례자와 무할례자, 야만인, 스구디아인, 종과 자유인 등)은 우리의 대인관계 방식에 더 이상 중요하지 않다. 그리스도가 만유 안에 계시기(또는 계실 수 있기) 때문이다(11절).

모든 부류의 사람을 동일한 진리와 사랑으로 대하는 것보다 더 인간적이지 않은 일이 있을까? 이것은 구속(救贖)받지 못한 인간을 지배하는 이미지와 개념으로는 불가능한 일이다. 예수와 그 제자들의 영향을 강하게 받은 최근의 몇몇 단체와 그 밖의 극히 제한된 상황을 예외로 하고는 말이다. 바울은 인간의 타락성이 고질화되는 것을 피할 수 있는 길은, 오직 그리스도 자신의 마음을 받는 것뿐임을 알았다(고전 2:16; 빌 2:5). 그리스도 안의 영성 형성이란 **내** 개념과 이미지를 **그분의** 개념과 이미지로 완전히 교체시켜 나가는 과정인 것이다.

그 일은 어떻게 이루어지는가? 우리의 사고생활에는 개념과 이미지 외에도 두 가지 요인이 더 있다. 우리를 "하나님께 죽은" 자 되게 하는 유해한 개념과 이미지 체계의 위력을, 하나님은 그것들을 사용해 깨뜨리실 수 있다. 하나님이 말씀과 성령으로 위로부터 난 새 생명을 우리 안에 심어 주신 후로는, 우리도 하나님 나라를 위해 주도권을 갖고 점차 자신의 사고체계 전반의 재탈환에 나설 수 있다(마땅히 그래야 한다). 한 걸음 한 걸음마다 그분의 은혜가 우리와 함께 한다. 그러나 은혜라 해서 그리스도 안의 영성 형성에 그저 수동적 자세로 있어서는 안된다.

두 가지 다른 요소란 **정보**(또는 "사실")와 **사고력**이다. 사고력이란 "부분을 연결하는" 힘, 곧 전제가 사실일 경우 결론도 사실이거나 혹은 사실일 수 없음을 간파하는 힘이다.

예수를 통해 가까이 온 영생의 정보

정보가 첫째다. "듣지도 못한 이를 어찌 믿으리요"(롬 10:14). 정확한 정보가 없이는 사고력이 작용할 기반이 없다. 사실 필수 정보가 없으면 생각 자체가 두려워지거나 단순히 바른 생각이 불가능할 수 있다.

찰스 웨슬리 Charles Wesley 의 찬송가에 인간 실태가 잘 나타나 있다.

옥에 갇힌 내 영혼 긴 세월
죄와 밤에 꽁꽁 묶여 있었네.

바로 그때 복음의 기쁜 소식이 생명을 가져온다.

주 밝은 눈빛 나를 깨우니
어두운 감옥이 환히 빛나네.
사슬 벗고서 자유 얻은 나
일어나 나가 주를 따르네.[5]

인간 삶의 전 영역에 정보 부족이 가져온 결과는 불편한 부담감부터 대형 참사에 이르기까지 각양각색이다. 공립도서관이나 인터넷의 자원을 모르면 학자나 작가나 기타 전문인은 필요한 자료를 놓치거나 적어도 상당한 노력과 비용을 들여 얻어야 한다. 과거에 의사들은 손을 씻지 않고 일하다 본의 아니게 치명적 병균을 옮겼고, 그래서 무수히 많은 산모들이 산욕열로 죽었다.

하나님의 실체와 그분의 법이 요구하는 바를 알지 못하면 영혼이 망하고 사회가 피폐해지고 인간이 영원한 파멸에 이른다. "내 백성이 지식이 없으므로 망하는도다"(호 4:6). "깨닫지 못하는 백성은 패망하리라"(4:14). 이것이 오늘 서구문화의 비참한 상태다. 하나님이 친히 계시해 주신 그분에 관한 정보를 저버린 결과다.

그래서 예수께서 지상사역 가운데 처음 하신 일은 하나님을 **선포**하는 것이었다. 하나님의 영생이 예수를 통해 가까이 왔다는 **정보**를 주변 사람들에게 알리는 것이었다. 사람들은 그분을 의지함으로, 곧 "예수를 믿음으로" 즉각 "천국" 백성이 누리는 영생에 들어갈 수 있었다. 예수는 그것을 밝히 이르셨다. 이것은 인간 삶의 기본 정보다. 그때도 그랬고 지금도 그렇다.

예수는 아버지에 관한 많은 허위 정보와 싸우며 정확한 "아버지 정보"를 밝히셔야 했다(마 11:27; 요 6:46). 그분은 하나님이 사랑이심을 여러 모양으로 보이셨다. 그분은 주변 하늘로부터 하나님 나라가 가까이 눈앞에 와 있음을 **선포하셨고**, 천국 능력으로 사람들을 도우심으로 그 나라의 존재를 **보이셨으며**, 그 나라의 정확한 특성을 다양한 방법으로 **가르치셨다**(마 4:23; 9:35).

죽으시기 전날 밤 예수는 가르침의 사역을 마치고 아버지께 이렇게 기도하셨다. "내게 주신 사람들에게 내가 아버지의 이름을 나타내었나이다"(요 17:6). 즉 "아버지가 정말 어떤 분인지 그들에게 알려 주었다"는 뜻이다. 초기 제자들은 그분의 죽음을 하나님의 부성(父性)에 대한 궁극적 계시로 이해했다. 바울은

"우리가 아직 죄인 되었을 때에 그리스도께서 우리를 위하여 죽으심으로 하나님께서 우리에게 대한 자기의 사랑을 확증하셨느니라"(롬 5:8)고 말했다. 그분의 죽음은 기본 현실의 실상에 대한 계시였다. 그것과 그 의미를 모른다면, 우리는 현실에 대해 지독히 무지한 것이고 따라서 우리의 모든 생각은 흉측한 거짓을 낳을 수밖에 없다. "쓰레기가 들어가면 쓰레기가 나온다"는 말은 영적 삶에서 가장 큰 위력을 발한다.

영성 형성은 생각을 요한다

예수의 복음은 하나님과 인생의 의미에 대한 모든 거짓 정보를 정면으로 부인한다. 복음은 하나님을 떠난 삶을 구성하는 모든 이미지와 개념을 무력화시킨다. 그러나 복음이 그런 효력을 발하려면 우리가 사고력을 **사용**해야 한다.

사고란 무엇인가? 주어진 사실이나 전제를 바탕으로 무엇이 맞고 틀린지 분별하는 활동이다. 사고는 주어진 정보를 바탕으로 "큰 그림"을 보게 하되 전체를 똑똑히 보게 해준다. 또한 사고는 틀렸거나 오도하는 개념과 이미지를 처치한다. 알려는 마음이 있는 자들은 사고를 통해 그런 개념과 이미지의 오류를 볼 수 있다. 사고력은 진리의 사역에 사용될 하나님의 강력한 선물이다.

바울이 영감을 받아 사고한 내용이 여기 있다. "만일 하나님이 우리를 위하시면 누가 우리를 대적하리요. 자기 아들을 아끼지 아니하시고 우리 모든 사람을 위하여 내어주신 이가 어찌 그 아들과 함께 모든 것을 우리에게 은사로 주지 아니하시겠느냐"(롬 8:31-32).

마르틴 루터가 사고한 내용이 여기 있다. "성경과 분명한 이성이 내 잘못을 지적하지 않는 한, 상호 모순을 보여온 교황들과 공의회들의 권위를 나는 받아들이지 않는다. 내 양심은 하나님 말씀의 포로다. 나는 아무것도 철회할 수 없고 철회하지 않을 것이다. 양심을 거스르는 것은 옳지도 않고 안전하지도 않기 때문이다. 하나님 나를 도우소서. 아멘." 그가 하나님의 능력으로 보름스Worms의 심문관들 앞에서 밝힌 말이다. 맨 처음 인쇄된 그의 발표문에는 이런 유명한 말이 붙어 있다. "여기, 내가 서 있다. 그 밖의 일은 할 수 없다."**6**

이렇듯 우리는 하나님 말씀으로 하나님 말씀에 우리 생각을 적용해야 한다. 우리는 말씀을 정성스레 섭취하여 그 뜻을 심사숙고 묵상해야 한다. 함축된 의미를 탐색하되, 특히 내 삶과 연결시켜 그렇게 해야 한다. 복음서의 사실과 하나님의 계시에 비추어, 그리고 성경에 나타난 인간 운명에 비추어 나는 어떻게 살 것인가? 우리는 "모든 들은 것을 우리가 더욱 간절히 삼갈지니 혹 흘러 떠내려갈까 염려[해야]"(히 2:1) 한다. 우리는 말씀을 사려 깊게 실천에 옮겨야 한다.

우리는 온 사고력을 다해 복음의 사실과 정보를 이해함으로 **주를 구해야** 한다. 이것은 생각을 그분께 두는, 그분을 내 앞에 모시는 주된 길이다. 그렇게 할 때 우리의 이해를 훨씬 초월하는 방식으로 하나님의 은혜가 우리를 돕는다. 그리고 그리스도의 사고생활을 통해 그분의 삶을 지배했던 개념과 이미지가 우

리를 소유한다.[7]

바른 사고의 결정적 역할

과거에도 그랬듯이, 바른 사고는 오늘 우리에게 엄청나게 중요하다. 지금이야말로 그것이 그 어느 때보다 더 중요한 시기일지도 모른다. **하나님의 지상사역의 확장은 그분의 사람들의 바른 생각에 달려 있다.**

바른 생각은 견고한 신앙에 매우 중요하건만, 오늘 우리는 그 중요성을 곧잘 경시하거나 무시한다. 비참하게도 아예 사고를 신앙과 반대되는 것으로 여기는 이들도 있다. 그들은 그것이 하나님을 높이는 일이 아니라 단순히 서구 평등주의의 뿌리 깊은 반지성주의 시류에 굴하는 것임을 인식하지 못한다. 그런 시류는 데이빗 흄^{David Hume} 과 장-자크 루소^{Jean-Jacques Rousseau} 그리고 그들의 19-20세기 추종세력이 보여준, 충동과 맹목적 감정의 낭만적 이상화에 기인한다. 사고를 배척하는 자들은 자신의 행동원리가 캄보디아 "킬링필드"를 유발한 사탄의 원리와 동일함을 알지 못한다. 지식인 티가 나는 사람이면―안경만 썼어도― 즉석에서 죽이거나 죄인으로 몰아 기아와 살인적 노동에 처하지 않았던가.

또한 우리는 가장 위대한 시점에 그리스도의 사람들에게 방향을 제시한 것이 위대한 사상가들임을 쉽게 잊는다. 몇 명만 예를 들자면 바울, 요한, 어거스틴, 루터, 칼빈, 웨슬리가 있다. 목록 맨 꼭대기에 예수 그리스도 자신이 있다. 그분이야말로 유

사 이래 가장 강력한 사상가였고 지금도 그렇다.[8]

아이작 왓츠Isaac Watts, 1674년 태생. '기쁘다 구주 오셨네' '웬 말인가 날 위하여' '주 달려 죽은 십자가' '햇빛을 받는 곳마다' '예부터 도움되시고' 등으로 유명한 찬송가 작곡가가 논리학을 가르쳤고 교과서로 애용되는 『논리학: 진리 추구를 위한 이성의 바른 사용』Logic: The Right Use of Reason in the Inquiry After Truth을 썼다는 것을 알면, 오늘날 많은 그리스도인들이 놀랄 것이다. 그 찬송가들의 힘은 다분히 거기 담긴 사고의 깊이에 힘입은 것이다. 그것이 그 곡들을 꾸준히 불러야 할 한 가지 이유다.

논리학 자체에 대해 왓츠는 이렇게 말했다.

이 고매한 학문의 위대한 취지는 우리의 추리력을 불행한 노예 상태와 어둠에서 구하는 것이다. 이렇게 논리학은 합당한 모든 복종과 경의로 하나님의 계시를 겸손히 나타낸다. 논리학의 본분은 피조물의 보다 나은 노력으로 사고의 천성적 한계를 벗기는 것이요, 진리를 추구하는 우리의 이해력에 빛을 비추는 것이다……. 논리학은 날마다 지혜와 덕행에 복무한다.[9]

한마디로, 하나님을 잘 섬기려면 사고를 바로 해야 한다. 의도적이든 아니든 비뚤어진 사고는 언제나 악을 부른다. 비뚤어진 사고가 집단—종교 집단이든 세속 집단이든—의 정론으로 부상하면 그야말로 언제나 "지옥"이 따로 없다. 즉 지옥이 발붙일 곳을 얻는 것이다. 세계사에 그런 참사가 늘 있어 왔다.

반대로 성령의 지도와 능력 아래 성경의 "정보"를 바른 생각으로 취한다면, 그것은 하나님 아래서 영성 형성의 확실한 길

에 견고히 서는 것이다. "여호와의 율법은 완전하여 영혼을 소
성케 하고 여호와의 증거는 확실하여 우둔한 자로 지혜롭게 하
며……여호와의 계명은 순결하여 눈을 밝게 하도다"(시 19:7-8).
또 "내가 주께 범죄치 아니하려 하여 주의 말씀을 내 마음
에 두었나이다"(시 119:11). "주의 말씀은 내 발에 등이요 내 길
에 빛이니이다"(105절). "내가 주의 계명을 금 곧 정금보다 더
사랑하나이다. 그러므로 내가 범사에 주의 법도를 바르게 여기
고"(127-128절). "주의 법을 사랑하는 자에게는 큰 평안이 있으
니 저희에게 장애물이 없으리이다"(165절).

생각, 사랑, 예배

지식을 바탕으로 우리 생각이 성경에 그려진 하나님께 머물면,
결과적으로 하나님을 뜨겁게 사랑하게 되고 그 사랑은 다시 우
리로 하여금 꾸준히 하나님을 생각케 한다. 그렇게 그분은 언제
나 우리 마음속을 떠나시지 않는다. 오래 전 토마스 왓슨^{Thomas}
^{Watson}은 그것을 이렇게 멋있게 표현했다.

사랑의 첫 열매는 **마음으로 하나님을 묵상하는** 것이다. 사랑 안에
있는 자는 언제나 생각이 사랑의 대상에 가 있다. 하나님을 사랑
하는 자는 하나님 생각에 황홀히 취해 있다. "내가 깰 때에도 오
히려 주와 함께 있나이다"(시 139:18). 생각이란 마음의 여행객과
같다. 다윗의 생각은 늘 천국을 향했다. "주와 함께 있나이다." 하
나님은 보배다. 보배가 있는 곳에 마음도 있다. 이것으로 우리는

하나님을 향한 자신의 사랑을 시험해 볼 수 있다. 내가 가장 많이 생각하는 것은 무엇인가? 하나님을 생각할 때면 나는 그 기쁨에 황홀하다고 고백할 수 있는가? 내 생각에 날개가 달렸는가? 높이 날아오르는가? 나는 그리스도와 그 영광을 묵상하는가? 오, 하나님을 거의 생각하지 않는 자들은 그분을 사랑하는 자리에서 얼마나 먼가! "그 모든 사상에 하나님이 없다 하나이다"(시 10:4). 죄인은 하나님을 생각 밖으로 몰아낸다. 판사를 생각하는 죄수처럼 그는 공포 상태에서 말고는 하나님을 생각하지 않는다.[10]

이처럼 우리는 **예배**의 삶에 들어간다. 하나님의 참 모습을 생각하면 엎드려 예배할 수밖에 없다. 예배야말로 단연 전인의 회복을 완성하고 유지하는 가장 강력한 힘이다. 예배는 자아의 모든 차원에 있는 모든 악한 성향을 끊어 낸다. 경험으로 확증되는 계시된 진리를 바탕으로 하나님을 바로 생각할 때, 예배는 그 자연스런 결과다. 단적으로 이렇게 말할 수 있다. 즉 **예배는 회복된 사고생활의 전반적 특성인 동시에, 인간이 안전하게 설 수 있는 유일한 자리다.**

옛 찬송가에 이런 가사가 있다.

태초부터 있는 주의 아름다움
놀람과 경외로 우리 고백하네.[11]

"놀람과 경외"는 예배를 잘 풀어 쓴 표현이다. A. W. 토저가 말한 "경이와 기쁨에 이르는 흠모"도 그렇다. 이것이 변화된 사고생활의 참된 결과다. 주기도문의 첫 간구제목은 "이름이 거룩히 여김을 받으시오며"이다. 그것이 첫째임은 가장 중요하기 때문이다. 하나님이 사람들 가운데 높임받으시고 그분의 이름이 극진히 존대되는 만큼 나머지는 다 잘되게 되어 있다. 당신의 삶에서 실험적으로 확인할 수 있는 사실이다.

수십 년 전 J. B. 필립스^{J. B. Phillips}는 『당신의 하나님은 너무 작다』^{Your God Is Too Small}라는 책으로 기독교계에 위대한 메시지를 던졌다. 그러나 "당신의 하나님은 너무 작다"는 표현이 오늘도 여전히 쓰이고 있음에도 그 메시지는 대개 오해되고 있다. 요지는 "당신의 하나님은 **당신의 필요를 채워 줄 수 없을 정도로 작다**"가 아니라, "당신의 하나님은 **당신이 전심으로 예배하고 흠모할 수 없을 정도로 하찮다**"이다. 예배받기에 지극히 **합당하신** 분은 오직 하나님뿐이다. 생각이 변화되면, 하나님은 언제나 그런 분으로 다가온다. 주의 이름이 거룩히 여김을 받으소서!

지극히 합당하신 분

천국에서는 천천 만만의 천사들이 쉬지 않고 큰 음성으로 일제히 부른다.

> 죽임을 당하신 어린양이 능력과 부와 지혜와 힘과 존귀와 영광과 찬송을 받으시기에 합당하도다 하더라. 내가 또 들으니 하늘 위에와 땅 위에와 땅 아래와 바다 위에와 또 그 가운데 모든 만물이 가로되 보좌에 앉으신 이와 어린양에게 찬송과 존귀와 영광과 능

이 천사들의 모습이야말로 변화된 심령의 사고생활을 점유하는 비전이다. 그것은 또한 그의 전인과 그가 속한 지상의 환경까지 사로잡는다. 하나님의 이름을 "거룩히 여긴다"는 것이 그런 뜻이다. 주기도문에서 우리는 바로 그것을 기도하는 것이다. 그러나 서글프게도 우리 기독교 집회와 환경들마저도 대부분은 그것과 거리가 멀다.

앞에 길게 인용한 A. W 토저의 말은 이렇게 이어진다. "내 생각에 현 20세기 중반에 퍼져 있는 기독교의 하나님 개념은 너무 천박해서 지존하신 하나님의 위엄에 턱없이 못 미칠 뿐 아니라, 사실 믿는다는 신자들을 일종의 도덕적 재난에 빠뜨릴 정도다."

하지만 왜 **도덕적** 재난인가? 하나님의 참 모습과 거기 기초한 예배 외에는 인간 안에 철저한 선의 광채를 가르치고 인도하고 유지할 수 있는 것이 전무하기 때문이다. 이 비전만이 인간의 뒤틀린 상태를 바르게 깨울 수 있다. 임마누엘 칸트는 "인간은 휘어진 나무로 만들어졌으며 그 휘어진 나무로는 어떤 곧은 것도 만들 수 없다"[12]고 말했다. 인간적으로 말해 맞는 말이다. 그러나 사람에게 불가능한 것이 하나님께는 가능하다.

하나님 앞에 서다

하나님이 우리 앞에 서시면 우리도 그분 앞에 선다. 그분을 예배하기를 거부하는 것은 그분의 얼굴과 눈빛을 피하려는 시도다.

두 살 반 된 라리사가 뒷마당에서 유모와 함께 물장난을 치고 있었다. 유모는 아이에게 자주색 꽃에 물을 주라고 친절히 일러 주었지만 아이는 좁은 흙바닥에 물을 붓다가 진흙이 생기는 것을 보았다. 유모는 흙에 물을 붓지 못하게 했다. 진흙이 생겨 모든 것을 더럽히기 때문이었다.

하지만 진흙은 진흙이었다. 조그만 여자아이는 근처 수조에 진흙을 넣고는 "따끈한 초콜릿"이라 불렀다.

반대쪽으로 앉아 책을 읽고 있던 유모는 곧 지저분해진 아이를 보고는 씻어 주었다. 그리고 다시 책을 붙잡았으나 이번에는 라리사를 향해 앉았다. 그러나 아이는 "이쪽을 보면 안돼요. 알았죠?" 귀엽게 말하며 "따끈한 초콜릿" 놀이를 계속했다. 물론 유모는 알았다며 눈을 깔고 책을 보았다. 곧 라리사는 까만 진흙을 반죽해 수조에 넣었다. 계속 더 넣었다. 그 일을 계속하면서 아이는 세 번이나 "이쪽을 보면 안돼요. 알았죠?" 하고 말했다.

엉뚱한 짓을 할 때는 아무도 보는 이가 없어야 한다. 어린아이의 가녀린 영혼이 우리에게 그것을 보여준다. 성인의 영혼도 똑같은 짐을 지고 산다. 다만 거기에 짓눌릴 정도로 짐이 커졌을 뿐이다. 하나님의 얼굴을 더는 피할 수 없게 될 때 영혼은 괴로워하며 "산과 바위에게 이르되 우리 위에 떨어져 보좌에 앉으신 이의 낯에서……우리를 가리우라"(계 6:16; 또한 사 2:19-21과 비교)고 부르짖는다. 현대생활에서 그토록 떠받드는 소위 "프라이버시 권리"란 다분히 잘못된 길을 가며 감시를 피하려는 시도에 지나지 않는다.

반면 내 앞의 하나님을 반김으로 내가 그분 앞에 서면, 그 결과 내 삶 전체가 변화된다. 내 생각에 들어오는 모든 것이 건강하고 경건하고 선해진다. 특히 삶을 구성하는 다양한 사건들에 부딪칠 때 맨 처음 떠오르는 생각들이 그렇게 된다. 주변 사건들의 자극 앞에 "급히" 내리는 결론들도 선하신 하나님이 다스리시는 우주의 실상—신이 없는 우주, 내가 다스리는 우주, 인간이 가장 높은 우주, 높은 자가 없는 우주 따위의 허상이 아니라—과 조화를 이룬다. 내 사고 패턴은 성경에 계시된 진리와 일치된다. 나는 성령의 인도 아래 그 진리를 일상생활의 모든 세부사항에 확대 적용한다.

내가 지금 어떤 작업을 수행중인가? 그렇다면 나는 능력 주실 것을 믿고 경험하며 하나님과 함께 믿음으로 그 일을 한다. 그것이 하나님 나라의 본질이다. 비상사태가 발생했는가? 나는 하나님이 그 가운데 나와 함께 계심을 알고 그것을 맞이한다. 그리고 간절한 기도 가운데 평정을 지킨다. 사람의 칭찬을 받았는가? 내 생각은 (감정도) 즉각 내 삶에 임한 하나님의 선하심으로 내달린다. 누가 나를 정죄하거나 비난하는가? 나는 하나님이 나를 붙드시고 도우심을 안다. 그분은 나를 사랑하시며 내 장래를 예비하신 분이다. 실망과 좌절을 겪고 있는가? 나는 하나님이 모든 것을 주관하시고 해결해 주심—"하나님을 사랑하는 자 곧 그 뜻대로 부르심을 입은 자들에게는 모든 것이 **합력**하여 선을 이루느니라"—을 알기에 그 안에 쉴 수 있다. 그런 식이다.

하나님은 성경, 그 아들 예수, 고금의 자기 사람들의 삶과 경험을 통해 우리에게 개념과 이미지와 정보를 주신다. 나는 지속적으로 신중하게 그런 개념과 이미지와 정보에 착념한다. 그럴 때 성령은 내 노력이나 이해를 훨씬 초월하여 늘 내게 양분을 주신다. 따라서 내 노력의 결과로 받는 것조차도 선물이요 은혜다. 바른 방향의 내 노력도 꼭 필요하지만, 내 사고생활의 영성 형성(변화)은 그 노력을 아우르는 성령의 사역으로 이루어진다.

이것은 내가 인간 삶—내 삶이든 인간 전반의 삶이든—의 악과 고난의 실존에 접할 때 특히 중요하다. 나는 내가 두 길 가운데 하나를 취할 수 있음을 안다. 즉 악에 대한 내 시각으로 하나님에 대한 시각을 결정해 그분을 재단할 수도 있고, 거꾸로 하나님에 대한 시각으로 악에 대한 시각을 결정함으로써 그분을 높일 수도 있다. 그것은 선을 이루시는 그분의 능력 밖에 는 아무것도 없음을 인정하는 것이다.

내 생각을 어디에 둘 것인가

그러나 이 부분에는 구체적으로 주목하고 경계해야 할 몇 가지 특별한 위험이 있다.

첫째는 개념과 이미지와 소량의 정보에 대한 교만과 지나친 자부심이다. 단지 그것들이 "내 것" 또는 "우리 것"이며 내(우리)가 거기에 의존하는 습관이 있다는 **이유만으로** 말이다. 이 위험은 하나님에 대한 사고에 국한된 것은 아니지만 안타깝게도 그 부분에 흔하다. 그것은 교리, 실천, 전통에 대한 교만의 형태로 찾아온다.

프랭크 시나트라Frank Sinatra는 "내 방식대로 했다"I did it myyyyy way고 노래했고, 수많은 이들이 그것을 온당한 "미국적" 태도의 표현으로 받아들이며 고마워했다. 그러나 그리스도인들은 "우리 방식대로 했다!"고 노래하며 엉뚱한 데서 만족을 구할 때가 많다. "우리 방식"이라고 반드시 옳거나 선하거나 "더 나은" 것은 아니다. 물론 반드시 틀렸거나 더 나쁜 것도 아니다. 그러나 우리 사고생활이 **우리 것**이기 때문에 "분명 옳다"고 하면서 그 내용물에 집착하는 것은 위험하다. 우리는 이 특별한 위험을 인식해야 한다. 교리나 전통에 대한 교만도 역시 교만이다. 그것은 하나님이 미워하시는 것 중 하나다(잠 8:13). 그것은 "남"의 교만만이 아니다. 소돔의 첫째 죄목은 교만이거니와, 그 교만이 소돔을 다른 "가증한 일들"로 더 칭칭 동여맸다(겔 16:49-50).

둘째 위험은 첫째와 연관된 것으로, 사실에 대한 단순한 무지다. 그리스도의 길이 잘못됐음을 증명하려고 나섰다가 오히려 그분의 제자가 된 사람들의 사연이 기독교 역사에 되풀이되고 있다. 거의 모든 경우, 단순히 연구 도중 그들은 사실을 **검토하고 신중히 생각할** 수밖에 없었기 때문이다. 그래서 C. S. 루이스의 지적대로 "풋내기 무신론자"는 자기가 읽는 내용에 극도로 조심해야 하며 자신의 무지를 끈질기게 방어해야 한다.[13]

그러나 그리스도의 제자들도 기독교 신앙에 대한 통상적 반론이나 그리스도께 헌신된 다른 이들의 신앙과 실천 같은 중요한 문제들에 대해 무지를 고집하는 틀에 빠진다. 사실, 생각을 바로 사용하려면 우리는 끊임없이 마음을 열고 배우려는 태도로 살아야 한다. 어느 진지한 사안에 판단을 내리기 전에 사실을 살펴보고 모든 의미를 신중히 생각해 보았는가? 이것은 나와 의견이 다른 자들을 대할 때 특히 중요하다.

제자의 사고생활의 세번째 큰 위험은 내 욕심, 특히 내가 옳음을 입증하려는 욕심에 생각을 내맡기는 것이다. 이것은 지적인 자기 의와 짝을 이루며, 흔히 주변 사람들의 인정을 받으려는 욕심과 연계된다.

하나님을 믿지 않거나 그리스도를 주로 받아들이지 않는 자들을 도우려고 할 때, 좋은 출발점은 그들로 하여금 이 질문 앞에 솔직히 서게 하는 것이다. 하나님이 존재한다면 또는 예수가 주가 된다면 나는 그것을 **좋아할** 것인가? 이를 통해 그들은 "내가 사실이기를 **바라는** 것"이 "**실제 사실**"을 보는 내 능력을 얼마나 지배하는지 깨달을 수 있다.

이런저런 특정 이슈에 관해 **내가** 바라는 상태는 무엇인가? 우리 신자들이 사고생활을 영위하면서 늘 의식의 언저리에 새겨 두어야 하는 질문이다. 내 소원은 사물에 대한 내 지각방식은 물론 사고와 해석의 틀에도 영향을 미친다. 우리는 그 점을 늘 염두에 두어야 한다. 그리스도인들 사이의 많은 쓰라린 분쟁을 이런 식으로 모면할 수 있다. 이것은 "겸손한 마음"에 꼭 필요한 부분이다. 바울은 그 마음이야말로, 우리가 품어야 할 그리스도의 마음에 빠져서는 안되는 것임을 알았다(빌 2:1-8; 골 3:12).

무조건 내가 옳음을 절대 입증하려 하지 말라. 우리는 이것을 규칙으로 삼아야 한다.

네번째이자 마지막 큰 위험은, 우리가 생각 속에 들여놓는 이미지에 관한 것이다. 지적 권위에 대한 이미지, 재정적 안정에 대한 이미지, 무시무시한 공포에 대한 이미지, 권력(지배)과 섹스에 대한 이미지 등 어느 것이든 해당된다.

현재의 미국 문화는 보고 말하고 듣는 것에서 개인의 완전한 자유를 자랑한다. 믿는다는 그리스도인 가운데 이 "자유"를 생활방식으로 받아들였다가 갑작스런 죽음을 맞거나 망한 이들이 부지기수다. 그들이 생각 속에 들여놓은 이미지가 결국 그들을 삼키기 때문이다. 생각 속에 아무것이나 들여놓는다면, 그것은 정신적 혼란이나 속박 상태에 머물겠다는 말과 다르지 않다. 생각 속에 들어오는 것치고 선악 간에 영향을 끼치지 않는 것은 아무것도 없다.

혹자는 이렇게 말할지 모른다. "나는 마음을 열고 무엇이든 생각하고 무엇이든 공상하고 무엇이든 느끼고 무엇이든 보고 싶다. 생각의 자유라는 것이 도대체 무엇인가? 여기는 미국이다!"

그렇다면 결과도 당해야 한다. 조건만 선택하고 결과는 거부하는 것은 불가능하다. "권리장전"도 이것만은 바꾸지 못한다. 지붕 난간 밖으로 발을 내딛기로 선택한 사람은 땅에 추락하지 않기로 선택할 수 없다. 생각(실은 인격과 그 모든 차원)의 법칙도 만유인력의 법칙 못지 않게 철칙이다. 시인 제라드 맨리 홉킨스^{Gerard Manley Hopkins}는 말했다. "생각에는 절벽이 있으니, 추락하는 절벽이다. 그 절벽에 매달려 본 적 없는 자라면 우습게 여겨라."[14]

"주께서는 눈이 정결하여 악을 참아 보지 못하시[므로]"(합 1:13) 우리는 그럴듯한 것들로부터—"오락"이라는 이름이 붙었을지라도—최대한 눈길을 돌리는 것이 지혜롭다. 우리는 악을 미

위하고 선을 추구해야 한다. 그런 삶의 기초는 내 생각을 어디에 둘 것인지의 선택에 달려 있다. 서두에 말한 것처럼, 생각을 선택하는 능력이야말로 인간의 가장 기본적 자유요 첫째이자 으뜸가는 자유다. 우리는 그것을 잘 사용해야 한다.

세상에는 볼 필요가 없고 보지 않는 것이 훨씬 좋은 것들이 많이 있다. 설사 원한다면 볼 "권리"가 있다고 하더라도 말이다. 할 권리가 있으면 일단 하는 것이 좋다고 생각하는 사람은 한마디로 문제를 깊이 생각해 보지 않은 사람이다. 대조적으로 바울은 이렇게 지혜롭게 권면했다. "무엇에든지 참되며 무엇에든지 경건하며 무엇에든지 옳으며 무엇에든지 정결하며 무엇에든지 사랑할 만하며 무엇에든지 칭찬할 만하며 무슨 덕이 있든지 무슨 기림이 있든지 이것들을 생각하라"(빌 4:8). **명심하라. 이것은 그리스도 안의 영성 형성에 없어서는 안될 근본적 부분이다.**

특히 이미지는 의식의 차원을 훨씬 뛰어넘어 인간을 움직이는 힘이 있다. 게다가 이미지는 이성의 통제 아래 있지 않다. 우리는 지속적으로 선하고 경건한 이미지를 취하도록 주의해야 한다. 그렇다고 꼭 남들의 잘못된 이미지를 가려내 말할 수 있어야 하는 것은 아니다. 그들의 "잘못된 이미지"가 내 의식에 떠오를 수는 없는 법이다. 그렇더라도 그것은 내 바깥 세력의 도구로 내 영혼과 몸의 심연에 작용한다.

의도와 방법

영적 삶에는 공식이 없다. 자력(自力)으로 굴러가는 삶이 아니기 때문이다. 그 삶은 하나님과의 관계 속에 이루어진다. 그러나 인간의 "사고" 차원의 열쇠는 다른 모든 차원들과 마찬가지로 VIM 구조다. 이번 장에서는 구조의 V 부분, 즉 비전을 주로 다루었다. 이것이야말로 가장 절실히 필요한 것이다. 비전이 없으면 아무 진전도 없다. 비전이 바로 서지 않는 한 **의도**는 비뚤어지거나 아예 존재하지 않을 것이다. 동원되는 **방법**도 혼란스러워 실효가 없을 것이다.

품어야 할 의도는 이것이다. 즉 모든 잘못된 개념이나 파괴적 이미지, 하나님에 대한 모든 오류 정보, 모든 비뚤어진 추론이나 신념을 버리고 우리 주 예수 그리스도의 아버지이신 위대하신 하나님을 생각 속에 지속적으로 모시려는 의도다. 다시 말해 하나님의 강력한 무기를 사용해 "견고한 진을 파하[려는]" 의도다. "모든 이론을 파하며 하나님 아는 것을 대적하여 높아진 것을 다 파하고 모든 생각을 사로잡아 그리스도에게 복종케 하[려는]"(고후 10:3-5) 의도다.

비전이 선 상태에서 이런 의도를 취하거나 취하지 않는 것은 우리에게 달린 일이다. 무조건 하라! 혹 "나는 못한다"는 생각이 들거든 잊지 말라. 하나님은 당신이 확고한 의도를 품고 결단을 실행하도록 도우신다. 그러나 그분은 당신이 할 일을 대신해 주시지는 않는다. 당신은 하나님을 당신 생각 속에 지속적으로 모시기로 결단한 적이 있는가?

비전과 의도가 갖춰진 사람은 결단의 실행으로 비전을 이룰 방법을 찾아 나서게 돼 있다. 방법은 적절하고 정연하며 감당할 만하고 실효성이 있어야 한다. 우리 사고생활을 그리스도의 마음으로 변화시켜 나가는 데 도움이 될 "효능이 입증된" 훈련들이 있다.[15] 훈련이란 우리 능력 **안에** 있는 활동이다. 직접적 노력으로는 안되는 일을 우리는 훈련을 통해 할 수 있다. 직접적 노력으로는 우리의 개념과 이미지, 현재 갖고 있는 정보나 사고 과정을 그리스도를 닮아가도록 변화시킬 수 없다. 그러나 특정 행위들을 훈련할 수는 있는데, 그것이 간접적으로 점차 같은 결과를 낳는다.

가장 분명히 할 수 있는 일은, 성경의 핵심 부분들을 생각 속에 끌어들여 사고의 영구적 부품으로 편입시키는 것이다. 이것이야말로 사고생활의 중심 훈련이다. 우리는 성경의 핵심 부분들을 손바닥처럼 훤히 알 필요가 있다. 좋은 방법은 성구를 암송해 삶의 사건과 상황을 통과할 때마다 계속 머릿속에 되새기는 것이다(수 1:8; 시 1편).

한 구절씩 떼어 외워서는 바라는 결과를 얻을 수 없다. 그러나 **문단** 전체를 소화하면 결과는 확실하다. 로마서 5:1-8; 8:1-15, 고린도전서 13장, 골로새서 3:1-17 등이 좋은 예다. 이런 말씀들을 마음에 새기면 생각이 하나님의 빛으로 충만해진다. 그 빛이 어둠 속에 비춰면 어둠은 사라진다. 실내에 빛이 밝혀지면 "어둠을 어떻게 처치할 것인가?" 고민할 필요가 없다. 어둠은 이미 **사라졌다!**

"나는 암송 같은 것 못한다"고 말할지 모른다. 장담컨대 당신도 얼마든지 할 수 있다. 당신 마음을 그렇게 지으신 하나님이 당신을 도우신다. 그분은 당신이 그렇게 하기를 **참으로** 원하신다. 물론 이것은 당신 삶 전체에 스며들 다른 변화들에 없어서는 안될 부분이다. 생각의 변화에 의도적으로 시간과 에너지를 들이고 그것을 축으로 삶을 계획할 때 **변화는 일어난다!** 그러나 반드시 그런 삶을 선택하고 방법을 배워야 한다. VTR 사용법을 배워 그것과 함께 살아가는 것처럼 말이다. 그럴 때 당신은 성령의 생각이 생명과 평안임을 경험으로 알게 되며, 삶의 모든 영역에서 당신 생각은 마치 나침반 바늘이 정북으로 돌아가듯 자동으로 다시 하나님 중심으로 돌아간다.

이미지와 표어

이미지의 사용에 대해서도 비슷하게 말할 수 있다. 우리는 늘 좋은 이미지를 마음에 둘 필요가 있다. 시각적 이미지만 아니라 청각적 이미지(좋은 표어, 시, 노래)도 포함된다. 이런 이미지들은 끊임없이 우리 생각을 하나님, 예수 그리스도, 교회(하나님의 사람들)로 향하게 되돌려 줄 수 있다. 수천 년 세월을 하나님의 사람들과 함께 해온 성화(聖畵)는 전체 기사와 교훈을 힘들이지 않고 생각 속에 담아 둘 수 있는 강력한 길이 될 수 있다. 우리는 미적 감각을 살려 집과 일터의 내 시계(視界) 안에 늘 그런 그림을 걸어 둘 수 있다. 성화를 신중히 잘 사용하면 파괴적 이미지와 생각을 몰아낼 수 있으며, 삶의 모든 차원에서 하나님 앞에 살아가는 데 도움이 된다.

얼마 전까지만 해도 미국인들의 집 벽에는 건전한 글귀들이 흔히 붙어 있었다. 내가 어렸을 때 붙어 있던 말이 하나 생각난다. "인생은 단 한번. 금세 지나간다. 그리스도를 위해 한 일만

이 영원히 남는다." 온 식구들의 생각 속에 늘 이런 좋은 글들이 있었다. 효과는 강력했다. 그저 습관적으로라도 꾸준히 그것을 보는 이들의 생각 속에 지속적으로 남아 영향을 끼쳤기 때문이다. 지금 우리 집에 사는 이들의 생각 속에 끊임없이 주입되는 것은 무엇인가?

오늘 우리 문화는 이런 문제에서 정신분열증을 보이고 있다. 우리는 무엇을 보고 듣든 아무런 차이가 없다고 말하고 싶어한다. 물론 아무것이나 보여주고 아무것이나 볼 수 있는 "자유"를 원하기 때문이다. 아무리 악하고 역겨운 것이라도 상관없다. 그러나 기업들은 지금도 수백만 달러씩 들여가며 TV로 우리에게 30초간 뭔가를 보여준다. 반복적으로 보고 듣는 내용이 우리 행동에 영향을 미친다는 것을 잘 알기 때문이다. 그렇지 않다면 그들은 폐업할 것이다.

같은 길을 걷는 자들에게서 배운다

물론 우리는 생각을 하나님께 돌리는 이 모든 일들을 다른 이들과 가까이 손잡고 해나갈 필요가 있다. 그런 방법을 통한 영성 형성의 실체를 알고 있는 자들과 말이다. 영성 형성이란 본질상 "사적인" 일이 될 수 없다. 삶 전체가 변화되는 문제인 까닭이다. 심령의 변화를 추구하는 주변의 다른 사람들을 **찾아야** 한다. 그런 사람이 내 가족 중에나 인근 교회에 있다면 더 바랄 것이 없다. 그러나 늘 가능한 일은 아니다. 그리스도와 동행하는 길에 우리 길동무가 되어 줄 수 있는 사람들이 있다. 그들이 누구든 어디에 있든 우리를 그들에게 인도해 달라고 하나님께 기도해야 한다. 그리고는 인내함으로 그들과 함께 있어야 한다.

이것은 자연스럽게 도(道)를 먼저 시행한 자들인 선배들과의 동화(同化)로 이어진다. 이 역시 **방법**에 포함된다. 우리는 변화된 생각으로 사는 법을 배운 자들을 알고 그들이 한 일을 주의 깊게 살펴볼 필요가 있다. 그렇다고 반드시 그들과 똑같이 하려는 것은 아니다. 그들은 입법자도 아니고 완벽은커녕 언제나 옳은 것도 아니다. 그러나 그들이 배워 온 내용과 거기서 배울 수 있는 교훈을 쉽게 저버리는 것은 현명한 처사가 못된다.

지금 우리는 신학자들이 아니라 **실천자**들에 대해 이야기하고 있다. 시간을 거슬러 가보면 빌리 그레이엄, 테레사 수녀, 도슨 트로트맨, E. 스탠리 존스, 프랭크 로바크 같은 사람들이 있고, 더 멀리 가보면 존 웨슬리, 윌리엄 로, 마르틴 루터, 로욜라의 이나시오, 아시시의 프란체스코 등 유명하거나 그렇지 않거나 많은 이들이 있다.[16] 그들은 어떻게 "언제나 주를 내 앞에 모시고" 살 수 있게 되었을까? 우리는 그들을 가까운 길동무 삼아 그 길을 배울 수 있다.

그러나 예컨대, 도슨 트로트맨이나 존 웨슬리가 남긴 업적만 보아서는 안된다. 그들이 **구체적으로 매일의 삶을 어떻게 살았는지** 보라. 그리고 그 세부사항을 분별력 있게 내 삶에 적용해야 한다. 언젠가 우리 부부는 아시시의 성 프란체스코 유적지를 방문한 적이 있다. 그의 유물을 관리하고 있는 사람들은 그가 실천했던 일들을 행하지 않고 있었다. 그들은 소위 프란체스코의 "상징적" 행위만 흉내냈을 뿐 그의 삶은 따르지 않고 있었다. 얼마나 이상한 일인가! 그러나 그들이 내면생활과 그 외적 결과에 실패하고 있는 것은 이상한 일이 아니다.

방법의 세부사항에 대해서는 그 밖에도 많은 말을 할 수 있다. 그러나 말씀으로 하나님을 섭취하면서 생각의 변화를 경험으로 아는 자들의 길로 행한다면, 그 변화가 자연적·초자연적 결과와 함께 우리에게 찾아와, 인격의 모든 차원에 깊이 배어들 것이다. **하나님이 이루신다!**

"생각의 위력"에서 거품을 벗긴다

우리는 걸핏하면 곁길로 빠지기 일쑤다! 생각(개념, 이미지, 정보, 추론)의 힘이 대단하다 보니 인간 실상을 그리스도 **밖에서**, 즉 그분께 순종하지 않고 해결하려는 실제적 방안들이 양산되고 있다. 예컨대, 세계의 한 유수한 종교는 그 기초를 전적으로 여기에 두고 있다. 특정 방식으로 생각을 집중해 "깨달음"에 이르면 그것이 감정과 의지와 몸에 영향을 미친다는 것이다. 기독교 전통의 많은 변형들도 기본적으로 같은 길을 따르고 있다(크리스천 사이언스, 유니티 스쿨, 마인드 사이언스, 기적 수업 등). 이런 부류의 가르침의 간단한 예를 찰스 로스 ^{Charles Roth} 의 책 『생각: 마스터 파워』 ^{Mind: The Master Power} 에서 찾아볼 수 있다. 요즘 이런 주장의 책들이 모양을 바꿔 가며 『뉴욕타임스』 베스트셀러 목록에 단골로 오르거나 소위 "뉴에이지" 진영에서 널리 간행되고 있다.

심리치료 분야는 지류가 많지만, 그 가운데 소위 "인지치료" 는 다분히 "생각"이나 "말"의 위력에 기초한 것이다. 고전적 정신치료(프로이트)와 그 분파들도 늘 사고의 힘을 높이 평가한다. "무의식적" 생각과 이미지도 어디까지나 생각과 이미지이며, 따라서 심신을 지배하는 위력이 가득 장전돼 있을 수 있다는 것이 그들 주장이다.

이렇게 사고의 힘을 종교화하여 그리스도와 **전혀** 무관하게 그것을 상담과 치유의 기초로 삼는 사람들이 있다. 그러나 예수 그리스도의 방법으로 영성 형성을 이해하고 실행하려는 이들은 단순히 그 이유만으로 사고의 힘을 부정해서는 안된다. 아침식사는 좋은 아이디어다. 나는 힌두교도들이 아침식사를 한다는 이유만으로 그것을 포기할 생각은 없다. 그리스도 안의 효과적 영성 형성을 위해 우리는 **반드시** 생각의 힘을 현실성 있게 이해하고 활용해야만 한다.

사실 어떤 실체든 실체를 부정하는 것은 어리석은 일이다. 삶을 지배하는 사고의 놀라운 위력도 그중 하나다. 오히려 우리는 "사고"란 무엇이며 사고를 통해, 그리고 전적으로 사고의 자연적 효능에 기초한 행위들을 통해, 실제로—과장이 아니라!—이룰 수 있는 일이 무엇인지 조심스럽게 탐구해야 한다. 그 다음 우리는 그런 행위들이 정말 인간의 영성 형성 필요를 채우기에 충분한 것인지 심사숙고 기도하는 자세로 살펴봐야 한다. 특히 그 행위들을 바르게 충분히 시행할 경우, 그것은 그리스도 방식의 영성 형성에 버금가거나 그보다 나은가?

우리는 인간 변화의 성경적 길과 다른 길들—설사 성경적 언어를 사용하고 있다 해도—을 분명히 대조해야 한다. 정직함과 철저함이 필요하다. 오늘 인간을 돕고 치유하는 길에 많은 "대안들"이 등장하고 있는 것은, 오직 **예수의 영성 형성이 사람들에게 널리 강력하게 제시되지 않거나** 아예 그런 정보조차 없기 때문이다. 그리스도의 마음—그분의 개념, 이미지, 정보, 사고방식—을 입어 우리의 사고생활이 변화되면 인간 자아의 모든 차원이 어둠의 압제 세력에서 구원받는 길이 열린다.

1. 이번 주 당신의 머릿속을 점유한 세 가지 "생각"은 무엇인가? 왜 다른 생각
   이 아니라 하필 그 생각들인가? 그 생각들은 당신 삶에 어떤 영향을 미치고
   있는가?

2. 오늘 우리 사회를 지배하는 주요 **개념**들은 무엇인가? 당신 생각에 그 개념
   들은 경건한 삶을 부추기는가, 아니면 방해하는가?

3. 예수께서 인류 역사에 들여놓으신 주요 개념들은 무엇이며 그 개념들은 현
   대세계에 어떤 영향을 미치고 있는가? 전 세계에서 기독교의 가르침에 가
   장 영향을 덜 받은 지역들은 어디인가?

4. 개념과 이미지의 차이점이 이 장에 분명히 제시됐는가? 오늘 우리 삶에서
   이미지가 가장 활발히 작용하고 있는 부분은 어디인가? 정치 선전인가? 광
   고인가? 종교인가? 교육인가?

5. 세상에 가장 보편화되고 영향력 있는 하나님 이미지는 어떤 것들인가? 당
   신 자신의 사고생활과 신앙생활에서는 어떤가? 당신 친구들의 경우는 어
   떤가?

6. 베드로는 메시아에 관해 어떤 개념과 이미지를 갖고 있었는가? 우리는 베
   드로보다 훨씬 낫다고 생각되는가?

7. 신약의 복음서를 현실에 대한 기본 **정보**로 묵상해 보라. 그것은 복음서를
   보는 좋은 방법인가? 복음서를 그런 식으로 보는 것 외에 다른 대안들은 무
   엇인가?

8. 예수 그리스도의 제자들은 사상가(생각하는 자)들로 통해야 할까? 그리스도
   인들이 생각한다는 것은 정말 좋은 일인가? 생각은 우리에게 어떤 도움이
   될까? 생각은 위험한 것인가?

9. 예배란 무엇인가? 생각과 예배와 영성 형성은 어떻게 연관되는가?

10. 영성 형성 과정에 생각을 바른 방향으로 바로 사용하기 위해 우리가 할 수 있는 일들은 무엇인가? 이미지는 이 과정에 어떻게 도움이 될 수 있는가?

생각의 변화2: 영성 형성과 감정

하나님의 나라는 먹는 것과 마시는 것이 아니
요 오직 성령 안에서 의와 평강과 희락이라.
_로마서 14:17

그리스도 예수의 사람들은 육체와 함께 그 정
과 욕심을 십자가에 못박았느니라.
_갈라디아서 5:24

감정의 힘

감정은 인생의 큰 축복이자 큰 문제다. 우리는 감정 없이 살 수 없으나 감정을 지니고 살기도 어렵다. 그러므로 감정 또한 기독교적 영성 형성에 핵심이다. 개인이 하나님께 회복되려면 감정도 변화되어야 한다. 옛 감정들을 많은 경우 없애거나 적어도 철저히 고치는 한편으로, 새 감정들을 도입하거나 적어도 강도를 높여야 한다.

우리가 사람들에게 던지는 하루의 첫인사는 대개 "오늘 기분이 어떠십니까?"이다. "생각이 어떠십니까?"라고 인사하지는 않는다. 시선을 끌려는 말썽꾸러기 아이처럼 감정은 우리 삶의 가장 전면을 점하고 있다. 감정이란 종류 여하를 떠나 스스로 자신을 정당화한다. 그런 점에서 생각과 다르다. 생각이란 본래 이의 제기가 가능하며 "왜?"라는 물음을 유발한다.

"감정"이라는 단어는 일종의 "접촉, 터치"를 뜻한다. 터치는 맹목적이면서 동시에 강력하다. 호감이든 반감이든 마찬가지다. "감동적 장면"은 감정을 유발하여 우리를 "터치"한다. 감정을 통해 우리는 정말 뭔가가 "존재함"을 안다. 맞다. 그러나 그 "뭔가"가 무엇이며 왜 그것인지는 모호하다. 떨칠 수 없을 정도로 분명히 존재함에도 말이다. 이 "맹목적 힘"의 측면 때문에 감정이란 "인간의 굴레"라는 유명한 정의가 나왔다.[1] 그러나 이 맹목적 힘의 특성은 감각이나 욕심에도 똑같이 해당된다. 감각이나 욕심도 감정처럼 인간을 쉽게 압도할 수 있다.

인간의 마음은 천사들에게까지 감정을 투사할 정도로 감정에 크게 끌린다. 천사를 다룬 문학과 예술의 가장 흔한 주제 가운데 하나는, 천사들도 인간처럼 감정을 느끼기를 갈망한다는 것이다. 인간이 육체가 있음으로 인해 느낄 수 있는 감정을 그들도 주로 느끼려 한다. 물론 골자는 천사들이 자기가 원하는 것을 얻으려면 천사 신분을 영원히 포기해야 한다는 것이다. 줄거리가 진행되면서 정말 포기하는 천사들도 있다.

영화 '시티 오브 엔젤'에서 니콜라스 케이지가 맡은 인물은 정말 신분을 바꾼다. 그럴 만한 가치가 있었는지 묻자, 그는 "감정 없이 영원을 보내느니 차라리 그녀의 머리칼을 한번 호흡하고 그녀의 입술에 한번 입맞추고 그녀의 손길을 한번 느끼고 싶었다"고 답한다.[2] 굳이 깊이 생각하지 않더라도 감정에 수반되는 힘과 맹목성을 절감할 수 있다. 그러나 정말 **한번**의 호흡, 한번의 입맞춤도 좋단 말인가? 영원을 주고서? 그것이 어떤 영원인가?

영화는 이렇게 끝난다. 해질녘 파도의 물거품 속에 장난치고 있는 그를 사방에 가득한 천사들이 (이번에는 "그녀" 멕 라이언도 포함하여) 지켜보고 있다. 시새움인지 행복감인지 그만이 알 일이다. 신학(천사론)은 약하지만 인간의 특징적 관점인 감정의 우상화를 정확히 담아낸 줄거리다.

감정에 정면 정복이란 없다

감정의 힘을 생각할 때 금세 분명해지는 점이 하나 있다. 단순히 감정에 정면 충돌하여, 선택의 순간 "의지력"만으로 감정에 저항하거나 방향을 돌리려 한다면 아무도 자기 삶의 감정 정복에 성공할 수 없다. 그런 전략을 취한다면 그것은 삶과 인간 의지의 작용원리를 근본부터 오해한 것이다. 더 정확히 말하면, 그것은 사실상 싸움에 져서 포기하기로 마음속 깊이 작정한 것이나 같다. 이것은 인간 심령의 두드러진 자기기만 영역 가운데 하나다. "포기한다"는 것 자체는 극도의 절망과 패배감일 수 있지만, 동시에 인간이 알고 있는 가장 후련한 감정 중 하나일 수도 있다.

감정에 계속 지배당하는 자들은 전형적으로 내 감정이 채워져야만 한다고 철석같이 믿는 자들이다. 분노, 두려움, 성적 끌림, 식욕, 멋진 외모에 대한 욕심, 상처의 흔적 등 어떤 감정이든 상관없다. 그들이 일찍부터 택해 둔 전략은 감정을 **정리하는** 것, 곧 깨끗이 감정을 바꾸거나 대치하는 것이 아니라 자기 감정에 선택적으로 **저항하는** 것이다.

물론 이것은 3장에서 말한 파괴된 인간, 곧 스스로 자기 세상의 "신"이 되는 인간을 다르게 표현한 것이다. 이런 사람들에게 자기 감정을 떠받들지 말아야 한다는 개념은 모욕이다. 앞서 말했듯이 "그들의 신은 그들의 배다." 그들은 제 감정의 노예이며—"인간의 굴레"가 거기서 나온다—따라서 감정을 다스릴 기반이 없다. "죄를 범하는 자마다 죄의 종이라"(요 8:34)는 예수의 말씀은 이런 상황을 두고 하신 말씀이다.

반면, 기쁨으로 하나님을 하나님 자리에 모시는 자는 감정을 다스릴 기반이 탄탄하다. 사랑하는 이들에 대한 절망, 감당 못할 고통, 관능적 쾌락 등 극단적인 경우에도 그렇다. 그들에게는 자기가 원치 않는 일을 하거나 원하는 일을 하지 않을 수 있는 자원이 있다. 그들은 어떤 감정이든 자신의 감정이 반드시 채워질 필요가 **없다**는 사실을 알며 깊이 받아들인다. 그들은 채워지지 않은 감정을 슬퍼하느라 시간을 허비하지 않는다. 본질적으로 해롭거나 나쁜 감정에 대한 그들의 전략은, 선택의 순간을 당해 감정에 저항하는 것이 아니라 평소 아예 그런 감정이 들지 않을 삶을 살아가는 것이다. 아니면 적어도, 그런 감정이 든다 해도 그 순간 감정을 거슬러 결정하기가 어렵지 않을 삶을 살아가는 것이다.

하나님을 하나님으로 모시는 자들은, 감정과 욕망의 컨베이어 벨트가 죄의 둥근 톱을 향해 돌아가기 시작할 때 당장 거기서 내려온다. 그들은 그것이 너무 빨리 돌아가 뛰어내릴 수 없을 때까지 기다리지 않는다. 그들의 목표는 죄를 피하는 것이 아니라 유혹, 곧 죄에 끌리는 마음을 피하는 것이다. 그들은 거기에 맞춰 길을 계획한다.

정체가 바뀌면 감정도 바뀐다

아직 영성 형성의 초기 단계에 있는 사람의 처지에서 본다면, 진심으로 **갈망**—단순히 **죄짓지 않으려는** 갈망이 아니라 다른 감정, 곧 죄와 멀어지게 하는 감정을 품으려는 갈망—을 갖는 것 자체만으로도 커다란 도약이다. 이 초기 단계에는 **지금** 원하는 것을 원하지 **않고**, 대신 지금 원치 않는 것을 **원하려는** 간절한 원함이 필요하다. 현재 느끼고 있거나 느끼기 쉬운 나쁜 감정에 강한 반감을 느껴야 한다. 동시에 현재 느끼고 있지 못한 좋은 감정에 강한 끌림이 있어야 한다. "옛 사람(나쁜 감정 포함)을 벗고 새 사람(좋은 감정 포함)을 입으려면" 그것이 절대적으로 필요하다. 예컨대, 남을 욕하지 않거나 간음에 빠지지 않으려는 마음만으로는 안된다. 그런 행동을 유발하는 감정을 품지 않기를 간절히 원해야 하며, **그런 감정을 피하기 위해 구체적 행동을 취해야** 한다.

우리는 강한 허영심, 부나 성적 방탕에 대한 욕망에서 자유로운 사람이 되어야 한다. 그런 자아상이 강하고 힘차게 나를 지배할 때, 우리는 현재 있는 갈망을 품지 않기로 갈망할 수 있다. 뿐만 아니라 그 목표를 이룰 방법을 효과적으로 모색할 수 있다. 다른 데서와 마찬가지로 여기서도 변화의 VIM 패턴이 작용한다.

다른 자아상

그러나 이 새로운 자아상—**장차 될 내 모습에 대한**—의 획득을 손바닥 한번 마주쳐서 되는 일로 생각해서는 안된다. 그것은 자아의 전폭적 변화에 대한 진정한 열린 마음, 신중하고 창의적인 지도, 하나님 은혜의 풍성한 공급을 요한다. 대다수 사람들의 경우, 이 모든 것은 소위 "바닥을 쳐서" 자기 존재에 대해 철저히 절망한 후에야 찾아온다. 긴 세월 우리는 두려움, 분노, 정욕, 세력 다툼, 상처를 안고 살아왔다. 그런 것들 없이 미래의 자아상을 내다볼 수 있는 사람은 거의 없다. 인간은 몸에 밴 감정을 곧 자신으로 느낀다.

예수께서는 베데스다 못에서 천사가 물을 동하기만 기다리고 있던 남자에게 "네가 낫고자 하느냐?"(요 5:6)고 물으셨다. 이것은 그저 심심해서 던진 질문이 아니다. 나이는 나와 있지 않지만 그 남자는 무려 38년을 무능력 상태로 지냈다! 몸이 나으면 그는 대대적 "직업 변화"를 겪어야 했다. 모든 친척과 아는 자들에게 그는 더 이상 "천사를 기다리라고 우리가 날마다 못에 데려다 주던 사람"이 아닐 것이었다. 그는 이제 무엇이 될 것인가? 누가 될 것인가? 자신을 누구로 볼 것인가? 남들을 어떻게 대할 것이며 남들은 그를 어떻게 대할 것인가? 그는 취직해야 할지도 모른다. 무슨 일을 할 것인가?

그러나 감정(정서, 감각, 욕망)의 변화—성장기에 가정과 학교와 놀이터에서 배웠던 감정들로부터 예수 그리스도의 내면을 특징짓는 감정들—를 겪고 있는 사람에 비하면 이 남자의 문제는 정말 아무것도 아니다. 감정이 변화된 자는 이제 허구한 날 관능적 쾌락과 복수의 공상에 빠져 지내는 자가 아니다. 태도나 언행으로 남을 지배하거나 상처 주려는 자도 아니다. 그는 악을 악으로 갚지 않는다. 상대가 민다고 나도 밀고 상대가 친다고 나도 치지 않는다. 조롱을 조롱으로, 미움을 미움으로, 경멸을 경멸로 갚지 않는다. 그는 늘 육신의 정욕, 안목의 정욕, 이생의 자랑(요일 2:16)을 채우려 돌아다니지 않는다. 그러니 장차 될 자신의 모습을 전혀 감 잡지 못하는 것도 당연하다. 그는 "예수의 제자"라는 정체 하나로 만족해야 한다. 그것이 그의 새 정체가 생겨나는 출발점이다. 사실 그것은 변화의 짐을 너끈히 져낼 만큼 강력한 정체다.

선악 간에 우리 삶을 움직이는 감정

우리는 감정을 더 꼼꼼히 살펴야 한다. "감정"이란 구체적으로 감각, 욕망, 정서 등 "느껴지는" 모든 것을 폭넓게 아우른다. 따뜻함, 배고픔, 가려움, 두려움은 다 **느낌**이다. "감정"에는 어찔어찔함, 목마름, 졸림, 피곤함, 성적 관심, 성욕, 고통, 쾌감, 외로움, 향수, 분노, 질투가 포함되지만 동시에 위안, 만족감, 힘, 성취감, 호기심, 지적 만족, 남에 대한 동정심, 미의 향유, 명예심, 하나님을 기뻐하는 마음도 포함된다. 미적 경험(예술과 멋), 대인관계, 행동도 다 감정을 수반한다. 나아가 그 감정이 "옳아야" 한다.

인간 감정에 완성된 목록이란 없다. 감정을 정의한다는 것은 만만찮은 일이다. 우리도 여기서 그것을 시도하지 않았으며 거기에 마음 쓸 필요가 없다. 우리의 일상적 실존은 친숙한 범주의 감정들로 이루어진다. 우리는 이런 감정들에 대해 많이 안다. 감정이 우리 삶과 행동과 대인관계에 얼마나 중요한지도 안다.

예컨대 우리는 감정이 우리를 **움직인다**는 것과, 그렇게 **움직임 당하는** 것을 우리가 좋아한다는 것을 안다. 감정을 통해 우리는 살아있음을 느낀다. 감정이 없으면 사물에 관심도 없고 행동에 끌림도 없다. "살맛을 잃는다"는 것은 의지의 구사만으로 근근히 버티거나 감나무에서 감 떨어지기만 기다린다는 뜻이다. 그것은 끔찍한 상태이며 오래 갈 수도 없다. 그래서 수많은 사람들이 약물과 각종 활동에 중독된다. 중독이 자신과 주변 사람들에게 심한 악영향을 줄지라도 일단 **감정**을 주기 때문이다. 그런 상태는 종종 자살의 배경이 되기도 한다.

이렇듯 감정은 삶의 필수요소다. 우리는 그 점을 받아들이고 잘 대처해야 한다. 궁극적으로 인간은 **아예 감정이 없는** 상태보다는 차라리 해로운 감정—악에서 생겨나든 악을 유발하든, 악과 연관된 감정—을 **더 낫게** 여긴다. 확실한 사실이다. 건강한 감정은 행복한 삶의 필수이며 감정 상호 간에 바른 질서를 이룬다. 따라서 그리스도를 닮은 모습으로 빚어지려면 감정을 "제멋대로" 방치하지 말고 잘 간수해야 한다.

예수의 비유(눅 10:30-37)에서 선한 사마리아인으로 알려진 사람이 제사장이나 레위인과 달랐던 것은 "[다친 사람을] 보고 불쌍히 여[겼다]"(33절)는 점이다. 이 불쌍히 여기는 감정이 그를 움직여 환자를 돕고 그의 "이웃"이 되게 했다(36-37절).

그렇다면 제사장과 레위인은 **아무** 감정도 없었을까? 물론 아니다. 그들도 엄연히 감정이 있었다. 경멸의 감정, 괜히 상관하다 해를 당할지 모른다는 두려운 감정, 길 저쪽에서 자신을 기다리고 있는 일—남의 일이 아닌 **내** 일—에 대한 긴급한 감정 등이었으리라. 거반 죽게 돼 도움이 절실히 필요한 불행한 사람보다 그런 감정이 그들을 더 움직였다. 감정은 그들을 움직여 이기적 행동을 취하게 했다. 목숨이 위태로운 사람에 대한 관심과 동정심이 그들의 주의를 끌려 다퉜을 수도 있으나 그들은 그런 감정에 마음을 굳게 닫았다.

파괴적 감정

우리를 움직이는 많은 감정은 남과 자신을 파괴한다. 예수의 동생 야고보는 정확히 지적했다. "너희 중에 싸움이 어디로, 다툼이 어디로 좇아 나느뇨. 너희 지체 중에서 싸우는 정욕으로 좇아 난 것이 아니냐. 너희가 욕심을 내어도 얻지 못하고 살인하며 시기하여도 능히 취하지 못하나니 너희가 다투고 싸우는도다"(약 4:1-2). 다른 곳에서 그는 "시기와 다툼이 있는 곳에는 요란과 모든 악한 일이 있음이니라"(약 3:16)고 지적했다. 많은 가정과 교회와 사회단체에서 벌어지는 일들을 잘 설명해 주는 말씀이다. 그러나 제해야 할 것은, 원인(배후 감정)이지 결과(다툼)만이 아니다. 감정은 없애지 않은 채 싸움만 막거나 억누르면 반드시 다시 터지게 돼 있다.

구약의 잠언은 인간 삶에서 감정의 선과 악에 대한 지혜의 말들로 가득하다. 앞서 이미 살펴본 것처럼 "여호와를 경외하는 것이 지혜의 근본"(잠 9:10)이다. 이런 말씀들도 있다.

- 미움은 다툼을 일으켜도 사랑은 모든 허물을 가리우느니라 (10:12).

- 교만이 오면 욕도 오거니와(11:2).

- 근심이 사람의 마음에 있으면 그것으로 번뇌케 하나(12:25).

- 마음이 즐거운 자는 항상 잔치하느니라(15:15).

- 마음의 즐거움은 양약이라도 심령의 근심은 뼈로 마르게 하느니라(17:22).

- 연락을 좋아하는 자는 가난하게 되고 술과 기름을 좋아하는 자는 부하게 되지 못하느니라(21:17).

- 겸손과 여호와를 경외함의 보응은 재물과 영광과 생명이니라 (22:4).

- 술 취하고 탐식하는 자는 가난하여질 것이요 잠자기를 즐겨하는 자는 해어진 옷을 입을 것임이니라(23:21).

- 사람을 두려워하면 올무에 걸리게 되거니와 여호와를 의지하는 자는 안전하리라(29:25).

그 밖에도 많다.

감정이 우리 실존의 중심임을 깨닫고 좋은 감정을 품고자 애쓰는 것은 하나님의 지혜요 인간의 지혜다. 과연 감정은 강하고 건강할 수 있다. 우리는 파괴적 감정의 피해자가 될 필요가 없다. 우리를 해치는 감정들도 대부분 그 자체는 나쁜 것이 아니다. 다만 적절히 제한되거나 다스려지지 않을 뿐이다. 약간의 예외도 있지만 감정이 종이 되면 착하다. 그러나 감정이 주인이 되면 재난을 부른다.

감정의 부정과 억압

누구나 파괴적 감정이 들 때가 있다. 파괴적 감정이 들면 그것을 부정하거나 억압하려 해서는 안된다. 그렇다고 무턱대고 남한테 터뜨려 쏟아내서도 안된다. 분명히 밝혀 두지만, 우리는 지금 감정을 부정하거나 억압하자는 주장을 펴는 것이 아니다. 그것은 문제의 해답이 아니다. 올바른 행동노선은 파괴적 감정을 다른 선한 감정으로 **대치**하는 것이다. 다시 말해 파괴적 감정—예컨대 분노와 성적 욕망—을 건설적 방향으로 **다스려** 영향력을 전환시키는 것이다. 그리스도 안의 영성 형성 과정에 있는 자는 그 일을 은혜로 해낸다. 지식을 바탕으로 은혜를 받아들여 꾸준히 실천에 옮긴다.

특정한 감정들(정서, 감각, 욕망)과 그것을 그리스도를 닮은 모습으로 변화시키는 방법을 살펴보기 전에, 먼저 감정에 대해 몇 가지 짚어 둘 것이 있다.

감정과 그 배후 상태

우리가 흔히 감정이라고 말하는 상태는 사실 전혀 감정이 아니다. 하지만 그 상태에 수반되는 감정적 톤이나 감각은 매우 위력이 강해, 상태 자체가 동반 감정과 동일시될 정도다. 예컨대 사랑이나 증오나 경멸도 그렇고, 조급함이나 평안, 자존감, 낙심도 그렇다.

여기 극히 심각한 위험이 몇 가지 도사리고 있다. 상태를 동반 감정과 혼동할 때—예컨대 평화를 평화로운 느낌과 혼동할 때—우리는 **상태**의 실체를 무시하거나 부정한 채 **감정**을 조종하려 할 소지가 매우 높다. "사랑과 사랑에 빠진다"거나 잘 알려진 대다수 중독이 거기서 비롯된다.

주로 사랑받는 느낌이나 "사랑에 빠졌다"는 느낌을 원하는 사람은 사랑의 관계를 유지할 능력이 없다. 상대가 하나님이든 다른 사람이든 마찬가지다. 또 평화로운 느낌을 원하는 사람은 평화를 이루는 일들을 행할 수 없다. 특히 의의 길을 가거나 악에 맞서지 못한다. 따라서 영성 형성 계획에 관한 한, 우리는 좋거나 나쁜 배후 **상태**를 근거로 선택하고 행동해야 한다. 감정은 그냥 두면 반드시 저절로 해결된다.

특히 우리는 본인의 것이든 타인의 것이든 절대 감정을 직접 떠받들거나 싸고돌거나 조작해서는 안된다. 이 법칙의 유일한 예외는 부정적 감정이 우리 삶을 삼키려고 위협할 정도로 위세 등등해질 때다. 그럴 때는 반드시 조치를 취해 부정적 감정(예컨대, 비애나 고통)을 제해야 한다. 감정에 대해 기도하거나 묵상하는 것도 현명하다. 그러나 그럴 때라도 감정 자체에 초점을 맞추면 안된다. 그러면 감정을 유발한 배후 상태를 제대로 다룰 수 없다.

아내를 사별한 한 유명 목사는 사랑하는 이를 보내는 것과 비애를 떨치는 것은 다르다고 말했다. 사랑하는 이는 언제나 마음에 품되 비애는 떨쳐야 한다. 가능한 한 우리는 고통스럽고 파괴적인 감정에서 돌아서 떠나야 한다. 그렇게 단순하다. 돌아서 떠나야 한다.

감정은 확산된다

삶을 지배하는 감정의 큰 위력은 다분히 감정이 우리를 **만지고 움직인다**는 사실 자체에서 비롯되는 것이 아니라, 감정이 삶의 다른 영역들로 두루 스며든다는 사실에서 비롯된다. 감정은 확산되어 내 삶과 주변 세계의 전체 분위기를 바꿔 놓는다. 감정은 풀어진 염색약이나 바이러스나 효소처럼 퍼진다. 감정은 우리 안의 모든 것을 장악할 수 있다. 전혀 무관한 영역까지 말이다. 그 결과 주변 사물과 사람들이 달라 보이면서 특유의 색채나 의미를 띤다. 그것이 우리 삶 전체의 성향과 결과를 결정지을 수 있다.

일부 사람들과의 합리적 대화가 극히 어려운 것이 그 때문이다. 그들의 생각은 하나지만 여러 감정에 사로잡혀 무슨 수를 써서라도 그 감정을 변호하고 두둔하려 한다. 그것은 무서운 상태다. 거기서 영영 헤어나지 못하는 이들도 있다. 앞서 말했듯이 사고는 감정을 유발한다. 특정 부정적 사고에 스스로 집착할 때, 거기 수반되는 감정이 우리를 지배하며 눈멀게 할 수 있다. 사고력과 지각력을 삼켜 버리는 것이다.

예컨대, 자신이 결혼생활과 직장에서 수년간 부당 대우를 받았다는 생각에 사로잡힌 여자가 있다고 하자(얼마든지 남자일 수도 있다). 그녀는 상황을 사리에 맞게 처리하거나 마음에서 그 생각을 떨치는 것이 아니라, 오히려 그 생각을 받아들여 수년간 속에 품고 지낸다. 억울한 느낌과 분노가 걷잡을 수 없이 쌓여 가지만, 그녀는 동정적 친구들의 도움으로 그것마저 반가이 맞아들여 더 키운다. 이 "쓴 뿌리"(히 12:15)는 점점 그녀의 성품 전체로 퍼져 몸과 영혼에 깊이 배어든다. 그것은 몸 동작과 행동으로 나타나며 언어생활로 새어 나온다. 그 영향력으로 인해 그녀는 주변 상황의 실체를 보지 못하고, 자기가 어떤 행동을 하는지 인식하지 못하며, 면밀하고 일관성 있는 사고력을 잃는다. 난생처음 자유로이 행동하고 있다고 생각할지 모르지만, 사실 그녀는 밥 멈포드 Bob Mumford 가 말한 "원한의 감옥"에[3] 갇혀 있는 것이다.

해로운 정서와 감각은 개인 차원을 넘어 사회단체 전체를 삼키기 일쑤다. 단체를 눈멀게 해 끔찍한 파멸의 길로 몰아간다. 민족 박해나 대량 학살은 거의 언제나 그렇게 해서 생겨난 사건이다. 밖에서 보는 자들에게는 그런 일을 저지르는 자들(나치 등)이 귀먹고 눈멀고 제정신이 아닌 것처럼 보인다. 어떤 의미에서 정말 그렇다. 그들 역시 옥에 갇혀 있다.

격한 감정을 표출하거나 감정에 사로잡혀 있을 때에라도 우리는 이성(理性)의 말을 들을 줄 알아야 한다. 그런 은혜를 받아 습관이 돼 있는 자만이(나나 남이나) 제대로 감정의 "이치를 따지며", 현실을 통해 감정을 바로잡을 수 있다. 감정이 제법 강하면 다른 모든 것을 지워 버릴 수 있다. 자기 자신이나 자기 감정을 파악하고 비판하며 적당히 거리를 두는 훈련이 안되어 있는 자에게는 언제나 그런 모습이 나타난다. 강한 감정에 내가 옳다는 느낌까지 더해지면 사실과 이성은 무용지물이 되고 만다.

올리버 크롬웰 Oliver Cromwell 은 싸우는 형제들 틈에 앉아 이런 지혜로운 말을 던진 적이 있다. "그대 형제들에게 그리스도의 심장으로 청하노니, 자신이 틀렸을 **수 있음을** 믿으시오!" 자신을 옳게 느낀다고 해서 정말 옳은 것은 아니다. 사실 그런 감정은 그가 극히 조심하고 겸손해야 한다는 경고다.

따라서 지혜로운 이들은 할 수 있는 한 어떤 인간사에 대해서도 스스로 너무 깊은 감정에 빠지지 않는다. 일부러 감정이 자신을 지배하도록 두는 일은 절대 없다. 그들은 이성의 집에 조심스럽게 길을 열어 두며 수시로 그곳에 가 귀기울인다.

중독의 비밀

현대의 감성은 즉흥성을 강조하며 감정의 "충동"이나 "흥분"을 즐길 것을 부추긴다. 그런 감성에 위와 같은 말은 불쾌하게 느껴질 것이 뻔하다. 사실 감정에 자신을 내맡기고 감정에 "떠밀려" 다니는 상태를 **추구하는** 이들이 많다. 그것도 일상사로 말이다. 인간 영혼의 만연된 죽음에 대한 산 증거다. 사람들은 느낌을 원한다. 강한 느낌을 원한다. 삶의 본질상 그들은 그래야만 한다.[4]

평화의 반대는 전쟁이 아니라 죽음이다. "죽은 영혼"은 폭발이나 붕괴를 기다리는 자요, 자신도 이해할 수 없는 이유로 문제를 자초하는 자다. 하나님을 떠난 그 황량한 삶에는 건설적 감정의 분위기를 제공하는 드라마란 없다. 그러니 삶이 짐으로 느껴질 수밖에 없다. 그런 사람들은 정말로 희망이 없다. 이것이야말로 소로 H. D. Thoreau 가 "대다수 인간"에게[5] 진단 내린 "조용한 절망의 삶"의 핵이다. 그럴 때 인간은 감정을 위한 감정을 구하며, 감정만의 만족은 다시 매번 **더 강한** 감정을 요한다. 감정은 절제를 모른다.

중독의 끈질긴 힘이 이 간단한 요지로 설명된다. 다양한 형태의 성적 변태나 칭찬 중독도 포함된다. 중독은 하나의 감정적 현상이다. 중독자는 어떤 식으로든 이런저런 감정에 굴하여 감정을 인생의 궁극적 가치의 자리에 둔 사람이다.

물론 중독자들은 그 밖의 것들도 애지중지할 수 있으나 그 갈등 때문에 삶이 비참히 분열될 수 있다(대개 그렇다). 그럼에도 그들은 내적으로 최종 권한을 감정—정서·감각·욕망—에 내주었다. 그들은 그 감정이 두렵거나 싫어졌을 수도 있고, 현재 상태에 생각이 눈멀어 출구가 보이지 않을 수도 있다. 결국 자살에 이르기도 한다. 그러나 마음속 깊은 곳에서 그들은 감정의 법칙을 받아들였고 만족을 요구하는 감정의 권리에 굴복했다.

현대인이 결정의 근거로 삼는 감정

이 모든 것은 현대생활과 현대적 상태에서의 영성 형성과 특별히 관련이 있다. 지금 우리는 "현대성"[6]이라는 삶의 형태 안에 살고 있다. 중시되던 의식(儀式)과 대인관계로는 원활한 삶을 영위할 수 없다. 가정, 이웃, 학교, 직장, 교회 등의 인간 유대가 해체됐기 때문이다. 오늘날 진지한 그리스도인들이 이 사실보다 중요하게 이해해야 할 것은 별로 없다.

"현대" 상태에서 감정은 개인에게 거의 전폭적 지배력을 구사한다. 이것은 그 상태의 사람들이 자기가 원하는 일을 끊임없이 결정해야 하되 그 근거가 오직 감정뿐이기 때문이다. 심한 부도덕과 중독에 유난히 취약한 현대 서구생활을 이해하는 비결이 여기 있다. **수많은 결정 앞에 압도당한 사람들이 결정의 근거로 삼을 수 있는 것은 감정뿐이다.**

1세기도 더 전에 레오 톨스토이는 주변 세계를 구성한 부유한 상류층 러시아인들 속에서 "현대성"의 영향력을 경험했다. 그 세계에서 그는 이렇게 고백했다. "내 삶은 막다른 골목에 이르렀다. 물론 나는 숨쉬고 먹고 마시고 잠잔다. 어쩔 수 없는 일들이다. 그러나 생명이 없다. 무리 없이 성취될 만한 소원이 없기 때문이다."

그의 말은 이렇게 이어진다. "요정이 찾아와 내 소원을 들어주려 했다 해도 나는 무엇을 구해야 할지 몰랐다."[7] 바로 이것이 TV 프로그램 '치어스' '사인펠드' '프렌즈' '윌과 그레이스' 같은 현대 미국 의식의 대표상품에 그려진 무의미한 세상이다.[8]

그러나 시간이 흘러 톨스토이는 러시아 농부들의 삶을 직접 경험했다.

이 사람들의 삶은 온통 중노동이었으나 그들은 삶에 만족했다……. 그리고 내가 까맣게 모른 사실이었지만 그들은 풍습과 생각과 교육과 처지가 한없이 달라도 하나같이 삶과 죽음의 의미를 알았고, 말없이 일하며 박탈과 고생을 견뎠다. 그리고 거기서 허무가 아닌 선(善)을 보며 살다가 생을 마감했다.[9]

톨스토이가 이토록 격찬한 농부들은 아직 현대성에 삼켜지지 않았다. 그들은 든든한 신앙 전통과 공동체를 간직하고 있었고, 그것이 그들에게 의식(儀式) 형태의 삶과 죽음을 가져다 주었다. 그 결과 그들은 감정에 지배당하지 않고 무엇이 선인지 알았다. 그들이 선을 결정하는 근거는 내 "기분"이나 내가 생각하는 "최상의 거래"가 아니었다.[10]

가까운 과거, 우리 "주부들"과 "노동자들"도 마찬가지였다. 그들이나 톨스토이의 농부들이 아무 문제없었다는 말은 아니다. 그러나 그런 역할의 사람들은 주어진 세월과 시간과 분초를 어떻게 살아야 할지 굳이 생각하지 않고도 알았으며, "기분 내키는" 대로 해야만 하는 경우는 거의 없었다. 그들은 전체적 질서 속에 살았으며, 대개 그 질서는 그들에게 큰 힘과 내적 자유를 주었다. 많은 고생과 좌절 속에서도 그들은 소속감과 방향 감각 때문에 힘과 자유를 누릴 수 있었다.

반면, 오늘날 끊임없이 할 일을 결정해야 하는—혹은 결정해야 한다고 생각하는—상황에서 사람들은 거의 언제나 감정에 지배당하게 마련이다. 그들은 감정과 의지를 구분하지 못할 때가 많다. 그리고 혼돈에 빠져 감정을 이성으로 착각하는 일도 많다. 대체로 그들에게는 이렇다할 수준의 자제력이 없다. 그래서 그들의 삶은 날이 가고 해가 가도 그저 표류할 뿐이다. 그런 삶을 견디려면 중독 행위가 솔깃하게 다가올 수밖에 없다.

자제력이란, 설사 "기분 내키지 않아도" 자신이 선택하거나 결단한 행동과 인격을 성취하기 위해 자신을 다스리는 지속적 능력을 말한다. 내키지 **않는** (또는 하기 **싫은**) 일도 필요하다면 하고, 하고 싶은(기분 내키는) 일도 필요하다면 단호히 하지 **않**는 것이 자제력이다. 견고한 성품이 없는 이들에게 감정은 자제력의 치명적 적이다. 감정은 언제나 자제력을 전복시키게 돼 있다. 감정의 코브라에 필적할 수 있는 것은 오직 하나님과 선 아래 놓인 "훈련된 의지"라는 몽구스(독사의 천적—옮긴이)뿐이다.

이미지와 "기분"

대체로 말해, 감정과 정서는 이미지와 개념을 통해 조장되고 유지된다. 물론 사회적 정황이나 몸 상태도 요인이 되기도 한다. 절망(자기 무가치감)과 거부당한 느낌(소속감 부재)은 이미지를 먹고 산다. 불친절, 구타, 학대 등의 구체적 장면들에 대한 이미지일 때가 많다. 이런 이미지는 생각 속에 영구적 부속품으로 굳어져 부정적 태도를 뿜어내고, 유해한 개념의 배경을 형성한다. 그런 개념은 다시 우리의 사고방식과 세계관을 장악한다.

기분도 이미지를 통해 조장되고 유지된다. 소위 "기분"이란, 한마디로 내 자아와 주변 세계에 **스며드는** 감정의 질이다. 물론 기분을 인위적으로 어떻게 한다는 것은 극히 어렵다. 인간이란 자기 기분을 벗어나 설 수 없기 때문이다. 정신과적 우울증은 "나쁜 기분"의 극단적 형태다. 그러나 공포, 박탈감, 결함의 느낌, 단순한 분노, 두려움, 고통도 다 부정적 유형의 기분이 **될** 수 있다. 감정이란 퍼져 나가 무엇이든 닿는 것 속으로 스며드는 힘이 있기 때문이다.

긍정적 측면의 감정과 기분은 자신감, 자신이 가치 있고 선한 존재라는 느낌, 수용의 느낌, 소속감, 목표의식, 사랑, 희망, 기쁨, 평안 등과 관련돼 있다. "사랑하시는 자 안에 받아들여지는"(엡 1:6, KJV) 것은 인간적으로 이 모든 긍정적 감정과 기분과 배후 상태의 재구성에 절대 없어서는 안될 기초다. 부정적 감정이 개념과 이미지에 의존하고 있음을 우리는 절대 명심해야 한다. 그런 감정 자체는 그리스도를 따르는 제자도를 통해, 그리고 복음과 성령의 능력을 통해 변화될 수 있다. 그렇게 되면 상응하는 개념과 이미지도 긍정적인 것으로 바뀐다. 또 하나 분명히 해둘 것은, 기분에 좌우되는 사람은 영성 형성에서 특별한—정복할 수 없는 것은 아니지만—어려움에 봉착한다.

영적으로 변화된 사람의 경건한 감정

감정의 영역은 언뜻 보기에 총체적 혼돈의 세계로 보일 수 있다. 그러나 그렇지 않다. 감정에도 질서가 있으며, 그 질서는 대다수 사람들의 생각보다 훨씬 단순하다. 우리 삶에 두드러지게 나타나야 할 소수의 감정들이 있다. 그것을 하나님의 도우심으로 잘 가꾸면 나머지는 다 제자리를 찾는다.

그렇다면 그리스도처럼 변화된 내면생활의 지배적 감정들은 무엇인가? 사랑, 기쁨, 평안과 관련된 감정이다. 여기서는 간편

하게 "사랑, 기쁨, 평안"이라 부르기로 하자. 앞서 말했듯이, 사랑과 기쁨과 평안은 단순한 감정이 **아니라** 특징적인 긍정적 감정들을 수반하는 전인의 상태다.

다시 말하지만 사랑, 기쁨, 평안은 성령의 열매(단수임에 주의)의 3대 근본 차원이다. 셋은 피차 맞물려 서로를 밝혀 주며 **한** 열매의 나머지인 "오래 참음, 자비, 양선, 충성, 온유, 절제"(갈 5:22-23)를 통해 자연스럽게 표출된다.

믿음(확신)과 소망도 생각과 자아의 감정 차원을 제대로 구성하는 데 아주 중요하다. 그러나 그 점에서 믿음과 소망은 사랑, 기쁨, 평안에 종속되어—즉 이 셋과의 관계 때문에—제 역할을 담당한다. "열매"의 3대 기본 차원(사랑, 기쁨, 평안)은 사실 고린도전서 13:13의 "항상 있을" 세 가지(믿음, 소망, 사랑)와 **불가분**의 관계이며, 물론 부분적으로 동일하다. 모두가 선과 선한 것에 초점이 있다. 모두가 고통이나 고난 속에서도 힘과 즐거움을 준다. 사랑과 기쁨과 평안을 그런 목적으로 구한다거나 반드시 거기서 유익을 건지려 해야 한다는 말이 아니다. 단순히 그것이 그 셋의 본질이다.

소망과 믿음

소망이란 아직 여기 없거나 "보이지 않는" 선에 대한 기대다. 물론 소망은 기쁨과 뗄 수 없다. 이때의 선이란 때로 곧 악에서 건짐받는 것을 의미한다. 악은 여기 **있다**. 그래서 우리는 "소망으로 구원을 얻었[고]"(롬 8:24) "소망 중에 즐거워[한다]"(12:12). "만일 우리가 보지 못하는 것을 바라면 참음으로 기다릴"(8:25) 것이기 때문이다. 그 간절한 기다림에 힘입어 우리는 하나님께 신실할 수 있고 의의 길을 지킬 수 있다.

예수와 그분의 사람들이 고대세계에 들여놓은 놀라운 변화 가운데 하나는, 소망을 기본 덕목으로 격상시킨 것이다. 그리스-로마 세계에서 소망은 대수롭지 않게 여겨졌다. 절망의 대책 정도로 통했다. 판도라 상자의 신화에 따르면, 소망은 삶의 고뇌를 견디기 위해 인간에게 유일하게 남겨진 것일 수 있지만 그래도 소망은 엄하게 저지돼야만 했다. 자칫하면 헛된 기대를 부추겨 더 큰 불행만 초래할 수 있었기 때문이다. 반면, 그리스도는 인류에 확실한 소망을 주신다.

그렇다면 소망은 정녕 믿음과 밀접히 관련돼 있다. 믿음이란 허무맹랑한 "비약"이 아닌 실체에 근거한 확신이다. 히브리서 11:1 말씀대로, 믿음은 **실상**이요 **증거**다. 현대역들의 흔한 표현대로 "틀림없다, 확실하다" 따위의 주관적 심리 상태가 아니다.

오히려 믿음은 보이지 않는 실체를 본다. 믿음에는 소망 중에 바라는 선이 하나님의 실체 때문에 이미 눈앞에 있는 것처럼 행동하려는 각오가 포함된다(고후 4:17-18과 비교). 제레미 테일러Jeremy Taylor의 말에 그것이 잘 나타나 있다. "믿는 자는 내일을 과감히 하나님께 맡기며, 과거 일을 걱정하지 않듯 내년 일도 걱정하지 않는다."**11** 작년에 있을 뻔했던 일로 걱정하는 사람은 없다.

그래서 모세는 "애굽을 떠나 임금의 노함을 무서워 아니[했다]"(히 11:27). 애굽과 그곳 임금은 "보이는" 세계에 있었다. 모세는 그것을 무시하고 목표를 고수할 수 있었다. 보이지 않지만 여전히 실체이신 분을 보았기 때문이다. "곧 보이지 아니하는 자를 보는 것같이 하여 참았[다]"(27절). 이것이 성경이 말하는 "믿음"이다.

사랑이 충만한 삶의 기초 놓는 믿음과 소망

로마서 5:1-5에는, 그리스도로 말미암아 하나님을 믿는 **첫** 믿음과 거기 수반되는 첫 소망에서 "부끄럽게 아니하는" 고차원적 후속의 소망으로 나아가는 진척이 나와 있다. 영감 어린 교훈적 내용이다. 사도 바울이 이런 식으로 쓴 것은, 그 경험의 진척 속에서 성령께서 우리 마음에 하나님 수준의 사랑을 부어 주시기 때문이다. 기독교 전통의 영성 형성을 충분히 이해하려면 이 중요한 본문을 깊이 공부할 필요가 있다. 감정과 관련해서 특히 그렇다.

그리스도를 믿는 첫 믿음으로, 우리는 "믿음으로 서 있는 이 은혜에 들어감"을 얻는다(2절). 이것은 그리스도의 나라에 새로 태어나는 것이다. 그것은 여태까지 있어 온 하나님과 나 사이의 전쟁을 종식시키고 나를 하나님의 은혜로우신 행동으로 둘러싼다. 나를 위한 그리스도의 죽으심과 지속적 은혜로 이제 나는 하나님이 선하신 분임을 안다. 그리고 하나님의 선하심과 위대하심이 내 실존과 다른 모든 것의 기초가 되리라는 소망에 감격한다. 그래서 우리는 "하나님의 영광을 바라고[소망] 즐거워[한다]"(2절).

나아가 그것은 내 성품 변화의 길을 열어 준다. 나는 이제 환난에도 감격한다! 나를 사랑하시는 하나님의 능력과 신실하심이 환난을 통해 입증될 것임을 알기 때문이다. 범사에 그분을 의지하는 것이 내 성품으로 정착된다. 그래서 우리는 "환난 중에도 즐거워하나니 이는 환난은 인내를, 인내는 연단을, 연단은 소망을 이루는 줄 앎"(3-4절; 또한 약 1:2-4과 비교)이다.

경건한 성품은 다시 질적으로 다른 소망을 낳는다(4절). 성품은 인격과 삶 전체의 문제인데, 그 전체가 하나님 아래 인내의 과정을 통해 변화됐다. 따라서 이제 소망은 우리 삶 전체에 스며든다. 이렇게 스며든 새로운 소망—"하나님의 영광을 바라는" 첫 소망의 산물이되 이제 삶 전체를 덮는다—이 "소망이 부끄럽게 아니함은 우리에게 주신 성령으로 말미암아 하나님의 사랑이 우리 마음에 부은 바 [되기]"(5절) 때문이다.

사랑

이렇듯 그리스도를 믿는 믿음과 거기서 생겨나는 첫 소망은 우리를 하나님의 은혜(행동) 안에 서게 하며, 그것은 다시 사랑이 충만한 삶으로 이어진다. 사랑이 기쁨, 평안 등 성령의 열매의 나머지 부분과 어떻게 연관되는지 궁금할 것이다. 그러나 먼저 우리는 사랑 자체, 우리 안에 사랑의 역사를 온전케 하는 데 필요한 네 가지 움직임, (온전케 된) 사랑이 두려움을 내어쫓는 원리(요일 4:18) 등을 더 분명히 이해할 필요가 있다. 그 다음에 이 모든 것들이 내 삶의 감정의 차원에서 어떻게 영향력을 발휘하는지 볼 것이다.

첫째로 사랑이란 정확히 무엇인가? 그것은 선의(善意), 곧 **선을 향한 의지**라 할 수 있다. 상대 자체를 위해 상대의 선을 도모할 때 우리는 상대―물건이든 사람이든―를 사랑하는 것이다. 사랑의 반대는 악의이고 사랑의 부재는 무관심이다. 사랑에 흔히 수반되는 것은 기쁨이다. 그러나 뒤틀린 영혼은 악을 기뻐하며 선을 즐거워하지 않을 수 있다.

사랑은 욕망과 다르다. 우리는 선을 향한 의지는 고사하고 잘되기를 바라는 마음 없이도 얼마든지 뭔가를 갈망할 수 있다. 예컨대, 나는 초콜릿 아이스크림을 갈망할 수 있다. 그러나 나는 그것이 잘되기를 바라지 않고 그것을 먹기 원한다. 이것이 남녀 차이만큼이나 확연한 정욕(단순한 욕망)과 사랑의 차이다. 물론 욕망이 사랑에 지배될 때 욕망과 사랑은 양립 가능하다. 그러나 안타깝게도 오늘 대다수 사람들은 둘의 차이조차 모른다. 그래서 우리 세상에서 사랑은 끊임없이 정욕의 희생물이 된다. 그것이야말로 병들어도 한참 병든 현대생활의 주요 단면이다.

반대로 하나님의 가장 깊은 정수를 특징짓는 것은 사랑, 곧 선을 향한 의지다. 세상을 창조하신 것 자체가 선을 향한 의지의 표현이다. 그러므로 그 세상이 그분 보시기에 "심히 좋았[던]"(창 1:31) 것은 당연하다. 따라서 인간을 향한 그분의 사랑과 선의는, 근본적으로 중립적 혹은 심지어 적대적인 자연에 따로 "추가된" 것이 아니다. 그것은 언제나 모든 면에서 사랑이신 그분 사랑의 또 다른 표현이다. 물론 가장 중요한 표현 가운데 하나다. 하나님이 **사랑하시는** 것은 어렵지 않지만 사랑하시지

않는 것은 그분의 속성상 불가능하다.

인간 세계는 본래 하나님 같도록 지어졌으나 지금은 하나님 같지 않다. 이 점에 대해서는 앞에서 이미 자세히 살펴보았지만 여기서 다시 주목해야 한다. 사랑은 우리 세계의 자연스런 모습이 아니지만 욕망이나 정욕은 정녕 그렇다. 사도 요한은 "세상에 있는 모든 것이 육신의 정욕과 안목의 정욕과 이생의 자랑"(요일 2:16)이라고 말했다.

교만은 사랑이 아니라 욕망으로 정의된다. 무엇보다 교만은 내 욕망이 당연히 채워져야 하며, 그렇지 않을 경우 내게 불의요 지독한 수모요 상처라는 단정이다.

우리 주변에 널린 정욕과 교만은 필연적으로 두려움의 세상을 낳는다. 우리를 작은 독재자들의 세상에 들여놓기 때문이다. 거의 기정사실로 따르는 결과는 인간이 인간을 이용하고 악용하고 파괴하는 세상, 적어도 서로 돕거나 돌보지 않는 세상이다. 그런 세상 속에 피난처가 돼야 할 가정마저 오히려 가해가 극에 달하는 곳으로 둔갑하기 일쑤다. "땅 흑암한 곳에 강포한 자의 처소가 가득하[다]"(시 74:20). 유순한 아이들이 성인기에 들어설 때면 이미 마음은 악에 찌들어 있다. 심지어 모태에 있는 아기도 안전하지 못하다. "악을 떠나는 자가 탈취를 당[한다]"(사 59:15).

상처는 고통과 상실을 낳고 두려움과 분노를 낳는다. 그것은 원한과 경멸과 한데 섞여 냉담과 악의의 자세로 굳어진다. 거기에 독한 감정들이 수반되면서 몸의 건강과 기력을 앗아가고 사회적 행복을 파괴한다.

온전한 사랑을 향한 네 가지 움직임

그런 세상에 하나님이 들어오신다. 자상하게 여러 방법으로 오시지만, 특히 예수 그리스도의 인격으로 오신다. 사랑의 기치를 들고 사랑을 위해 값을 치르신 분은 그분이다. 그분밖에는 아무도 그렇게 한 자가 없다. 그분의 십자가 죽으심은 지구상에 전무후무한 사랑의 절정이다. "우리가 아직 연약할 때에 기약대로 그리스도께서 경건치 않은 자를 위하여 죽으셨도다"(롬 5:6). 하나님이 그리스도 안에서 보여주신 사랑의 근처에라도 올 만한 원천은 종교 안에든 밖에든 전무하다. 이것이 구속(救贖) 과정에서 사랑의 **첫번째** "움직임"이다. "그가 먼저 우리를 사랑하셨[다]"(요일 4:19). 따라서 "사랑은 하나님께 속한 것이[다]"(요일 4:7). "그가 우리를 위하여 목숨을 버리셨으니 우리가 이로써 사랑을 [안다]"(요일 3:16). 다른 모든 사랑은 이 기준에 비춰 판정돼야 한다(행 17:31).

이렇게 명백히 주어진 것, 곧 그리스도 안에 나타난 하나님의 사랑의 계시를 받아들일 때 우리도 비로소 사랑이 가능해진다. 그분이 우리 안에 사랑을 깨우신다. 우리는 사랑의 부름을 느낀다. 그러므로 먼저 예수 자신을, 이어 하나님을 사랑하게 된다. 이렇듯 존재를 다하여 하나님을 사랑하라는 첫째 지상계명은 그리스도 안에서 주어진 하나님의 아름다움에 힘입어 실현될 수 있다. 이것이 사랑으로 회귀하는 **두번째** 움직임이다. "우리가 사랑함은 그가 먼저 우리를 사랑하셨음이라."

그러나 두번째 움직임은 **세번째** 움직임과 따로 뗄 수 없다.

우리가 하나님을 사랑하는 다른 이들을 사랑하는 것이다. "만일 우리가 서로 사랑하면 하나님이 우리 안에 거하시고 그의 사랑이 우리 안에 온전히 이루느니라"(요일 4:12). 첫째 지상계명이, 이웃을 내 몸처럼 사랑하라는 둘째 계명의 실현을 가능케 한다. 나아가 하나님 아래서 다른 사람들을 사랑하면 반드시 우리도 다른 이들의 사랑을 받게 되어 있다. 사랑의 공동체 내의 다른 이들에게, 우리 또한 그들이 사랑해야 할 "다른 사람"이기 때문이다. 그들 역시 하나님의 사랑을 받고 그분을 사랑하기에 우리를 사랑한다. 하나님 나라의 삶을 살아가는 그리스도의 제자들의 교제권은 사랑의 공동체다(요 13:34-35). 이것이 구속적 사랑의 과정의 **네번째** 움직임이다.

우리 삶에 임하는 사랑의 움직임을 종합적으로 정리하면 이렇다. 먼저 사랑이신 하나님이 우리를 사랑하시고, 그래서 우리도 그분을 사랑한다. 또한 우리는 그분을 통해 남들을 사랑하며, 그들도 그분을 통해 우리를 사랑한다. 이것이 온전케 된 사랑이다. "온전한 사랑이 두려움을 내어쫓나니." 하나님의 구속적 사랑을 실현하며 인생을 사는 자들은 더 이상 두려움을 경험하지 않는다. 요한은 "두려움에는 형벌이 있음이라"(요일 4:18)고 말한다. 형벌은 사랑의 완전한 사이클 안에 사는 삶과 양립할 수 없다. 우리는 능하신 하나님께로부터 온 선의의 공동체 안에 살아간다.

일찍이 어거스틴이 말한 대로 사랑의 반대는 교만이다. 사랑은 교만을 제한다. 상대의 선을 향한 의지가 당연히 **내** 뜻대로 돼야 한다는 오만한 단정을 무력화시키기 때문이다. 우리는 남의 유익에 관심을 두며, 아집 없이도 내 유익이 채워질 것을 확신한다. 이렇듯 사랑이 우리 안에 온전케 되면서, 교만과 두려움과 그 무서운 산물들은 더 이상 우리 삶을 지배하지 못한다.

기쁨

그런 사랑이 존재할 때 자연히 기쁨은 뒤따르게 된다. 기쁨은 포괄적·궁극적 행복에 대한 인격 전반의 **감각**—생각만이 아니라—이다. 기쁨의 주된 감정 성분은 든든히 확보된 총체적 선에 대한 즐거움이다. 기쁨은 유쾌하지만 쾌감과 다르다. 기쁨은 어떤 쾌감보다 깊고 넓다. 쾌감과 고통은 언제나 특정 대상이나 상태에 한정된다. 예컨대, 정말 좋아하는 것을 먹으면 쾌감이 생기고 자신의 한없이 어리석은 행동을 떠올리면 고통이 따른다.

그러나 기쁨은 구체적 고난과 상실 속에서도 **다** 좋은 것이다. 그래서 자기를 희생하는 사랑은 아무리 고통과 상실이 따를지라도 언제나 기쁘다. 언제나 더 큰 그림을 보기 때문이다. 거기는 사랑이 다스리는 곳, 하나님을 사랑하고 지상에서 그분의 뜻과 행동으로 부름받은 이들에게 모든 것이 (무엇이든) 합력하여 선을 이루는 곳이다.

기쁨은 그리스도를 닮아가는 내적 변화와 거기서 흘러나오는 외적 생활의 기본 요소다. 예수는 십자가에 달리시기 전날 밤, 가장 가까운 친구들에게 사정을 설명하시면서 그들에게 자신의 평안을 남기셨다(요 14:27). 이어 그분은 자신이 포도나무요 그들은 그분에게서 끊임없이 풍성한 생명을 빨아들이는 가지임을 설명하신 후 이렇게 말씀하셨다. "내가 이것을 너희에게 이름은 내 기쁨이 너희 안에 있어 너희 기쁨을 충만하게 하려 함이니라"(15:11). 기쁨 **충만**이라는 이 주제는 그분의 마지막 강화(講話)와 기도에 대한 요한의 기록에 두 차례 더 반복된다(16:24; 17:13).

기쁨이 "충만하다"는 것은 더 이상 기쁨이 들어설 여지가 없다는 뜻이다. 충만한 기쁨은 나약함, 실패, 심신의 병에 대한 우리의 최전선 방벽이다. 그러나 설사 그런 것들이 우리 삶에 뚫고 들어온다 해도 "여호와를 기뻐하는 것이 [우리]의 힘"(느 8:10)이다. 그리스도의 말씀을 받은 데살로니가 사람들은 환난이 닥쳐도 "성령의 기쁨으로"(살전 1:6) 임했다. 우리를 충만케 하는 그리스도의 기쁨은 하나님이 주시는 선물이다. "하나님의 나라는……오직 성령 안에서 의와 평강과 희락이라"(롬 14:17). 성령을 통해서만 우리 안에 생성될 수 있는 의(사랑)와 평안과 기쁨이다.

그러나 여기서도 우리는 수동적이 되어서는 안된다. 자기 죄와 실패를 뒤돌아보거나 장차 벌어질지 모를 일을 내다보거나 직장, 책임, 유혹, 결핍에 대한 고민을 들여다볼 때 우리 기쁨은 얼마든지 사라질 수 있다. 그러나 이것은 우리 소망을 엉뚱한 곳, 곧 자신에게 두었다는 뜻이다. 그렇게 해서는 안된다. 우리는 얼마든지 우리 삶에 선한 일을 행하실 크고 선하신 하나님을 바라보는 쪽을 택할 수 있다. 그래서 바울은 옥에 갇혀서도 "어떠한 형편에든지" 자족한다고 고백하면서(4:11) 빌립보 교인들에게 이렇게 권했다. "주 안에서 항상 기뻐하라. 내가 다시 말하노니 기뻐하라"(4:4). 성령께서 우리에게도 그럴 수 있는 능력을 주신다. 단 우리는, 그것을 택하여 하나님이 지금도 행하시고 앞으로도 반드시 행하실 선에 마음을 고정시켜야 한다.

"여호와여, 주의 행사로 나를 기쁘게 하셨으니 주의 손의 행사를 인하여 내가 높이 부르리이다"(시 92:4).

평안

평안은 "범사가 잘되리라"는 확신에서 오는 의지의 안식이다. 평안은 언제나 선에 대한 일종의 적극적 참여이며, 좋은 결과에 대한 확신이 더해진 것이다. 죽은 자들에 대해 말할 때 흔히 "평안히 쉰다"는 표현을 쓰지만 실제로 살아서 잘 지내고 있지 않는 한 평안한 것이 아니다.

"나는 그 문제에 대해 평안하다"고 말할 때, 그것은 원하는 결과를 확보하거나 원치 않는 결과를 피하기 위해 안팎으로 더 이상 **애쓰지** 않는다는 뜻이다. 해당 문제를 내려놓았으므로 더 이상 속으로 이를 갈거나 안타까운 몸짓을 보내거나 뒷심조차 발휘하지 않는 것이다.

물론 누구나 **일부** 문제에는 평안하다. 그러나 전반적으로 평안한 사람은 별로 없다. 평안이 몸의 자동 반응에까지 깊숙이 퍼짐으로 몸이 암암리에 경보 상태에 살지 않는 사람은 더욱 드물다. 대다수 사람들은 무거운 염려의 짐을 지고 살아간다. 사랑하는 이들에게 닥칠지 모를 일, 재정, 건강, 죽음, 외모, 남들의 시선, 사회의 장래, 하나님 앞에서의 내 상태, 내 영원한 운명

등 대개 삶의 가장 중요한 것들에 대한 염려다. 하나님과 타인들(가족, 이웃, 직장 동료)과의 화평한 관계는 대단한 경지다. 그러나 그것은 나 자신과 내 노력을 훨씬 초월하는 은혜로만 가능한 일이다. 자신과의 화평한 관계도 마찬가지다.

하나님과 화평한 관계는 그 아들 안에 있는 생명의 선물을 받을 때에만 가능하다(롬 5:1-2). 그제야 우리는 삶의 결과에 안심하며 더 이상 하나님이나 사람들 앞에서 자신을 변호하려 하지 않는다. 우리는 내가 옳거나 심지어 전능하지 않으며 내 힘으로 그렇게 될 수도 없음을 이미 인정했다. 우리는 하나님 앞에서 나를 변호해야 할 짐을 내려놓았고, 이제 사람들 앞에서 자신을 변호하지 않는 법을 배우고 있다. 이것이 우리 안에 자라는 평안이다.

나는 단순히 주변 사람들의 은혜와 자비를 **전제**로 살아야 한다. 마땅히 당할 결과를 당하지 않도록 말이다. 나는 세상을 헤쳐 나가는 거지다. 정의(正義)는 내 필요를 채우기에 족하지 않다. 설사 정의를 얻는다 해도 나는 그것을 감당할 수 없다. 남들이 내게 필요한 은혜와 자비를 베풀지 않을 때 나는 하나님의 풍성한 은혜에 의지해야 한다. "누가 정죄하리요. 죽으실 뿐 아니라 살아나신 이는 그리스도 예수시니 그는 하나님 우편에 계신 자요 우리를 위하여 간구하시는 자"(롬 8:34)임을 상기해야 한다. 그 확신이 있을 때 나는 연루된 자가 누구든 "화평을 구하여 이를 좇으[며]"(벧전 3:11) "모든 사람으로 더불어 화평함[을]……좇[을]"(히 12:14) 수 있다. 거기에는 우리 가족들과 직장 동료들도 포함된다!

내 잘못 없이 나와 남 사이에 갈등이 있어야만 하는 경우에도 내 **안에는** 갈등이 있을 필요가 없다. 선한 목적으로 남들에게 저항해야 할 수 있으나 그럴지라도 나는 바른 결과를 **만들어낼** 필요가 없다. 결과는 내 소관이 아니다. 상대의 행동노선에 저항할지라도 나는 그를 미워하거나 그에게 화낼 필요조차 없다. 이렇게 나는 그들을 향해서는 물론 내 내면에 늘 평안을 지킬 수 있다.

크신 하나님을 의지함

예수의 위대한 제자들이 예전부터 알았던 대로 이 평안의 비결은 **하나님께 의탁**하는 것이다. 의지에 관한 다음 장에서 이것을 더 자세히 다룰 것이다. 하나님께 진심으로 의탁한 사람은 내 삶의 책임자가 하나님이시기에 모든 것이 잘될 것을 안다. 내 평안은 곧 크신 하나님이다.

그분은 나를 사랑하실 뿐 아니라 사랑 **자체**이시다. 그분이 지극히 크시기에 나는 아무런 해(害)도 입지 않고 그분 손안에서 살아간다. 내게 닥칠 수 있는 일치고 선으로 바뀌지 않을 일은 없다. **전무하다.** 그것이 로마서 8:28의 참뜻이다. 그래서 옛 선지자는 "주께서 심지가 견고한 자를 평강에 평강으로 지키시리니 이는 그가 주를 의뢰함이니이다"(사 26:3)라고 말했다.

그렇다면 바울의 다음 권면을 받아들이는 것이 당연해진다. "아무것도 염려하지 말고 오직 모든 일에 기도와 간구로 너희 구할 것을 감사함으로 하나님께 아뢰라. 그리하면 모든 지각에 뛰어난 하나님의 평강이 그리스도 예수 안에서 너희 마음과 생각을 지키시리라"(빌 4:6-7).

시인 시드니 래니어 Sidney Lanier는 그것을 이렇게 아름다운 이미지로 표현했다.

> 늪의 새 축축한 땅에 남몰래 집 짓듯
>
> 오, 나도 크신 하나님 위에 내 집 지으리.
>
> 늪의 새 드넓은 창공을 훨훨 비상하듯
>
> 나도 크신 하나님 안에 그렇게 비상하리.
>
> 늪의 풀들 땅속에 촘촘히 뿌리내리듯
>
> 나도 정녕 크신 하나님께 내 몸 피하리.[12]

크신 하나님의 사랑이 내 평안을 이루며 동시에 내 사랑과 기쁨을 이룬다. 욥은 삶의 고뇌 속에 괴로운 질문들이 많았다. 그러나 하나님을 뵙고 나자 질문은 중요성을 잃어 더 이상 답이 필요 없어 보였다. 욥은 그토록 하나님께 따지고 싶었던 질문을 단 하나도 던지지 않았다(욥 42:2-6). 그렇다고 욥이 자기에게 임하신 하나님께 겁먹어 입을 닫은 것이 아니다. 그는 자기 삶과 영혼을 채우시는 하나님의 충족성을 정말 보았기 때문이다. 그러자 단번에 그에게 사랑과 기쁨과 평안이 찾아들었다.

사랑과 기쁨과 평안은 분리될 수 없다

사랑과 기쁨과 평안과 믿음(확신)과 소망을 실제로 서로 분리한다는 것은 물론 불가능한 일이다. 분리하는 순간, 참 본질을 잃고 만다. 기쁨과 평안 없는 사랑, 사랑과 평안 없는 기쁨, 사랑과 기쁨 없는 평안을 상상하려고 해보라. 믿음과 소망 없는 기쁨, 평안, 사랑도 상상해 보라.

다른 것들이 빠진 사랑, 기쁨 등은 이미 그것일 수 없음을 이 간단한 시도만으로 알 수 있다. 아니 어쩌면 우리는 기쁨과 평안 없는 "사랑", 사랑과 기쁨 없는 "평안" 따위를 이 세상에서 이미 너무 많이 보았는지도 모른다. 예컨대, 소망 없는 기쁨은 가장 절묘하게 왜곡된 인간 절망의 발로 가운데 하나다. 현대 세속주의(토마스 하디, 알베르 카뮈 등)가 끝없이 그것을 조장해 왔다.

그러나 그런 분리가 "종교"의 산물로 등장할 때가 너무 많다. 통상적 방식의 종교가 교만과 두려움을 제하기는커녕 오히려 매번 더 심화시키는 까닭이 거기 있다. 교만과 두려움은 바울이 갈라디아서 5:19-21 등에서 말한 "육신의 행위"의 두 뿌리다. 육신의 행위는 색욕과 악의, 그리고 거기서 비롯되어 세를 불리는 다른 해로운 감정들에 지배당한다. 의지/심령/마음이 그런 감정에 지배당하는 한 삶은 한마디로 절망적이다.

반면, 부정적 감정들을 제하거나 적어도 우리 삶의 지배 요인으로서 그것들을 제하는 것은 사랑과 기쁨과 평안을 향한 긍정적 움직임이다. 이 움직임은 하나님을 향한 믿음과 소망에 기초한다. 반대 방향으로는 변화가 일어날 수 없다. 즉 파괴적 감정을 먼저 뿌리뽑으려 해봐야 소용없다. 이것이 이 문제에 대한 세상적 지혜와 많은 종교의 흔한 실수다. 그러나 우리는 안다.

예수 안에 있어 "생명의 원천이 주께 있[음]"을 점점 더 보고 "주의 광명 중에 우리가 광명을 보[는]"(시 36:9) 것을 깨달아 갈 때, 파괴적 감정들과 거기 수반된 행동들은 우리를 떠나간다.

거룩한 교제 안에 자라는 사랑과 기쁨과 평안은 두려움, 분노, 채워지지 않은 욕망, 상처, 거부를 깨끗이 몰아낸다. 그런 것들이 들어설 자리가 더 이상 없다. 잠깐은 있을 수 있으나 점차 줄어든다. 그리스도께 속했다 해서 나쁜 감정들이 즉각 없어지는 것은 아니다. 마치 그런 것처럼 가장해서는 안된다. 그러나 그분께 속하면 정말 그것들이 **십자가에 못박힌다.** 성경은 "그리스도 예수의 사람들은 육체와 함께 그 정과 욕심을 십자가에 못박았느니라[과거 시제]"(갈 5:24)고 말한다.

그리스도께 속했다는 것은 한낱 육신적 정과 욕심이 죽어가는 중이며, 그것이 전처럼 우리 삶 전체를 좌우하지 못할 뿐 아니라 이미 자체적 생명을 잃었다는 뜻이다. 이것이 그리스도를 삶의 왕좌에 모시고 십자가에서 제자리를 찾은 자들의 모든 부정적·파괴적 감정에 일어나는 일이다.

우리가 할 수 있는 일

이렇듯 실제적으로 말해 감정 차원의 심령 변화는 사랑과 기쁨과 평안에 우리 마음을 열고 그것을 조심스럽게 가꿔 나가는 문제다. 우선 하나님과 이미 그분 안에 살아가는 자들로부터 사랑과 기쁨과 평안을 받아들인다. 그리고 차츰 자라가며 우리도 태도와 기도와 행동으로 다른 이들과 온 주변에 사랑과 기쁨과 평안을 베푼다. VIM 패턴에 따라 우리는 그런 의도를 품어야 하며, 내 전 존재와 행위에 그것을 담기로 결단해야 한다. 물론 이미 말한 것처럼 우리 사고생활의 초점은 하나님께 있다. 그럴 때 은혜를 통해 우리는 사랑과 기쁨과 평안 안에 거하려는 이 의도를 일상적 실존의 미세 조직으로 옮길 수 있다. 예수와 아버지와 동행하여 살면, 의도한 것의 실현에 필요한 세부적 방법을 가르치고 보이신다.

우리가 해야 할 몇 가지 일은 다음과 같다. 많은 이들의 경우 자기 감정의 실체를 정직히 대면하는 것만으로도 커다란 진척이다. 바울은 로마서 12:9에서 "사랑엔 거짓이 없나니"라고 말했다. 즉 진실하고 정직해야 한다는 것이다. 이 일만 하는 데도 진지한 노력과 깊은 배움과 넘치는 은혜가 필요하다.

우리 일상생활과 종교적 교제에는 진실성 없는 사랑 표현이 깊이 배어 있고, 멸시와 분노가 동반될 때도 많다. 일부 상황에서 부득불 위선에 빠지지 않기가 어려울 정도다. 그러나 우리는 그것을 피하는 길을 배울 수 있다. 위선만 버려도 엄청난 차이가 나타나는 것을 금세 볼 수 있다.

할 일은 그 외에도 아주 많다. 자기와 가까운 관계이거나 한때 그랬던 사람들을 향해 깊은 부정적 감정이 없는 사람은 거의 없다. 세월과 함께 품어 온 상처는 우리를 짓눌러 사랑과 기쁨과 평안의 영적 성장을 막았다. 상처는 아예 내 정체의 일부로 스며들었을 수도 있다. 상처 없이는 내가 누구인지 알 수 없도록 말이다. 그러나 하나님께 기꺼이 나를 맡기고 말씀과 성령의 치유사역을 받아들인다면 상처의 치유나 절제는 가능하다. 이것은 장기간 잃었거나 추구해 온 것을 이루지 못한 데 대한 절망에도 똑같이 적용된다.

일단 그리스도게 자신을 맡겼다면 일반적으로 다음 할 일은 내 감정의 실체를 인식하고 주님과 생각을 같이함으로써 특정 감정—잘못인 줄 아는 행위나 인격으로 우리를 몰아가는 파괴적 감정—들을 버리는 것이다. 그분이 이 작업을 도우신다. 우리는 그런 감정들이 무엇인지 "주님께 드리는 편지"에 적거나 또는 내 말과 하나님 음성을 동시에 들을 줄 아는 지혜로운 그리스도인 친구들과 그것에 대해 의논할 수도 있다.

개인들이나 소속 교제모임이 나를 위해 기도사역에 임할 수 있다. 감정의 진척 상황을 일기로 쓰는 것도 도움이 된다. 파괴적 감정의 기초가 되는 개념과 이미지나 과거의 사건들이 일기를 통해 드러날 수 있다. 그런 것들 역시 대치되거나 수정되어야 한다. 생각과 자아의 감정 차원에서 우리가 사랑과 기쁨과 평안에 지배되는 상태로 자라가는 데 있어 이런 많은 구체적 일들이 감당하는 역할이 있다.

이것은 우리를 향하신 하나님의 의도다. 그 점 얼마든지 확신해도 좋다. 바울은 에베소의 친구들을 위해 이렇게 기도했다. "너희가 사랑 가운데서 뿌리가 박히고 터가 굳어져서……지식에 넘치는 그리스도의 사랑을 알아……하나님의 모든 충만하신 것으로 너희에게 충만하게 하시기를 구하노라"(엡 3:17-19). 예수님의 의도도 우리는 보았다. "내 기쁨이 너희 안에 있어 너희 기쁨을 충만하게 하려 함이니라"(요 15:11). 또 "평안을 너희에게 끼치노니 곧 나의 평안을 너희에게 주노라. 내가 너희에게 주는 것은 세상이 주는 것 같지 아니하니라. 너희는 마음에 근심도 말고 두려워하지도 말라"(요 14:27). 아울러 바울은 로마 교인들을 위해 이런 축도를 올렸다. "소망의 하나님이 모든 기쁨과 평강을 믿음 안에서 너희에게 충만케 하사 성령의 능력으로 소망이 넘치게 하시기를 원하노라"(롬 15:13).

영성 형성에 극히 중대한 감정

영성 형성에 성과다운 성과가 있기 위해서는 삶과 영성 형성 과정에서 차지하는 감정의 역할을 필히 이해해야 한다. 감정과 관련해 잘못될 수 있는 길이 많다. 감정은 우리 모든 존재와 행위에 더할 나위 없이 큰 영향을 미친다. 우리의 유익을 위해 마땅히 영향을 미쳐야 할 정도보다 훨씬 크다. 주로 우리가 감정에 정도 이상의 의미를 부여하기 때문이다.

감정이야말로 인간 본성의 다른 어떤 요소보다도 죄의 행동을 "유발"한다. 예컨대 십계명을 제3계명부터 쭉 살펴보면, 계명 위반이 감정을 통제하지 못하는 데서 비롯됨을 알 수 있다. 예수는 도덕적 삶에 대한 놀라운 가르침에서 분노, 멸시, 정욕을 제자리에 둘 것을 강조하신다(마 5:21 이하). 그것이 되지 않는 한 아무것도 통하지 않는다.[13]

앞서 말한 것처럼, 감정의 배후 상태를 외면한 채 감정 자체를 조종하려 하는 것은 잘못이다. 흔히들 선한 의도로 그렇게 하지만 영혼의 더 깊은 유익을 생각한다면 오히려 거의 언제나 해롭다. 그리스도인들에게 어떤 일—사역의 일환으로 "우리"한테 좋아 보이는 일—을 시킬 방편으로 감정을 자극하려 할 때 특히 그렇다.

감정의 역할은 삶에 중요하지만, 그렇다고 감정을 행동이나 성품 변화의 **기초**로 삼아서는 안된다. 그 기초의 역할은 진리에 대한 통찰과 이해와 확신의 몫이며, 거기에는 늘 적절한 감정이 수반된다. 사안의 본질 파악에서 감정은 기본이 아니다. 그러나 우리가 삶 속에서 감정에 그 역할을 부여하면 그렇게 된다. 그럴 때 삶은 본 궤도를 벗어난다. 많은 믿는다는 진실한 그리스도인들이 하나님과 동행하지 못해 쩔쩔매는 것은 그들이 사안에 대한 통찰—하나님과 자기 영혼과 관련시켜—이 아닌 "필요"의 감정에 떠밀려 헌신했기 때문이다.

오늘날 진실하게 그리스도를 따르려는 그들이 감정 분야에서 실패가 가장 확실시되는 배경에는, 내가 보기에 헌신의 이런 잘못된 기초도 일부 작용한다. 오늘 사탄은 감정을 통해 우리를 사로잡는다. 그는 감정을 우리 삶에 실제보다 더 중요하게 만들며, 특정 감정이 있거나 없는 것에 대해 엉뚱한 죄책감을 대거 유발시킨다. 이것이 가장 확실하게 나타나는 부분은 현재 실행 (혹은 잘못 실행)되고 있는 결혼과 이혼이다. 성인생활의 모든 단계에서 감정은 사탄의 주무기에 속한다. 그리스도인에게든 불신자에게든, 감정이 생로병사의 과정에서 영혼을 황폐케 하는 데 사용된다. 그럴 필요가 없다. 그리스도 안의 적절한 영성 형성이 그것을 막아 준다. 우리가 알아야 할 것이 있다. 삶의 처지가 어떻든 사랑과 기쁨과 평안은 우리 몫이 될 수 있고, 우리를 하나님과 동행하는 찬란한 영원으로 인도할 수 있다.

1. 인생을 직접 지배하는 감정(감각, 정서)의 막대한 위력을 생각해 보라. 그것은 일상생활에 어떻게 나타나는가? 좋은 쪽인가, 나쁜 쪽인가? 당신은 어떤가? 다른 사람들의 경우는 어떤가?

2. 당신이 감정을 **직접** 또는 "정면" 대결로 지배하려다 겪은 결과는 무엇인가? 그것은 믿을 만한 방법인가? 이와 관련해 당신이 주변 사람들의 삶에서 본 것은 무엇인가? 예컨대 분노, 정욕, 중독의 경우는 어떤가?

3. "내 삶을 구성하는 감정이 다르다면(예컨대, 성인[聖人]의 감정이라면) 나는 어떤 사람이 될까?" 당신에게 이 질문은 답하기 어려운 질문인가?

4. 감정(감각, 정서)을 물리쳐야 할 때 당신은 무슨 근거로 그렇게 하는가? 당신이 사용할 수 있는 자원은 무엇인가? 상대의 방해에 짜증나거나 다른 운전자에게 화나는 것을 예로 생각해 보라.

5. 사랑, 미움 따위는 단순히 감정이 아니라 감정과 연관된 의지, 몸 등의 배후 상태라는 말에 당신은 공감하는가? 배후 상태를 바꾸지 않은 채 감정을 직접 조종하려는 방법에 문제점이 있다고 보는가?

6. 감정의 **확산**에 대해 당신이 경험한 일은 무엇인가? 당신 삶과 활동의 다양한 부분에 대한 확산은? 집단에 대한 확산은?

7. 감정을 결정의 근거로 삼는 데는 어떤 문제점이 있는가? 감정 **없이** 결정하는 것은 가능한가?

8. 감정이 어떻게 "경건할" 수 있는가? 경건한 감정과 그렇지 못한 감정은 어떤 것들인가?

9. 소망과 믿음은 사랑, 기쁨, 평안과 어떤 관계가 있는가?

10.교만은 다른 "감정"들, 예컨대 사랑과 평안에 어떤 영향을 미치는가?

11."두려움 없는" 삶에 이르는 과정에서 사랑의 "네 가지 움직임"은 무엇인가?

12.평안과 기쁨은 어떻게 구별되는가? 하나 없이 다른 하나를 얻는 것이 **정말** 가능한가? 어떤 조건 아래 그런가?

13.평안, 기쁨, 사랑, 소망을 어떻게 가꿀 수 있는가? 당신에게 유익했던 몇 가지 구체적 방법은 무엇인가? 믿음의 자리는 어디인가?

― 8.
의지(마음/심령)와 성품의 변화
―

> 사람이 하나님의 뜻을 행하려 하면 이 교훈이 하나님께로서 왔는지 내가 스스로 말함인지 알리라. _요한복음 7:17

> 세상에서 가장 위대한 성인이 누구인지 아는가? 기도를 가장 많이 하거나 금식을 많이 하는 자가 아니다. 구제를 가장 많이 하거나 절제, 순결, 정의가 가장 뛰어난 자도 아니다. 항상 하나님께 감사하는 자, 하나님이 뜻하시는 모든 것을 뜻하는 자, 모든 것을 하나님의 선하심의 증거로 받고 그것을 인해 항상 마음에 하나님을 찬송할 준비가 된 자다. _윌리엄 로

이쯤 되면 그리스도를 닮은 모습으로 변화된 자들의 모습이 어떤지 대략 가늠할 수 있다. 그들의 **사고생활**은 선하고 크신 하나님께, 그리하여 진리에 중심을 두고 있음을 우리는 안다. 또 그들의 **감정**은 각양 풍성한 긍정적 감정에 지배당한다. 거기에는 기초 상태인 믿음과 소망과 아울러 자연히 사랑과 기쁨과 평안이 뒤따른다.

그러나 이런 사고와 감정 상태는 인간의 **다른** 차원들의 전격적 변화 없이는 이루어질 수 없고 유지될 수 없다. 거꾸로 다른 차원들의 전격적 변화도 그에 상응하는 사고와 감성 변화 없이는 이루어질 수 없다. 2장에서 구분한 인간의 각 성분은 서로 맞물린 전체의 한 요소에 지나지 않는다. 각 성분은 어느 정도 구분이 가능하고 다른 성분들과 떼어 기술될 수 있지만, 사실 다른 성분들과의 연관성을 떠나서는 존재할 수 없고 형성될 수도 없다.

생각은 의지에 의존한다

의지(심령/마음)의 경우 특별히 그렇다. 이미 살펴본 것처럼 의지의 기능은 전적으로 생각(사고, 감정)의 내용에 의존한다. 의지/심령의 기능은 선택하는 것인데, 그것은 생각과 감정을 떠나서는 불가능하다. 의지는 의지를 품는 순간 생각과 감정의 실제 내용이 무엇이냐에 따라 제한된다. 그러나 생각과 감정도 의지, 곧 선택에 절대적으로 의존한다. 이제 그 개념을 더 깊이 살펴볼 필요가 있다.

이 책에 다뤄진 내용들이 다분히 그렇듯, 이 역시 깊은 이슈이기 때문에 우리는 **너무** 깊이 들어가지 않도록 조심해야 한다. 그러나 "너무 얕게" 변죽만 울려서도 안된다. 성인의 경우 사고란 자신이 어떤 생각을 허용하느냐의 문제이며, 감정 역시 자신이 어떤 감정을 허용하느냐의 문제다. 뿐만 아니라 사고란 자신이 어떤 생각을 바라고 **구하느냐**의 문제이며, 감정도 자신이 어떤 감정을 바라고 구하느냐의 문제다. 한마디로 내 생각 상태는 내 의지가 어느 방향으로 정해지느냐의 문제다.

여기 일종의 "상호성"이 있다. 그 점을 이해하는 것이 영성 형성에 아주 중요하다. 의지는 주어진 선택의 순간, 사고와 감정에 의존한다. 그러나 분명 사고와 감정은 **그 순간에는** 바뀔 수 없다. 하지만 의지/마음은 사고와 감정을 바꿀 수 있다. 그렇게 바뀐 사고와 감정을 의지는 **미래의** 선택 때 사용할 수 있다. 성품을 형성해야 하는 것이 그 때문이다.

성품이란 자아의 내면적·총체적 구조다. 성품은 장기적 행동 패턴을 통해 표출되며, 행동은 웬만큼 성품의 자동적 결과다. 사람들에 대해 결정할 때 우리가 신용 조회서와 이력서와 추천장을 사용하는 것이 그 때문이다. 그런 서류는 단순히 사람의 행동만 말해 주는 것이 아니라 그의 습관적 행동이 어떤 사고와 감정과 의지 성향에 기인하는지, 따라서 그가 장차 어떤 행동을 보일지 일러 준다.

그러나 성품은 변화될 수 있다. 그리스도를 닮아가는 영성 형성이 바로 그 과정임은 말할 필요도 없다.

예컨대, 특정 상황에서 내가 분노에 찬 말이나 행동으로 상대방(필시 사랑하는 이)에게 상처를 입혔을 수 있다. 가정 폭력은 다양한 형태로 전 세계에 나타나는 서글픈 인생 현실이다. 그러나 반성의 순간, 나는 가책을 느끼며 내가 정말 그런 언행을 일삼는(그런 성품의) 사람이 되고 싶은지 자문할 수 있다. 그것을 원치 않는다면 나는 필히 생각과 감정을 바꿔야 한다. "다시는 안한다"는 결심만으로는 별 소용이 없다. 인간은 의지만으로는 변화될 수 없다. 그러나 **사고와 감정 변화를 통해 의지가 실행되면**, 그 결과 나는 더 이상 그런 일을 하지 않는 사람이 될 수 있다.

물론 변화된 상태의 사고와 감정이 우리 안에 들어와야 우리는 변화될 수 있다. 그것에 힘입어 우리는 사랑하는 이를 학대하게 했던 애초의 사고와 감정을 바꾸기로 선택할 수 있다. 변화된 상태의 사고와 감정이 우리의 영적 필요를 충족시키려면, 이전의 사고와 감정은 궁극적으로 "하나님을 향한 회개와 주 예수 그리스도를 믿는 믿음"에 이르러야 한다. 결국 인간 상황의 해결책은 2장의 첫 그림에 나타난 것처럼, 성령의 능력 아래 예수 그리스도의 기쁜 소식이 인간의 사고와 의지에 미치는 영향에서 나와야 한다. 말씀과 성령으로부터 비롯되는 생각과 감정이 있거니와, 인간의 사고와 의지는 그것과의 상호작용을 통해 변화돼야 한다.

내 뜻을 하나님 뜻에 동화시킨다

여기서 질문이 생긴다. 그리스도를 닮은 모습으로 변화된 의지/마음은 어떤 모습인가? 특징은 무엇인가?

언제나 모본이 되시는 예수는 자신에 대해 이렇게 말씀하셨다. "나를 보내신 이가 나와 함께 하시도다. 내가 항상 그의 기뻐하시는 일을 행하므로 나를 혼자 두지 아니하셨느니라"(요 8:29).

바울은 이렇게 고백했다. "내가 그리스도와 함께 십자가에 못박혔나니 그런즉 이제는 내가 산 것이 아니요 오직 내 안에 그리스도께서 사신 것이라. 이제 내가 육체 가운데 사는 것은 나를 사랑하사 나를 위하여 자기 몸을 버리신 하나님의 아들을 믿는 믿음 안에서 사는 것이라"(갈 2:20).

우리는 존 칼빈의 말도 기억한다. "인간의 유일한 안식처는 다른 의지와 지혜를 일절 버리고 주께서 어디로 이끄시든 그분을 따르는 것이다. 자아를 버리고 내 마음의 모든 에너지를 하나님을 섬기는 일에 바치는 것이야말로 첫걸음이 돼야 한다."[1]

이제 질문에 답이 나왔다. 하나님과 그분의 뜻, 곧 하나님이 내게 원하시는 것—그리고 그분을 섬기는 일과 그분 때문에 남을 섬기는 일—에 대한 일편단심의 즐거운 헌신이야말로, 그리스도를 닮은 모습으로 변화된 의지의 모습이다. 이것이 의지/마음/심령의 영역에서 기독교 영성 형성의 결과다. 그 상태가 우리 존재 모든 차원의 지배적 반응이 될 때 그것은 우리 **성품**이 된다. 그럴 때 우리는 진정 "그리스도로 옷 입었다"(롬 13:14)는 평을 들을 수 있다.

그러나 이것은 통상적 인간 의지와 성품과 얼마나 거리가 먼가? 굳이 말할 필요도 없다! 통상적 인간 의지는 하나님께 대한 올곧은 지속적 헌신을 통해 단순하고 투명해진 모습이 아니라, 오히려 무질서와 표리부동과 혼돈과 어둠의 온상이다. 하나님께 대한 믿음 없이 교만과 두려움의 본거지가 된 까닭이다. 파괴적 습관들이 그런 상태를 겹겹이 에워싸고 있다.

의지의 기본 특성

앞서 언급했듯이, 의지(마음/심령)란 존재의 여러 차원 가운데 우리를 세상에서 비(非)파생적 존재와 출처가 되게 하는 차원이다. **의지에서 나오는 것은 100% 나한테서 온 것이다.** 이 철저한 창의성 때문에 각 개인은 무엇과도 대치될 수 없는 절대 유일무이한 존재가 되며, 따라서 "특정 종류의 또 하나"가 아니라 "목표 자체"가 된다. 달리 말해 의지 때문에 인간은 단순한 사물이 될 수 없는 것이다.

이것은 아주 이해하기 힘든 개념이다. 좀더 명확한 설명을 위해 표현을 바꾸어 보자.

의지란 행동이나 사물 등 뭔가를 창안하거나 혹은 고의로 창안하지 않는 능력이다. 의지는 사물을 존재케 한다. 막대기와 돌멩이는 그런 능력이 없다. 의지는 사건과 사물을 만들어 내되 **파생물이 아닌 완전히** 창안하는 능력이다. 그러므로 의지는 개개인의 정체의 핵이다. 의지에서 나오는 것은 **나만의** 것이다. 인간은 하나님을 닮았다, "그분의 형상대로" 지어졌다는 것은 바로 성품의 이 측면 덕분이다. 우리는 창조자—선(善)의 창조자—가 되도록 지음받았다.

윌리엄 제임스^{William James}의 말대로 "우리의 승낙과 거절은 인간으로서 우리 가치의 척도다……. 세상을 향한 우리의 기여 가운데 파생물이 아니고 순전히 독창적인 것은 이것뿐이다."[2] 의지란 승낙하거나 거절할 수 있는 능력이다. 의지는 우리의 비육체적 존재의 핵이다. 엄격히 말해 그것은 **내** 심령—하나님의 심령이 아니라 인간의 심령—이다. 물론 하나님께로부터 직접 온 것이고, 본래 우리 믿음을 통해 그분이 지켜 주셔야 하는 것이지만 말이다.

자기 결정력^{self-determination}이야말로 **영적** 존재의 본질이다. 이런 자기 결정력은 하나님 안에서 절대적이며 무한정이다("나는 스스로 있는 자니라." 출 3:14; 또한 요 5:26과 비교). 그러나 인간의 자기 결정력은 엄연히 존재하지만 극히 제한적이다. 이미 본 것처럼, 인간의 자기 결정력은 주로 무슨 생각을 하며 거기 얼마나 골똘히 몰입할지 선택하는 힘에서 구사된다. 다른 결정과 행동은 얼마간 거기서 직접 파생된다.

2장에서 지적한 것처럼, 기능적 관점에서 의지는 인간 자아의 행정 중추다. 전체 자아나 삶은 그곳의 지시와 조정을 받도록 되어 있다. 지시와 조정을 받을 거라면 마땅히 의지에게 받아야 한다. 의지를 성경이 말하는 "마음" 또는 **중심**과 같다고 보는 이유가 여기 있다.

그렇다면 의지가 **성품**과 같지 않다는 것도 분명해진다. 그러나 구체적 의지들이 습관화되고 웬만큼 "자동화"됨에 따라 성품은 의지에서 형성된다. 성품이란 생각 없이 느끼는 감정과 생각 없이 행하는 일을 통해 가장 잘 표출된다. 그러나 그보다 정도는 덜하지만, 성품은 생각 **후**의 회개와 회개의 결과로 행하는 일을 통해서도 표출된다. 사고와 감정과 의지는 성품을 낳는다.

의지와 인간의 존엄성

하나님은 왜 우리에게 억지로 옳은 길을 가게 만드시지 않을까? 그렇게 하면 그분이 인간을 지을 때 의도하신 바로 그것, 곧 성품의 자유로운 선택이 상실되기 때문이다. 의지는 인격의 핵심이다. 그것 때문에 인간은 **존엄성**을 얻어 즉각적으로 더없이 귀한 존재가 된다. 존엄성이란 인간을 무엇과도 바꿀 수 없게 할 만큼 크나큰 가치다.[3] 예수 그리스도께서 인간 개개인을 위해 죽으시고 그 결과에 만족하신 것도 인간의 커다란 가치 때문이다(사 53:11; 히 12:2).

우리는 굳이 배우지 않아도 자신과 타인의 의지나 선택을 저절로 귀히 여긴다. 의지는 명백하고 본질적이며 최고의 가치를 지닌다. 어린아이는 **배우지** 않아도 자신의 독자적 행동 능력을 중시한다. 그리고 그 능력을 금세 파악하며 고집스럽게 옹호한다. 내 의지로 행동한다는 아이의 의식은 명백하고 즐거운 것이며 억누를 수 없는 것이다. 성인들은 아이의 의지가 나타나는 것을 보며 기뻐한다. "얘 혼자서 만든 거야!" "글쎄 자기 입으로 그런 말을 했어!" 아이든 어른이든 이런 창조 의식은 치유와 행복의 기본이다.

인간은 선택, 곧 의지/심령의 **실행**을 평생에 걸쳐 아끼며 애써 지킨다. 생을 마감하는 날, 나만의 독특한 모습으로 "세상에 변화—물론 언제나 좋은 쪽으로—를 낳았다"고 믿고 싶은 것이 인지상정이다. 그러나 그런 결과는 저절로 되지 않으며, 마땅히 될 수 있고 또 되어야 하는 정도까지는 더욱 아니다. 개인의 의지는 고귀하기도 하지만 또한 문제이기도 한 까닭이다. 철저히 인간적 관점에서 볼 때 그것은 해결책이 없는 참담한 문제다. 이미 선택한 일이나 마땅히 선택할 일과 내 의지가 서로 어긋나는 경험은 누구에게나 있는 일이다. 의지 안의 갈등과 의지와 의지 간의 갈등이야말로 통상적 형태의 인간 삶의 특징이다. 그러나 그 정도 말로는 실체를 바로 대변할 수 없다. 소위 "문명"이란 연기가 모락모락 피어나는 폭력 더미에 지나지 않는다. 언제 화염으로 폭발할지 늘 불안한 상태다. 이것이 타락한 인간 의지의 참 모습이다.

분열된 의지

창조주는 인간 의지 안에 선을 향한 천성적 욕구를 심어 두셨다. 그러나 실제적 자기 신격화와 거기 따르는 모든 현상의 결과로, 이제 그 욕구는 타락하고 분열돼 결국 자체 분열을 일으키고 있다. 질문은 "나는 어떤 선을 이룰 수 있을까?"에서 "어떻게 내 뜻을 관철시킬까?"로 바뀌었다. 하나님께 대한 복종과 섬김이 자아 예찬으로 대치되면서, 투명함과 진실과 선의는 조작과 기만과 유혹과 악의로 대치됐다.

타락한 인류의 "평소" 모습을 지켜보면서, 지난 두 세기의 실존주의 사상가들은 인간 의지의 타고난 상태, 곧 분열되고 좌절된 자기모순 상태를 강조했다. 프로이트와 다른 많은 심리학자들도 그들만의 방식으로 같은 길을 갔다. 이 모두는 이제 현대인의 자기 이해의 일부가 됐으며, 표준 교육과정과 대중예술을 비롯한 모든 예술의 일부로 받아들여지고 있다.

그래서 장-폴 사르트르와 그의 실존주의 동료들은 **진실성**을 비웃는 것—자기기만의 필연적 자세—을 예술로 전환시켰다.[4] 그들과 다른 사람들은 의지의 모호성을 인간의 기본 특성으로 떠받들었고, 거기서 임의적—어쩌면 전혀 비합리적—결정과 행동의 형태로 소위 "자유"가 출현했다. 또 하나의 "광란"이 아니고 무엇인가? 인류의 통상적 타락상에 대한 그들의 분석은 사실 매우 예리한 것이었다. 그것은 이제 문학, 음악, 영화에서 인생을 바라보는 기준이 됐다.

전에는 의지의 초점과 일관성이 인간 자유에 꼭 필요한 것으로 간주됐지만, 지금의 대전제는 자유란 의지의 모순과 방황을 통해서만 온다는 것이다. 반면에 진리는 굴레로, 엄격한 정체는 감옥으로 간주된다. 끊임없이 나 자신을 창조하고 재창조하는 것을 그런 굴레와 감옥이 막는다는 것이다.

분열된 의지는 잃은 영혼을 낳는다

하나님은 절대로 의지를 짓밟지 **않으시며** 억지로 특정 성품을 입히지 않으신다. 하나님이 그렇게 대하시는 것은 당신의 피조물 가운데 유독 영적 존재의 의지뿐이다. 그분은 의지가 제 길을 가게 두신다. 그렇다고 인간이 자기 원하는 바를 얻는다는 뜻은 아니다. 사실 망상을 따르는 의지에게 그것은 불가능한 일이다. 다만 이것은, 하나님이 인간에게 억지로 **당신** 원하시는 일을 시키시지 않는다는 뜻이다.

의지는 자기가 원하는 것을 선택할 수 있으나 그 선택에 뒤따를 결과는 선택할 수 없다. 하나님 뜻과 무관하게 자기 원하는 바를 선택한 결과 가운데 하나는, 자기모순에 빠진 제 의지의 노예가 되는 것이다. 아집의 길을 걷는 사이 인간은 결국 하나님이 원하시는 것을 선택할 수 없는 지점, 하나님을 원할 수 없는 지점에 이른다. 그들이 원할 수 있는 것은 자기뿐이다! 시인 제라드 맨리 홉킨스는 이렇게 노래했다.

나는 잠깨어 어둠의 자락을 느낀다.
잃은 자들도 그와 같아 마치 내가 내 것이듯
그들의 천형은 고통하는 자아다.[5]

이것이 앞에서 말한 "잃은 영혼"의 상태다. 분명 여기에는 뭔가 아주 깊은 것, 하나님이 인간을 창조하신 목적의 중요한 부분이 있다. 지금은 그것을 다 알 수 없지만 말이다.

이렇게 하나님은 우리의 현 세상을 허용하신다. 그곳은 인간 의지가 악하고 잘못되고 어리석은 길에 곧잘 집착하는 곳이요, 선하고 지혜로운 성향이 인격의 다른 요소들—"내 지체 속에 있는 죄", 사회의 영향력, 잘못된 개념, 격한 감정, 영혼 심연의 분열과 불화—에 빈번히 패배하는 곳이다. 그 결과 개인은 (전체 사회도) 악의 성취에 온통 정신이 팔릴 수 있다. 또 인간(사회)은 자기 내면의 혼돈과 악에 좌절하며 고통할 수 있다. 오늘의 소위 "현대 자유주의" 인간과 사회가 바로 그 모습이다.[6]

이중성과 기만과 어두움

하나님을 떠난 의지의 지속적 특성은 **이중성**이다. 분열성과 다중성이라고 표현하는 것이 더 정확할 것이다. 의지가 원하는 것은 많으나 그것들은 서로 화해할 수 없다. 하나님을 떠나면 사고와 감정이 혼돈에 빠지며, 의지도 앞서 말한 이유로 인해 그 뒤를 따를 수밖에 없다. 의지 바깥에는 의지를 올바로 밀고 당길 수 있는 것이 전혀 없다.

그러나 인간은 이 복잡한 모순 상태를 인식하지 못하거나 인정하지 않을 수 있다. 의지는 언뜻 보면 아주 단순해 **보인다.** 예컨대 우리는 우유와 빵을 사러 식품점에 가기로 결정한다. 어려운 상황에서 진실을 말하기로(또는 감추기로) 결정한다. 결정이나 선택은 뺨에 휙 스치는 바람만큼이나 간단해 보인다. 하지만 그것은 단지 그 결정이 비육체적 행동이나 사건이기 때문이다. 우리는 그것을 이해하려 힘써 노력해야 한다. 시인 W. B. 예이츠^W. B. Yeats^는 "누가 영혼에서 어둠을 가려낼 수 있는가?"라고 물었다.[7] 예컨대 독서용 램프나 볼펜과 달리 영혼은 부품들이 튀어나오지 않는다.

그러나 좀더 깊이 생각해 보면, 선택의 의지 행위가 전혀 간단하지 않음을 불현듯 깨닫는다. 의지에 개입되는 이해와 감정과 목적은 고도로 복잡할 수 있다. 의지를 품는 힘의 강도도 그렇고, 의지와 관련된 기타 동기와 행동과 선택도 그렇다. 의지는 선악이 활동하는 풍부한 장이다.

하나님께로부터 소외된 상태에서 인간의 복잡한 의지는 어쩔 수 없이 이중성을 향해 나아가게 되어 있다. 좋은 의미의 이중성이 아닌 기만의 의미다. 행동은 딴판이면서 생각과 감정은 안 그런 척 꾸밀 때 그 결과로 기만이 싹튼다. 이때의 기만은 흔히 자기기만이다. 교만은 끝없이 우리를 욕망과 두려움의 덫에 가둔다. 우리는 욕망을 버리지 않는다. 대신 욕망대로 하면서 사실을 숨긴다. 발각될 때 따를 결과가 두렵기 때문이다. 우리는 또 교만 때문에 두려움을 숨기기도 한다. 그렇게 우리는 아무 일 없는 척하며 살아간다.

복잡한 의지―의지가 복잡한 것은 본래 당연한 모습이다―는 이렇듯 스스로 자기 세계의 신으로 살아가는 이들을 점점 더 깊은 기만의 구렁에 빠뜨린다. 어둠에 빠뜨린다. 이제 그들은 자기가 누구이며 왜 그런 행동을 취하는지조차 모른다. 어린 나이에 중독자 부모의 삶과 가정을 지켜야만 했던 사람들이 있다.

그들이야말로 이 가슴아픈 상태의 가장 생생한 예라 할 수 있다. 그러나 어느 정도는 모든 사람이 거기에 지배당한다.

실존주의는 진실성을 **항상** 가짜로 보았거니와, 사실 그것은 **하나님을 떠난** 의지를 정확히 그린 것이다. 실존주의가 인간 의지의 천성적 복잡성을 강조한 것도 정확하고 유익하다. 그 천성적 복잡성은 하나님이 주신 선한 것이다. 그것은 인간의 위대성의 본질적 부분이다. 그러나 자기만을 믿고, 그리하여 자기 세상과 삶을 자기가 주관해야 하는 자들에게 하나님을 **떠난** 심령의 기만과 어둠은 불가피한 결과다. 앞서 인용한 말씀이 꼭 맞다. "만물보다 거짓되고 심히 부패한 것은 마음이라. 누가 능히 이를 알리요"(렘 17:9). 다음 구절에 이어진 선지자의 말처럼 이 물음의 답은 "나 여호와는 심장(마음)을 살피며 폐부(생각)를 시험하고 각각 그 행위와 그 행실대로 보응하나니"이다. 인간 마음의 지독한 이중성도 하나님께는 완전히 투명하다.

사람들은 참담하리만큼 일상적으로 이중성과 기만과 어두움에 빠져 있다. 거기에는 각종 사회기관과 정부기관(그리고 운영자들)은 물론 우리의 사랑하는 이들도 포함된다. 서글프게도 우리는 그런 세상에 살고 있다. 욕망이나 두려움의 대상이 개입된 상황에서 도무지 옳은 길을 갈 것으로 믿어지지 않는 사람들이 부지기수다. 주변에 그런 이들이 없는 자는 거의 없다. 속내를 뻔히 드러내며 나를 속일 **묘책**만 궁리하는 사람을 대해야 할 때가 얼마나 많던가. 자신의 이중성에 어떻게든 영향받지 않는다고 정직히 말할 수 있는 사람은 극히 드물다. 주변은 물론 자기 내면의 기만과 어둠을 떨치려 몸부림쳐야 할 때가 없다고 말할 수 있는 사람은 거의 없다.

우리의 유일한 희망은 하나님, 곧 예수 그리스도의 아버지를 전적으로 의지하는 것이다. 우리가 간절히 그분을 청하면, 그분은 기꺼이 우리 이중적 마음에 들어오셔서 온전히 당신께로 이끄신다. 그분은 "**우리 마음보다 크시고 모든 것을 아시는**"(요일 3:20) 분이다.

마음을 들으시는 하나님

마음(의지/심령)이야말로 하나님이 인간을 관찰하시고 상대하시는 곳이다. 그분은 겉모습에 별 관심이 없다. 그분은 마음에 반응하신다. 무엇보다 마음이 곧 내 정체, 내가 선택한 참 나인 까닭이다. 하나님이 우리에게 원하시는 것은 마음에서만 나올 수 있다. 그분은 의지가 우리의 중추임을 존중하시며 우리 의지를 짓밟지 않으신다. 그분은 우리를 위해 우리 안에 경건한 성품을 찾으신다. 뜻하신 바 우리의 영원한 숙명을 이루시기 위함이다.

그러나 하나님은 당신을 향한 인간 마음의 아주 미세한 움직임에도 민감하시다. 성경과 삶이 공히 증거하는 바다. "종교"가 있는 자든 없는 자든("유대인이나 헬라인이나") 차별이 없다. "한 주께서 모든 사람의 주가 되사 저를 부르는 모든 사람에게 부요하시도다. 누구든지 주의 이름을 부르는 자는 구원을 얻으리라"(롬 10:12-13).

절대 절망의 순간, "무신론자의 기도"나 "오 하나님, 하나님이 있다면 그리고 내게 영혼이 있다면 내 영혼을 구원해 주소서”와 같이 부르짖다가 결국 하나님을 온전히 알게 된 자들이 무수히 많다. 그것이 그 사람 마음, 곧 인간 심령의 가장 깊은 곳의 진실한 부르짖음이요, 그에게 하나님밖에는 더 이상 소망이 없다면 하나님은 틀림없이 들으시고 응답하신다. 모든 인간 안에 “마음 모니터”라도 달아 두신 듯 말이다. 인간 마음이 더 이상 자신이나 타인을 바라보지 않고 진정 **하나님을 하나님으로** 대하며 나아갈 때, 그분은 “위로부터 난 생명”의 선물로 응답하신다.

사실, 하나님은 자신을 “신령과 진정으로” 예배할 자들을 늘 **찾고 계신다.** 무슨 뜻인가? 하나님을 최고의 존재로 알고 자원함과 전심으로 그분께 흠모와 경의와 헌신을 바치는 자들을 말한다. 그들은 그분께 아무것도 숨기려 하지 않으며 언제나 그분을 전적으로 의지한다. 하나님은 이런 사람들을 열심히 찾고 계신다. 누구든 상관없다. 사람들 눈길을 피해 뜨거운 한낮에 물 길러 갈 정도로 수치심에 젖었던 천하고 멸시받는 사마리아 여인도 예외가 아니었다(요 4:6). 말씀대로, 하나님은 영이시며 그분 눈에 숨겨진 것은 아무것도 없다. 그래서 그분을 예배하는 자들은 영으로 진실하게 예배해야 한다(4:23-24). 인간 심령의 차원은 조금도 감춰질 수 없다. 그래서 거짓말에는 언제나 몸이 사용된다.

하나님께 부르짖은 사람

굳이 하나님에 대한 대단한 이론이나 정보가 없어도 그분은 찾아오신다. 이디스 쉐퍼는 중국 오지 산간에 사는 리수 부족의 한 남자에 대해 언급한 바 있다. 그의 내면에는 자신도 모르는 하나님에 대한 깊은 갈망이 있었다. 어느 날 산길을 걷던 그에게 종잇장이 눈에 띄었다. 리수 방언으로 된 교리문답 책에서 뜯겨진 종이였다. 내용은 이랬다. "한분 하나님 외에 다른 신들이 있는가? 아니다. 하나님은 한분뿐이시다. 우리는 우상을 숭배해야 하는가? 아니다……." 나머지는 찢겨 나가고 없었다.

그는 집에 돌아가 제단을 부수었다. 즉시로 그의 딸이 중병에 걸렸고 이웃들은 그가 귀신들을 노하게 했다며 비아냥거렸다. 그는 하나뿐인 참된 하나님이 계실진대 자기 목소리로 그 하나님께 나갈 수 있다고 생각했다. 그는 기도에 대해 아무것도 몰랐으나 인근의 가장 높은 산꼭대기—3,600에서 4,200미터—에 올라가 이렇게 소리쳤다. "오 하나님, 당신이 정말 계시다면, 그리고 내가 예배해야 할 그 한분이 당신이라면 내 어린 딸을 낫게 해주십시오."

오랜 시간 다시 산을 내려와 집에 당도하니 어린 딸이 완쾌돼 있었다. 따로 회복기조차 필요 없었다. 딸은 그가 기도하던 그 시각에 나았다. 이 남자는 훌륭한 전도자가 되어 그 지방에 두루 복음을 전했다. 이디스 쉐퍼는 말한다. "여기에 견줄 만한 사연들이 너무 많아 다 찾아내려면 족히 수천 년은 걸릴 것이다."[8] 찾으시는 하나님, 끊임없이 인간 마음을 "모니터"하시는 그분 때문이다.

"여호와의 눈은 온 땅을 두루 감찰하사" 속마음까지 철저히 그분께 드려짐으로 온전히 그분을 의지하고 바라는 자들에게

"능력을 베푸시나니"(대하 16:9). "여호와의 눈은 의인을 향하시고 그 귀는 저희 부르짖음에 기울이시는도다"(시 34:15). 하나님은 아직 마음이 온전히 형성되지 않은 어린이들을 특별히 돌보신다. "저희 천사들이 하늘에서 하늘에 계신 내 아버지의 얼굴을 항상 뵈옵느니라"(마 18:10). 이 세상에서 어린이들에게 벌어지는 일들을 뻔히 아는데 우리가 어떻게 이런 확신 없이 그들을 성히 지킬 수 있겠는가? 예수는 하나님께서 어린이들을 **돌보신다고** 확언하신다. 현실이 우리 눈에 어떻게 보이든 상관없다.

굴복으로 시작되는 드라마

우리 의지를 하나님 의지에 완전히 동화시켜 나가는 과정에서 몇 가지 구분할 점이 있다. 첫째는 **굴복**이다. 내 의지를 하나님께 굴복시킨다는 것은 범사에 그분의 최고 주권을 인정하는 것이다. 마지못해 그럴 수도 있다. 아직 그것이 싫을 수 있고 일면 저항하는 마음도 있을 수 있다. 그래도 그분의 주권을 머릿속으로 인정하고 실제 거기 승복하는 단계다.

그분 뜻을 행할 수는 없을지라도 그것을 내 뜻으로 품을 마음은 있다. 이 상태에는 아직 내 삶과 하나님에 대한 불평불만이 많이 남아 있다. 앤드류 머레이 Andrew Murray 는 말했다. "그리스도인의 삶이 우리에게 그토록 힘겨운 것은 내 뜻대로 살면서 하나님의 복을 구하기 때문이다. 그리스도인의 삶을 내 취향대로 사니 즐거워야 하지 않은가."[9]

그래도 이것은 중요한 진전이다. 자아의 중심인 마음/심령은 이제 하나님이 하나님이기를 원한다. 별 기대나 열정이 없을지라도 말이다. 현 시점에서 가능한 의지란 거기까지인지도 모른다. 그러나 하나님 뜻에 대한 이 최소한의 동화가 없어 수많은 사람들이 예수의 진리를 **깨닫지** 못한다(요 7:17). 그런 사람들은 그분 뜻대로 행할 의지가 **없다**. 그래서 하나님은 그들에게 깨달음을 주시지 않는다. 그들은 깨닫지 못한 채 어둠 속에 남아 고생해야 한다. 실은 그것이 그들의 원하는 바다. 그런데도 그들은 하나님이 빛을 더 주시지 않는다며 그분을 비난한다. 이미 주어진 빛만큼도 실천할 의사가 없으면서 말이다.

그러나 하나님 뜻에 굴복한 자의 삶에 은혜와 지혜가 차 오르면 이제 그는 의탁 단계로 나아간다. 즉 **완전히** 굴복한 상태다. 내면에 하나님 뜻을 막아서는 부분이 더 이상 없다. 대체로 이 시점에 오면, 굴복은 전처럼 성경에 나타난 하나님에 관한 진리와 인간을 향한 그분의 명시된 뜻(계명)에 국한되지 않고 삶의 모든 상황으로 확산된다.

우리에게 닥치는 일 중에는 분명 하나님이 원하시거나 유발하시지 않은 것들도 있다. 그럼에도 그분은 모든 것—예컨대 사랑하는 이의 가슴아픈 죽음, 건강이나 기회의 아까운 상실, 남의 죄로 인한 큰 피해 등—을 허용하신다. 그렇지 않고서야 그런 일은 일어나지 않는다. 그러므로 우리는 설령 심한 고초와 고생을 당할지라도 "착한 이들에게 벌어지는 나쁜 일"로 더 이상 안달하지 않는다. 그분이 유발하신 일이 아니어도 우리는 그것이 그분 계획 가운데 있음과, 그분을 사랑하고 그 뜻대로 살아가는 이들에게 선을 이룰 것을 받아들인다(롬 8:28). 의지적으로 하나님의 손안에 살아가는 이들에게 **회복 불가능한** 해(害)란 있을 수 없다. 얼마나 놀라운 실체인가!

그래서 옛 기독교 작가들은 비록 연약함과 고통으로 떨지라도 닥쳐오는 고난의 "지팡이에 입맞춤"이 큰 특권이라고 고백했다. 영성 형성에 얼마나 요긴한 교훈인가! "하나님이 내 뜻대로 해주실까?" 염려하는 아슬아슬한 삶은 끝났다. 고통은 앙심으로, 실망은 무기력 상태로 곪지 않는다. 그런 사람은 테니슨 Tennyson 의 말대로 이런 비결을 배운 자다.

> ……먼 후일 내다보며
>
> 상실 속에서 그만한 득을 찾고
>
> 시간 너머로 손을 내밀어
>
> 눈물의 아득한 결실을 거둔다.[10]

그러나 여기가 끝이 아니다. 의탁을 넘어 하나님 뜻에 **자족하**는 단계가 있다. 하나님의 하나님 되심과 세상 전반에 정해 두신 질서에 대해서만 아니라 내게 주어진 운명에 대해서도 만족하는 단계다. 하나님 뜻에 온전히 동화되는 과정의 이 단계에 이르면 감사와 기쁨이 삶의 기류로 자리잡는다. 이제 우리는 상황이 어떻든 하나님이 내게 잘해 주셨고 앞으로도 늘 잘해 주실 것을 **확신**한다! 질질 끌려가듯 하나님께 마지못해 굴복하는 것은 아득한 옛일처럼 보인다. 이 단계에 이르면 또한 이중성이 한없이 미련해 보인다. 제정신인 사람치고 아무도 그 상태를 원치 않을 만큼 미련해 보인다. 불평불만은 사라진다(빌 2:14-15).

힘들게 물리치거나 제하는 것이 아니라 단순히 그런 생각이 없어진다. "날로 더하는 기쁨"이 합당하고 자연스런 결과다.

의탁과 자족을 지나 참여로

그러나 아직 끝나지 않았다! 자족 너머에 **참여**가 있다. 우리 세계에 하나님 뜻을 이루는 일에 지식과 열정으로 동참하는 단계다. 우리는 더 이상 구경꾼이 아니라 생생하고 영원한 드라마에 붙들려 각자 중요한 역할을 수행한다. 우리는 주어진 상황이 아무리 비참해 보여도 그것을 수용한다. 그리고 우리 자신을 넘어서는 능력으로 선을 위해 열연한다. 우리는 세세토록 하나님과 함께 다스릴 영원을 내다보며(계 22:5) "한분 예수 그리스도로 말미암아 생명 안에서 왕 노릇하[며]"(롬 5:17) 지배권을 행사한다. 우리는 하나님의 능력으로 실천에 나서 그분 뜻을 이룬다. 우리 힘의 원천은 **내** 미약한 "의지력"이 아니다. 의지력도 모든 점에서 하나님 뜻의 수행에 온전히 드려졌지만 실제 그것이 실행되는 일은 거의 없다. 대신 우리는 하나님 드라마의 힘에 실려 간다. 그 드라마에 열성을 다하는 것이 우리 삶이다. 죄를 물리치려 몸부림치던 삶과 한참 멀어진 우리는, 이제 온 주변에 의를 실현하는 데 헌신한다. 이것이야말로 "이제는 내가 사는 것이 아니요 오직 내 안에 그리스도께서 사신다"는 말의 참뜻이다. 인간의 가장 강한 의지는 언제나 하나님 뜻에 굴복해 **그대로** 행하는 의지다.

내 뜻을 하나님 뜻에 온전히 동화시켜 나가는 이 과정은 대다수 사람들에게 이생에서 온전히 실현되지 않을 수 있다. 그러나 그것은 별로 중요하지 않다. 그것은 예수 그리스도의 제자된 우리 가운데 역사하는 능력을 통해 **지금** 여기서 우리가 들어설 수 있는 과정이다. 앞의 내용대로 하나님 뜻에 대폭 동화된 의지를 품는다는 것이 어떤 것인지 지금 당장은 상상이 가지 않을 수도 있다. 그러나 우리는 그분이 "우리 가운데서 역사하시는 능력대로 우리의 온갖 구하는 것이나 생각하는 것에 더 넘치도록 능히 하실 이"(엡 3:20; 또한 사 64:4과 비교)임을 절대 잊어서는 안된다.

"오직 한 가지만 지향하는 것"

의지 굴복의 여정에 오른 자는 자신의 타락한 성품과 싸워야 함을 안다. 이 성품을 그냥 두면 내 사고와 감정의 습관적 또는 "자동적" 방식을 장악하고, 과거와 현재의 내 사회적 세계를 형성하며, 내 몸과 신체 반응에 스며들고, 심지어 내 영혼의 무의식적 심연에 가라앉는다. 2장의 그림에 나온 것처럼, 우리의 실제 행동은 이 모든 요인에서 나온다. 성품이 타락한 상태에서 이 요인들은 대개 내 거듭난 심령/의지의 진정한 의도와 조화를 이루지 않는다. 사실 타락한 성품은 내 존재의 모든 요소를 하나님과 대치시킨다.

우리의 현재 상태는 **뒤얽힌** 상태로 가장 잘 표현된다. 반면에 우리가 도달해야 할 상태는 아무것에도 방해받지 않고 매사에 하나님 뜻을 행하는 데 일편단심 집중된 상태다.

C. T. 스터드^{C. T. Studd}는 이른바 "DCD 캠페인"으로 콩고의 일부 동료 선교사들을 당황케 한 적이 있다. DCD란 그리스도 외에 "아무것도 신경 쓰지 말라"^{Don't Care a Damn}는 뜻의 다소 과격한 표현이다. 그는 해골과 대퇴골 기장을 만들어 DCD 위에 붙인 뒤 재킷과 모자에 달고 건물과 장비에 부착했다. "그의 의도는 자신과 선교사팀이 그리스도 앞에 **아무것도** (심지어 가족들과 친구들도) 걱정해서는 안된다는 것이었다. 여기서 벗어나거나 이것과 상충되는 것은 아무것도 허용될 수 없었다. 모든 부차적 갈망은 죽어야 했다"(그래서 배지가 무시무시했다!).[11] 물론 그리스도께 온전히 고정되지 않은 마음보다 이를테면 틀렸다고 생각되는 언어 표현에 더 신경 쓰는 사람들이 있다.

이 타락한 세상에서 집중된 의지로 살아가는 이들은 극히 드물다. 악에 대한 의지라도 마찬가지다. W. B. 예이츠는 "가장 선한 자들은 다 확신이 부족하고 가장 악한 자들은 강렬한 열정에 충만하다"고 말했지만,[12] 사실 "가장 악한 자들"도 강렬함을 지닌 경우는 거의 없다. 감사할 수 있는 대목이다. 물론 세상에는 늘 "히틀러" 같은 이들이 있다. 정말 집중력 있는 악인들은 엄청난 힘을 얻어 남에게 행사할 수 있다. 선한 자들이든 악한 자들이든 하나같이 대부분 초점 없이 표류하는 삶을 살고 있기 때문이다.

우리 자아의 'CEO'인 의지는 그 지주(支柱)를 자아의 다른 차원들에 내준 채 그것들에 여기저기 끌려 다닌다. 오늘의 문화에서 자아의 방향은 대개 감정에 좌우된다. 의지는 거의 인식되지 않으며, 설사 인식된다 해도 감정과 동일시되거나 감정 앞에 무력한 것으로 간주된다. 우리는 사고의 인지적 측면을 강제 동원해 그 모든 것을 합리화한다. 주변 문화에 얼마든지 널려 있는 적당한 "통찰"을 만들거나 빌려 옴으로써 그렇게 한다.

"이성은 감정의 종이며 그래야만 한다"는[13] 18세기 데이빗 흄의 주장은 장차 올 세계—우리의 현 세계—에 대한 예언이었다. 그것은 끊임없이 표류하는 세계, 의지의 조작과 뒤얽힘이 불가피한 세계다. 흄은 이 세계의 탄생에 크게 기여했다.

키에르케고르 Kierkegaard 는 "마음의 순결함은 오직 한 가지만 지향하는 것"이라고 했다. 이런 단일한 마음이 수용되고 유지되어 내 존재 모든 차원의 습관적 성향으로 굳어지려면 먼저 진지한 싸움이 필요하다. 은혜와 지혜의 부름은 "모든 무거운 것과 얽매이기 쉬운 죄를 벗어버리고 인내로써 우리 앞에 당한 경주를 경주하며……예수를 바라보[는]"(히 12:1-2) 것이다. 우리는 죽기까지 일편단심 하나님 뜻을 구하신 그분의 모본을 바라봐야 한다.

바울은 디모데에게 "군사로 다니는 자는 자기 생활에 얽매이는 자가 하나도 없나니 이는 군사로 모집한 자를 기쁘게 하려 함이라"(딤후 2:4)고 일깨웠다. 가련한 마르다는 몇 가지만 하든지 혹 한 가지만으로 족한데도 예수의 지적대로 "많은 일로 염려하고 근심"했다. 그러나 마리아는 빼앗기지 아니할 좋은 편을 택했다(눅 10:41-42). 또 바울은 자신이 한 일이 오직 한 가지라고 간증했다. 그것은 "푯대를 향하여 그리스도 예수 안에서 하나님이 위에서 부르신 부름의 상을 위하여 좇아가[는]"(빌 3:13-14) 것이었다.

길들여지지 않은 욕심의 위력

뒤얽힘의 주요 출처는 우리 욕심이다. 실은 욕심 자체가 아니라 욕심에 노예가 된 상태와 욕심에 대한 혼돈이다. 죄의 유혹은 언제나 욕심에서 시작된다(약 1:14-15). 우리 마음은 온갖 잡다한 것들에 가 있다. 그중에는 틀렸거나 악한 것도 있고, 또 그 모두는 일부 다른 것들과 상충된다. 이 문제는 야고보서 4:1-3과 관련해 앞에서 이미 이야기했으나 여기서 덧붙일 것이 있다. 욕심을 습관적으로 따르면 나를 지배하는 욕심의 위력이 더 강해진다. 의지 영역에도 물질 영역의 관성의 힘 같은 것이 있다. 안 해본 일보다 늘 하던 일을 하는 편이 더 쉽다. 늘 하던 일과 **반대되는** 일은 특히 더 어렵다. 인간은 늘 하던 일을 계속하는 경향이 있다. 많이 한 일일수록 더 그렇다. 이것이 영적 관성이다.

결국 의지가 욕심과 동일시될 수 있다. 강한 욕심은 우리를 일종의 최면 상태에 빠뜨릴 수 있다. 욕심을 채우기 위해서다. 무지막지한 행동으로 채우는 경우가 많다. 아울러 의지가 욕심의 노예가 되면 의지는 다시 사고를 노예로 부린다. 욕심을 채우는 것을 정당화하기 위해 의지는 머리를 동원한다. 여기서 나오는 합리화는 부분적 정신착란이라고 할만큼 해괴할 때가 많다. 물론 그런 사람들의 언행은 남들이 보기에 전혀 이치에 닿지 않는다. 자기 악한 욕심의 최면에 걸린 것이다.

의지와 욕심이 뒤얽힐 때 우리는 그런 상태에 이를 수 있고 실제 그렇다. "뉴스"와 언론이 그런 사례를 끊임없이 우리 앞에 내놓거니와, 우리는 현상의 실체를 알아야 한다. 그렇지 않으면 우리도 "어떻게 인간이 저럴 수 있지?"라고 말하는 이들 앞에 쩔쩔맬 것이다. 사실 그리스도를 따라 영성 형성의 깊이와 높이에 이르려는 선의의 사람들을 가로막는 것은, 바로 평범한 삶―아마 그리스도인들의 삶―의 별로 거창하지 않은 각종 뒤얽힘이다. 우리는 이 점을 인식할 필요가 있다.[14]

거짓과 악의를 제하라

"뒤얽힘"에서 벗어나는 걸음의 일차적·실제적 목표는 이중성의 극복이어야 한다. 이중성을 극복하려면 그것을 의식하고 직면하고 적절한 조치를 취해야 한다. 모든 과정의 기준점은 **하나님 뜻에 관한 성경의 명시적 가르침**이다. 예수께서는 "나의 계명을 가지고 지키는 자라야 나를 사랑하는 자"(요 14:21)라고 말씀하셨다. 하나님 뜻을 내 뜻으로 품고자 하는 자, 곧 자기 뜻을 하나님 뜻에 동화시키려 하는 자는 하나님께서 **말씀해 주신** 하나님 뜻에서부터 시작한다. 우리는 그분이 말씀해 주신 것을 **전부 다** 알 필요는 없다. 물론 신약의 가르침에 따르면 그것이 생각처럼 어려운 일은 아니다(롬 13:8-10). 우리는 이미 알고 있는 그분 말씀에서부터 시작할 수 있다. 그렇게 행하기로 단호히 결단하자. 그것은 어느새 우리를 깊은 영성 형성로 인도할 것이다. 거기에는 우리를 향한 그분의 모든 뜻에 대한 충분한 지식도 포함된다.

예컨대, 교활함과 악의를 버리는 것이 하나님 뜻인 줄 모르는 사람이 누가 있는가? 그렇다면 우리는 다시는 사람들을 오도하지 않기로 결단하자. 다시는 그저 고통이나 해를 입힐 목적으로 말하거나 행동하지 않기로 결단하자. 오늘, 바로 지금, 그런 일을 행치 않기로 결단하자. 하나님 뜻에 동화되는 것에서 그 일은 아주 작아 보일 수 있다. 그러나 사실 거짓말과 악의는 **근본적 죄다.** 그것 때문에 다른 많은 죄들이 가능해지고 현실화된다. 거짓과 악의를 제하면 개인과 사회 내의 악의 구조가 대폭 제거될 것이다. 가정의 싸움과 파경에서 전쟁에 이르기까지 인간의 현실이 몰라보게 달라질 것이다.

물론 결단을 실행에 옮겨 보면 결코 만만한 일이 아니다. 이중성과 악의가 우리 존재의 모든 차원을 꽉 움켜쥐고 있는 것이 드러난다. 내 생각과 감정, 평소의 일상적 행동은 물론 심지어 내 의식적 이해나 인식 밖의 외부 세력들까지 우리 선택에 영향력을 행사한다. 그 영향력은 평소 그 속에서 살아갈 때 행여 상상했던 것보다 훨씬 위력적이고 복잡하다.

영성 형성은 의지 자체만 변화시키는 문제일 수 없다. 그 점 아무리 강조해도 지나치지 않다. 물론 그것이 핵심이지만 자아의 다른 차원들의 변화 없이는 이루어질 수 없는 일이다. 의지의 노력이나 의도만으로는 우리가 꿈꿔 온 변화, 우리를 이중성과 악의에서 해방시켜 줄 변화를 이룰 수 없다. 그럼에도 우리는 그 의도를 굳게 붙들고 성실히 노력해야 한다. 그럴 때 도움은 우리 곁에 얼마든지 있다.

영적 훈련의 역할

영적 훈련—고독(장시간 하나님과 단둘이 있는 것), 금식(음식으로부터의 자유와 하나님이 직접 먹여 주심을 배우는 것), 예배(6장에서 말한 대로 하나님을 높이는 것), 섬김(내 이익을 따지지 않고 남에게 선을 베푸는 것) 등—의 중심 역할은, 우리 의지와 성격 속에 묻혀 있는 이중성과 악의를 표면에 떠올려 다루는 것이다. 이런 훈련은 우리 내면에 말씀과 성령께서 일하실 자리를 내드린다. 또 파괴적 감정들—대개 무난한 행위와 상황에 그리고 장시간 굳어진 합리화에 가려져 있는—을 실체 그대로, 하나님 뜻이 아닌 내 뜻으로 인식하고 다루게 해준다. 흔히 이런 감정은 겹겹이 쌓인 습관적 자기기만과 합리화에 덮여 있다. 대체로 이런 감정은 의지를 노예로 부리며, 나아가 사고를 억지로 떠밀어 실상을 가리거나 합리화한다. 내 욕심 채우기를 부인하기 시작할 때 사고는 정말 내게 "따지고 든다." 그 사고가 얼마나 교활하고 후안무치한지 곧 알게 된다. 나도 경험으로 그것을 안다.

예컨대, 타인을 향한 우리의 "의로운 판단"은 사실 남을 깎아내리고 나를 높이려는 수단으로 밝혀질 수 있다. 고독이나 섬김을 통해 그것이 드러난다. 또 정신없이 바쁜 삶은 하나님을 믿지 못하는 마음이나 남에게 나를 도울 기회를 주지 않으려는 마음으로 밝혀질 수 있다. 불쑥불쑥 내 의견을 늘어놓는 태도는 타인의 생각과 말을 얕보거나 단순히 상대의 입을 막으려는 저의로 밝혀질 수 있다.

하나님 나라에 합당히 행하고 그분 수준의 선을 품는 데 최고의 뜻을 둔 사람(마 6:33), 정말 그런 사람으로 변한다는 것은 하루이틀에 되는 일이 아니다. 그러나 분명한 의도와 결단의 길에 올라 적절한 영적 훈련에 임한다면 그 일은 많은 이들의 생각처럼 그렇게 요원한 것은 아니다. 하나님이 은혜로 우리를 비추시며 실패할 때 바로잡아 주시기 때문이다. 우리가 늘 예수를 바라볼 때, 우리 의지를 병들게 하는 이중성과 뒤얽힘과 악의는 **능히** 밝혀지고 제해질 수 있다. 그분은 우리 믿음을 시작하신 분이자 온전케 하시는 분이며 "그 앞에 있는 즐거움을 위하여 십자가를 참으사 부끄러움을 개의치 아니하시더니 하나님 보좌 우편에 앉으[신]"(히 12:2) 분이다.

하나님의 달콤한 뜻

그렇다면 나 자신을 잃는 것인가? 흔히들 그렇게 잘못 말하지만, 내 뜻을 제대로 하나님 뜻에 동화시킨다 해서 내 뜻이 없어지는 것이 아니다. 천만의 말이다. 의지가 없다는 것은 불가능한 일이다. 인간이 아니라는 말이다. 오히려 이것은 난생처음 자기모순 없이 제 기능을 다하는 의지, 곧 하나님의 지도 아래 자아의 모든 부분을 서로 조화롭게 지휘할 수 있는 의지가 생긴다는 뜻이다. 이제 우리는 옳은 길을 가기에 주저하지 않는다. 그릇된 길을 가려면 자신을 거슬러야만 한다.

2장에서 말한 것처럼, 마음이 잘 간수된 자는 "인생 상황에 '선하고 옳은' 쪽으로 반응할 **준비**와 **능력**을 갖춘" 자다. "잘 간수된 마음"을 영성 형성을 통해 실생활에서 어느 정도 맛보게 될 때 우리는 그것이 은혜의 선물임을 안다. 거기까지 자라는 과정에서 내가 얼마나 열심히 노력해야 했든 상관없다. 바로 그 선물 안에서 우리는 예수의 가르침대로 자신을 찾는다. "나를 위하여 자기 목숨을 잃는 자는 얻으리라"(마 10:39).

난생처음 우리는 제 기능을 다하는 의지를 얻을 뿐 아니라 영원한 하나님 나라 안에 분명한 정체를 지니고 날마다 내 시간을 영원—내 삶과 주변 사람들의 삶에 이미 들어와 있는—으로 바꾸어 갈 수 있다. 하나님 뜻과 우리 뜻은 이질적이지 않다. 그분 뜻은 우리에게 달콤한 생명이요 힘이다. 우리 마음은 노래한다.

> 하나님의 달콤한 뜻이여,
> 나 주 안에 깊이 잠기도록
> 오, 더 가까이 이끄소서.[15]

묵상 및 토의 질문

1. **선택의 순간**에 항상 그 순간의 생각과 감정에 의존한다면 우리 성품은 어떻게 되겠는가? 어떻게 우리는 의도적으로(물론 하나님의 도우심으로) 성품 변화에 나설 수 있겠는가?

2. "그리스도로 옷 입는다"는 것, 옛 사람을 벗고 새 사람을 입는다는 것(골 3:9-10)이 무슨 뜻인지 당신 자신의 말로 표현해 보라.

3. 의지란 인간의 어떤 요소들로 **구성**되는가?

4. "분열된" 의지는 모호하며 진실성이 없다. "내 뜻을 관철시키는" 삶은 어떻게 그런 분열된 의지를 낳는가?

5. "잃은" 영혼의 의지는 어떤 상태인가?

6. 스스로 제 신이 되려는 자들에게 이중성, 기만, 어두움은 어떻게 찾아오는가?

7. 하나님이 열심히 찾고 계신 사람은 어떤 사람인가?

8. 하나님 뜻에 대한 굴복으로 시작된 삶의 **드라마**는 그후 어떻게 전개되는가?

9. "고난의 지팡이에 입맞추는" 삶은 당신과 나를 위한 것인가?

10. 당신은 C. T. 스터드의 "DCD 캠페인"을 어떻게 생각하는가? 당신 교회에서도 그런 운동을 벌일 수 있겠는가?

11. 당신은 욕심에 "뒤얽힌" 삶의 결과를 직접 목격한 일이 있는가?

12. 욕심과 의지를 구별하지 못하고 그래서 자기 욕심을 물리칠 줄 모르는 사람을 당신은 혹 알고 있는가?

13. 영적 훈련들이 인간의 의지를 존속시키고 성품을 변화시킬 수 있다는 말에
당신은 공감하는가?

14. "하나님 뜻 안에 온전히 잠긴" 당신은 어떤 모습이겠는가?

9.
몸의 변화

> 너희 몸은 너희가 하나님께로부터 받은 바 너희 가운데 계신 성령의 전인 줄을 알지 못하느냐. 너희는 너희의 것이 아니라. 값으로 산 것이 되었으니 그런즉 너희 몸으로 하나님께 영광을 돌리라. _고린도전서 6:19-20
>
> 또한 너희 지체를 불의의 병기로 죄에게 드리지 말고 오직 너희 자신을 죽은 자 가운데서 다시 산 자같이 하나님께 드리며 너희 지체를 의의 병기로 하나님께 드리라. _로마서 6:13

앞서 말한 것처럼, 그리스도를 닮아가는 영성 형성이란 인간 자아의 내면 세계가 예수 자신의 내면의 성품을 입는 쪽으로 변화되는 과정이다. 그 결과 예수와 그 가르침의 내적 실체가 점차 개인의 "외적" 생활로 자연스럽게 표출된다. 그분 말씀과 행실대로 사는 삶이 점차 우리 존재의 일부가 된다.

그러나 그렇게 되려면 우리 몸이 점차 선을 행하고 악을 삼가는 성향을 입어야 한다. **몸의 지체들 안에 실제 거하는 악행의 성향이 제해져야 한다.** 몸은 그리스도를 닮아가는 우리의 일차적 동지가 되어 우리를 섬겨야 한다.

좋든 나쁘든 **몸은 영적 삶의 한복판을 차지한다.** 대다수 사람들에게 이것은 이치에 맞지 않는 말처럼 들린다. 인간의 몸은 우리로 그리스도를 닮지 못하게 막는 주된 (경우에 따라 유일한) 장벽이다. 주변 도처에서 쉽게 볼 수 있는 현상이다. 물론 이것은 하나님이 우리 몸에 의도하신 바가 아니다. 그것은 몸 본연의 모습이 아니다. (몸은 내재적으로 악하지 않다.) 몸 **때문에** 그렇게 된 것도 아니다. 그럼에도 몸이 대개 인간을 막아 선하고 옳은 길을 가지 못하게 한다는 것은 분명한 사실이다. 악 속에 형성된 몸은 이제 악을 조장한다. 그리고 끊임없이 우리의 선한 의도를 앞질러, 정반대 방향으로 나간다.

그래도 우리 몸은 선한 것이다. 하나님은 선을 위해 몸을 지으셨다. 예수 그리스도의 길이 그토록 불가항력적으로 성육신의 길인 것도 그 때문이다. 우리는 **마땅히** 몸을 아끼고 잘 관리해야 한다. 단 몸은 우리의 주인이 아니라 하나님의 종이 돼야 한다. 그러나 대부분 사람들의 경우 몸이 삶을 **지배**한다. 그것이 문제다. 믿는다는 그리스도인들도 대체로 영적 성장과 양육에 들이는 시간은 몸에 바치는 시간에 비하면 작은 조각에 지나지 않는다. 늘 염려하는 문제들까지 합한다면 그 조각은 훨씬 작아진다.

어떻게 된 것인가? 그리스도를 닮아가는 길에 몸은 정말 내 동지가 될 수 있는가? 될 수 있고 또 돼야 하지만 영성에 대한 몸의 본질적 역할은 은혜 안의 성장을 이해하고 실천하는 데 가장 간과되기 쉬운 부분이다.

삶의 궤도를 이탈한 우리 몸

3장 '파괴된 영혼의 철저한 악'에서 설명했듯이, 파괴된 인간상은 우주의 중심인 하나님 자리에 자신을 둠으로써 시작된다. 그리고 뒤이어 살펴본 것처럼, 그것은 당연히 혹은 불가피하게 몸의 숭배와 그로 말미암는 감각적 삶으로 이어진다. 몸은 만족의 일차적 출처가 되며 내 뜻을 관철시키는 주된, 어쩌면 유일한 도구가 된다. 이것은 삶에 대한 몸의 역할이 하나님의 의도를 벗어나 변질된 것이다. 그리고 그 결과는 "죽음" 곧 하나님으로부터의 소외요 인생을 투자해 온 모든 것의 상실이다(갈 6:8).

그래서 바울은 "육신"—신체에 기반을 둔 인간의 자연적 힘만—을 좇아 사는 이들은 육신의 일(제 힘으로 관리할 수 있는 일)을 생각(전적으로 거기에 몰두)하며, 그런 육신의 "생각"은 "사망"이라고 말한다(롬 8:5-6). 그런 생각은 의당 하나님과 원수가 된다. **내 생각**의 신에 하나님이 위협으로 느껴지기 때문이다. 또 그런 생각은 하나님을 대적하기 때문에 하나님 말씀대로 살 수도 없다(롬 8:7).

이 상황과 그것이 어떻게 변화돼야 할지를 이해하려면 인간의 삶에서 물리적 현실, 특히 우리 몸의 역할을 더 깊이 살펴봐야 한다. 몸이란 무엇인가? 그리고 나와의 관계에서 몸의 주요 기능은 무엇인가?

우리 몸과 물질세계의 본질

본질적 관점에서 우리 몸과 물질세계 전반은 **잠재 에너지**다. 그 에너지를 소유하고 부리는 것이야말로 인간의 끝없는 목표이자 문제다. 그 일에 성공해야만 우리는 "내 나라"를 넓힐 수 있다. 탱크에 기름이 있으면 나는 그 에너지를 방출해 운동 에너지로 바꿔 차를 운전할 수 있다. 또 나뭇가지를 난로에 때서 그

에너지로 몸을 녹이거나, 화덕에 지펴 음식을 익히거나, (옛날 같으면) 증기 엔진에 넣어 시원한 기찻길을 따라 들판을 달릴 수 있다. 햄버거를 먹으면 그 안의 에너지가 방출된다. 요즘은 원자를 "분열시켜" 그 안의 에너지를 방출할 수도 있다. (건포도 한 알에 하루 동안 뉴욕 시에 보낼 전력 에너지가 충분히 들어 있다는 말도 들었다.)

그러나 그 모든 과정에 **내 몸**이 얼마나 중심적 역할을 하는지 주목해야 한다. 나는 내 몸을 사용함으로써만 다른 물체의 에너지를 방출하고 사용할 수 있다. 내 몸도 잠재 에너지다. 그러나 큰 차이가 있다. 내 몸은 내가 에너지에 **직접 접근해** 사용하고 만족을 얻을 수 있는 유일한 것이다. 나는 내 선택으로 거기 접근한다. 손가락을 빠는 어린아이도 이 기본 사실을 이미 터득했다. 물론 거기서 별다른 에너지야 나오지 않지만, 아이는 분명 제 몸의 이 직접적 사용을 통해 많은 만족을 얻는다.

내 몸은 곧 내가 된다

따라서 내 몸은 내 **지배**와 책임이 머무는 본거지요 일차적 장소다. 몸을 통해서만 나는 내가 살아가는 **세계**를 얻는다. 내 세계의 다른 물체들이 아니라 내 몸이 내 존재의 일부요 내 정체의 본질인 까닭이 거기에 있다. 내 인생 경험은 내 몸을 통해 또는 내 몸과 함께 내게 다가온다. 그래서 내 부모와 생일과 출생지는 내 존재의 기초가 되는 육체적 실체다.

몸과 함께 또 몸을 통해서만, 나는 시공과 역사 속에 내 자리를 부여받는다. 가족, 성별, 언어, 민족 문화, 재능, 재능을 사용할 기회가 몸을 통해 내게 주어진다.

거기서 그치지 않는다. 이미 복잡할 대로 복잡한 이 기초 위에, 나는 **내 나라**를 넓히기 시작하며 내 정체의 임의적 측면들을 취한다. 우선 나는 내 몸 자체(눈동자의 움직임, 목소리, 사지의 동작, 대소변 조절 등)를 지배해야 하지만 어느새 다른 몸들(엄마와 아빠, 장난감, 놀이 친구, 동물 등)도 지배해야 한다. 나는 내 영역을 만들어 간다. 거기서 나는 내 몸을 지배하는 욕심에 쫓기며 개념과 감각과 정서에 끌린다. 그렇게 내게 하나의 역사, 곧 내 깊은 진실을 보여주는 이력이 생겨난다. 나는 거기서 벗어날 수 없다.

내 몸과 성품과 몸짓 언어

내 영역을 넓혀 가다 보면, 이내 내 뜻에 굴하지 않는 현실들에 부딪친다. 대개 이것은 다른 개인들의 나라요 내 뜻과는 어긋나게 그들 욕심대로 돌아가는 나라다. 그래서 나는 파괴적 감정들, 특히 두려움, 분노, 시기, 질투, 원한을 경험하기 시작한다. (여기 가인이 출현한다.) 시간이 지나면서 그것은 적대감, 멸시, 무관심 등의 태도로 굳어지기도 한다.

이런 태도를 통해 나는 언제라도 남에게 해를 입히거나 남을 고생시킬 수 있다. 그리고 이런 태도는 신속히 내 몸 속에 파고든다. 거기서 그것은 웬만큼 공공연한 성향으로 굳어진다. 그래서 아무 생각 없이 남이나 내 자신에게 해로운 행동이 나온다.

이런 태도는 남의 눈에 잘 띈다. 남들이 굳이 말하지 않거나 혹 거론할 수 없을지라도 말이다. 그런 태도에서 소위 "신체 무기"가 형성된다. 이것은 유용한 개념이다. (군인이 무기를 사용하듯 우리가 자기 몸과 지체들을 거두거나 사용하는 것을 생각해 보라.) 손 쓰지 않고 그냥 두면 내 신체 부위들이 내 나머지 삶을 지배하며 내 사회적 세계와 대인관계 속에 계속 독소를 주입한다.

물론 자아 영역 가운데 몸의 발달이 온통 부정적인 것은 아니다. 사실 다분히 긍정적이다. 우리는 자신과 주변 사람들을 이롭게 하는 것들도 많이 배운다. 이런 긍정적 학습은 거기에 수반되는 개념과 감각과 정서와 함께 대부분 우리 몸에 자리잡는다. 우리가 특별한 생각이나 의식적 노력 없이 행하는 많은 일들이 그것 때문에 가능해진다. 그래야만 우리는 복잡한 일상의 실존을 감당할 수 있다. 몸과 몸에 체득되는 것들이 있기에 가능한 일이다.

통상적인 인간 삶에서 소위 "성품"(좋은 쪽이든 나쁜 쪽이든)이란, 다분히 내가 처한 구체적 상황에서 내 몸이 어떤 행동에 "준비돼" 있는가(혹은 그렇지 않은가)로 이루어진다. 이런 "준비성"은 의식 수준에 잘 들어오지 않지만, 들어올 경우 주로 사물에 대한 내 감정, 주변 사물과 사건에 내가 직접 "영향받는" 방식을 통해 들어온다.

끝으로, 의식 수준에 들어왔든 아니든 내 삶을 지배하는 이런 준비성과 감정은 내 몸의 **아주 구체적 부위들에 거하며** 내 몸짓 언어—신체 부위들을 "간수하는" 방식—를 통해 남에게 표출된다. 그것은 내 즉각적 행동 반응을 지배할 뿐 아니라 주변에서 보고 있는 사람들에게 아주 정확히 읽힌다. 따라서 내게 대한 그들의 반응방식을 결정짓는다. 내가 잊고 있을지라도 내 영혼은 외부에 훤히 드러난다. 그리고 그것이 내 대인관계의 질을 좌우한다.

성육신과 현재의 우리 몸

그리스도의 길이 그토록 불가항력적으로 성육신의 길, 곧 **육체**의 길인 이유가 이 모든 것을 통해 분명해진다. 성육신이란 단순히 예수에 대한 본질적 사실, "그리스도가 육체로 오셨다"는 것 정도가 아니다. 그분이 육체, 곧 인간의 참 몸을 입고 오신 것은 우리 몸을 구속(救贖)하고 구원하시기 위함이다. 앞서 말한 것처럼 우리 몸은 우리 존재의 본질적 부분이며, 따라서 몸이 배제된 구속은 온전한 구속이 아니다. 요한은 그리스도께서 육체로 오신 것을 부인하는 자들마다 적그리스도라고 말했다(요일 4:3).

　신약성경이 이런 강경한 태도를 취하는 것은, 구속이란 애초에 "이제 내가 육체 가운데 사는"(갈 2:20) 삶을 위한 것이기 때문이다. 이 현재의 삶이 하나님의 영원한 삶에 **지금** 붙들려야 한다. 그러나 물론 "이제 내가 육체 가운데 사는" 삶은 지금 내게 있는 죽을 몸과 분리될 수 없다. 몸도 거룩해져야 할 뿐 아니라 그리스도 편으로 "넘어와야" 한다. 그렇지 않으면 내 삶 자체도 "넘어올" 수 없고, "주의 어떠하심과 같이 우리도 세상에서 그러하[기가]"(요일 4:17) 불가능해진다.

몸의 구속은 나중에 **완성**될 것이다. 그러나 이미 지금도 "예수를 죽은 자 가운데서 살리신 이의 영이 너희 안에 거하시면 그리스도 예수를 죽은 자 가운데서 살리신 이가 너희 안에 거하시는 그의 영으로 말미암아 너희 죽을 몸도 살리[신다]"(롬 8:11). 우리는 "그리스도의 부활의 권능"(빌 3:10)을 지금 알아야 한다. 우리 몸은 단순히 물리적 시스템이 아니다. 그리스도의 참 임재가 그 안에 거하는 곳이다.[1]

바울의 심오한 교훈

이렇듯 몸은 우리 정체와 정상적 생활의 중심이다. 그 점이 분명해졌으니 이제 몸에 대한 바울의 심오한 가르침이 강하게 다가올 것이다.[2] 그 점을 이해하지 않고는 바울의 말도 이해할 수 없다. 오늘 대부분의 사람들이 바울의 말을 제대로 이해하지 못하고 있는 것 같아 안타깝다. 바울은 그리스도께 속한 자의 삶에서 몸이 차지하는 역할에 대해 말했거니와, 그들은 어떻게 그 말이 글자 그대로 사실일 수 있는지 이해하지 못한다.

예컨대, 골로새서 3장에서 바울은 편지의 수신자인 "성도들 곧 그리스도 안에서 신실한 형제들"(골 1:2)에게 "땅에 있는 지체*mela*를 죽이라(억제하라)"(골 3:5)고 말한다. 바울이 그 "지체"들로 꼽은 것은 "음란과 부정과 사욕과 악한 정욕과 탐심……곧 우상숭배"다.

"땅에 있는 지체"란 무엇을 뜻하는가? **몸 된 자아의 자연적 힘으로만** 살아가는 삶의 부분들을 뜻한다. 음란, 온갖 성적 더

러움, 악한 것에 대한 사욕과 정욕의 탐닉, 남의 것을 가지려는 탐심 따위를 일삼는 데는 초자연적 출처의 도움이 필요 없다. 내 몸의 실존 안에 이미 눌러앉은 성향만 따르면 그 모든 일이 벌어지게 돼 있다. 그저 내 "지체들"의 요구에 삶을 맡겨 두면 된다. "하늘에서" 곧 하나님께로부터 오지 않았다는 의미에서, 그것은 내 삶 가운데 "땅에 있는 부분들"이다. 그것 때문에 인간은 "불순종의 자식들"이 된다. 불순종과 반역이 인간의 원초적 본성이 된다. 그들은 본질상 하나님을 대적하고 있으며, 따라서 하나님의 진노 아래 있다(골 3:6-7).

"멋있는" 육체

그러나 "땅에 있는" 우리 지체들은 아주 멋있을 때도 많다. 종교를 가진 사람들이 대체로 그렇다. 이것은 치명적 덫이다. 바울은 빌립보 교인들에게 자신이 신뢰하려면 얼마든지 신뢰할 수 있었던 "육체"를 이렇게 열거했다. "내가 팔일 만에 할례를 받고 이스라엘의 족속이요 베냐민의 지파요 히브리인 중의 히브리인이요 율법으로는 바리새인이요 열심으로는 교회를 핍박하고 율법의 의로는 흠이 없는 자로라"(빌 3:5-6). 이것을 우리는 얼마든지 현대 용어로 바꾸어, 신앙인들이 곧잘 "훌륭한 자격"으로 제시하는 것들을 늘어놓을 수 있다.

그러나 바울은 실제 그 모든 "멋있는" 육체를 해(害)로, 심지어 배설물로 여겼다. 자기 안에 살아계신 그리스도의 부활의 생명, 그 참 보배에 비하면 그렇게 보였던 것이다(3-11절).

그가 골로새 교인들에게 "그러므로 땅에 있는 지체를 죽이라"(골 3:5)고 말한 것도 이 때문이다. 여기 "그러므로"는 본문의 바로 앞에 나오는 내용을 가리킨다. 즉 그리스도의 사람들은 다른 생명을 받았다. "땅에서" 난 생명이 아니라 자연적 죽음을 이기고 다시 사신 그리스도 자신에게서 나온 생명이다. 바울은 "이는 너희가 죽었고 너희 생명이 그리스도와 **함께** 하나님 **안에** 감취었음이니라"고 말했다(골 3:1-3).

잘 알려져 있다시피, 바울 서신의 다른 많은 곳에도 같은 주제가 거론된다. 그중에서도 가장 길게 다뤄진 부분이 로마서 5-8장이다. 앞에서 바울은 죄가(그리고, 그 결과로 죽음이) 인간 삶에 왕 노릇하고(**통치**하고) 있음을 쭉 설명했다. 그러나 이제 5장 끝 부분에 이르면서 새로운 종류의 "통치"가 등장한다. 한 사람 아담으로 말미암아 인간 세상에 죄가 들어왔고 그 죄 때문에 사망이 통치했다. 그러나 "더욱 은혜와 의의 선물을 넘치게 받는 자들이 한분 예수 그리스도로 말미암아 생명 안에서 왕 노릇[통치]하리로다"(롬 5:17). 과연 죄가 넘쳤다. 그러나 은혜(위로부터 난 생명)는 그보다 더 넘쳤고 또 넘칠 것이다. "이는 죄가 사망 안에서 왕 노릇한 것같이 은혜도 또한 의로 말미암아 왕 노릇하여 우리 주 예수 그리스도로 말미암아 영생에 이르게 하려 함이니라"(롬 5:21).

여기서 강조할 것이 있다. 본문의 은혜는 사법적 행위를 포함하지만 그것만 말하지 않는다. 무엇보다 그것은 **생명 안에** 있는 임재와 능력이다. 개인이 위로부터 하나님의 구체적 간섭 없이 몸 안에서, 몸을 통해 부릴 수 있었던 자연적인 세력(곧 육체)

에 대한 대안이 거기서 열린다.

이렇듯 바울은 **이미** 위로부터 났고, 그래서 육체로 나지 않은 생명을 누리고 있는 자에게 대안을 제시한다. 그런 사람에게는 새로운 다른 생명 안에 **행할** 수 있는 선택권이 주어진다. 그 생명은 이미 그들 속에 "역사하고" 있다. 바울은 "아버지의 영광으로 말미암아 그리스도를 죽은 자 가운데서 살리심과 같이 우리로 또한 새 생명 가운데서 **행하게** 하려 함이니라"(롬 6:4)고 말했다. 어쩌다 불쑥 느끼는 정도가 아니라 그 안에 **행하는** 것이다! 그 생명은 꾸준히 역사하는 힘이다.

그러나 이제 우리가 은혜 아래 있으므로 "죄로 너희 죽을 몸에 왕 노릇하지 못하게"(12절) 하는 것은 **내게 달려 있는**—결코 내 힘으로 하는 것은 아니지만—일이다. 그러기 위해서는 **내 몸의 지체를 불의의 병기로 죄에 드리지 말아야** 한다. 대신 우리는 몸의 "지체를 의의 병기로 하나님께 드[려야]"(13절) 한다. 죽음 너머의 생명, 곧 몸이나 육체에 **속하지** 않은 생명이 우리 안에 들어와 있기 때문이다.

이제 우리는 은혜 아래 있으므로 죄는 내 허락이 없는 한 나를 지배할 수 없다. 삶의 모든 영역에 여전히 남아 있는 죄의 집요한 지배력도 우리는 하나님의 도우심으로 파할 수 있다(14절). 이렇듯 우리는, 한때 "허물과 죄로 죽었던"(엡 2:1) 내 몸의 지체를 부정과 불법에 드려 불법에 이른 것과 달리 "이제는……지체를 의에게 종으로 드려 거룩함에 이르[러야]"(롬 6:19) 한다.

바울의 이런 말은 정확히 우리가 이야기하고 있는 **영성 형성**

의 과정과 결과를 두고 한 말이다. "그러나 이제는 너희가 죄에게서 해방되고 하나님께 종이 되어 거룩함에 이르는 열매를 얻었으니 이 마지막은 영생이라"(22절). 영생은 곧 "참된 생명"(딤전 6:19)이다. 우리 죽을 몸의 지체는 한낱 물질이 아니라, 이제 그 **안에** 지체에 **속하지** 않은 생명을 담고 있다. 예수를 죽은 자 가운데서 살리신 분이 이제 우리 안에 거하신다. 그분은 "너희 안에 거하시는 그의 영으로 말미암아 너희 죽을 몸도 살리[실]"(롬 8:11) 것이다.

몸은 영성 형성의 중심부다

지금까지 우리 삶에서 몸이 차지하는 역할과 사도 바울이 이해한 몸의 변화에 대해 다소 길게 설명했다. 이것으로 영성 형성에 몸의 변화가 반드시 필요한 **까닭**이 아주 분명해졌기를 바란다. 몸의 적절한 재훈련과 보양은 그리스도를 닮아가는 삶에서 절대 필수다. 몸은 한낱 물질에 그치지 않는다. 몸은 장성해 가면서 점차 "내면"생활의 질을 입는다. (반면, 어린아이의 몸에는 내면의 질이 거의 없다. 그래서 아이들은 정말 아무것도 숨기지 못한다.) 곧 몸은 점차 우리 삶이 직접 흘러나오는 숨은 원천의 중심부가 된다.

사실 영성 형성의 결과는, 예수의 말씀과 행실이 내 존재의 자연스런 표출이 될 정도로 자아의 내적 실체가 변화되는 것이다. 그 "자아의 내적 실체"가 우리 몸에 들러붙음으로써, 이제 그 몸을 통해 내적 실체가 **행사되는** 것이 인간의 본질이다. 죄

가운데 형성된 우리 성품과 몸은 하나님과 하나님의 길을 대적한다. 주변을 둘러보면 그런 성품과 몸이—적어도 한동안은—제멋대로 날뛰는 것을 볼 수 있다.

우리 마음(의지/심령)이 하나님 안의 새 생명을 얻어도 옛 "프로그램들"은 여전히 새 마음에 어긋나게 활동하되 대부분 내 몸과 그 지체들 **안에서** 활동한다. "내 속 곧 내 육신에……죄가 거[한다]"(롬 7:12-18). "죄의 정욕"이 여전히 "우리 지체 중에 역사[한다]"(롬 7:5). 궁극적으로 다시는 "사망을 낳을" 수 없음에도 말이다. 이것은 하나님 앞에서 내 정체가 다른 생명으로 옮겨졌기 때문이다. 그 생명이 하나님의 선물로 지금 내 안에 있다. 마음에는 원이로되 육신이 약할 때는(마 26:41) 도리어 내가 미워하는 그것을 행할 수 있다(롬 7:15). 그러나 사실 그것을 행하는 자는 더 이상 내가 아니라 아직도 내 몸의 지체 안에 살아서 세력을 발휘하는 죄다(23절).

그러나 다윗과 함께 "나의 영혼이 주를 가까이 따르니"(시 63:8)라고 고백하는 이들에게, 그것은 과도기적 상태에 지나지 않는다. 이제 그리스도 예수 안에 있는 생명의 성령의 법 또는 세력이 내 몸 안에 생생한 임재로 거한다. 그 법을 통해 내 지체 속에 있는 죄의 세력(롬 7:23)에서 해방되는 길이 열린다. 육신을 좇지 않고 성령을 좇아 행함으로, 우리는 예수께서 행하시고 가르치신 것들을 점차 능히 행하게 된다(롬 8:4). 우리는 마음에도 원이고 육신도 하나님을 위해 강건한 자리로 나아간다. 육신도 강건함은 이제 성령께서 **그것을** 점하셨기 때문이다. 우리는 몸의 지체를 "의에게 종으로 드려 거룩함에 이[른다]"(롬 6:19).

우리는 지금 몸 부분의 영성 형성을 살펴보고 있다. 여기서 가장 위험한 점은, 우리가 몸의 지체에 대한 이 모든 내용을 문자적으로 취하지 않는 데 있다. 평범한 유혹의 상황들을 생각해 보면 도움이 될 것이다. 앞서 말했듯이, 유혹이란 그릇된 일을 행하려는 성향의 문제다. 하지만 그런 성향이 주로 거하는 곳은 어디인가? 답은 주로 우리 몸의 지체 속에 거한다는 것이다.

그런 성향은 실제로 지체 속에 거한다. 자기 몸을 유심히 관찰하는 자는 그것을 **느낄** 수 있다. 공부하고 생각하며 심사숙고 끝에 깨닫는 바를 기꺼이 인정하는 자도 마찬가지다. 그 밖의 사람들도 몸의 지체—손, 발, 어깨, 눈썹, 허리, 혀, 전체적 자세—속에 있는 성향을 인식할 수 있고 거기에 **놀아날** 수 있다. 그런 성향들은 우리를 덫과 함정에 빠뜨리고 이용하고 파괴하려 한다. 의도적으로 남을 착취하는 자들이 늘 하는 일이 그것이다. 그들은 여기에 전문가가 된다.

내 지체 속에 실제로 거하는 이런 다양한 성향은, 내 몸을 **움직여** 내 전체적 반대 의도—대개 아주 진실한—나 의식적 생각과 하등 관계없는 행동을 취하게 할 수 있다. 그래서 우리는 "무심코" 말하거나 행동한다. 내 몸 속에 사는 성격 부분이 나를 몰아간다.

혀가 그 좋은 예다. 야고보는 "혀도 작은 지체[멜라]"(약 3:5)라고 했다. 그러나 "혀는 곧 불이요 불의의 세계라. 혀는 우리 지체 중에서 온몸을 더럽히고 생의 바퀴를 불사르나니 그 사르는 것이 지옥 불에서 [난다]"(6절).

야고보는 온몸과 모든 부위—내 몸은 물론 남들의 몸까지—의 성향에 불을 지르는 혀의 놀라운 위력을 틀림없이 보았다. 당신도 보았지 않은가! 혀야말로 선과 의에 굴복시키기 가장 어려운 신체 부위일 것이다. 야고보는 아무도 그것을 길들일 수 없다고 말한다. 정말 맞는 말이다. 신체 폭력은 거의 언제나 입의 폭력, 곧 욕설로 시작된다.

우리는 수시로 혀를 하나님 뜻을 행할 그분의 도구로 그분 은혜에 굴복시켜야 한다. 그래야만 은혜가 말 그대로 혀 안에 거하며 혀를 다스린다. 그렇게 되면 그 효과가 온몸으로 퍼져 나간다. 야고보는 "만일 말에 실수가 없는 자면 곧 온전한 사람이라. 능히 온몸도 굴레 씌우리라"(약 3:2)고 말했다. 성경은 "의인의 혀는 천은과 같[고]"(잠 10:20) "온량한 혀는 곧 생명나무"(15:4)라고 말한다.

혀처럼 삶의 중심은 아닐지라도 몸의 다른 지체들도 나름으로 잘못을 행할 만반의 준비가 되어 있다. 수반되는 감정 상태도 한몫 거든다. 현자는 "곧 교만한 눈과 거짓된 혀와 무죄한 자의 피를 흘리는 손과……빨리 악으로 달려가는 발"(잠 6:17-18)을 이야기했다. 그리스도의 참된 임재가 **이미** 각 지체 속에 스며 들지 않으면, 어깨와 배와 생식기와 주먹과 얼굴은 끊임없이 우리를 하나님과 멀어지는 길로 데려간다.

분노나 정욕이나 원한—이 점에서는 종교적 자기 의도 마찬가지—에 사로잡힌 사람은 기본적으로 행동이나 삶 전체가 몸에 장악돼 있어, 최소한 그 순간만이라도 전적으로 몸에 지배당하는 사람이다. 간혹 우리는 "성질이 나서 그랬다"고 말한다. "성질"이란 모든 종류의 상황을 감당하며 균형을 유지하는 능력을 말한다. 사실 성질은 **성품**과 가깝다. "성품대로 행동한다"거나 오늘은 "내 뜻대로 안된다"는 말이 그런 의미다.

그러나 사람은 **무엇에** 성질이나 성품을 잃는가? 우리 주변에 사건들이 벌어질 것이고, 물론 우리는 **그것들을** 탓할 수 있다. 바닥에 넘어진 아기가 오히려 바닥을 때리는 것처럼 말이다. 그러나 우리가 성질이나 "통제력"을 잃는 대상, 곧 그 시점에서 우리 행동을 지배하기 시작하는 것은 주변 사건이 아니라 바로 우리 몸과 불의를 행하려는 성향이다. 야고보와 바울이 공히 알았던 것처럼, 그 성향은 실제 우리 지체 안에 살아있는 세력으로 거한다. 화내는 사람의 신체 행동을 유심히 관찰해 보면 그것을 확인할 수 있다.

인간의 우주를 지배하는 육체적 성향

이렇듯 악의 세력은 우리 몸과 구체적인 각 지체 속에 버젓이 거한다. 이에 대한 절절한 인식은, 고금과 문화를 막론하고 **육체 혐오**가 그토록 끔찍한 실상이 된 이유 중 하나다. 진실한 사람들은 정말 자기 몸 속에서 악을 본다. 그리고는 그것을 엉뚱하게 몸 탓으로 돌린다.

몸에 대한 이런 태도는 왜곡되고 극히 해로운 것이지만, 몸과 지체 속에 실존하는 죄의 위력만은 바로 보았다. 그러나 몸과 **지체** 자체가 악하다는 생각은 착각이다. 지체가 죄의 세상 속에 거하는 사이, 죄—죄의 취지와 의도—가 지체를 장악한다. 그러나 육체 혐오 태도는 이렇게 죄지을 준비가 된 상태를 이해하지 못한다.

이런 점에서 앞서 설명한 "너희 지체를 의에게 종으로 드려 거룩함에 이르라"(롬 6:19)는 바울의 가르침은, 당대의 고전적 사고의 가정(假定)은 물론 현재까지의 인간 사상 대부분의 가정을 충격적으로 뒤엎는다. 구속된 자들의 몸은 성령의 전이며, 따라서 "몸은 음란을 위하지 않고 오직 주를 위하며 주는 몸을 위하시느니라"(고전 6:13)는 그의 가르침도 마찬가지다. 그는 계속해서 "너희 몸이 그리스도의 지체인 줄을 알지 못하느냐"(15절)고 말했다.

분명 그들은 몰랐다. 그런 개념을 생각하거나 상상조차 못했다. 오늘 우리도 별로 나을 바 없다. 몸에 대한 그들의 이해는 바울에게 육체의 부활 개념을 듣고 기롱한 아덴 사람들과 같았다(행 17:32). "그 **따위** 것을 누가 다시 원한단 말인가?" 그들의 말이 들려오는 듯하다. 구속받은 인간 성품으로 육체와 그 지체를 하나님의 처소로 존중하고 아껴야 한다는 개념은 그들에게 있을 수 없는 것이었다. 사실, 오늘날 대다수 사람들과 대다수 믿는다는 그리스도인들도 마찬가지다.

통상적 처지의 보통 인간들의 삶은 몸에 지배당한다. 마태복음 6:25에 나오는 예수의 말씀과는 반대로, 그들의 목숨은 음식보다 중하지 **않고** 그들의 몸은 의복보다 중하지 **않다**. 그들의 시간과 에너지는 전부 혹은 거의 대부분이 몸에 바쳐진다. 내 몸의 외양과 냄새와 느낌이 어떤지, 그리고 어떻게 몸을 잘 간수함으로 칭찬, 성적 만족, 남에 대한 권력 등 자아의 필요를 채우는 데 써먹을 수 있는지에 다 바쳐진다.

인간의 우주를 지배하는 것이 바로 자아의 이런 육체적 성향이다. 노령의 사도 요한이 그것을 지적했다. "이는 세상에 있는 모든 것이 육신의 정욕과 안목의 정욕과 이생의 자랑이니 다 아버지께로 좇아온 것이 아니요 세상으로 좇아온 것이라"(요일 2:16). 앞서 보았던 것처럼 이것이 바울이 말한 대로 "영의 생각"과 반대되는 "육신의 생각"이다(롬 8:4-11). 바울과 모든 성경기자들이 알았던 인간의 그 두 갈래 길의 결과를 요한도 똑같이 보았다. "이 세상도 그 정욕도 지나가되 오직 하나님의 뜻을 행하는 자는 영원히 거하느니라"(요일 2:17; 또한 사 40:6-8; 약 1:10; 벧전 1:24-25과 비교).

배신당한 몸

몸이 인간 삶의 중심이 될 때 인간의 몸은 그 본질을 배신당한다. 몸은 하나님 나라 안의 영적 삶을 위해 창조됐으며, 그 맥락에서 마땅히 존중받아야—사실 영광을 얻어야—한다.[3] 그러나 그 맥락에서 떼어 내 인간 경험과 노력의 구심점으로 삼을 때 몸은 배신당한다. 즉 몸의 생명과 적절한 기능을 유지하도록 되어 있는 영적 자원을 박탈당하는 것이다. 그렇게 배신당한 몸은 다시, 삶의 중심을 몸에 두는 자들을 배신한다.

이 배신감이야말로 서구사회의 젊음 숭배의 핵이다. 많은 나이(아니면 노화 자체)와 뚱뚱해지는 것과 죽음에 대한 두려움, 수

치심, 혐오감, 심지어 분노의 출처도 거기에 있다. 그것이 우리 문화를 지배하고 있다. 시야가 전적으로 몸에 집중된 사람이, 몸의 실패와 정지(죽음)를 회복 불능의 궁극적 모욕으로 보는 것은 뻔하다. 서구생활과 문화를 알려면 이것을 이해해야 한다.

지금 세계 도처에 만연한 다른 많은 고치기 힘든 문제들—사실상 모든 것을 섹스와 연결시키는 풍조, 각종 식생활 장애, 인종 차별과 그 밖의 차별 등—도 똑같이 몸의 궤도 이탈로 설명된다. 이 모든 문제의 뿌리는 몸—내 몸이든 남의 몸이든—을 인간 자체로 둔갑시킴으로써 우리의 영적 인간관을 박탈하는 데 있다. 영적 인간관이 있을 때에만 우리는 몸 자체와 몸이 삶에서 차지하는 중심적 역할을 존중할 수 있다.

육체 혐오도 몸의 미래에 대한 실망에서 오며, 몸에 대한—**몸**이 장차 **내게 가해 올** 일에 대한—깊은 두려움에서 온다. 앞서 말했듯이 하나님을 하나님으로 받아들이지 않으면 **내가** 그 자리에 서게 되고, 그렇게 되면 우리에게 내 몸과 그 자연적 힘 외에 믿고 숭배할 것이 아무것도 남지 않는다. 오늘날 도처에 널려 있는 육체적 매력에 대한 광란과 그 실패—결국 모두가 노화와 죽음으로 실패하게 돼 있다—에 대한 절망이야말로 현대생활 기류의 주조를 이룬다. 그러나 이것은 육신의 생각—단지 자연적 차원에 집착하는 것—은 곧 죽음임을 재차 예시해 줄 뿐이다. 우리는 오늘날 내가 보고 읽는 세상 모든 것에서 이 진리를 볼 수 있어야 한다. 반면에 영의 생각—내가 본질상 영적 존재이며 하나님의 영원한 생명과 나라 안에 내 자리가 있음을 알고 거기에 집중하는 것—은 "생명과 평안"(롬 8:6)이다. 그럴 때 몸은 제자리에서 아름다움과 복을 얻는다.

"내 몸은 내 것"이 아니다

이렇듯 현대인은 "내"가 신이 되어 자기 주장에 매달린다. 이런 광란이 가장 극명하게 나타나는 부분이 요즘 흔히 듣는 "내 몸은 내 것"이라는 주장이다. 내 몸 안에 그리고 내 몸으로 행해지는 일에 대한 발언권은 오직 내게만 있다는 뜻이다. 물론 그 말에도 중요한 진실이 있다. 내 몸을 통해 내게 이르는 방법이 널려 있는 요즘 세상에는 특히 그렇다. 그러나 이것은 진실을 오해한 허위 진술이다. 인간의 안전은 혼자 살 수 있는 양 고립되는 데 있지 않고 오직 타인들과 적절히 연대하는 데 있다.

우리는 본질상 사회적 존재이며, 내 몸으로 행하는 일은 주변 사람들에게 강력한 영향을 끼친다. 그렇기 때문에 내 몸 안에 그리고 내 몸으로 행해지는 일에 대한 발언권을 내가 독점하지 않는다. 내 몸은 내 뜻대로 해도 좋은 내 것이 아니다. 이것을 부정한다면, 그것은 몸의 한계에 대한 두려움과 적의에 대한 비합리적 반응에 지나지 **않는다**.

"인간은 누구도 외딴 섬이 아니다." 남녀 모두 동일하다. 내 몸은 내가 만들어 낸 것이 아니다. 수년간 나는 내 몸을 돌볼 수 없었다. 내 몸은 지금도 자체 충족되지 않는다. (내가 먹는 음식과 물이 어디서 오는지 자문해 보라.) 내가 내 몸을 돌볼 수 없는 날이 다시 올 것이다. 내 몸의 기본 특성들은 내가 정한 것이 아니다. 내 몸의 중요한 사항치고 내 공로로 돌릴 것은 거의 없다.

장성하고 성한 개인으로서 나는 내 몸을 돌볼 **책임**이 있다. 이것은 내 다른 모든 책임의 중심이다. 그렇다고 내 몸으로 행하는 일에 대한 발언권이 오직 내게만 있다는, 내 몸이 **내 것**이라는 뜻은 아니다.

예수의 제자의 경우는 더 말할 것도 없다. 그는 몸과 전 존재를, 글자 그대로 악에서 건짐받은 자다. 하나님이 그 아들의 죽음을 통해 그렇게 해주셨다. 그러므로 내 몸은 하나님 마음대로 하실 수 있는 하나님 것이다. 하나님 마음이란, 내 몸이 "하나님의 위대하심을 나타내는 전시장"이 되는 것이다(고전 6:20). 이 세상에 "내 몸은 내 것이니 내 맘대로 한다"고 말할 수 없는 사람이 있다면, 그가 바로 그리스도인이다.

"너희 몸을 산 제사로 드리라"

따라서 우리의 "바른 예배" 곧 그리스도를 믿는 인간에게 이치가 닿는 유일한 길은 "너희[우리] 몸을 하나님이 기뻐하시는 거룩한 산 제사로 드리[는]"(롬 12:1) 것이다. 내 모든 신체 부위를 하나님께 철저히 드리되, 몸을 구성하는 조직과 근육이 그 성향조차 온전하게 하나님과 경건함 쪽으로 바뀌어 천국 능력으로 힘차게 활동할 때까지 하는 것이다. 그럴 때 우리는 이 세대를 본받던 세상적 삶이 다 깨지고 오는 세대를 본받는 자로 변화된다. 그것은 마음—우리 몸에 깊이 뿌리내린 생각과 상상과 판단의 위력—의 변화를 통해 완성된다.

"아예 생각도 말라"는 말이 있다. 변화된 마음의 표지는 "[악을] 아예 생각도 않는" 것이다. 악의 **생각**에서조차 벗어나는—
"악한 것을 생각지 아니하며"(고전 13:5)—이 자유를 얻으려면 악
으로 끌리는 자동반응이 더 이상 내 몸과 지체를 지배하지 않아
야 한다. "산 제사"에 대한 육체적 성향은 나를 무심코 악 쪽으
로 선도(先導)하지 않음으로써, 더 이상 내 생각과 감정까지—
십중팔구 내 의지(마음/심령)까지—줄줄이 끌고 가지 않는다.

영혼의 붕괴가 가져오는 몸의 질병

오늘날 많은 이들에게 몸은 끝없는 불편과 동요 상태에 있다.
그것이 현대의 실상이다. 우리가 처방약과 기타 약물에 그토록
심하게 의존하는 것도 그 때문이다. 물론 순전히 신체적 이유로
그렇게 하는 경우도 있다. 그러나 그렇지 않고 자아의 성향 때
문일 때가 더 많다. 그런 성향들이 지체에 스며들어 몸을 불화
상태로 몰아넣는다. 상처, 두려움, 채워지지 않은 욕심, 수치심,
상실, 건강치 못한 야망과 자아상 등이 우리 의식의 지평 아래
로 스며든다. 우리는 그것을 부정할 수 있다. 그러나 그것들은
계속 우리 몸에 탈을 일으킨다. 심지어 몸의 "자동"반응을 통해
목숨까지 앗아갈 수 있다.

필리핀 선교사로 섬긴 프랭크 로바크 Frank Laubach 는 필리핀 한
대학의 총장직에 도전했다가 실패했다. 그가 "고상하게" 다른
후보를 찍은 것도 일부 작용했다. 한 표 차로 패했던 것이다. 그
는 좌절과 원망에 빠져 2년간 늘 병을 앓았다. 한 전기작가는
이렇게 썼다.

그는 독감, 맹장염, 파라티푸스, 다리 근육 결림, 눈 궤양, 대상포진 등으로 고생했다! 쓰라린 자기 연민에 빠져 그는 절뚝거리며 걸었고 늘 한 눈에 안대를 하고 살았다. 일의 효율도 떨어졌다. 그는 패배를 받아들이지 못한 대가로 건강을 잃고 있었다. 그리스도인의 원리대로 살려는 열망이 오히려 자신을 해치는 결과를 낳았고, 그럴수록 내적 긴장과 갈등은 더해 갔다. 이 시기는 목적을 상실한 채 낙심 속에 살아가던 시기였다. 그는 영혼의 전투를 벌이고 있었다.[4]

사실 이런 경우는 **영혼의 붕괴**가 몸의 질병을 통해 표출된 것이라 할 수 있다. 몸의 질병은 다시 삶 전체를 삼키려고 위협하며, 심하면 목숨까지 앗아 갈 수 있다. 다행히 로바크는 얼마 후 이 모든 것을 되돌리는 영적 열쇠를 발견했고, 그리하여 그의 몸은 그리스도의 임재로 빛나는 자의 건강을 되찾았다.[5]

몸의 영성 형성을 위한 실제적 조치

지금까지 인간 몸의 본질과 그것이 삶에서 차지하는 자리를 심층적으로 고찰했다. 그렇다면 우리 몸과 각 지체를 온전히 구속의 능력 앞에 내놓기 위해 할 수 있는 일은 무엇인가? 그 능력이 우리 몸 안에 거하는 것이야말로 하나님의 의도하심이다. 여기서 다시금 짚어 둘 것이 있다. 몸 외에 우리 인격의 다른 차원들에도 변화가 필요한데, 그 다른 차원들의 변화는 서로 완전히 떼어서는 결코 충분히 이해하거나 다룰 수 없다. 이 점을 절대 잊어서는 안된다. 그러나 앞서 살펴본 다른 모든 경우와 마찬가지로, 이번에도 영성 형성(변화)을 위한 실제적 방법 가운데 특별히 몸에 해당하는 것들이 있다.

구체적 조치로 들어가기 전에 우선 소개하고 싶은 책이 두 권 있다. 널리 알려지거나 금세 구할 수 있는 것은 아니지만, 이런 문제에 아주 실제적 도움이 될 책들이다. 하나는 프랜시스 리들리 하버갈Frances Ridley Havergal 의 『주인의 쓰심에 예비된 몸』Kept for the Master's Use 이라는 작은 책이다. 그녀의 찬송 '나의 생명 드리니'[6] 를 알거나 불러 본 사람은 많을 것이다. 찬송가사에 짧고 운치 있게 표현된 기본적 영적 태도가, 풍부한 지식과 성경의 힘을 바탕으로 이 책에 자세히 설명돼 있다.[7]

두번째 책은 마가렛 매그덜린Margaret Magdalen 의 『영적 검진: 적당주의 신앙생활을 피하여』A Spiritual Check-up: Avoiding Mediocrity in the Christian Life [8] 이다. 세례받을 때 물속에 들어가는 순서대로 발부터 시작해서 몸의 각 부분을 생생히 잘 다루었을 뿐 아니라 그것이 삶 전체의 경건한 변화에 미치는 의미도 들려준다. 우리 몸과 영적 삶을 생각하는 데 더없이 유익한 책이다.

그렇다면 몸의 영성 형성을 위해 우리가 해야 할 일은 무엇인가? 아주 많다.

1. 실제로 당신 몸을 하나님께 양도해야 한다. "너희 몸을 하나님이 기뻐하시는 거룩한 산 제사로 드리라"(롬 12:1)는 바울의 말이 그런 의미다. 분명한 행동으로 표현돼야 한다. 예컨대 1년에 한번씩 필요에 따라 갱신될 수 있다. 하나님 앞의 그 자리는 저절로 떠밀려 가는 곳이 아니다. 단호한 행동 없이는 그곳

에 계속 머물 수도 없다.

이렇게 하면 좋을 것이다. 당신 몸을 하나님께 드리기로 결단하라. 하지만 성경이 명하는 아주 중요한 일이라는 인식이 바탕이 돼야 한다. 이것이 선하고 필수적인 일임을 알아야 한다. 이제 하루 시간을 내서 조용하고 한적한 곳에서 보내라. 몸과 영혼을 잠잠케 하라. 일상의 짐과 잡무의 안개가 걷히게 하라. 주님 앞에서 몇몇 핵심 성경말씀, 특히 몸과 직접 관련된 말씀들—이 장에 이미 인용되고 강조된—을 가지고 묵상하며 기도하라.

그 다음 권할 것은 바닥에 눕거나 엎드려 명시적·공식적으로 당신 몸을 하나님께 바치는 것이다. 시간 여유를 가지고 몸의 주요 부분들을 쭉 훑어 나가며 일일이 하나님께 드리라. 구체적으로 말해, 당신 몸과 각 부위를 하나님께서 **주관**하시며 그분 생명으로 채우시고 그분 뜻을 위해 쓰시도록 기도하라. 긍정적인 면에 치중하라. 단순히 몸으로 죄짓지 않는 것만 생각해서는 안된다. 몸을 하나님의 능력과 뜻에 적극적으로 바치면 그것은 자연스럽게 뒤따라오게 되어 있다. 제물이란 하나님께 **올려지는** 것임을 잊지 말라.

이 제사의식에 충분한 시간을 들이라. 서두르지 말라. 다 끝나면 하나님께 감사하고 자리에서 일어나 잠시 찬양시간을 가지라. 시편 145-150편을 기쁘게 읽는 (걷거나 춤추면서 읊는) 것이 이 정황에 안성맞춤일 것이다. **몸으로** 하라. 지금까지 있었던 일을 나중에 신앙 친구나 목사에게 나누고 그의 축복을 구하라. 이후 몇 주간 묵상과 기도 중에 수시로 이 제사의식을 재현하라. 동일한 드림의 의식을 해마다 한번씩 갱신하기로 **계획하라**.

2. **다시는 당신 몸을 우상화하지 말라.** 무슨 말인가? 다시는 몸을 "궁극적 관심"의 대상으로 삼지 않는다는 뜻이다. 당신은 이미 몸을 하나님께 바쳤으므로 이제 그분이 그분 마음대로 하실 수 있다. 그 "결과"에 대해 당신은 이미 손을 뗐다. 이제 내 몸은 내 삶과 다른 사람들의 삶에 하나님 뜻을 이루는 도구가 됐고, 그것을 위해서만 나는 몸을 돌본다. 당신은 질병, 기능 감퇴, 노화, 죽음 등 몸에 닥쳐올 일에 대해 걱정하지 않는다. 모든 것을 하나님의 주관에 맡겼기 때문이다. 이 부분에 생겨나는 모든 이슈를 당신은 거리낌 없이 기도로 그분께 가져간다. 물론 당신은 몸을 잘 간수한다. 그러나 하나님이 분명히 이르시고 예수 그리스도가 본을 보이신 가치관의 틀 안에서만 그리한다. 우리는 이제 몸에 대한 두려움, 몸이 "내게 가해 올" 일에 대한 두려움 속에 살지 않는다.

3. 2번과 밀접하게 연관된 것으로, **당신 몸을 오용해서는 안 된다.** 의미는 주로 두 가지다. 첫째, 몸을 감각적 만족의 출처로 사용하지 않는다. 둘째, 몸을 남을 지배하거나 조종하는 도구로 사용하지 않는다. 각종 중독은 감각적 만족을 필수품으로 용인한 사례와 다르지 않다. 중독에 대해 많은 말을 할 수 있겠지만, 분명 중독은 몸을 남용하는 것이다. 육체적 쾌락 자체가 나쁜 것은 아니다. 그러나 그것이 필수품으로 격상돼 거기에 의존하게 될 때 우리는 몸과 쾌감의 노예가 된다. 남은 것은 불행뿐이다.

두번째 의미는 내 몸을 남을 지배하거나 통제하기 위해 사용하지 않는 것이다. 이 말의 의미는 사람마다 다르다. 예컨대 우리 몸을 남에게 성적인 생각, 느낌, 행동을 유발하는 방식으로 처신하면 안된다. 우리는 "섹시"해지려 하지 않는다. 굳이 그러지 않아도 우리는 자연스런 매력을 풍길 수 있다. 물론 이것은 패션산업과 기타 거대한 경제 분야에 치명적 타격이 되겠지만 그것은 그쪽에 맡길 일이다.

또 다른 예는 몸을 사용해 남을 협박하는 것이다. 이것은 잔인한 폭력을 포함해 다양한 양상으로 나타난다. 가장 흔한 형태는 사회적인 것이다. 과시하는 옷차림, 빈정대는 말투, "다 안다는 듯한" 눈빛과 말 등을 예로 들 수 있다. 하나님께 몸을 바친 우리는 몸이나 각 지체를 이런 식으로 사용하지 않는다.

마지막 예는 과로다. 현대사회에서 이것은 몸을 남용하는 주범이다. 일이 신종 "고급 마약"이라는 말까지 나올 정도다. 흔히 이것은 일상생활의 특정 영역에서 남을 이기려는 과당 경쟁과 얽혀 있다. 성공을 위해 무조건 몸을 혹사시키는 경우도 있다. 흔히 우리는 남들이 내게 그런 상황을 강요한다고 생각한다(사실 그럴 수도 있다). 그렇더라도 그것은 몸의 남용이며 사태를 하나님과 함께 풀어 가지 못하는 처사다. 하나님은 **절대로** 우리가 감당할 수 있는 것 이상을 주시지 않는다. 오래 전 그분은 우리에게 이런 말씀을 주셨다. "너희가 일찍이 일어나고 늦게 누우며 수고의 떡을 먹음이 헛되도다. 그러므로 여호와께서 그 사랑하시는 자에게는 잠을 주시는도다"(시 127:2).

4. 3번을 긍정적으로 뒤집어, **몸을 잘 아끼고 돌봐야 한다.** 이 지침의 첫걸음은 앞서 이미 말한 내용에서 비롯된다. 즉 우리 몸은 하나님의 소유이자 처소이므로 우리는 몸을 거룩하게 여겨야 한다.

물론 이것은 몸이 나쁜 일에 가담해서는 안된다는 뜻이다. "몸은 음란을 위하지 않고 오직 주를 위하며 주는 몸을 위하시느니라"(고전 6:13). 정녕 그럴진대 "너희 몸이 그리스도의 지체[mela, 곧 살아있는 유기체로 그리스도와 연합된 사이]인 줄을 알지 못하느냐. 내가 그리스도의 지체를 가지고 창기의 지체[살아있는 유기체로 창기와 연합된 사이]를 만들겠느냐"(15절). 답은 뻔하다. 잠자는 아기를 발로 찰 것인가 말 것인가 만큼이나 뻔한 것이다. 말도 안된다! 바울은 "결코 그럴 수 없느니라"고 표현했다. 그런데 잘 생각해 보면 이것은 절도, 살인, 거짓말에도 동일하게 적용된다. 그리스도의 몸의 모든 지체는 그런 일을 하기에는 너무 거룩하다.

하지만 거룩하기(하나님께 바쳐졌기) 때문에 또한 우리는 몸을 잘 돌봐야 한다. 보양하고 운동하고 쉬어야 한다. 바른 몸 관리의 실제적 중심은 안식일이다. 안식일은 매우 깊고 난해한 주제이며 여기서 충분히 다룰 수 없다. 그러나 안식일의 의미를 조금이라도 짚어 두지 않고서는 영성 형성과 몸에 대한 논의를 다했다고 할 수 없다.

그리스도인 철학자이자 과학자인 블레즈 파스칼^{Blaise Pascal}은 이렇게 말했다. "내가 깨달은 바로는, 인간의 모든 불행은 인간이 제 방에 조용히 앉아 있을 줄 모른다는 단 한 가지 사실에서 비롯된다."[9] 약간 과장된 감은 있지만 깊은 통찰이 담긴 말이다. 단순히 존재하며 안식할 능력이 있다면 불행을 자초하는 대부분의 발버둥에서 벗어날 수 있다. 이 능력은 몸의 차원에 이를 때에만 완전해진다. 평화란 몸의 상태다. 내 몸을 감싸지 못한 평화는 나를 감싸지 못한 것이다. 평화가 몸에 이르려면 몸이 하나님의 정도(正道)와 능력에 젖어 있어야 한다.

안식일의 참뜻

하나님을 한없이 기뻐하는 것, 그것이 바로 인간 삶에 실현된 안식일이다. 안식일은 예배와 뗄 수 없다. 사실 참된 예배가 곧 안식일이다. 제4계명인 안식일은 처음 세 계명을 실천할 때 이루어진다. 우리가 기쁨으로 "아무 일도 하지 않을" 수 있는 자리에 나아갈 수 있다는 것은, 내 삶과 세상을 하나님께 맡기고 깨끗이 손을 뗄 수 있을 만큼 마음과 몸으로 그분을 높이기 때문이다.

대부분 사람들에게 안식일은 우선 고독과 침묵의 시행으로 이루어져야 한다. 우리는 고독과 침묵을 신중히 구하고 가꾸고 그 안에 거해야 한다. 일단 그것이 내 영과 내 몸에 자리잡으면 다른 이들과 함께 시행하는 것도 가능해진다. 그러나 먼저, 우리 몸이 항상 통제하고 세상을 지배하고 성취하고 생산하고 만족을 얻으려는 성향에서 벗어나야 한다. 이것은 몸이 타락한 세상에서 배운 습관적 성향이다. **반대** 방향의 진척은 고독과 침묵 속에서만 이루어질 수 있다. 고독과 침묵 외에는 어떤 것도 "주변 세상에서 내 손을 떼게" 할 수 없기 때문이다. 그것이 바로 안식일의 참뜻이다.

안식일에 몸 상태의 일차적 표지는 **쉼**이다. 안식일 부재의 일차적 표지가 쉼의 부재인 것과 같다. 그래서 정말 내 몸을 하나님께 산 제사로 바치려 한다면 **잠부터 충분히 자는** 것이 첫 출발점일 수 있다. 고독과 침묵을 처음 사용하기에 좋은 것이 잠이다. 잠은 우리가 철두철미 하나님을 의지한다는 좋은 지표이기도 하다.

시편기자는 불안하고 위험한 현실을 잘 알았지만 잠도 잘 잤다. 그는 고백했다. "내가 누워 자고 깨었으니 여호와께서 나를 붙드심이로다"(3:5-6). "내가 평안히 눕고 자기도 하리니 나를 안전히 거하게 하시는 이는 오직 여호와시니이다"(4:8).

물론 잠만 잔다고 성도다워진다는 뜻은 아니다. 사람들은 우울하거나 슬프거나 몸이 불편해서, 혹은 단순히 현실을 도피하려고 잠잘 때도 있다. 그렇다고 정말 성도라고 부르는 경건한 자들은 일도 열심히 하지 않고 생전 지치는 일도 없다는 뜻은 아니다. 다만 하나님께 자기 몸을 구별해 드린 성도들에게는 특별한 자원이 있다. 요령부득 안달하며 살아가는 보통 사람들은 누릴 수 없는 자원이다. 오늘날 우리 수많은 사람들이 후자에 속한다. 우리는 그 자원이 있는 곳에 이르는 법과 내 몸을 하나님의 안식에 들이는 법을 배워야 한다.

반면, 몸이 쉬지 못하면 몸이 초점의 중심이 된다. 몸의 존재가 **더 강하게** 느껴지며 각 지체의 성향들이 만족을 찾아 더 요란하게 아우성친다. 감각적 정욕과 이기적 욕구는 이렇게 절박해진 몸과 지체를 통해 우리에게 더 큰 지배력을 행사한다. 뿐만 아니라 몸이 하는 일—아주 미세하다—과 내 주변에서 벌어지는 일에 대한 의식이 흐릿하고 몽롱해진다. 혼돈은 영적 방향 감각의 적이다. 잘 쉬면 생각이 명료해진다. 반대로 피곤하면 음식, 약물, 각종 불륜관계, 바울의 말대로 "땅에 있는" 이기적 자세 등에서 만족과 에너지를 찾으려 할 수 있다. 이런 것들이 우리를 방해해 하나님을 신뢰하지 못하고 그분의 능력 안에 살지 못하게 한다.

몸의 영성 형성을 위한 영적 훈련의 역할에 대해 얼마든지 더 말할 수 있다. 몸에 주안점을 둔 훈련을 충분히 논하려면 운동과 식생활이 "내 지체 속에 있는 죄"의 영향력을 약화시키는 데 어떻게 기여할 수 있는지 다루어야 한다. 육체를 지닌 유한한 피조물로서 우리는 그런 것들을 무시할 수 없다. 특히 특정 신체부위를 재훈련해 그곳에 결집된 구체적 죄의 성향을 물리치는 데 효과가 좋은 구체적 훈련들이 있다. 그런 훈련을 통해 우리는 기존 행위를 끊을 수 있고 문제의 성향을 제거할 수 있다. 성향을 제거하려면 특정한 반대행위와 상황에 들어가야 하며, 그동안 나를 지배해 온 습관의 세력을 깨뜨려야 한다. 그러나 지금은 이런 자세한 내용의 더 깊은 논의를 일단 제쳐 두기로 하자.

영적으로 단장한 몸

이 장을 마치면서 확실히 해둘 것이 있다. 하나님은 우리 몸의 모든 필요를 공급하신다. 그러므로 몸은 우리를 지상에 두신 그분 뜻에 따라 그분과 우리를 잘 섬길 수 있다. 우리 몸에 심각한 문제가 있을 수도 있다. 적어도 인간적 관점에서 보면 그럴 수 있다. 그것을 부인하거나 무시할 뜻은 없다. 그러나 베드로가 당시의 여자 제자들에게 말한 것처럼(물론 남자들에게도 동일하게 적용된다), 삶의 진정한 힘은 구속받은 백성인 내가 어떤 존재이며 내 행실이 얼마나 그 정체에 붙들려 있는가 하는 데 있다.

그러므로 "[우리] 단장은 머리를 꾸미고 금을 차고 아름다운 옷을 입는 외모로 하지 말고 오직 마음에 숨은 사람을 온유하고 안정한 심령의 썩지 아니할 것으로" 해야 한다. 그것이 "하나님 앞에 값진 것"이다(벧전 3:3-4). 이것은 보석 따위를 율법적으로 금하는 말이 아니다. 비록 그런 것들이 잘못 사용될 수 있고 실제 그런 경우가 거의 대부분이겠지만 말이다. 다만 이것은 몸의 참된 아름다움과 건강과 힘이 어디서 오며, 몸의 영성 형성에 얼마나 큰 은혜가 머무는지 명백히 보여주는 말씀이다.

1. "몸은 영적 삶의 한복판을 차지한다"는 말에 당신은 동의하는가? 그렇게 답한 이유는 무엇인가?

2. 당신 삶의 경우 몸은 어떻게 "제자리를 이탈해" 있는가?

3. 당신의 삶과 정체는 어떤 면에서 당신의 몸과 분리될 수 없는가?

4. 본문에 따르면, 인간의 몸은 굳이 "누가 뭐라고 하지 않아도" 이미 특정 행동 쪽으로 "준비돼" 있으며 우리 성품은 다분히 그 준비된 내용으로 구성된다. 정말 그럴 수 있다고 생각하는가?

5. "땅에 있는 지체를 죽이라"(골 3:5)는 바울의 말은 무슨 뜻인가? 이것은 우리에게 가능한 일인가?

6. 혀의 위력에 대한 야고보의 시각에 대해 토의해 보라. 그는 혀가 "제멋대로" 움직이며 온몸에 영향을 미친다고 말했다(약 3:1-12). 그 일은 어떻게 일어나는가?

7. 우리가 "성질(이성)을 잃을 때" 그 대상은 몸이며 그 결과 몸은 제멋대로 행동한다. 당신은 여기에 동의하는가, 동의하지 않는가?

8. 육체 혐오의 출처는 무엇이며 그리스도는 어떻게 우리를 거기서 건지시는가?

9. 내 몸은 내 마음대로 해도 되는 내 것인가? 그렇게 답한 이유는 무엇인가?

10. 우리 몸을 하나님 안에 있는 평화와 힘에 이르게 할 수 있는 몇 가지 방법은 무엇인가?

11. 안식일이 당신 몸에 미치는 의미는 무엇인가?

12. 몸은 영적 아름다움을 지닐 수 있는가? 어떻게 그럴 수 있는가?

10.
사회적 차원의 변화

하나님의 공동체는 그리스도를 스승과 길잡이 삼아 이교도 공동체 속을 나그네로 살아간다. 이교도 공동체에 견주어 하나님의 공동체는 세상을 비추는 천국의 빛과 같다. _오리겐[1]

우리가 형제를 사랑함으로 사망에서 옮겨 생명으로 들어간 줄을 알거니와 사랑치 아니하는 자는 사망에 거하느니라. _요한일서 3:14

이제 그리스도를 닮아가는 영성 형성을 이루려면 우리 대인관계가 어떠해야 하는지 살펴볼 차례다.

충족한 관계

서로에게 뿌리를 내리고 사는 것이 인간 삶의 본연의 모습이다. 발을 든든히 디뎌야 안전히 걷고 움직일 수 있는 것처럼, 남들이 나를 **위해 준다**는 확신이 있어야 안정되고 건강한 삶을 살 수 있다. 그것이 나타나는 방식은 사람마다 다를 수 있지만 **절대 필요한 것만은** 사실이다. 그것이 없다면 우리는 상처로 비틀거릴 수밖에 없고 우리 삶은 죽는 날까지 대체로 아귀다툼이 될 것이다.

남들이 나를 "위해 준다"는 인식은 필수다. 그런 인식이 충분히 존재할 때 인간 사이에 "충족한 관계"가 생겨난다. 가장 기본적 형태는 엄마와 아이 관계다. 부모와 아이, 세 사람의 관계도 있다. ("곰 세 마리가 있어요, 엄마 곰 아빠 곰 아기 곰"처럼.) 성인 부부도 있고 서로 마음을 빼앗긴 젊은 연인들도 있다. 물론 이런 "충족"은 수많은 형태의 인간관계에 어느 정도 나타날 수 있다. 그리고 거기에는 언제나 해당 관계의 본질 자체에서 비롯되는 고유한 특성이 수반된다.

충족한 관계는 인간 조건의 본성이자 필수이며 보기에 극히 아름답다. 그러나 그런 충족한 관계는 인간적 차원에서만 보면 언제나 환상에 가까우며, 그 환상 자체도 두려울 정도로 깨지기 쉽다. 우리는 불안해하는 아이를 달래려 "이제 다 괜찮아"라고 말한다. 그러나 사실은 전혀 아니다. 세상에 **다** 괜찮은 상태란 있을 수 없다. 그 말이 필요한 상황일수록 더욱 아니다.

모든 인간관계는 그것을 받쳐 주는 더 큰 장(場)이나 반경이 전제돼야만 **"정말** 괜찮을" 수 있다. 예컨대, 엄마와 아이 관계는 그 관계를 돌봐 주고 지켜 주는 더 큰 가정을 전제로 한다. 가정이 있어야 둘은 다른 모든 것을 제쳐 두고 마음껏 서로에게 몰두할 수 있다. 이 더 큰 반경은 다시 그보다 더 큰 반경에 의존한다. 반경이 커질수록 친밀감은 훨씬 줄지만, 그럼에도 반드시 그것이 있어야만 안쪽의 작은 반경들이 존재할 수 있다. 인간의 삶이란 그런 것이다. 엄마와 아이의 단란한 사이는 지구 저편의 경제 상황 때문에 큰 타격을 입을 수 있다.

충족하되 진정 자기 충족적인 관계는 오직 성부와 성자와 성령의 관계뿐이다. 그 관계의 삶에 붙들리지 않는 한, 궁극적으로 모든 인간관계는 해체될 수밖에 없다. 그 관계야말로 완전히 자기 충족적인 유일한 관계이기 때문이다. 모든 깨어진 관계가 치유를 얻을 수 있는 곳이 있다면, 바로 거기다.

깨어진 관계로부터의 깨어진 개인은 하나님의 삼위일체 관계에 뿌리를 둘 때에만 가족관계에서 받은 상처를 치유할 수 있고, 모태로부터 하나님의 영원한 도성에 이르는 머나먼 여정에서 온전함을 이룰 수 있다. 물론 충족한 관계, 서로에게 뿌리를 두는 인간 본연의 관계가 환상에 그치거나 미약하거나 결국 깨지는 것은 결코 하나님의 의도가 아니다. 그런 관계가 그분 나라 안에서 영위되었다면 그렇게 되지 않는다.

거부당하는 현실

대부분의 사람들은 거부당하고 제외되는 것을 잘 안다. 그것은 받아들여지지 않고 환영받지 못하고 용인되지 않는 것이다. 인간 삶에서 부모 자식 관계가 충족한 관계의 가장 완벽한 예이듯이, 가장 깊고 오래가는 상처를 줄 수 있는 것도 바로 그 관계다. 어렸을 때 부모와 형제자매에게 온전히 받아들여진 아이는 십중팔구 거기에 뿌리를 내린다. 평생 한 인간에게 닥쳐올 대다수 형태의 거부를, 그는 그 관계 때문에 견뎌 낼 수 있다. 그는 가족들과 나눈 견고한 관계를 평생 지니고 산다. 사랑하는 이들이 죽은 지 오랜 후에도 그것이 그를 지탱해 준다. 그는 마르지 않는 쉼과 힘을 그 관계에서 얻는다.

반면, 어려서 충분히 수용받지 **못한** 아이는 실제 그로 인해 목숨을 잃을 수 있다. 살아남은 경우라도 평생 건전한 인간관계 안에서 사랑을 주고받지 못할 가능성이 크다. 그는 늘 "제외될" 것이다. 상상 속에서라도 그럴 것이다. 이 점에서 상상은 현실의 위력을 지닐 수 있다. 그래서 구약의 마지막 말씀은 "아비의 마음을 자녀에게로 돌이키게 하고 자녀들의 마음을 그들의 아비에게로 돌이키게" 해, 그 땅에 임할 저주를 피하게 할 자가 장차 올 것을 예언하고 있다(말 4:6).

물론 유년기 이후에도 상호 의존에 대한 심각한 상처가 생길 수 있다. 내가 이래저래 실패할 때—현실에서든 상상으로든—부모나 기타 중요한 타인은 나를 거부하고 멀리할 수 있다. 배우자의 외도, 이혼, 승진 실패, 사업 몰락, 자녀의 반항, 아무 데도 "끼지" 못하는 것[2] 등 모두가 인간의 충족한 관계를 깨뜨린다. 그럴 때 우리는 영의 차원에서 남들과 통하지 못할 수 있다. 남들과 깊이 통하는 데서 오는 양분이 없다 보니, 영적 굶주림에 빠지고 모든 차원에서 온전함을 상실한다.

인간의 모든 거부와 깨어진 관계를 두르고 있는 것은, 현실일 수도 있고 상상일 수도 있는 죄로 인한 하나님의 거부와 도덕적 실패로 인한 자괴감이다. 이 역시 의식하거나 말로 표현할 수 없을 만큼 깊을 때가 많다.

관계에 나타나는 악의 두 가지 기본 형태

따라서 사회적 차원의 영성 형성을 다룰 때 우리는 **상처**에서 시작해야 한다. 대인관계에서 깊은 상처를 받지 않은 사람은 세상에 거의 없다. 사회적 차원에 나타나는 죄라는 독소의 본질은 그 해결은 극히 어려워도 설명은 아주 쉽다. 두 가지 형태가 있다. 둘은 사실상 같은 현상의 두 형태라고 할 만큼 밀접히 얽혀 있다. 그것은 사랑이 없는 것, 곧 남에 대해 마땅한 대우와 관심이 없는 것이다. 두 가지 형태란 **공격**(또는 비난)과 **철회**(또는 "거리 유지")다. 이것은 대다수 사람들이 으레 "현실"로 생각할 정도로, 평상시 인간 실존의 일부가 되어 버렸다. 인간이 공격과 철회 없이도 살 수 있음을 그들은 상상조차 못한다.

그리스도 안의 영성 형성이 성과를 거두기 위해서는 나 자신의 삶—내 자아 안—에 있는 이 두 형태의 악의 위력이 **반드시** 깨져야만 한다. 내 안에 거하는 실체요 남에게 취하는 내 자세인 그 위력은 최대한 제해져야 한다. 남이 나를 그렇게 대할 때도 우리는 그 위력의 무장을 깨끗이 해제시켜야 한다. 우리의 사회적 정황—특히 그리스도의 제자들의 교제권—에서도 그 위력은 최대한 제해져야 한다. 물론 새 시대가 밝아 올 때까지 그것은 세상에서든 그리스도인들의 교제권에서든 완전히 제해질 수는 없다. 우리는 그 사실을 수용해야 한다. 하지만 나 자신의 존재로부터는 그것을 능히 제할 수 있다. 우리는 악의 위력 없이도 **능히** 살아갈 수 있다.

공격과 철회

상대의 유익과 반대되게 행동할 때, 우리는 그를 공격하는 것이다. 설사 상대가 승낙했더라도 마찬가지다. 상대를 해치거나 고통을 가하되 그의 의식적 의지를 거슬리려 할 때만 공격이 아니다. 따라서 유혹도 공격이다. 나쁜 행위와 죄를 제도화하는 사회구조에 가담하거나 아예 추종하는 것도 공격이다. 좀더 명시적이고 잘 알려진 형태의 공격이 십계명의 후반부 여섯 계명에 다뤄져 있다. 바로 살인, 간음, 절도 등이다. 이것은 예수의 가르침 특히 산상수훈(마 5-7장; 눅 6장)과, 골로새서 3-4장과 고린도전서 13장 같은 바울의 가르침을 통해 그 의미가 한층 심화된다.

철회란 상대의 행복과 유익을 나와 무관한 일로 대하는 자세다. 아예 상대를 경멸하는 지경까지 갈 수도 있다. "내가 알 바 아니다"는 식이다.

공격과 철회는 둘 다 내게 가까운 이들과의 관계에 주로 발생한다. 그들은 평범한 일상 속에서 내 행위와 존재에 영향을 입는 자들이다. 내 가족들, 나와 맞대고 사는 "이웃"들, 나와 함께 일하거나 노는 이들, 나와 공동선을 공유하는 지역 사회를 뜻함은 말할 것도 없다. 현대세계에서는 지역 사회에 경계선을 긋기 어렵다. 중요한 통신장비들이 전 세계 모두를 하나로 이어주기 때문이다. 그렇더라도 인간의 유한성 때문에 실제 생활 속에서는 일정한 구별이 **반드시** 필요하다. 우리는 아주 많은 사람들과 실속 있는 관심을 주고받을 수는 없다.

공격이란 언제나 상대에게 "거리를 두는" 행위이며, 마찬가지로 철회—철회하겠다는 위협이나 언질도 포함해—도 거의 언제나 상대에 대한 공격 방식이다. 따라서 우리는 공격과 철회의 구분을 단지 강조점의 문제로 이해해야 한다. 이것은 "사랑 없는 삶"의 현상을 이해하는 데 유용한 개념이다.

좋든 나쁘든 영성 형성은 언제나 극히 사회적인 일이다. 우리는 그것을 나한테만 묶어 둘 수 없다. 영성 형성을 단순히 사적인 문제로 생각한다면 그것은 오산이다. "그저 하나님과 나만의 일이다"라거나 "내 일은 내 일이다"라고 말하는 사람이 있다면, 그것은 "나"는 물론 하나님까지 오해한 것이다. 엄격히 말해 "하나님과 나만의 일"이란 **없다**. 하나님과 나 사이의 모든 것이 내 존재에 영향을 끼치고 그것이 다시 주변 모든 사람과의 관계를 바꿔 놓기 때문이다. 내 대인관계 또한 나를 바꿔 놓고 하나님과의 관계에 깊은 영향을 미친다. 이렇듯 내가 변화되려면 관계가 변화돼야만 한다.

그러므로 예수는 자신이 지도하는 영성 형성의 결과에 분명한 표지를 천명하셨다. 그것은 우리가 서로 사랑하는 사람이 된다는 것이다(요 13:35). 아울러 그분은 "사랑"—아무 데나 붙는 그 흔한 말—의 의미를 두루뭉술하게 두시지 않는다. 대신 그분은 "**새** 계명을 너희에게 주노니 서로 사랑하라. 내가 너희를 사랑한 **것같이** 너희도 사랑하라"(34절)고 명하신다. 이웃 사랑은 우리를 향하신 예수의 사랑과 동일시된다. 예부터 내려온 사랑의 계명이 그렇게 새 계명으로 옷을 갈아입는다(요일 2:7-8 참조).

이처럼 초자연적 방식으로 "형제들"을 사랑할 때 우리는 "우리가……사망에서 옮겨 생명으로 들어간 줄을"(요일 3:14) 알 수 있다. 다른 종류의 생명이 우리 안에 없고서야 **그런** 사랑은 한마디로 불가능하다. 여기 문제의 "사랑"이란 그리스도 안에 있는 사랑과 동일시된다. 그 사랑이 있어야만 "형제들을 위하여 목숨을 버[릴]"(16절) 수 있기 **때문**이다.

반면에, 예수께서 우리를 사랑하신 대로 남을 사랑하지 못하면, 인간 시스템 전체가 그토록 갈망하는 영원한 차원의 생명의 흐름이 막힌다. 옛 사도는 전혀 가감 없이 "사랑치 아니하는 자는 사망에 거하느니라"(14절)고 말한다. 그가 "미워하는 자"라고 하지 않고 단순히 "사랑치 아니하는 자"라고 한 점에 주의하라. 사랑의 부재 자체가 죽음을 부른다. 그것이 철회다.

주목할 부분이 또 있다. 요한은 "**사랑받지 못하는 자**"라고 말하지 않았다. 물론 그것도 맞는 말이다. 그것도 죽음이다. 그러나 우리 목적은 남에게 나를 사랑해 달라고 하는 것일 수 없다. **우리에게 오는 사랑은 하나님께로부터 온다. 그것이** 우리의 불요불굴의 충족한 관계가 돼야 한다. 그렇다면 우리 목적은 그리스도의 **아가페**로 남을 사랑하는 자가 되는 것이어야 한다. 그 목적이 잘 개발될 때 인간 자아의 사회적 차원이 변화되며 우리의 모든 대인관계가 변화된다. 사랑은 감정도 아니요 특별한 감정 양식도 아니다.[3] 사랑이란 자신과 타인으로 더불어 하나님의 방식으로 관계맺는 것이다. 그것이 우리 존재의 모든 차원에 운행하며 우리 세상을 선하게 개혁한다.

인간 본성에 깊이 뿌리박힌 사랑

예수의 이 가르침은 우리의 기본 본성에 깊이 뿌리박혀 있다. 사랑은 이번 장 서두에 말한 아름다운 "충족한 관계" 속에 표출된다. 재차 강조한다. 인간의 삶은 관계의 삶이다. 혼자 살다 죽어가는 저주받은 이들이 많지만, 어디까지나 우리는 관계를 통해 관계 속에 태어난다.

캘커타의 테레사 수녀가 알린 비통한 사연 중에 한 불가촉 천민에 대한 이야기가 있다. 인간의 관심 밖에서 그는 몸 둘 수 있는 곳이면 길거리서나 아무 데서나 살았다. 테레사 수녀는 죽어가는 그를 자기 시설에 들여 씻어 주고 보살폈다. 그는 "나는 평생 짐승처럼 살았으나 이제 사람처럼 죽을 수 있게 됐다"고 말했다. 단순히 누군가 그에게 **베풀고** "안으로" 들였기에 그렇게 됐다! 단순히 상대를 영접하고 공궤하고 자리를 내주는 것이야말로 인간이 할 수 있는 가장 큰일, 생명을 주고받는 일 가운데 하나다. 그것이 기본적·보편적 사랑 행위다. 우리 삶은 본래 하나님의 풍성한 자원에 의지해 그런 행위로 충만하도록 되어 있다. 예수처럼 우리도 "형제들을 위하여 목숨을 버릴" 때 사랑 행위의 실현은 극에 달한다.[4]

이런 질의 "관계"는 인간 실존의 모든 차원에 가닿는다. 그것은 모든 생각과 감정의 기본 특성이 된다. 어차피 생각과 감정이란, 늘 그 자체가 아닌 다른 것을 **대상**으로 한다. 그런 관계는 우리 몸과 영혼과 세계의 가장 깊은 부분에 스며든다. 그곳은 언제나 내 정체와 실체—나는 누구인가—가 타인들과 얽히는 부분이다(반응에 따라 부정적으로 얽힐 때도 있다). 여기 타인이란 내게 생명을 주고 나를 부양하고 나와 동행해 온 이들이다. 내게 깊은 상처를 입힌 이들일 수도 있다. "타인"의 부름은 만인의 삶에 불변의 사실이다. 그것은 도덕적 실존의 기본 현실이다. 거기서 철회해 봐야 우리는 고립, 곧 살아있는 죽음에 들어설 뿐이다. 철회를 통해 내 삶을 건질 목표로 산다면 나는 삶을 잃는다. 예수께서 그렇게 말씀하셨다. 이것은 비단 계시된 진리만이 아니라 삶 속에서 시험 가능한 사실이다. 살려면 주라. 그리고 받으라. (4장 참조.)

하나님은 사랑이시다

이것이 우리 각자에게 가능한 현실이 될 수 있는 것은, 만유의 근원이요 통치자이신 하나님의 정체 때문이다. "하나님은 사랑이시라." 그렇다. 그러나 여기서 핵심을 놓치면 안된다. 정말 기쁜 소식은 흔히들 말하는 대로 그분이 **우리를** 사랑하신다는 것 자체가 **아니다.** 아주 비열한 사람도 특별한 이유로 누군가를 사랑할 수 있다(마 5:46-48). 그러나 그분은 사랑 **자체이시다. 우리를 위한** 그분의 사랑은 "사랑"이신 근본 실체를 통해 유지된다. 삼위일체의 속성도 그 사랑으로 정해진다.

하나님은 그분 자신이 아름다운 사랑의 공동체다. 일인칭, 이인칭, 삼인칭이 사회적 모체를 완성한다. 그분은 사랑이시며 사랑받으실 뿐 아니라 타자인 삼인칭에게 사랑을 **나누신다.** 공동체란 단지 사랑과 그에 대한 보답의 사랑으로 형성되지 않는다. 그런 공동체는 그 자체로 배타적이다. 남에게 사랑을 **나눌** 때 참된 포용적 공동체가 형성된다. 삼위일체 안에는 "일인칭, 이인칭, 삼인칭" 따위의 개념조차 없을 것이다. 삼위일체 안에는 종속이 없다. 무슨 심오한 형이상학적 사실 때문이 아니라 삼위일체의 세 위가 그것을 **원치 않으시기** 때문이다.

성품의 속성은 본질상 공동체적이다. 성품의 실체를 정확히 보여주는 것은 삼위일체뿐이다. 이교도였지만 사상이 심오했던 아리스토텔레스는 인간 성품에 대해 이렇게 말했다.

> 고립된 개인은 스스로 충족할 수 없다. 따라서 인간은 전체에 속한 한 부분과 같다. 그러나 스스로 충족한 줄 알고 사회 속에 살 줄 모르거나 사회가 불필요한 사람이 있다면, 그는 짐승이거나 신이거나 둘 중 하나다.[5]

그러나 인간 성품에 대한 이 근본 사실은 창조주의 속성에 뿌리를 두고 있다. 성경기자들은 아리스토텔레스보다 오래 전부터 그것을 잘 알았다. 서두부터 성경은 "사람의 독처하는 것이 좋지 못하[다]"고 말한다. 그래서 하나님은 "그를 위하여 돕는 배필"을 짓기로 작정하신다(창 2:18). 오랜 세월 후 바울은 "우리 중에 누구든지 자기를 위하여 사는 자가 없고 자기를 위하여 죽는 자도 없도다"(롬 14:7)고 지적했다. 그러나 그는 아리스토텔레스가 알 수 없었던 것을 알았다. "사나 죽으나 우리가 주의 것"(8절)이라는 사실과, 바로 그것을 위해 "그리스도께서 죽었다가 다시 살으셨으니 곧 죽은 자와 산 자의 주가 되려 하심"(9절)이라는 사실이다. 인간은 하나님 안에 있을 때만 진정 **함께** 있다. 다른 모든 "함께 있는" 방법은 인간 본성의 기본 필요에 미치지 못한다.

인간의 일차적 타자는 원하든 원치 않든 언제나 하나님이다.

모든 생명력 있는 대인관계와 모든 사회적 차원의 비밀은 이 사실에 있다. 존 던John Donne은 바울의 말을 이렇게 멋있게 확대시켜 표현했다.

> 모든 인류는 한 저자가 쓴 한 권의 책이다. 한 사람이 죽으면 한 장(章)이 책에서 떨어져 나가는 것이 아니라 더 좋은 언어로 번역된다. 매 장마다 그렇게 번역돼야 한다. 하나님은 여러 번역가들을 기용하신다. 즉 일부는 나이가, 일부는 질병이, 일부는 전쟁이, 일부는 정의가 번역한다. 그러나 모든 번역에 하나님의 손길이 함께한다. 그분의 손은 흩어진 낱장을 모두 다시 묶어 도서관에 두신다. 책이 책에게 서로 펼쳐지는 곳이다.[6]

회의적인 하나님 아래 한 나라

미국인들은 국기를 보며 충성을 맹세한다. 국기는 "하나님 아래 분리될 수 없는 한 나라, 만인의 자유와 정의가 보장되는 나라"를 상징한다. 그러나 이것이 일상생활의 현실에 어떤 의미가 있고 어떻게 적용되는지 과연 누가 알 것인가? 성경에 나타난 하나님 아래의 인간 연합에 대해서는 더 말할 것도 없다. 오늘날 그것을 상상이라도 할 수 있는 사람은 거의 없다. 그것을 자신에게든 타인에게든 현실적으로 가능하게 여기는 사람은 더욱 없다. 예수 그리스도의 메시지와 그분의 사람들만이 그것을 실체화할 수 있다.

그리스도에 대해 이렇다할 지식이 없는 사람도 혹 **소수의 사**

람들—잘 선별된 "바른 종류"의 사람들—에 대해서는 그런 식의 "공동 연대"를 상상할 수 있을 것이다. 그러나 인간 일반에 대해서는 절대 그럴 수 없다. 특히 출생과 역사와 사회의 "우연"으로 나와 **꼼짝없이 얽힌** 이들에 대해서는 더욱 그렇다. 우리 영과 몸에 깊이 배어든 죄의 구조는 우리에게서 그런 대인관계—하나님이 본래 주시려 했고 우리 마음이 갈망하는 관계—능력을 거의 송두리째 앗아 갔다. 미국인들은 그 관계가 무엇인지도 모르면서 공적 담론에서 그것을 이상화하고 있다.

래리 크랩^{Larry Crabb}이 잘 표현했다.

두 사람이 **이어질 때**, 성관계로 두 몸이 얽히듯 두 존재가 서로 얽힐 때 한쪽에서 뭔가가 나와 다른 쪽으로 들어간다. 영혼의 가장 깊은 상처를 치유하고 건강을 회복할 힘이 그 속에 있다. 받는 자는 치유되는 기쁨을 경험한다. 주는 자는 치유에 쓰임받는 더 큰 기쁨을 맛본다. 하나님의 각 자녀의 마음에는 모든 악보다 더 강력한 선이 있다. 그 선은 방류되어 마력을 발휘할 날을 기다리고 있다.

그리고 그는 이렇게 덧붙였다. "그러나 그런 일은 거의 일어나지 않는다."[7]

그리스도 안에서 그 가능성을 본다

그것은 서글픈 사실이다. 그리스도 안에 있는 생명의 힘이 사장

되고 있다. 그러나 그분 안의 영성 형성이 달성된다는 것은, 크랩의 말한 바가 그리스도의 사람들 사이에 **일상사로** 일어난다는 뜻이다. 그리스도의 몸인 교회가 바로 그런 의미다. 지체들은 초자연적 능력으로 서로를 세워 준다. 그리스도를 죽은 자 가운데서 살린 그 능력이 이제 각 지체를 통해 다른 지체들에게 흐른다. "깃발을 든 군대처럼 무섭게, 영원에 뿌리를 두고 온 시공으로 퍼져 나가는 교회"[8]가 거기서 비롯된다.

아무리 결점이 많을지라도, 가시적 교회(누구나 마음만 먹으면 볼 수 있는)란 비가시적 교회(하나님만이 보실 수 있는)가 역사와 사회 속에 나타난 외적 발현이다. 이 비가시적 실체에 대해 디트리히 본회퍼는 이렇게 말했다.

교회의 영적 연합은 하나님이 뜻하신 원초적 통합체다. 그것은 애써 세워야 할 관계가 아니라 이미 수립되어 *iustitia passiva,* 수동적 의 비가시적으로 남아 있는 관계다. 그것은 일치점이나 유사점이나 공통점을 통해 가능한 것이 아니다. 일치된 기분과 혼동해서도 안된다. 대신 그것은 외부의 박해가 가장 강하게 날뛰는 듯한 곳, 각 사람이 아주 개인적 삶을 영위하는 곳에 실체로 존재한다. 반면, 그것이 가장 위세를 떨칠 것 같은 곳에 오히려 그 부재가 나타날 수 있다. 그것은 일치보다는 의지들 간의 갈등 속에서 더 밝게 빛날 수 있다.[9]

예수를 믿을 때 우리는 바로 **이** 교회—부활하신 주님의 비가시적인 몸—에 들어온다. 그분은 우리를 안으로 들여 "충족한 관계"를 이루신다. 그것은 실재하는 관계요 궁극적 관계다. 크랩이 말한 **이어짐**을 우리는 맨 먼저 그분과의 관계 속에서 알기 시작한다. 그 다음에야 우리는 그분에게서 흘러나오는 사랑의 임재가 어떻게 남에게서 내게로, 내게서 남에게로 뻗어 나가는지 비로소 볼 수 있다.

이 일은 지금 우리 앞에 있는 불완전한 공동체와 회중 속에 일어나야 한다. 그러나 새 생명은, 궁극적으로 우리 자아의 사회적 차원 전체를 미래의 천국을 향해 변화시킬 수 있고 마땅히 그래야 한다. "책이 책에게 서로 펼쳐지는" 그곳(천국)에 가면, 하나님이 지금 우리를 아시듯 우리도 알게 될 것이다.

잘못된 상태를 철저히 이해한다

삶의 다른 모든 차원들과 마찬가지로 대인관계에서의 구속의 진척 역시 하나님이 우리 안에서 우리를 위해 하시는 일 못지않게 우리가 하는 일에 달려 있다. 사회적 관계의 영성 형성 과정에서 우리 몫을 감당하려면 우리 **대인관계가 어떻게 잘못됐는지**(내 잘못이든 남이 내게 잘못하는 것이든) 그리고 그것이 어떻게 변화될 수 있는지 깊이 **파악하고 이해해야** 한다. 앞에서 **공격**과 **철회**를 이야기한 것도 그 때문이다.

공격은 아동 발달기에 처음 발생하며 주로 욕망의 갈등에서 비롯된다. 한 아이가 다른 아이의 물건을 갖고 싶어한다. 그래서 어떻게든 그것을 뺏으려 한다. 그러나 상대가 저항한다. 두 아이는 서로 화가 나고, 서로를 해치려 한다. 가인의 이야기다.

혹 아이들은 시기심을 느끼며 그 때문에 서로 못마땅해할 수 있다. 한 아이는 좋아하지만 다른 아이는 그렇지 않은 상황도 있을 수 있다. 원한과 경멸의 감정이 생겨나 둘 사이를 오간다. 나이가 들면 도적질, 거짓말, 살인, 간음, 습관적 탐심의 태도가 자리잡는다. 형태는 달라도 모두가 상대를 향한 공격이다.

이 모든 것의 중심은 남을 해치고 손해를 입히려는 의지다. 이미 살펴본 것처럼, 그래서 십계명의 뒤 여섯 계명은 **공격**에 대한 것이다. 나와 관계맺은 자들에게 공격적 행동으로 가장 쉽게 상처를 주는 길이 그 여섯 가지 행위다. 제5계명만 빼고는 다 "······하지 말지니라"는 명쾌한 부정명령이다. 제5계명 "네 부모를 공경하라"는 본질상 너무 친밀한 관계를 다루고 있어, 그에 관한 명령은 긍정적일 수밖에 없다. 긍정적 측면이 빠지면 그것만으로 부모와 자녀 모두 상처를 입는 것과 같다. 그래서 이것은 바울의 말대로 "약속 있는 첫 계명"(엡 6:2)이다. 이것을 어기면 영혼이 붕괴되고 역기능적 인간이 된다. 그런 면에서 이 것은 다른 계명들과 다르다.

여기서 금세 분명해지는 사실이 있다. 그리스도 안의 영성 형성이란, 나와 관계되고 나와 **함께** 있는 자들을 공격할 **마음이 없는**, 그래서 실제 행동도 없는 사람이 된다는 뜻이다. 물론 공격에 대한 성경 전반의 가르침은 이 여섯 계명보다 훨씬 깊고 자세하다. 여섯 계명은 바른 대인관계의 확고부동한 기초라 할 수 있다. 사람을 공격하는 방법은 그 밖에도 많다. 모든 공격은 관계에서 또 다른 부류의 잘못인 철회와 만난다.

혀의 위력을 다시 예로 들 수 있다. 말의 공격은 구체적으로 상대를 아프게 하고 나나 남들 앞에서 그의 위신이나 명망을 잃게 하려는 행위다. 그것은 잔인한 방법 못지 않게 소위 "예리한 발언" 등 아주 세련된 방법으로도 가능하다. 단번의 또는 상습적인 언어 공격, 기타 비언어적 형태의 학대나 비하를 받고서 평생 거기서 회복되지 못하는 사람들을 주위에서 흔히 볼 수 있다. 대부분의 경우 이런 일은 아주 어린아이들이나 혹은 이래저래 약하고 보호받지 못하는 사람들한테 벌어진다.

그러나 철회도 공격처럼 관계된 사람에게 상처를 주기는 마찬가지다. 잘 알려진 것처럼 혀는 철회, 곧 침묵으로도 공격할 수 있다. 핵심을 재차 강조하거니와, 공격과 철회를 두부 자르듯 구분하는 것은 좋지 않다. 철회는 의도적인 공격 형태일 때가 많기 때문이다. 그러나 그렇지 않은 철회도 있다. 상대를 해치려는 직접적 의지보다 연약함, 두려움, 불확실함, 미적 고민(예쁘다, 못생겼다 등)에서 유발되는 철회도 있다. 우리는 상대를 해치려는 의사 없이 또는 해칠 수 있다는 가능성조차 모른 채, 자신의 약점이나 한계 때문에 철회할 때가 많다. 그래도 해를 입히기는 마찬가지다. 하나님의 감싸 주시는 사랑과 능력을 충분히 의식하지 **못하는** 자들에게는, 아무리 동기가 선했다고 해명해도 그것으로 철회의 상처를 막거나 치유해 줄 수 없다. 하나님 없이는 상처받을수록 더 독해져 그냥 "버티는" 것이 고작 우리 모습일 수 있다.

우리 삶의 사회적 영역은 공격과 철회와는 정반대로, 끊임없이 서로 축복을 나누는 장이 돼야 한다. 그것이 하나님이 의도하신 바다. 그것이 없으면 고통과 역기능이 뒤따른다. 물론 인간이 서로 나누는 교류나 "함께함"은 관계마다 정도가 다르다.

주어진 관계에 걸맞은 "상호 축복"의 특성이 그로 인해 달라진다. 그러나 **모든** 인간관계는 선의와 존경의 관계가 돼야 하며, 합당한 방법으로 상대를 인정하고 돕고 잘되게 해주려는 **준비**가 돼 있어야 한다.

정상이 아닌 현대의 냉담한 기류

그런 꾸준한 관용의 반응이 당연히 사회에 이상(理想)으로 통하던 시절이 있었다. 그것은 오늘 우리 시대에서 그리 먼 옛날이 아니다. 내가 어렸을 때만 해도 우리 아버지는 차를 몰고 가다가 늘 맞은편 차의 운전자에게 손을 들어 인사했다. 그러면 상대도 거의 매번 답례를 보냈다. (최근 조지아 주 시골길을 운전하며 지나는데 어떤 남자가 내게 그렇게 인사해 약간 충격을 받은 일이 있다.) 물론 그때는 맞은편에 차가 그리 많지 않았다. 인도를 걸을 때도 우리 아버지는 군중 속에 파묻혀 있지 않는 한 **누구에게든** 인사 없이 지나치는 법이 없었다. 그리고 여자(그대로 **숙녀**로 통했던)에게는 늘 모자에 가볍게 손을 대고 인사했다.

사소한 일로 보일 수 있다. 오늘 우리가 운전자를 만날 때마다 인사하려 한다면 큰 사고가 날지 모른다. 인도에서 사람들에게 말을 걸면 미쳤거나 위험한 사람 취급받을 것이다. 우리 시대의 심오한 도덕적 통찰이 그런 반응에 섞인 "위선"을 지적할 것도 뻔하다.

분명 우리는 지금 다른 세상에 살고 있다. 하지만 더 좋은 세상인가? 허다한 무리가 전염병처럼 퍼진 중독과 역기능으로 고생하고 있거니와, 이것은 우리가 늘 사람들의 철회 속에 살고 있다는 사실과 상관 있지 않을까? 내게 멀찍이 거리를 두는 이들, 내가 **여기** 있음을 인정하려 들지 않는 이들, 솔직히 내가 없다면 더 편안해할 이들, 많은 경우 대놓고 나를 거부하며 그것을 당연하게 여기는 이들 속에 살고 있다. 오늘날 사람들은 인정받으려는 절박한 욕구에 미친 듯 쫓겨다닌다. 그래서 "매력" 있어지거나 적어도 환심을 사려고 미련한 일과 자멸의 길도 마다하지 않는다. 이것은 가정과 이웃과 학교와 직장에서 언제나 환영과 축복을 서로 주고받던 세계를 상실한 흔적이 아니고 무엇인가? "매력"으로 관심을 끄는 것이야말로 대인관계의 절대적 배수진이 되었다. 앤디 워홀^{Andy Warhol}은 15분간의 명예로 유명하지만, 이제 그것도 15초 이하로 짧아졌다.

나는 개인의 의지적 행위로 우리 사회의 절망적 상황을 극복할 수 있다고 말할 생각은 없다. 천만의 말이다. 조치를 취하기는 해야겠지만 **그것**은 아니다. 지금 우리 앞의 세상은 이런 곳이다. 그 세상에 **뭐든** 실제로 도움이 되는 일을 하려면 인간에게 없는 은혜와 지혜가 필요하다. 인격 개발과 사회 개발의 **장기적 계획**도 필요하다. 하나님이 그런 계획을 품고 계심은 말할 것도 없다.

그러나 현 위치에서 시작하려면, 이 세상의 현재의 **통상적** 모습이 정상이 아니라는 사실을 인식해야 한다. 우리는 세상의 실상을 보아야 한다. 그리고 은혜와 진리로 세상을 조금씩 변화시켜 갈 수 있는 구체적 방법들을 모색해야 한다. 무엇보다 예수를 따르는 우리는, 매주 두어 시간 교회에서 "적당히 거리를 조정하며" 보내는 것으로는 별 도움이 안됨을 알아야 한다. 그 것은 타락한 세상에 만연된 철회의 패턴을 오히려 더 악화시킬 수도 있다. 우리 교제권 안에서 우리가 **할 수 있는** 일은 무엇인 가? 어떻게 해야 정말 변화가 나타날 것인가?

가정의 중심성

사랑과 바른 대인관계를 망쳐 놓는 공격과 철회의 요소들을 찾 아내야 할 곳은 특히 우리 가정과 그에 버금가는 친밀한 관계 다. 우리는 통찰과 실천으로 그런 요소를 깨치고 나와 전복시켜 야 한다. 그렇게 하기 위해서는 먼저 침착하면서도 단호하게 그 런 독소적 요소에 협력하지 않는 법을 배워야 하며, 그 한가운 데서 주도적으로 선의와 축복에 착수해야 한다. 각종 그리스도 인 모임의 활동은 저마다 처한 자리에서 그 일을 제대로 하도록 힘을 길러 주는 데 초점을 맞춰야 한다. 그런 모임은 강력한 구 속(救贖)의 공동체가 퍼져 나가는 진원지가 될 수 있고 마땅히 그래야 한다.

어디서부터 시작할 것인가? "가정 폭력에는 핑계가 없다." 경찰, 도로 정비, 학교 등 공공 차량에 그런 범퍼 스티커가 붙어 있는 것을 미국 도처에서 볼 수 있다. 훌륭한 개념이다. 그러나 우리는 더 깊이 들어가야 한다. 우리는 가정 폭력이라는 것을 생각할 수도 없고 절대 선택안으로 삼을 수도 없는 사람이 돼야 한다. 생각과 몸—존재 자체—의 구성상, 단순히 그것이 들어설 자리가 없는 사람으로 변화돼야 한다. 이것이 기독교 영성 형성의 작업이다.

우리는 가정에서 시작해야 한다. 이제 구호는 "가정 내의 공격이나 철회에는 핑계가 없다"가 돼야 한다. 그렇게 되면 가정 폭력은 해결될까? 당연하다. 그러나 역은 성립되지 않는다. 가정 폭력만 피해서는 가정은 여전히 "예리한 발언", 경멸, 냉담한 태도, 철회나 무관심의 지옥이 될 수 있다. 기독교 가정과 심지어 기독교 지도자 가정에서도 이런 지옥을 흔히 볼 수 있다. 그런 상태가 정상이라는 것이 흔히 그들의 솔직한 생각인 것 같다. 그들은 다른 길에 대해서는 아는 바가 없다. 그들의 신학 자체가 그런 비참하게 왜곡된 관점을 더 굳혀 줄 수 있다.

온전한 인간 공동체의 기반, 결혼

오늘날 미국의 이혼율은 50%에 달하며 믿는다는 그리스도인들도 별로 다를 바 없다. 그러나 이혼이 수많은 문제를 야기함에도 불구하고 문제는 이혼이 아니다. 문제는 사람들이 결혼생활을 할 줄 모른다는 것이다. 법적 절차와 종교적 예식을 거침에도, 많은 경우 그들은 사실상 **결혼 상태**가 아니다. 결혼이란 두 사람이 부부관계를 통해 글자 그대로 온전히 한몸이 되는 지속적 상호 축복이건만(엡 5:22-33), 서글프게도 그들은 이런 결혼생활을 할 능력이 없다. 그들 잘못이 아니다. 세상이 그러한데 그들인들 어찌 알 수 있겠는가? 누가 가르쳐 주겠는가? 영혼을 섬뜩케 하는 이 사실이야말로 현대의 슬픔의 주범이다.

결혼한다는 것은 가장 친밀하고 총체적인 대인관계를 통해 상대에게 **자신을 주는** 것이요, 가능한 모든 방법으로 상대의 유익을 지원하는 것이다. 신체적·정서적·영적 차원은 물론이요 그 밖에 상상할 수 있는 존재의 모든 차원을 포괄한다. 지금까지 인류에게 주어진 모든 것 가운데 결혼의 실체가 "전통 혼례 예배"보다 더 충실히 표현된 곳은 없다. 영국 국교회의 옛『공동기도서』"혼례식 형태"에 그것이 나와 있다.

표현만 몇 군데 생각해 보라. 이 전통예식의 서약에는 "나를 주고 상대를 받는" 내용이 들어 있다. 작금의 이혼과 가정 붕괴 상황을 바로 이해하려면 누구든 그 내용부터 자세히 살펴봐야 한다. "나……는 그대……를 남편/아내로 취하여 오늘부터 죽음이 우리를 갈라놓는 날까지 평안할 때나 역경 중에나 부유할 때나 가난할 때나 병들 때나 성할 때나 곁에서 품고 사랑하며 아낄 것을 서약합니다." 이 서약의 의미를 깨우치면 결혼의 이상적 취지가 **왜** 평생 일부일처인지 분명해진다. 그리스도 안에서 결혼의 참 모습은 "주를 경외함으로 피차 복종하는" 것이다. 그럴 때 결혼이라는 가장 기본적인 인간관계에서 공격과 철회는 함께 사라진다. 개인들이 온전한 인간이 되어 하나님 아래 온전한 인간 공동체를 이룰 수 있는 기반이나 모태가 거기서 생겨난다. 그것이 그분의 계획이다.

이 "모태"란 물론 여성 신체의 특정 부위만이 아니라 아이의 가정생활 전체다. 출생이란 한 가정의 한 부분에서 더 큰 부분으로 자리를 옮기는 것이다. 이 가정은 여자의 책임 못지 않게, 혹은 그 이상으로 남자의 책임이다. 아이와 남자에게 여자만이 할 수 있는 일이 있거니와, 그것을 잘할 수 있게 해주는 것이 남자의 역할인 까닭이다. 여자도 아이와 여자에게 남자만이 할 수 있는 일을 잘할 수 있게 해주어야 한다. 상대의 전체적 유익을 위해 피차 끊임없이 희생적으로 복종하는 가운데 그 일이 이루어져야 한다. 자녀가 없는 경우라도 부부는 여전히 서로를 위해 "자기 목숨을 버릴" 수 있다. **결혼**이란 그런 것이다.

"시장"이 된 결혼

현대생활의 조건 아래서, 특히 1, 2차 세계대전 이후로 그런 영혼의 연합을 실생활 속에서 이룰 수 있는 길은 여러 이유로 인해 점점 묘연해지고 있다. **개인의 욕망이 모든 것의 기준과 척도가 됐다.** 개인의 욕망이 모든 것의 기준이요 내 욕망을 채울 수 있는 길이 배우자 말고도 얼마든지 많은 현대 상황에서 우리는 어떻게 친밀한 관계 속에 서로를 섬길 수 있는가?

남편과 아내 또는 부모와 자녀는 "자연스럽게" 서로를 섬길 위치에 있고 전통적으로 그래왔다. 그러나 이제 부부 사이나 부모자녀 사이 밖에도 그런 길이 많다는 생각이 점점 확산되고 있다. 대개 그런 방법들이 비용도 덜 들고 "질도 더 좋을지" 모른다.[10] 음식, 의복, 오락, 매력에서부터 로맨스, 성적 만족, 대리모, 대리 아버지에 이르기까지 모두가 그렇다. 노동자들이 자기 노동을 팔려고 남과 경쟁하는 위험한 상황은 이제 현대사회의 모든 사람의 상황이 되었다. 개인의 욕망은 모든 것을 지배하는 원리로 통한다.

그렇다면 이렇게 한쪽에서 또는 양쪽 모두 끊임없이 "더 좋은 거래"를 찾아 쇼핑하거나 끝없이 상대를 다른 편리한 대안들에 견주어 평가하는 상황에서, 상대를 향한 헌신이 과연 어떤 의미가 있는가? 철회, 거부, 공격은 대부분의 친밀한 인간관계에 당연히 상존하는 요인이 될 것이다. 이것이야말로 지상의 인류 공동체를 향한 하나님의 계획을 궤멸시키려고 사탄이 늘 사용해 온 방식이다. 아담이 제 죄를 하와 탓으로 돌리고 가인이 아벨을 살해할 때부터 그랬다. 최근의 "인종 청소"도 그렇고, 전 세계 수백만 아이들이 도심의 길거리나 하수구에서 제 힘으로 연명하거나, 가난한 시골에서 굶어 죽는 현상도 그렇다. 철회와 공격의 동일한 원리는 최고 수준의 문화적·사회적·정치적 관계에도 작용한다. 그리고 대중예술과 언론은 늘 그것을 미화한다.

영적 영양실조의 아이들

어린이들의 영적 영양실조는 그 필연적인 결과다. 그들 부모나 다른 어른들이 개입된 곳에는 늘 공격과 철회의 분위기가 있다. 그런 분위기 속에서 아이들의 작은 영혼과 몸과 마음은 공격과 철회의 현실을 그저 흡수할 수밖에 없다. 물론 포화는 머잖아 아이들 자신에게 튄다. 그들은 곧 공격당해 밀려난다. 그런 정황에서 아이들이 오그라드는 것은 당연하다.

그들이 살아남을 수 있는 유일한 희망은 **독해지는** 것이다. 늘 철회의 자세로 살아가는 것이다. 심지어 자신에게까지 말이다. 이것은 방어적 자세인데, 신기하게도 그런 방어적 자세 때문에 공격까지 쉬워지고 불가피해진다. **남**에 대해서도 그렇고 자신에 대해서도 그렇다. 외로운 작은 영혼이 독해지면 중독, 공격, 고립, 자멸 행위, 경우에 따라서는 극단적 폭력도 불사할 준비가 갖춰진다. 이런 아이들의 광기가 밖에서 서로 의기투합하면 학교 운동장과 "지역 사회"에 악몽 같은 사건이 벌어진다. 그들은 육탄전에 나선다. 몸으로 자기만족과 남에 대한 통제를 얻기도 하고 혹은 고립과 자멸을 부르기도 한다.

그들이 때로 서로를 망치는 것은 놀랄 일이 아니다. 그들을 만들어 냈고 그들과 함께 살고 있는 어른들이 자못 진지하게 "왜?"라고 물을 수 있다는 사실이 놀라울 뿐이다. 정말 몰라서 묻는단 말인가? 사회 영역의 독소를 그들은 정말 보지 못한단 말인가? 이것이야말로 소경이 소경을 인도하다 둘 다 구덩이에 빠지는 또 하나의 절절한 사례다(마 15:14).

세월이 흘러 이 아이들은 어른이 되고 역기능적 영혼을 안은 채 일터, 전문 분야, 시민, 리더십의 자리에 들어선다. 그 영혼들에서 다시 차세대의 상한 영혼들이 나온다. 수많은 그런 사람들이 이제는 "어른", 그것도 어쩌면 "가장 똑똑하고 높은" 어른이 되어 상황을 고쳐 보려고 안간힘을 쓴다. 인간 문제에 대해 그들이 지지하는 "교육, 다원론, 관용" 따위의 해답은 역겨울 정도로 얄팍하다.

그것들 자체가 나쁘다는 말이 아니다. 좋은 것들이다. 그러나 인간 문제의 뿌리에는 근처도 가지 못한다. 그것들은 참으로 피상적이다. 근본적 뿌리는 무지(적어도 "교육"을 통해 배우는 것들에 대한 무지), 편견, 편협이 아니다. 모든 것을 감안할 때 그 셋에서 비롯되는 인간 악의 비율은 극히 낮다. 특히 가장 친밀한 관계에 영향을 미치고 우리의 됨됨이를 결정하는 악이 거기서 나오는 경우는 거의 전무하다. 무지와 편견과 편협은 악의 근본 출처이기는커녕, 오히려 공격과 철회라는 영혼의 심층 구조에서 비롯된 것이다. 공격과 철회 없이는 전자도 별 영향력을 행사하지 못한다.

"차이"란 공격과 철회의 **한 구실**에 지나지 않는다. 좀더 깊은 근본을 제대로 해결하지 않는 한, 교육과 다원론과 "관용"은 또 다른 형태의 세속적 자기 의(義)와 율법주의를 낳을 뿐이다. 그렇지 않아도 아사 직전인 인간 상황을 더 처참히 짓밟을 뿐이다. 래리 크랩이 말한 "이어지는" 관계와 정반대다. 교육과 다원론과 관용 따위는 관계를 치유하기는커녕 사회적으로 약간 더 안정된 정황을 만들어 낼 뿐, 사람들은 그 속에서 오그라들고 죽어간다.

결혼관계에서 연합의 참뜻을 배운다

이렇듯, 사회적 실존의 터진 환부를 치유하려면 말할 것도 없이 결혼관계에서 출발해야 한다. 좀더 포괄적으로, **세상에서 남녀가 더불어 존재하는 방식**이라 말할 수도 있다. 결혼관계가 여러 차원에서 잘못돼 있다면 거기서 나오는 모든 것 역시 심한 해를 입는다. 또 그 해는 비슷한 해를 입은 주변 세계 사람들을 통해 더욱 심해진다. 그들은 공격과 철회를 "삶의 기정사실"로 보고 대인관계를 풀어 가려고 한다. 따라서 영성 형성은 물론 인간을 섬기려는 우리 그리스도인들의 모든 노력은 결혼이라는 가장 중심적 인간관계에 초점을 두어야 한다.

그러나 솔직히 우리는 여러 잡다한 이유로—심지어 교회에 늦는다고 싸우다가—냉담하게 얼어붙거나 분노가 들끓는 채로 교회에 도착하는 가정들을 수시로 본다. 예배순서를 맡은 사람들조차 자기네끼리 있었던—심지어 예배방식을 결정하는 과정에서—고통스런 일들과 의견 불일치 때문에 좀처럼 서로 참지 못하는 경우도 있다. 우리에게 "그리스도인의 적대감과 냉담함에는 핑계가 없다"는 범퍼 스티커가 필요한 것일까?

물론 그것도 도움될 수 있다. 분명 타당성이 있다. 그러나 그리스도 아래서 우리 삶의 사회적 차원이 바르게 회복되려면, 우선 인간 문제의 해답이 인간에게 없다는 확고부동한 인식이 있어야 한다. "종교적" 해답도 예외일 수 없다. 우리 시대의 숱한 인본주의적 "영성"이 막다른 골목으로 끝나는 것도 그 때문이다. 물론 그것은 괴로운 인간 상황에 약간의 도움은 줄 수 있다. 그러나 그것은 우리의 개인적·집단적 실존을 특징짓는 공격과 철회의 만연된 구조를 해결하기에는 역부족이다. 그렇지 않거든 한번 그런 영성에 맡겨 보라. 머잖아 그것은 의당 교회에 "네가 알아서 하라"고 말할 것이다. 당연한 결과다.

가시적 교회인 예수의 제자들의 모임은 그리스도의 초월적 능력으로 돌아가야 한다. 그것이 교회가 표상하는 바다. **예수와 그 나라를 섬기는 사역을 통해 교회는 각 가정을 구성하는 남녀 개인들에게서 공격과 철회, 곧 호전성과 냉담함을 깨끗이 뽑아내야 한다.** 우리는 오래 전 풀턴 쉰^{Fulton Sheen}이 가르친 것처럼 "결혼은 셋이 하는 것"이라는 **사실**과 그 **방식**을 둘 다 인정하고 교육과 모본으로 분명히 알려야 한다.[11] ("제3자"는 물론 하나님이시다.) 이것이 그리스도의 사람들이 "혼인예배"를 통해 제시하는 연합의 참뜻이다. 이 기초가 예수 그리스도의 교회를 통해 각 가정마다 확립될 때 지상에서 하나님의 능력은, 인간 자아의 사회적 차원을 송두리째 지배하고 있는 공격과 철회의 치명적 세력을 깨뜨릴 수 있다.

사회적 차원의 영성 형성 4대 요소

그것은 평상시 인간관계에 어떤 모습으로 나타날까? 그 모습은 구속적 지역 교회라는 장에서 반드시 설명되고 풍성히 예시돼야 한다. 이 모두는 결혼관계와 거기서 생겨나는 가정에 **직접** 적용되겠지만, 그럼에도 우선 교회에서 시작되어야 한다. 무엇보다 지도하고 가르치는 이들의 가족관계에 그것이 나타나야 한다. 구속된 관계의 새 세계를 이루는 네 가지 주요 요소는 다음과 같다.

우리가 하나님 안에 온전한 자라는 그분의 시각을 받아들인다

변화된 사회적 차원의 **첫번째** 주요 요소는, 각 개인이 자신을 **온전한** 자로 보는 것이다. 하나님이 친히 나를 보시듯 말이다. 그런 시각이 있을 때 우리는 과거의 대인관계에서 입어 온 상처와 한계를 벗어날 수 있다. 하나님 관점의 그런 자아관이 있어야만 인간은 그동안 겪어 온 세월과 무관하게 자신을 복된 자로 여길 수 있다. 바울은 "이는 너희가 죽었고 너희 생명이 그리스도와 함께 하나님 안에 감취었음이니라. 우리 생명이신 그리스도께서 나타나실 그때에 너희도 그와 함께 영광 중에 나타나리라"(골 3:3-4)고 말한다. 우리는 으뜸가는 관계 대상인 그리스도와 함께 새 생명에 들어섰고, 또 영원한 영광의 실존에 대한 확신도 얻었다.

하나님께는 우리 각자에 대한 계획이 있고 내 평생을 통해 하시는 일이 있다. 우리의 희망을 전적으로 그분께 둘 때, 아무도 그 계획의 실현을 막을 수 없다. 그분의 계획에서 우리가 담당하는 부분은 그분이 우리 앞에 예비하신 영원한 역할로 이어진다. 그분 안에 있는 우리 생명은 온전하고 복된 것이다. 그동안 내게 어떤 일이 있었고 무엇이 결핍되었든, **인간 차원의 "충족한 관계"가 얼마나 욕되게 깨졌든 모두 상관없다.**

다른 모든 것을 보장하는 것은 나를 향하신 하나님의 충족성이다. 바울은 다시 "우리의 만족은 오직 하나님께로서 났[다]"(고후 3:5; 9:8 참조)고 말했다. 하나님이 주신 자아관, 곧 내가 그분 안에 온전하다는 관점이 있을 때 우리는 자신의 대인관계에서 모든 독을 뽑아낼 수 있고 진실한 용서와 축복으로 상대에게 다가갈 수 있다. 나를 공격했거나 버린 자들로부터 자유를 얻고 지난날의 상처에서 벗어날 수 있는 길은 그것뿐이다.

사라진 방어적 태도

영성 형성의 사회적 차원의 **두번째** 요소는 방어적 태도를 모두 버리는 것이다. 물론 이것은 그리스도가 거하시는 사회적 정황 안, 곧 그분의 특별한 사람들 가운데서만 이루어질 수 있다. 그러나 그것은 공격과 철회가 없는 곳이면 어디에나 당연히 나타나게 돼 있다. 공격과 철회를 완강히 거부하는 곳에도 마찬가지다.

방어적 태도를 버리려면 가장 친한 관계에서 기꺼이 내 참 모습을 보여야 한다. 자기 정당화, 교묘한 회피, 속임수, 조작 따위의 습성을 모두 버려야 한다는 뜻이다. 그렇다고 가까운 이들에게 나에 관한 모든 사실을 무턱대고 쏟아 내야 한다는 말은 아니다. 대다수 다른 이들에게는 더 말할 것도 없다. 그래서는 안된다. 그러나 자신을 숨기지 않고 "좋게 보이려는" 전략을 따르지 않는다는 뜻인 것만은 분명하다.

사람에게 인정받으려 꾸미지 말고, 단순히 "예"를 "예"라 할 뿐 그 이상 넘어가지 말고, 내 실체와 다른 가면을 쓰는 위선자가 되지 말라는 예수의 가르침이 모두 여기에 적용된다(마 5-6장).

참된 사랑이 모임을 지배한다

그렇게 되면 우리 삶에서 모든 가식이 사라진다. 이것이 사회적 차원에서 영적으로 변화된 자아의 **세번째** 요소다. 바울이 로마 교인들에게 말한 것처럼, 그럴 때에야 그리스도인들 간의 사랑에 "거짓이 없어"진다. 이것이야말로, 바울이 로마서 12:1-21에 제시한 제자들의 지역별 모임인 각 "교회"가 마땅히 취해야 할 아름다운 모습의 핵심 요인이다. 그리스도의 제자들은 자신에게서가 아니라 하나님께로서 온 은혜와 능력으로 단체생활에서 각자 특정한 일을 담당하며(3-8절) 저마다 다음과 같은 자질을 보인다(9-21절).

   1. 사랑이 더없이 진실해진다.

2. 악한 것을 미워한다.

3. 선한 일에 힘쓴다.

4. 가족 같은 사랑*philostorgoi*으로 서로 헌신한다.

5. 존경하기를 서로 먼저 한다.

6. 뜨거운 마음으로 일절 부지런히 주를 섬긴다.

7. 소망 중에 즐거워한다.

8. 어려움 당할 때 인내한다.

9. 기도에 항상 힘쓴다.

10. 성도들의 필요를 채워 준다.

11. 손대접하기를 힘쓴다.

12. 자신을 핍박하는 자를 저주하지 않고 축복한다.

13. 즐거워하는 자들과 함께 즐거워하고 슬퍼하는 자들과 함께 슬퍼한다.

14. 서로 사이좋게 살아간다.

15. 교만하지 않으며 인간적으로 "낮은" 자들의 자리에 처한다.

16. 스스로 지혜 있는 체하지 않는다.

17. 절대 악을 악으로 갚지 않는다.

18. 누가 봐도 옳은 일을 마땅히 존중한다.

19. 내 힘닿는 한 모든 사람과 화목하게 지낸다.

20. 절대 복수하지 않고 하나님의 결정에 맡긴다.

21. 원수의 필요를 채워 준다.

22. 악에게 지지 않고 선으로 악을 이긴다.

이것이야말로 영적으로 변화된 사회적 차원을 조목조목 가장 적절하게 묘사한 성경말씀이다. 잠시 멈추고 그 내용을 묵상할 만하다. 아직은 불완전한 모습일지라도 그런 **의도**를 의식적으로 공유하며 실제 그렇게 살아가는 제자들 모임에 속하는 것이 어떤 것일지 잠시 생각해 보라. 결혼관계와 가정생활이 송두리째 달라지는 모습이 그려질 것이다. 그런 삶이 지역 사회에 미치는 영향은 어마어마하다. 그리스도의 사람들의 지상 역사를 볼 때, 그런 삶이 실현된 곳마다 실제 막대한 영향이 나타났다.

이런 단체에는 모든 방어적 태도와 그 숱한 전략을 버리는 일이 분명 성취된다. 그런 것들이 더는 필요 없어진다. 대신 그 자리에 원수까지 포함해 모든 사람을 받아들이고 축복하는 마음이 들어선다. 자신의 사회적 차원에 이런 일을 이루려는 자는 이미 은혜의 복음을 듣고 받아들여야 한다. 예수께서 방어 없이 십자가에서 우리 대신 죽으셨으며, 그리하여 죽음과 최악의 상처—그분이나 우리가 당할 수 있는—를 초월해 자신의 생명 속으로 우리를 받아주셨다는 사실을 받아들여야 한다. 우리는 그분 나라 안에 안전하고 견고하게 서야 한다.

남을 섬기는 일에 삶을 바친다

네번째 요소는, 자신의 더 넓은 사회적 차원을 구속(救贖)을 향해 활짝 여는 것이다. 자신을 방어하고 지켜야 할 짐을 벗고 이제 "위로부터 난 새 생명"의 자원으로 행하는 자가 됐으므로, 우리는 남을 섬기는 일에 삶을 바칠 수 있다. 자아의 사회적 측면의 구속에 드디어 긍정적 순간이 왔다. 단지 공격이나 철회를 하지 **않는** 문제가 아니다. 이 구속은 나와 가장 가까운 이들을 축복하는 일에 주력하게 돼 있다. 지극히 당연한 일이다. 그것은 우선 내 가족들로부터 시작해 내 삶이 상대방과 연루된 정도에 비례해 점점 밖으로 퍼져 나간다.

사회적 세계는 우리 앞에 무한한 과제로 놓여 있다. 하나님의 능력으로만 감당할 수 있는 일이다. 우리는 그 사실을 받아들인다. 하나님의 능력이 아니고는 아무도 그분께서 원하시는 남편이나 아내나 부모가 될 수 없듯이 우리 삶 전체도 마찬가지다. 바울은 우리가 마땅히 기도할 줄조차 모른다고 말한다(롬 8:26). 그렇다면 우리는 기도하지 말아야 할까? 절대 아니다. "오직 성령이 말할 수 없는 탄식으로 우리를 위하여 친히 간구"(26절)하시기 때문이다. 그 성령께서 우리의 모든 대인관계 속에 들어오신다. 우리가 그분을 모셔들이고 바라보며 계속 최선을 다한다면 말이다. 예수의 "생수"로 살아가는 자들에게 주신 약속이 우리 것이 된다. 그 물은 "그 속에서 영생하도록 솟아나는 샘물이 되[고]"(요 4:14), 또한 "그 배에서 생수의 강이 흘러[날]" 것이다(요 7:38; 또한 사 58:11과 비교).

하나님의 직접 붙드시는 손안에 사는 삶이 우리에게 점차 즐겁고 편해져야 한다. 물론 그것은 그리스도 안의 영성 형성에 꼭 필요한 부분이다. 분명 이것은 성경 전반의 인생관이 요구하는 바요, 특히 예수께서 친히 진리 삼아 사시고 가르치신 바다. 이런 복음적 인생관 안에서만 우리는 자아의 사회적 세계에 대한 경건한 개혁에 임할 수 있다. 그 인생관 안에서 우리는 비로소 공격과 철회를 그칠 수 있고, 내 삶과 맞닿은 모든 이들에게 축복으로 자신을 내줄 수 있다.

묵상 및 토의 질문

1. 당신이 지금까지 인생을 살며 누려 온 "충족한 관계"는 어떤 것들인가? 그 안에서 "온전함"을 경험했거나 그런 관계가 "깨진" 사례들을 몇 가지 구체적으로 말해 보라.

2. 거부는 우리에게 어떤 영향을 끼치는가? 왜 그런 영향을 끼치는가? 당신이 어렸을 때나 지금보다 젊었을 때 누군가를 거부했던 사례를 떠올릴 수 있는가? 상대방은 어떤 반응을 보였는가?

3. 인간이 인간에게 행하는 각종 악의 영역은 공격과 철회로 다 설명되는가? 공격과 철회가 일상생활에서 차지하는 역할을 생각해 보라. 공격이나 철회 없이 상대와 의견을 달리하거나 상대를 바로잡는 것은 가능한가?

4. 십계명의 뒷부분 여섯 계명을 어기는 것을 각각 일종의 공격으로 생각해 보라. 그것이 어째서 공격이며 또 상대에게 **가하는** 일이 무엇인지 이해가 되는가?

5. 예수께서 사랑하신 것처럼 사랑하면 어떻게 친밀한 인간관계 안에 공격과 철회가 사라지는가?

6. 삼위일체라는 하나님의 속성은 인간관계 본연의 모습에 어떤 빛을 비춰 주는가?

7. "하나님 아래 한 나라"는 어떻게 실현될 수 있는가?

8. 공격과 철회는 어린이들의 삶 속에 어떻게 들어오는가?

9. 우리는 인간 사이의 냉담함을 지금 이대로 **정상**으로 받아들여야 하는가?

10. 오늘날 사회 상황 전반의 변화에 희망이 있다면, 그 핵심은 결혼관계의 구

속(救贖)이다. 당신은 이 말에 동의하는가? 혹 이것은 남녀관계에 "지나친"
비중을 두는 것인가?

11. 우리는 어떻게 "자신을 하나님의 생명 안에 온전한 자로 볼" 수 있는가? 그
    리고 그것은 우리의 사회적 차원을 치유하는 데 어떤 도움이 되는가?

12. 그리스도의 사람들 간 구속적 교제에 대한 바울의 그림(롬 12:1-21)은 당신
    이 속한 단체에 대입될 수 있는가?

> 오직 너는 스스로 삼가며 네 마음(영혼)을 힘써 지키라. 두렵건대 네가 그 목도한 일을 잊어버릴까 하노라. _신명기 4:9

> 나는 마음이 온유하고 겸손하니 나의 멍에를 메고 내게 배우라. 너희 마음(영혼)이 쉼을 얻으리니. _마태복음 11:29(렘 6:16 참조)

주어진 모든 순간 내 삶을 움직이는 것은 내 영혼이다. 외적 환경이나 내 생각이나 의도나 심지어 감정도 아니고 바로 내 영혼이다. 영혼이란 내 전 존재의 한 부분이되, 자아의 다양한 차원에서 벌어지는 모든 일을 **상호 연결시켜 통합하고 생기를 불어넣는** 부분이다. 영혼은 인간 생명의 중심이다. 존재의 각 차원에서 벌어지는 모든 일과 그것들이 서로 작용하고 주변 사건에 반응함으로써, 내 삶 전체를 다스리는 방식을 통제하는 것이 영혼이다. 영혼은 "깊다." 기초적 또는 근본적이라는 점에서 그렇고, 거의 전적으로 인간 의식의 밖에 있다는 점에서 그렇다.[1]

"마음이 잘 간수된" 사람의 영혼은 하나님 아래서 현실과 조화를 이루어 제자리를 찾는다. 결과는 앞서 말한 것처럼 "인생 상황에 선하고 옳은 쪽으로 반응할 **준비**와 **능력**을 갖춘 사람"이다. 이런 사람의 심령은 하나님과 바른 관계에 놓인다. 그 심령은 그분의 돕는 은혜로 말미암아 영혼을 하나님께 복종시키고 사고(생각/감정)를 영혼에 복종시킨다. 그렇게 되면 사회적 정황과 몸은 생각과 감정—이미 진리와 나를 향한 하나님의 의도와 뜻에 부합돼 있는—에 복종한다. 인생의 모든 주어진 순간은 본연의 모습대로 진행된다. 우리 영혼이 하나님 아래 제 기능을 다하고 있기 때문이다.

시편 1편의 사람

시편 1편에 나오는 사람이 바로 그런 모습이다. 그의 특징은 우선 그가 하지 **않는** 일들로 나타난다. 어쩌면 그것이 가장 직접적으로 눈에 띄는 모습일 것이다. 그는 자기 행동을 하나님 없는 자들의 말에 따라 결정하지 않는다. 그들의 똑똑한 최신 사상이라도 다를 바 없다. 그는 하나님이 계시지 않은 것처럼 살지도 않고, 철저히 인간적 생각으로 계획을 세우지도 않는다. 그의 계획은 하나님 자신이다(1절).

그렇기 때문에, 그는 죄지으며 살아가는 자들의 자리에 처하거나 서지도 않는다. 인간의 "지혜"로만 사는 자에게는 끊임없이 죄가 "필요"해진다. 그 경우 옳고 그름의 "권위"가 되는 것은 바로 자신이다. 어쨌거나 옳고 그름을 내가 **관리**해야 하기 때문이다. 죄를 지어도 여전히 나는 착한 사람인 이유와, 나처럼 하지 않는 자들은 다 바보인 까닭을 그는 언제나 설명할 수 있어야 한다. 그는 경멸의 달인이 된다. 적절한 분량의 멸시로 모든 사람을 내리누를 수 있다. 그것이 경멸의 기본 요소다(1절).

이와 반대로, 시편 1편의 사람은 하나님이 주신 율법을 **즐거**

위한다(2절). 즐거워한다는 표현에 주목하라. 그는 율법을 사랑한다. 율법에 감화된다. 거기서 마음을 뗄 수 없다. 그에게 율법은 아름답고 강하고 지혜로운 것이요, 하나님의 자비와 은혜의 놀라운 선물이다. 그래서 그는 주야로 율법에 거한다. 심중에 계속 묵상하며 그것을 되뇐다. 하나님 마음에 들기 위해서가 아니라 율법이 즐겁기 때문이다. 그의 전 존재는 그것을 지향한다.

결과는 형통한 삶이다. 여기 사용된 이미지는 시냇가 옆에 심긴 나무의 이미지다. 날씨나 지면 상황이 어떻든, 나무의 뿌리는 수원까지 깊이 내려가 생명을 길어 올린다. 그 결과 제철에 열매가 맺히며 잎에는 늘 생기가 충천하다. 나무의 본분을 다한다. 마찬가지로 하나님의 율법을 통해 그분께 뿌리내린 사람도 "그 행사가 다 형통[한다]"(시 1:3; 또한 수 1:8과 비교). 율법과 영혼의 절대적 필수관계에 대해서는 나중에 다시 살펴볼 것이다.

평소 우리 모습은 그렇지 않다

그러나 하나님 아래의 이런 이상적 삶의 모습은 우리 대부분에게 기껏해야 부분적 실현에 그칠 뿐이다. 불가능한 꿈으로 남아 있는 이들도 많다. 영혼이 제멋대로 날뛰며 삶이 혼돈에 빠져 있기 때문이다. 그들은 "허물과 죄로 죽어" 앞뒤 틀린 꿈과 환상 속에 살아간다. 그들의 영혼은 정욕이나 몸의 습관에 노예가 돼 있거나 엉뚱한 개념, 왜곡된 이미지, 그릇된 정보로 눈이 멀어 있기 때문에 조화롭게 선을 추구하는 일관성 있는 진리의 삶에 들어설 길을 찾지 못한다. 자아와 모든 주변 세상과의 자멸적 싸움에 갇혀 있는 것이다. 흔히 이런 삶의 가장 두드러진 특징은, 채워지지 않은 욕심과 유해한 관계다. 고백건대 때로 고민에 빠진 이들의 상담자 역할을 하다 보면, 나는 사람들이 자기에게 도움이 될 만한 유일한 일을 거부하면서 내세우는 이유에 어이없어질 때가 한두 번이 아니다.

개개 영혼의 구체적 발육 상황—인생을 살며 입어 온 성품—은 생각과 감정과 대인관계와 신체행동과 선택이 전개되는 방식과, 특히 그것들이 상호작용하는 방식에 자세히 드러난다. 실제로 개인들은 진리나 하나님과는 고사하고 자아와 화목하지 못한 경우가 대부분이다. 그들은 만성적 갈등 상태에 있다. 본인이 지혜롭게 여기거나 의도한 것과 실제 행동이 서로 다른 상태다.

그들에게도 선한 의도는 있으나, 정확히 말해 그것은 선을 실현할 만큼 인격의 다른 요소들—생각과 감정, 몸의 습관, 사회적 역동, 하나님 나라와의 관계—과 제대로 연결돼 있지 않다. 선한 의도의 실패는 생각과 감정과 행동 사이의 근본적 단절이나 "잘못된 연결"의 결과이며, 그런 상태를 허용하거나 부추기는 것은 제자리를 잃은 영혼이다. 영혼이 자아의 각 차원을 조리 있게 하나로 통합하지 못하므로, 각 차원은 하나님과 선에 헌신된 전인적 삶을 만들어 내지 못한다. 이런 사람은 통일성이 없어 흔한 말로 "행동과 행동이 따로 논다." 이것은 비유적 언어가 아니라 그의 삶의 현실을 그대로 표현한 것이다.

이것이 극단으로 가면 사생활과 사회생활을 무조건 괴로워하거나 아예 감당치 못하는 사람이 된다. 이들은 인간사에 발

딛고 설자리가 없다. 형태는 다양하게 나타날 수 있으나 그들은 내적 상태 때문에 삶에 대처하는 것이 불가능하다. 유년의 경험이 원인이 될 때가 많다. 어린 시절의 심한 결핍이나 고통은 늘 영혼을 왜곡시킨다. 그런 영혼은 온갖 형태의 역기능과 악을 속수무책 받아들이거나 단순히 발육이 **멎어 버린다**. 영혼의 방벽이 고통과 악 때문에 허물어지기라도 한 듯, 이제 그는 모든 벌어지는 일에 무력하게 내맡겨진다.

영혼 발달에도 순서가 있어 적절한 성장기 동안 꼭 받아야 할 것을 받지 못하면 온전함에 이르는 이후의 진척이 영영 막힌다. 마땅히 돼야 할 모습이 절대 되지 못한다. 때로 고문이나 잔인한 배반 등 성인기의 끔찍한 사건도 비슷한 효과를 낳는다. 영혼은 거기서 영영 헤어나지 못할 수 있다.

그러나 이 부분을 지나치게 일반화해서는 안된다. 또 은혜 아래서 영혼의 회복력을 과소 평가해서는 안된다. 로버트 와이즈 Robert Wise 는 말했다. "성령 하나님과 다시 연결될 때 잃은 영혼은 감히 꿈꾸지 못한 능력과 역량이 자신에게 있음을 깨닫는다. 영혼의 회복은 연결의 회복 이상이다. 상당한 힘, 성취 능력, 방향 감각, 의식이 주어진다."**2**

과연 우리는 "지극히 경이롭게 지음받은" 존재다(시 139:14). 인간 영혼은 인간의 이해를 초월하는 자원과 관계를 갖춘 광활한 영적(비육체적) 세계다. 또한 영혼은 우리 지식으로 턱없이 못 미치는 무한한 환경 안에 존재한다. 우리는 하나님이 이 모든 것을 주관하신다는 것과, 영혼이 자신의 상한 실상을 인정할 수만 있다면 하나님 안에 집을 찾아 그분의 은혜를 받아들임으

로 놀랍게 회복될 수 있다는 것을 알 뿐이다.[3]

영혼을 부인하는 현대의 시각

영성 형성을 이해하기 위해 반드시 다뤄야 할 인간의 모든 차원 가운데, 현대세계에 가장 논란이 많고 존재 자체가 거부되는 것은 단연 영혼이다. "심리학" 분야는—단어 자체가 "영혼 연구"라는 뜻이건만—갖은 이유로 영혼을 부인했다. 인간에 대한 "과학적" 이해가 그 분야의 기치였다. 삶을 하나의 전체로 묶어 주는 영속적·비물리적 중심을 "찾지" 못했다는 주장은 현대사상의 일부 결과로 당연하게 굳어졌다. 오늘날 고등교육을 받은 자라면 누구나 아는 바다.

이것은 분명 깊은 이슈들이며, 우리는 그것을 가볍게 일축할 뜻이 없다. 다만 그것은 이 책에서 다룰 수 있는 성질의 문제가 아니다. 대신 영혼 문제로 더 깊이 들어가기 원하는 이들을 위해 적절한 참고자료를 제시한다.[4] 아울러 삶의 분명한 필연성을 한 가지 지적해 둘 필요가 있다. 곧 자신과 타인을 대할 때 우리는 과학—경험주의와 자연주의의 철학적 영향 아래 현재 흔히 통하는 "과학"—으로 이해할 수 있는 것보다 더 깊은 단일성과 연속성을 지닌 존재로 대해야 한다는 것이다.

피할 수 없는 영혼

이 "분명한 필연성"은 최근 수십 년간 대중서적과 대중매체에 영혼 이야기가 유행처럼 번지면서 표출됐다. 영혼은 "섹스" 못지 않게 대중의 이목을 끌어 왔고 판매전략으로 널리 이용되고 있다. 사람들은 영혼을 가지고 있고 알고 표현하는 것을 자랑으로 안다. 대부분의 서구 상황에 널린 일상생활의 피상성이 그것을 불러왔다. 이것은 절실히 느껴진 필요에 대한 당연한 반응이다. 사실 영혼—좀더 폭넓게 말해 삶의 영적 차원—을 무한정 억압할 수는 없기 때문이다. 예술, 잠, 섹스, 의식(儀式), 가족("뿌리"), 자녀양육, 공동체, 건강, 의미 있는 일 등 삶의 근본 측면은 사실은 하나같이 영혼의 기능이다. 영혼이 축소되는 만큼 그것들도 실패하고 부서진다. 현대 지식인들이 영혼을 찾는 데 실패한 이유는, 그들 개개인의 삶 속에 실제로 영혼이 더 이상 존재하지 않기 때문일 가능성이 있다. "영혼 없는 삶" 같은 것이 그저 문학작품의 허구 속에나 존재하는 것이 아니라 정말 가능할지 모른다.

오늘 인간에게 "의미"가 그토록 문제되는 것도 그것으로 설명된다. 실생활에서 의미란 근본적으로 현실 "너머"의 초월의 문제다. 의미 있는 경험은 자유자재로 **흐른다**. 그것은 떨쳐 낼 수 없는 어떤 것—이해할 수 없는 말 한마디든 무의미한 사회 상황이든—에 우리를 묶어 두지 않는다. 의미란 인생의 가장 큰 필요 중 하나이자 우리의 가장 깊은 굶주림 가운데 하나다. 결국 의미는 인간 경험의 영역에서 가장 기본적인 필요인지도 모른다.[5] 삶 전체에 의미가 있으면 거의 모든 것이 태어날 수 있다. 그러나 의미가 없는 곳에는 권태와 노력이나 의지력만 남는다. "죽은" 종교, 죽은 일, 죽은 관계란 "무의미한" 인간 일상에서 어쩔 수 없이 이어가야만 하는 종교, 일, 관계를 말한다.

권태 속에 의지력만으로 이어가야 하는 상황이라면 우리는 거의 아무것도 견딜 수 없다. 다른 모든 신체적·사회적 기준으로는 유복한 사람들도 그런 삶은 견디지 못한다. 그들은 "죽은 영혼"이다. 반면에 의미 있는 경험은 적극적 노력을 요하지만, 그래도 의미 있고 "초월" 능력도 수반되기 때문에 수고의 고통이 덜어지고 고된 씨름마저 유쾌해진다. 마치 내 밖의 능력이 내 행동과 만나서 나를 싣고 가는 것 같다. 정도 차이는 있을지라도 영혼이 존재할 때 언제나 나타나는 현상이다.

행위, 광신, 상한 영혼

삶의 의미가 없는 곳에 행위가 극성을 부린다. "행위"—예컨대 예술이나 스포츠—는 신비한 한순간 의미의 환상을 자아낸다. 행위가 **성공**할 경우에 그렇다. 행위는 **인위적 정황**을 전제로 한다. 그 정황 안에 삶과 행동과 경험의 일정 부분이 의미 있고 독특하고 매끄러운 하나의 전체—평범한 실존에 대한 초월—로 존재한다. 분야는 예술일 수도 있고 스포츠일 수도 있고 정치일 수도 있다. 안타깝게도 종교일 수도 있고 삶의 친밀한 관계일 수도 있다. 하지만 종교의 경우 행위는 삶과 현실 전반을 제대로 다뤄야 하며, 인위적 정황이 전제되지 않아야 한다. 그렇지 않는 한, 행위는 가치를 인정받지 못하며 엉터리가 된다. 이때의 행위는 정말 **능력**이어야 하며 환상을 제해야 한다. "연기"(演技)만으로 안된다.

광신이 들어서는 이치를 알면 영혼의 실체를 이해하는 데 더 도움이 된다. 광신―주된 부류를 몇 가지 꼽자면 예술, 정치, 스포츠, 종교 등에 대한―이란, 본래의 무의미한 삶이 행위에 집착하여 자기 전 존재를 그 안에 쏟아 부으려 할 때 나타나는 결과다. 뭔가에 열성분자가 된다는 것은 깊고 중요한 일이라 할 수 있다. 그런 사람들은 자기 생각과 감정과 행동과 대인관계를 외부의 "시류"에 맡겨 버린다. 삶을 선으로 인도하는, 하나님께 뿌리를 둔 성한 영혼이 없기 때문이다. 그 시류가 그들을 중독시킨다. 그들은 시류를 절대화하여 더 이상 그것을 진리, 현실, 검증된 인간 가치관 등의 상식적 시험에 붙이지 않는다.

그래서 시 대표팀의 경기 우승은 약탈과 방화와 죽음으로 이어질 수 있다. 낭만적·성적 관계도 동일한 강박증을 유발시킬 수 있다. "성공"이 강박증을 일으켜 일 중독에 빠지게 하는 것과 같다. 이 모두가 영혼이 인생 전반에 대처할 충분한 자원 없이 역기능, 상처, 퇴행에 젖어든 결과다. 제 기능을 상실한 영혼은 타인의 압력이나 군중에 희생물이 되기 쉽다. 오늘날 도처에 만연한 "고독한 군중"과 "타인 지향적 인간"의 출처가 바로 그런 영혼이다.[6]

그러므로 우리의 **이론**이 무엇이며 우리가 얼마나 "현대적"인지는 정말 중요하지 않다. 영혼은 언제나 하나의 실체로 다시 고개를 쳐들게 되어 있다. 영혼이 떠난 자리에 남은 처절한 피폐상을 통해서라도 말이다. 히틀러를 비롯해 20세기의 모든 거물급 파괴자들이 약탈한 것은 영혼이었다. 아니, 영혼의 상실과 그 상실이 대중에게 가한 복수였다. '제리 스프링어'에서 '사인

펠드'까지 현대 대중문화의 황무지를 생산하는 자들도 그와 비슷하다.

나름대로 가장 그럴듯한 과학적·철학적 논리를 내세워 영혼을 부인하는 자들이 있지만, 그들도 **삶을 살아야** 한다. 그들도 삶의 자원을 찾아야만 한다. 그 필요를 건강한 영혼의 차원에서 해결할 뜻이 없더라도 그들은 여전히 **어떤** 차원에서든 그것을 해결해야만 한다. 어떤 차원이 될 것인가? 그들은 어떤 방식으로든 그것을 찾아내야 하지만 모든 방식이 대등하지는 않다. 영혼은 반드시 되받아친다.

여기서의 우리 전략

여기서는 영혼을 심층적·체계적 방식으로 다루면서 주요 이슈들을 언급할 수 없기 때문에 (재차 말하지만 주에 참고도서를 소개했다) 내 전략은 두 가지다. 첫째, 영혼의 그림이나 이미지를 살펴보는 것이다. 둘째, 영혼에 대한 성경의 말씀을 알아보는 것이다. 우선 이미지부터 시작하자.

우리 영혼은 내면의 시냇물 같다. 그것이 삶의 다른 모든 요소에 힘과 방향과 조화를 가져다 준다. 그 시내가 본연의 모습을 지킬 때 우리는 무엇을 하든 늘 새 힘과 생기가 넘친다. 영혼 자체가 크신 하나님과 그 나라와 자연에 든든히 뿌리내리고 있기 때문이다. 우리 내면의 다른 모든 것은 그 시내에서 활력과 방향을 얻는다. 따라서 우리는 하나님, 현실, 인간 본성의 나머지 부분과 자연 전체와 화목한 상태다. 성경의 다른 주제들의 경우와 마찬가지로, 건강한 영혼에 푹 젖어든 삶의 모습을 가장 잘 보여주는 것은 정상 발육을 통해 존재의 모든 차원이 고루 잘 자란 어린아이다.

내적 시냇물의 이미지나 그림을 넘어서면 다음 실체가 있다. **생명**이란 스스로 시작하고 지도하고 유지하는 활동과 능력이다. 물론 이러한 온전한 의미에서 볼 때 그 **생명을 가지신 분은 하나님뿐**이다. 그것이 성경의 관점이다. 나아가 욥은 "생물들의 혼과 인생들의 영이 다 그의 손에 있[다]"(욥 12:10)고 말한다. 예수께서는 "아버지께서 자기 속에 생명이 있음같이 아들에게도 생명을 주어 그 속에 있게 하셨[다]"(요 5:26)고 가르치셨다. 바울에 따르면 "오직 그에게만 죽지 아니함[생명]이 있고"(딤전 6:16) "만물을 살게 하신 하나님"(13절)이시다.

개개의 생명체는 "스스로 시작하고 지도하고 유지하는" **상대적** 능력을 하나님 손에서 받는다. 이 파생적 생명은 각기 영혼의 형태로 생명체 속에 흐른다. 특이한 형태의 인간 영혼은 하나님과의 독특한 영적 관계와 결부된다(창 2:7). 피조물 인간의 다른 모든 부분에 활기를 주는 것은 바로 그 특이한 형태의 영혼이며, 인간의 전반적 상태는 영혼 상태의 반영이다. 하나님 나라 안의 영적 삶은 인간 영혼과 생명의 핵이다.

진지하게 말하거니와, 이것은 이미지가 아니라 실체다. 이 실체가 시냇물 이미지에 꽤 강하게 실릴 수 있다. 그러므로 인간 영혼에 대해 말할 때 우리는 인간 안의 **가장 깊은 차원의 생명과 능력**을 말하는 것이다.

이것이 기독교가 말하는 영혼의 의미다. **하나님의** 영혼에 대한 성경 내용에서 그것을 볼 수 있다. 하나님도 영혼이 있다는 말에 많은 이들이 놀란다. 성경 번역자들도 어찌할 바 모르는 듯 보일 때가 많다. 유다가 중한 죄악에 빠진 것을 지적하며 선지자 예레미야는 여호와의 말씀을 전한다. "예루살렘아, 너는 훈계를 받으라. 그리하지 아니하면 내 마음(영혼)이 너를 싫어하고 너로 황무케 하여 거민이 없는 땅을 만들리라"(렘 6:8). 그러나 보다 최근의 번역들을 보면 이 말씀이 "그렇지 않으면 내가 너를 싫어하여 고개를 돌리고"(NRSV)나 "내가 너를 떠나리라"(NASB)로 돼 있다. 예레미야 9:9의 경우도 비슷하여 "내 마음(영혼)이 이런 나라에 보수하지 않겠느냐"(KJV)가 "내가 이런 나라에 보응하지 않겠느냐"(NRSV)나 "내가 친히 이런 나라에 보복하지 않겠느냐"(NASB)로 되어 있다.

이런 말씀들을 비롯해 많은 경우 히브리어 원문에 "네페쉬"^{nephesh, 영혼}라는 단어가 하나님과 관련돼 사용된다. 그 백성의 죄악에 대한 하나님의 더없이 깊은 반응을 나타내기 위한 것이다. 그 깊이는 위의 여러 대체 단어로는 제대로 전달되지 않는다. 진의를 잃어 그 자리가 텅 빈다. 이사야 1:14도 비슷하게 봐야 한다(KJV와 NRSV에는 "영혼"이라는 단어가 남아 있지만 NASB에는 없다). 하나님의 **영혼**에 대한 말은 언제나 그분 존재의 가장 깊고 근본적인 차원을 지칭한다. 다음과 같은 신약본문도 그와 유사하다. "보라, 나의 택한 종 곧 내 마음(영혼)에 기뻐하는 바 나의 사랑하는 자로다"(마 12:18; 또한 레 26:11; 시 11:5 등 하나님의 영혼이 언급된 다른 많은 본문들 참조).

문제의 핵심은 이것이다. 누군가의 영혼을 말할 때 그것은 그 존재의 궁극적 깊이를 말하는 것이요 "인간, 자아" 등의 단어나 이런저런 대명사로 전달될 수 없는 부분을 말하는 것이다. (이번 장 서두에 인용된 마 11:29; 눅 21:19를 참조하라.)

인간 영혼에 적용하는 성경의 사례들

이제 생명의 가장 깊고 근본적인 차원이라는 이 개념을 취하여 성경에 언급된 **인간** 영혼에 적용해 보자. 주어진 경우마다 성경이 말하려는 바의 의미가 확실해질 것이다. 인간의 생명에는 생명의 참 정수가 아닌 피상적인 측면들이 많이 있다. 그것들은 **영혼**이 아니다. 본문을 몇 군데 살펴보자.

롯은 소돔의 멸망을 피해 나오면서도 굳이 산에 들어가 살 마음이 없다. 그래서 그는 근처의 작은 마을로 들어가게 해달라고 하나님께 구한다. "나로 그곳에 도망하게 하소서. 이는 작은 성이 아니니이까. 내 생명(영혼)이 보존되리이다"(창 19:20). 그의 외면적 삶은 다 쓸려 가버렸다. 이제 그는 자신의 정수인 영혼을 살려 달라고 간청한다. 그는 산에서는 영혼이 살아남을 수 없다고 생각하지만, 어쨌든 결국에 그가 이른 곳은 산이었던 것으로 보인다(30절).

맏아들 에서를 축복하고 싶어한 이삭을 생각해 보라. 자신의 가장 깊은 심연에서 축복이 나올 수 있게 하고자 그는 에서에게 명하여 동물을 사냥하여 별미를 만들어 오게 한다. "나의 즐기는 별미를 만들어 내게로 가져다가 먹게 하여 나로 죽기 전에 내 마음껏[내 영혼이] 네게 축복하게 하라"(창 27:4). 한번 심연에서 축복이 나오자 그는 그것을 철회하거나 다시 축복을 발할 수 없다.

온 천하를 얻고도 제 목숨(영혼)을 잃으면 유익이 없다 하신 예수의 가르침을 생각해 보라(마 16:26). 유익의 문제를 생각하기에 앞서 우선 "어떻게 그것이(영혼을 잃는 것이) 가능한가?" 물어볼 만도 하다. 영혼을 잃는다니 무슨 뜻인가? 그것은 실제 가능한 일인가? 당신이 아는 이들 중에 그런 상태에 처한 사람이 있는가?

그것은, 당신 삶 전체가 더 이상 내면의 생명 시내의 지도 아래 있지 않다는 뜻이다. 생명의 시냇물이 외적인 것들에 삼켜져 버렸다. "영혼아, 여러 해 쓸 물건을 많이 쌓아 두었으니 평안히 쉬고 먹고 마시고 즐거워하자"(눅 12:19)고 말한 부자 농부가 그 단적인 예다. 그는 외적인 것들을 얻고자 영혼을 버렸다. 자기를 위하여 재물을 쌓았으나 "하나님께 대하여 부요치 못한"(21절) 자였다. 지상에서 본래 자신이 "나그네와 행인"임을 깨닫지 못하고, 그 결과 "영혼을 거슬러 싸우는 육체의 정욕"(벧전 2:11)에 자기 삶을 내어주는 자들의 좋은 예다.

착각에 빠진 농부에서 한 걸음 더 들어가면 아예 악을 즐기는 사람이 있다. 그는 어리석은 자나 잘못 안 자가 아니라 악인이다. 잠언은 "악인의 마음(영혼)은 남의 재앙을 원하[며]"(잠 21:10) 자기와 가장 가까운 이들에게도 해를 입힌다고 말한다.

가장 깊은 심연에서 그는 온통 악을 행할 생각뿐이다.

긍정적 측면으로 가면, 영혼으로 "주를 찬양"하는 마리아가 있다(눅 1:46). 자기 존재의 가장 깊은 부분으로 찬양한 것이다. 야고보는 마음에 심긴 도가 "너희 영혼을 구원할"(약 1:21) 수 있다고 말한다. 바울과 그의 동역자들은 소아시아 각 성을 돌며 "제자들의 마음(영혼)을"(행 14:22) 굳게 했다. 바울은 또 자기 일행이 데살로니가 교인들에게 하나님의 복음만 아니라 "우리 목숨(영혼)까지"(살전 2:8) 주었다고 말했다. 베드로는 제자들이 순종으로 자기 영혼을 깨끗하게 했다고 말한다(벧전 1:22).

성경의 위대한 "영혼의 책"은 물론 시편이다. 이유는 간단하다. 우리 영혼을 지키시는 분(시 121:7)과의 근본적 관계와 삶의 심연이 다른 어떤 책보다 시편에 잘 나와 있기 때문이다. "물이 없어 마르고 곤핍한 땅에서 내 영혼이 주를 갈망하며 내 육체가 주를 앙모하나이다"(63:1). 물론 여기서 말하는 "물"은 H2O가 아니라 예수께서 약속하신 생명의 물이다. "내 영혼이 여호와의 궁정을 사모하여 쇠약함이여"(84:2). "하나님이여, 사슴이 시냇물을 찾기에 갈급함같이 내 영혼이 주를 찾기에 갈급하니이다. 내 영혼이 하나님 곧 생존하시는 하나님을 갈망하나니"(42:1-2). 앞에 말했던 물 이미지가 이런 본문들에 자연스레 부각된다. 양분이 풍부한 하나님의 생명의 흐름과 물의 유사성 때문이다. 그 흐름에서 영혼은 힘과 방향을 얻는다. "한 시내가 있어 나뉘어 흘러 하나님의 성……[을] 기쁘게 하도다"(46:4). 그러나 알고 보면 그 강은 곧 하나님 자신이다. "하나님이 그 성중에 거하시매 성이 요동치 아니할 것이라. 새벽에 하나님이 도우시리로

다"(5절).

그 밖에도 많은 본문들이 밝히 보여주는 것처럼 영혼은 개인 생명의 가장 근본적 차원이며 본질상 하나님께 뿌리를 둔 차원이다. 우리는 힘닿는 대로 신중을 기해 영혼을 그분 손안에 두어야 한다. 그러면서도 내 노력이 그분의 도움으로만 가능함을 늘 잊지 말아야 한다.

영혼을 의식하고 인정한다

우리가 맨 먼저 할 일은 영혼을 의식하고 인정하는 것이다. 영혼을 진지하게 대하며 지식을 바탕으로 꾸준히 다루어 가는 것은 영성 형성과 변화에 꼭 필요한 일이다. 개별적으로 자신을 위해서도, 기독교 공동체 안에서도 우리는 반드시 그렇게 해야 한다.

이것을 강조하는 것이 어떤 이들에게는 이상해 보일 것이다. 영혼이란 어차피 "종교적"인 것이 아닌가? 그리고 종교는 항상 영혼을 다루고 있지 않은가? 역사적 관점에서 일리가 있는 질문이다. 전통 기독교의 중심에 다분히 영혼이 있어 온 까닭이다. 그러나 현대 서구세계에서는 어떤 종류의 기독교 단체에서도 영혼에 대한 이야기를 거의 들을 수 없다. 자기 영혼의 상태에 대해 진지하게 걱정하는 사람도 거의 볼 수 없다. 강단에서 영혼을 우리 삶의 본질적 부분으로 말하는 일은 극히 드물며, 다양한 기독교 교육사역의 어느 차원에서도 영혼에 대한 진지한 가르침은 거의 전무하다.

일부 보수 복음주의 교회들이 아직도 간혹 영혼 **구원**에 대해 말하지만, 그것조차 과거에 비해 훨씬 줄었다. 그나마 일단 "안전해진" 영혼은 대개 더 이상의 관심이 필요 없는 것으로 간주된다. 교회가 각종 이단과 종교적·정치적 단체의 추종자를 양산하는 옥토가 되어 온 한 가지 이유는 바로 영혼을 무시하는 행태 때문이다. 영혼을 진지하게 인정조차 않는 곳에서 영혼을 잘 돌보리라는 생각은 이치에 맞지 않는다. 그래서 여기에 변화가 필요하다.

영성 형성을 지속하려면 반드시 영혼을 인정해야 하지만, 영혼을 인정하는 일을 더 어렵게 만드는 요소들이 있다. 우선 영혼이란 손에 잡히지 않는 개념이다. 또 우리는 영혼 이해에 필요한 기독교적 전통과 용어들을 잃어버렸다. 여기서도 우리의 종교적 정황은 세속 지성에 해로운 영향을 입어 왔다. 세속 지성은 영혼을 대놓고 혐오한다. 우리는 누구나 자신과 타인의 영혼의 상태를 다소 희미하게나마 느끼며 분간한다. 그러나 그 상태를 밝히 표현하거나 설명하여 이해의 차원―유익한 사고와 담론에 꼭 필요한―으로 끌어낼 수 있는 경우는 극히 드물다. 우리는 "영혼"의 언어를 다분히 잃었고 거기에 당혹해한다. 물론 성경과 옛 기독교 저작물에서 또 현대생활과 예술의 여기저기 예기치 못한 곳에서 지금도 영혼이 비집고 나오고 있지만 말이다.

아무리 좋게 말하더라도 이것은 바람직한 상황이 아니며 영성 형성의 진지한 작업과 양립될 수 없음은 물론이다. 우리의 설교자들과 교사들은 영혼이 그리스도인 삶의 살아있는 중추임을 거듭 인정하고 강조해야 한다. 그리고 영혼을 돌보는 책임을 다시 져야 한다. 그것이 기독교 전통상 예로부터 그들에게 맡겨진 책임이 아니던가.7 우리 개인들은 제 영혼의 "존재"를 인정하고 하나님 앞에서 제 영혼을 책임져야 한다. 도움이 필요한 경우 목사들과 교사들을 찾아가야 한다.

한편 우리는 최근 출판계(많은 제목들을 보라)와 경영서와 세미나에 급증하고 있는 "영혼 이야기"를 인식해야 한다. "영혼"이 수익성으로 통하고 있다. 하나님과 연관지어 영혼을 바로 대변하기만 한다면 얼마든지 좋은 일이다. 그러나 안타깝게도 그런 경우는 거의 없다. 영혼을 돌보기 위해 필수적인 첫 단계는 영혼을 하나님 아래 두는 것이다. 그것을 절대 잊어서는 안된다.

영혼의 부르짖음

영혼을 분명히 인정했으면 이제 영혼의 부르짖음을 듣는 법을 배울 수 있다. 예수께서는 주변의 지친 인간들에게서 그 부르짖음을 들으셨다. 삶의 버거운 과제들로 힘들어하는 이들 속에서 그분은 영혼의 절박한 필요를 보셨다. 그분이 보시기에 그런 피곤함과 끝 모르는 수고는 하나님께 제대로 뿌리를 두지 못한 영혼—사실상 자력으로 살아가는 영혼—의 확실한 표시였다. 주변의 무리를 보시며 그분은 가슴이 찢어질 듯하셨다. 그들이 "목자 없는 양과 같이 고생하며 유리"(마 9:36)했기 때문이다. 그분은 그런 사람들을 자신의 학생들로 부르셨고("내게 배우라") 자신과 함께 멍에를 메게 하셨다. 자신이 어떻게 그들의 짐을 끄시는지 보여주려 하신 것이다. 세상의 "큰 자들"은 "높아서" 그런 일을 할 수 없지만 그분은 아니다. 그분은 마음이 겸손하고 온유하신 까닭이다(마 11:28-30).

예수는 영혼이 크신 분인지라 온유함과 겸손함이야말로 그분의 자연스런 존재방식이다(빌 2:3-11). 그분의 멍에를 멘다는 것은 가중된 노역으로 나를 더 한층 짓누르는 것이 아니라, **그분의 힘과 내 힘**을 함께 사용해 **내 짐과 그분의 짐**을 지는 법을 배우는 것이다. 우리는 그분의 멍에가 쉽고 그분의 짐이 가벼움을 알게 된다. 그분께 배우는 사이 우리 영혼이 **쉼**을 얻기 때문이다. 우리가 배우는 것은 주로 하나님 안에 영혼이 쉬는 법이다. 우리 영혼의 쉼은 곧 하나님 **안**의 쉼이다. 아이가 엄마와 함께하듯 내 영혼도 하나님과 함께할 때에만 평안을 누린다.

결과를 하나님께 맡긴다

그분과 **함께** 움직이는 것 외에 그분 멍에 아래서 우리가 가장 많이 배우는 것은 **결과**를 하나님께 맡기는 것이다. **이 일**을 잘 되게 할 자원이 나 자신에게—내 "마음과 영혼과 생각과 힘" 안에—없음을 수용하는 것이다. "이 일"이 무엇이든 상관없다. 설령 "하나님의 뜻대로 고난을 받는[다]" 해도 우리는 단순히 "선을 행하는 가운데 그 영혼을 미쁘신 조물주께 부탁"(벧전 4:19)한다. 이것이 온유하고 겸손한 마음의 핵심부이며, 우리도 그분 멍에 아래서 그것을 배운다. 거기서 나오는 쉼은 얼마나 놀라운 것인가!

겸손은 모든 덕목이 살아가는 둥지다. 폴리뇨의 안젤라^{Angela of}

Foligno는 이렇게 말했다. "우리 주님은 '세상을 멸시하고 가난하게 사는 법을 내게 배우라'고 말씀하시지 않았다……. 다만 '나는 마음이 온유하고 겸손하니 내게 배우라'고 하셨다……. 자신이 은혜의 상태에 있음을 아는 증표 가운데 하나는 이것이니, 곧 절대 우쭐대지 않는 것이다."[8] 그래서 우리는 베드로의 말대로 "겸손으로 허리를 동[여야]"(벧전 5:5) 한다. 물론 내 힘으로 살려는 태도를 버린다는 뜻이다. 그는 계속해서 "하나님이…… 겸손한 자들에게는 은혜를 주시느니라. 그러므로 하나님의 능하신 손 아래서 겸손하라. 때가 되면 너희를 높이시리라. 너희 염려를 다 주께 맡겨 버리라. 이는 저가 너희를 권고하심이니라"(5-7절)고 말한다. 겸손은 영혼이 쉼을 얻는 놀라운 비밀이다. 영혼이 나서서 결과를 보장하려 하지 않기 때문이다.

여기 단순한 사실이 있다. 곧 우리가 살고 있는 세상은 "빠른 경주자라고 선착하는 것이 아니며 유력자라고 전쟁에 승리하는 것이 아니며 지혜자라고 식물을 얻는 것이 아니며 명철자라고 재물을 얻는 것이 아니며 기능자라고 은총을 입는 것이 아니니 이는 시기와 우연이 이 모든 자에게 임[하는]"(전 9:11) 곳이다. **하나님이 그렇게 정하셨다.** "여호와는 말[馬]의 힘을 즐거워 아니하시며 사람의 다리도 기뻐 아니하시고"(시 147:10). 그분께는 우리 인생에 대한 계획이 있는데, 그 계획은 우리가 힘센 말과 튼튼한 다리로 노력해서 얻을 수 있는 차원을 훨씬 능가한다.

우리는 단순히 그분이 주시는 그분의 삶 안에 쉬면 된다. 우리는 하나님이 선하시고 크신 분임을 그리스도를 통해 배운다. 그것을 알기에 우리는 결과를 그분께 맡길 수 있다. 우리는 그 지식을 그리스도의 멍에 아래서 얻는다. 하나님 안에 쉴 때 우리는 모든 염려에서 벗어날 수 있다. 그것은 영혼의 깊은 안식을 뜻한다. 그리스도께 배운 우리는 어떤 상황에서도 "여호와 앞에 잠잠하고[쉬고] 참아[간절히] 기다[릴]"(시 37:7) 수 있다. 설사 나보다 자격이 떨어지는 이들이 나보다 잘하는 것 같다고 해도 우리는 안달하거나 화나지 않는다.

죄와 영혼의 쉼은 공존할 수 없다

반면, 옳은 줄 알면서도 불순종하거나 죄를 지으면 하나님과 **멀어져** 어쩔 수 없이 자력으로 살아가야 한다. 영혼의 안식이 불가능해진다는 뜻이다. 죄는 영혼에 큰 해를 입힌다. 잠언은 "도적과 짝하는 자는 자기의 영혼을 미워하는 자라"(29:24)고 말한다.

모든 불순종의 뿌리를 **교만**에서 찾는 이들이 많다. 정말 옳다. "하나님의 능하신 손 아래서 겸손해야" 할 우리가, 오히려 인생을 내 손으로 요리할 만큼 자신이 "대단한" 줄 알고 불순종한다. 물론 이런 태도의 배후에는 내 손으로 하지 않으면 내가 원하는 것을 얻지 못한다는 생각이 깔려 있다. 이 역시 교만의 소치다. 반대로, 우리는 우주의 주관자는 내가 아니므로 굳이 내가 원하는 것을 얻어야 할 이유가 전혀 없다는 태도를 가져야 한다.

앞에서도 인용했지만, "영혼을 거슬러 싸우는 육체의 정욕을 제어하라"(벧전 2:11)는 베드로의 경고 배후에 이 모든 이해가 깔려 있음은 물론이다. 육체의 정욕은 어떻게 영혼을 거슬러 싸우는가? 아주 간단하다. 우리를 미혹해 의존적 삶을 뿌리째 뽑아 하나님과 떼어 놓으려는 것이다. 그럴 때 영혼은 제 기능을 다하는 데 필요한 것들을 박탈당함으로써, 더 이상 내 전 존재를 조정하거나 활력을 불어넣지 못한다. 내 삶의 지배권을 정욕(또는 강한 욕심)에 내어주는 것은 곧 내 뜻을 하나님 뜻보다 높이는 것이다.

그래서 바울은 탐심을 "우상숭배"라 했다(엡 5:5; 골 3:5). 탐심이란 남의 행복과 재산을 희생시켜 나를 채우려는 자세이므로, 이 경우 우상은 **나**다. 바울은 또 배—곧 욕심 중추—가 신이 되어 버린 자들에 대해 말한다(롬 16:18; 빌 3:19). 야고보도 죄의 기원을 인간의 강한 욕심 또는 정욕으로 보았다(1:14). 지금도 주변에서 똑똑히 볼 수 있다.

이렇듯, 죄는 욕심과 교만을 통해 내 안의 생명(영혼)을 하나님 안의 생명과 분리시킨다. 이제 영혼은 제 힘으로 애쓰고 발버둥치며 살아가야 한다. 자신을 악에 **떠맡기는**, 곧 의식적으로 악을 자기 목표로 택하는 지경까지 가는 자들(잠언 21:10의 악인)은 하나님께 완전히 버림받는다. 교만한 악행은 인간이 자기 영혼에게 입힐 수 있는 가장 깊은 상처다. 물론 그리스도를 닮아가는 영성 형성 작업은 영혼과 하나님을 떼어 놓는 이 과정을 전복시켜, 영혼을 다시 하나님과 연합된 상태로 돌아오게 한다. 그 일에 우리를 도울 수 있는 것은 무엇일까? 하나님의 율법이다.

여호와의 율법은 완전하여 영혼을 소성케 하고

하나님이 이스라엘 백성에게 주신 기록된 율법은 하나님이 인류에게 건네신 가장 큰 은혜의 선물 중 하나다. 율법은 하나님이 아브라함과 그 씨를 통해 지상의 모든 혈통 또는 만국에 임하리라 약속하신 축복의 일부다. 물론 율법은 계율이나 계명 훨씬 이상의 것이다. 율법은 현실의 실상, 곧 하나님과 피조세계 앞에 만물의 제자리를 보여준다. 선지서와 복음서의 핵심 기능도 "율법서"와 마찬가지로, 인간으로 하여금 하나님과 그분이 하시는 일과 우리가 할 일—한마디로 우리의 참 행복이 있는 곳—을 알게 하는 것이다.

그래서 모세는 백성들에게 이렇게 반문했다. "우리 하나님 여호와께서 우리가 그에게 기도할 때마다 우리에게 가까이하심과 같이 그 신의 가까이함을 얻은 나라가 어디 있느냐. 오늘 내가 너희에게 선포하는 이 율법과 같이 그 규례와 법도가 공의로운 큰 나라가 어디 있느냐"(신 4:7-8).

여호와의 율법을 감사로 받아 공부하고 내면화해 순종한다면, 그것은 시편 19:7 말씀대로 "완전하다." 의도된 목적을 이루기에 전혀 부족함이 없다. 그러므로 율법은 그것을 구하고 받아들이는 자들의 영혼을 회심시키고 소생시킨다. 하나님 말씀이 전반적으로 그렇듯이, 율법도 그 자체로 영적 능력이다. 율법은 인간의 영과 혼을 구분하고, 그 둘을 적절히 구속적으로 다룰 줄 아는 살아있고 운동력 있는 존재다(히 4:12).

율법이 인간의 마음속에 행하는 일은 인간의 성과물이 아니다. 구약에 율법의 영광이 가득하지만, 잠시라도 그렇게 가르치는 부분은 하나도 없다. 반대로 모든 유익의 공로는 율법 자체와 그것을 주신 분께 돌려진다. (시편 119편을 자세히 공부해 보라.) 어떻게든 내 힘으로 율법을 사용해 뭔가 성취할 수 있거나 그래야 한다고 생각한다면 율법의 유익을 놓칠 수밖에 없다. 율법을 **이용**하려 하면 다시 자기 우상화의 자리로 돌아가기 때문이다. 기록된 율법이 나 자신과 하나님을 관리하는 **내** 도구가 되는 것이다.

예수와 바울 당시 "율법"의 지위가 땅에 떨어진 것도 그 오류 때문이었다. 은혜의 통로인 율법이 문화적 자기 의(義)와 인간 압제의 도구로 전락한 것이다. 예수는 "화 있을진저, 너희 율법사여. 너희가 지식의 열쇠를 가져가고 너희도 들어가지 않고 또 들어가고자 하는 자도 막았느니라"(눅 11:52)고 말씀하셨다.

"내 영혼을 소생시키시고"

인간의 구원은 하나님과의 인격적 관계에서 오며, 그 관계는 하나님의 은혜와 사랑과 능력으로 맺어진다. 성경의 시작부터 끝까지 그것은 불변의 사실이며 인류 역사를 보아도 그렇다. **그러나 그 관계에 율법은 필수 부분이다.** 인간의 노력만으로 역부족이라는 것이 율법에 단순히 전제돼 있다. 율법은 하나님과의 언약관계에서 그분과 인간의 필수적 만남의 자리로 주어졌다. 그 관계 안에서 하나님은 진실한 마음을 받으시고 가르치시며 그분의 길로 행할 힘을 주신다. 영혼을 소생시키시는 분은 하나님뿐이다. 그분과 인격적 관계 속에 행하는 자들이 마음에 율법을 새길 때, 율법은 살아있는 원리가 되어 약해진 영혼을 다시 깨우며 연결과 질서를 되찾아 준다. 그러나 하나님의 인격적 임재와 은혜의 역사가 없는 사람에게는 그런 일이 절대 일어나지 않는다.

그래서 하나님의 인격적 임재를 더없이 확신케 하는 말씀들이 구약에 많이 있다. 이사야서 말씀이 좋은 예다.

> 두려워 말라. 내가 너와 함께함이니라. 놀라지 말라. 나는 네 하나님이 됨이니라. 내가 너를 굳세게 하리라. 참으로 너를 도와주리라. 참으로 나의 의로운 오른손으로 너를 붙들리라……. 내가 자산에 강을 열며 골짜기 가운데 샘이 나게 하며 광야로 못이 되게 하며 마른땅으로 샘 근원이 되게 할 것이며……무리가 그것을 보고 여호와의 손이 지은 바요 이스라엘의 거룩한 자가 창조한 바인 줄 알며 헤아리며 깨달으리라(사 41:10, 18, 20).

영성 형성의 길에서 심령과 언약과 율법은 언제나 함께 다닌다. 그 길은 하나님과 동행하는 자의 길인 까닭이다.

율법에 대한 혐오와 왜곡

이 점에서 오늘 우리는 최대의 위험에 처해 있다. 예수께서 막으신 바로 그 일을 행하는 자들이 많다. 의도는 아닐지라도 사실상 그런 셈이다. 그들은 율법을 폐기하며 다른 이들에게도 똑같이 하도록 가르친다(마 5:19). 영성 형성의 모든 희망은 거기서 끝난다.

오늘날 서구인들은 도덕률 폐기론의 문화 속에 살고 있다.

우리의 종교 역사와 세속 역사에서 일부 유래한 이 문화가, 이제 역으로 믿는다는 그리스도인들의 반율법주의를 부추기고 있다. 반율법주의antinomian 란 "율법을 거부한다"는 뜻으로, 마르틴 루터가 만들어 낸 말이다. 당시 그리스도께 회심하는 데 하나님의 율법이 하등 무용하다는 주장을 편 사람들(요하네스 아그리콜라Johann Agricola와 그 추종자들)이 있었는데, 루터는 그들을 그렇게 불렀다.

그러나 반율법 성향은 루터 시대보다 훨씬 오래됐고 어쩌면 바울의 복음에 대한 일각의 반응으로까지 거슬러 올라간다. 그것은 다음과 같은 잘못된 결론에 기초를 두고 있거니와, 바울은 그것을 강력히 거부했다. 곧 우리는 율법을 지킴으로서가 아니라 예수와 그 죽음과 삶을 믿는 인격적 관계를 통해 **의롭다 하심**을 얻었으므로, 이제 율법은 본질적 용도가 다했으며 깨끗이 무시돼야 한다는 생각이다.

그리스도의 구원의 공로를 믿으면 십계명과 복음서의 그리스도 가르침을 포함해 모든 도덕률을 지켜야 할 의무가 폐기되지 않는가? 우리의 "압제자"인 율법을 우리는 얼마든지 미워하고 멸시할 수 있다. 선하되 실패한 것으로 봐주면 그나마 잘 봐주는 것이다. 이것이 오늘날 믿는다는 그리스도인들의 통상적 태도다. 신중한 공부와 이해보다는 성경에 대한 철저한 무지에 기초한 경우가 더 많음을 솔직히 시인할 수밖에 없다.

세부내용은 고금의 단체마다 다 다르지만, 반율법주의의 핵심은 죄를 짓거나 안 짓거나—율법에 순종하거나 말거나—"구원"과는 전혀 무관하다는 것이다. 극단적 방종을 주창한 단체들도 있고 그렇지 않은 단체들도 있다. 어느 경우든 하나님의 율법은 그분 앞에서 인간의 위상과 무관하다.

잉글랜드 공화국 시대(1649-1660)에 강경 칼빈주의자들 사이에 반율법주의가 있었다. 그들은 택함받은 자, 곧 구원받기로 예정된 자는 도덕률을 지킬 필요도 없고 회개할 필요조차 없다고 주장했다. 따라서 누구에게도 회개를 촉구해서는 안되었다.

그런가하면 이렇게 말한 이들도 있다. "선행은 구원을 방해한다. 하나님의 자녀는 범죄할 수 없다. 도덕률은 전격 폐기돼 더 이상 삶의 규율이 아니다. 어떤 그리스도인도 선을 믿거나 행하지 않는다. 그리스도만이 선을 믿고 행하신다."[9]

반율법주의가 영성 형성에 미치는 영향

이것이 영성 형성과 성품 함양에 얼마나 재앙이 될지는 잠깐만 생각해 보면 안다. 요컨대, 하나님 쪽에서 **내게** 행하시는 수동적 부분만 제하고는 영성 형성을 전면 부인하는 셈이다. 율법과 율법에의 순종을 그리스도를 믿는 삶과 무관하게 여기는 태도의 실제적 결과는, 요즘 믿는다는 그리스도인들의 행동을 조금만 보아도 알 수 있다.[10]

오늘날 서구 기독교의 기본 실상은 걱정스럽게도 강한 반율법주의다. 다음은 근래 교계에 있었던 실화다. 이에 대한 우리 신학을 점검해야 한다. 한 남자가 담임목사를 찾아와 말한다. 그는 장기간 충실한 교인이었다. "아내와 이혼하고 딴 여자와 결혼할 생각입니다." 목사는 깜짝 놀라 말한다. "그건 안됩니다! 당신은 헌신된 그리스도인이고 당신 아내도 마찬가지입니다. 이 상황의 이혼은 명백히 잘못된 것입니다." 남자는 대답한다. "예, 저도 압니다. 하지만 어쨌든 밀고 나갈 겁니다. 아내를 더는 못 참습니다. 잘못인 줄 알지만 다 끝난 후에 하나님께 용서를 구할 것이고, 그러면 용서해 주실 것입니다. 그리스도께서 나를 위해 죽으신 것을 믿으니 용서는 당연합니다. 목사님이 그렇게 가르치셨습니다."

"죽어 마땅한" 자를 살해하는 일, 사업의 사활이 걸린 평생 단 한번의 부정 거래 등 다른 사례들도 얼마든지 떠올릴 수 있다. 우리가 이해하는 구원은 정확히 **어떻게** 죄의 교묘한 악용을 허용하지 않는가? 그런 악용이 언제라도 가능한 상태에서 그리스도를 닮아가는 성장이란 무슨 의미가 있는가? 생각해 볼 문제다.

율법과 은혜는 함께 다닌다

성경의 모든 내용은 율법 폐기와 상반된다. 예수께서 친히 계명을 지키는 자라야 그분을 사랑하는 자라고 말씀하셨다(요 14:23-24). 요한은 "죄는 불법"(요일 3:4)이라고 잘라 말했다. 바울도 "악은 모든 모양이라도 버리라"(살전 5:22)고 동일하게 잘라 말했다. 예수께서는 "너희는 나를 불러 주여, 주여 하면서도 어찌하여 나의 말하는 것을 행치 아니하느냐"(눅 6:46)고 말씀하셨다.

바울은 이렇게 강조하여 설명했다.

율법이 육신으로 말미암아 연약하여 할 수 없는 그것[율법의 힘만
으로 인간의 율법 준수를 끌어낼 수 없는 것]을 하나님은 하시나니 곧
죄를 인하여 자기 아들을 죄 있는 육신의 모양으로 보내어 육신
에 죄를 정하사[육신의 정체가 그 자체만으로는 거짓된 것임을 드러내
어] 육신을 좇지 않고 그 영을 좇아 행하는 우리에게 율법의 요구
를 이루어지게 하려 하심이니라(롬 8:3-4).

성령과 은혜의 임재는 율법을 밀쳐 내기 위한 것이 아니라, 내
면의 변화된 성품으로부터 율법을 지킬 수 있게 하기 위함이다.
우리는 율법의 영 안에 행한다. 문자는 자연히 합당한 모습으로
따라온다. 우리는 **영과 율법을 율법주의**—행동에 근거한 의—와
분리해야 하지만, 영과 율법을 서로 분리할 수는 없다.

율법만으로는 인간의 능력과 노력으로 의롭고 바르게 될 수
있는 희망이 다 죽는다. 그러나 우리가 율법 안에 행하되 우리
안에 계신 영광의 소망, 곧 그리스도를 통해 행할 때(골 1:27) 율
법은 하나님께 대한 소망을 어느 때보다 환히 비춰 준다. 은혜
는 단 한번 칭의—하나님 앞에 받아들여지는 것—의 시점만 제외
하고는 율법을 밀쳐 내지 않는다. 반대로 율법 자체는 은혜의
직접적 표현이다. 율법은 "그리스도 예수 안에 있는 생명의 성
령"과 더불어 영성 형성의 주요 도구라는 점에서 율법주의보다
수준이 높다.

율법은 중생한 영혼에 은혜와 **함께** 들어온다. 율법 없는 은
혜란 존재하지 않는다. 인간관계에서도 은혜가 은혜 되려면 질
서가 있어야 한다. 은혜는 황홀한 방종으로 뭉쳐진 무형의 덩어

리가 아니다. 은혜는 용서와만 관계 있는 것이 아니라 삶과도 관계 있다. 그리고 삶에는 질서가 필요하다. 구속받은 삶의 질서는 도덕률을 포함해 하나님 말씀 전체에 표현돼 있다.

율법과 영혼의 밀접한 내적 관계

사실, 율법과 영혼에는 밀접한 내적 관계가 있다. 율법에 저항할 때 영혼이 병들고 하나님과 멀어지는 것이 그 때문이다. 율법을 사랑하면 영혼이 소생되는 것도 그 때문이다. 율법은 영혼에 좋은 것이다. 율법은 필수 불가결한 교육도구요 선악을 판단하는 기준이다. 하나님과 함께 율법 안에 행할 때 영혼은 소생된다. 하나님 나라와 그분 성품의 질서가 율법에 표현돼 있기 때문이다. 그래서 율법은 영혼을 회심시키고 소생시킨다. 은혜도 필수다. 그러나 율법을 밀쳐 내는 무형의 방임주의 일색의 은혜는 아니다.

영혼이 생명력을 얻어 제 기능을 다하는 데 필요한 바른 질서는 사랑의 "최고 법"(약 2:8)에 나와 있고, 예수와 그 가르침에도 풍부하게 설명돼 있다. 옛 율법의 모든 본질적 내용이 그 법에 들어 있다. 예수는 옛 율법을 이루셨고 자신과의 지속적 제자도를 통해 우리도 이룰 수 있게 하신다. 우리 목표는 예수의 능력과 성령 안에서 하나님의 율법에 순종하는 것이 돼야 한다. 목표가 거기에 못 미치는 사람은 결코 하나님 안에서 영혼의 쉼을 누릴 수 없을 뿐 아니라 그리스도를 닮아가는 영성 형성에도 절대 진보다운 진보를 이룰 수 없다.

요컨대 영혼이 변화되려면 우리는 영혼의 실체와 중요성을 인정해야 하고, 영혼에 대한 성경의 가르침을 이해해야 하며, 영혼으로 예수의 멍에를 메고 그분께 겸손을 배우고, "결과"를 하나님께 맡기는 법을 배워야 한다. 그러면 영혼에 쉼이 찾아온다. 그럴 때 우리 영혼은 율법과 말씀을 받아들임으로 다시금 선을 행할 능력을 얻는다. 율법은 은혜로 주어진 하나님과의 언약관계의 틀이며 하나님 나라 안에 살아가는 은혜의 삶의 뼈대다.

사람에 따라 영혼의 회복에 특별한 축사(逐邪) 행위, 내적 치유사역, 심리상담 등 다른 것들도 필요할 수 있다. 언제나 예수의 기쁜 소식이 전제된다. 그러나 "위로부터 난" 영혼을 변화시키는 가장 강력한 힘은, 은혜에 붙들려 의롭게 행하는 것이다.

1. "영혼은 깊다." 당신에게 이 말은 어떤 의미로 와닿는가? 그것은 20세기와 21세기의 지적·문화적 경향과 어떤 관련이 있는가? 성경의 가르침과는 어떤 관련이 있는가?

2. "시편 1편의 사람"은 현실성이 있는가? 당신에게 어떤가? 당신이 아는 다른 이들에게 어떤가? 직장과 가정에서 그것은 어떤 모습으로 나타날까?

3. "선한 의도의 실패"는 영혼의 각종 장애와 어떤 관련이 있는가?

4. "무의미"는 현대생활에 왜 그토록 중요한 문제인가? 이것은 **영혼**의 문제인가?

5. 상한 영혼에게 **광신**이 그토록 매력 있는 까닭은 무엇인가?

6. 영혼을 내면의 시냇물로 보는 이미지는 의미가 명료한가? 시편 등 성경말씀을 이해하는 데 도움이 되는가?

7. "하나님도 영혼이 있다." 이와 관련해 언급된 성경말씀들의 의미를 설명해 보라.

8. 먹는 일은 이삭의 영혼과 축복 능력에 어떤 영향을 주었는가?

9. 당신 자신의 영혼을 **인정**할 수 있는 몇 가지 방식은 무엇인가?

10. 겸손은 예수께서 약속하신 "영혼의 쉼"에 어떻게 맞아 들어가는가?

11. "육체의 정욕"은 어떻게 "영혼을 거슬러 싸우는가?"(벧전 2:11)

12. 반율법주의는 무엇이며, 그것이 오늘 우리의 삶과 신앙에, 특히 영성 형성

의 전망에 미치는 영향은 무엇인가?

13. 율법과 율법에 대한 순종은 어째서 은혜의 표현인가? 율법과 영혼이 밀접
    한 관계가 있다는 개념은 일리가 있는가?

— 12.
빛의 자녀들과 세상의 빛
—

너희가 전에는 어두움이더니 이제는 주 안에서 빛이라. 빛의 자녀들처럼 행하라. 빛의 열매는 모든 착함과 의로움과 진실함에 있느니라. 주께 기쁘시게 할 것이 무엇인가 시험하여 보라. _사도 바울(엡 5:8-11)

온 세상을 얻기 위한 그리스도의 단순한 프로그램은 자신이 만지시는 각 사람마다 사랑의 자석을 만들어 거기에 남들이 달라붙게 하시는 것이다. _프랭크 로바크[1]

"창세로부터 예비된 나라"

지구상의 인간 삶의 의미는, 극히 작거나 극히 크거나 둘 중 하나다. 자연적 관점에서만 본다면 극히 작다. 지구 역사를 자정부터 이튿날 자정까지 24시간으로 본다면 인간의 맨 첫 조상이 출현한 것은 이튿날 밤 11시 59분이며, 지난 수천 년간의 소위 "문명"이라는 것은 한밤중에 섬광전구가 한번 펑 하고 터진 것에 지나지 않는다. 진화론에 따르면 그렇다.[2] 어쨌든 순전히 과학적 관점에서만 본다면 지구는 인간사회를 오랜 세월(우주적 관점에서) 지탱하지 못할 것이다. 지구 표면의 미래가 여태까지의 기막힌 과거를 닮았다면 **길어 봐야** 수천 년에 더 지나지 않을 것이다.

물론 성경에 나타난 인류 역사를 향한 하나님의 목적은 그것과는 전혀 다르다. 성경의 그림에 따르면, 인류 역사의 기능은 "여러 나라와 족속과 방언과 백성"(계 14:6)으로부터 거대한 백성의 공동체를 만들어 내는 것이다. 그들은 하나님 아래 제사장 나라가 될 것이며(계 1:6; 5:10; 출 19:6) 실제로 미래의 일정 기간 동안 그분 밑에서 이 땅을 다스릴(계 5:10) 것이다. 뿐만 아니라 그들은 우주의 영원한 미래에 그분과 함께 영원무궁토록 다스릴 것이다(계 22:5).

이 백성은 살아있는 공동체로서 함께 하나님의 특별한 처소를 이룰 것이다. 그 처소를 통해 모든 세대의 모든 피조세계가 그분의 위엄을 알고 감사로 받아들일 것이다(엡 2:7; 3:10; 빌 2:9-11). 지금 인간의 마음에 희미하게 감지되는 것들이 그리스도와 그 백성의 우주적 승리 안에 **반드시** 실현돼야 하며 결국 그렇게 된다. 그리스도의 성품을 온전히 입은 자들—바울의 언어로 "빛의 자녀들"—은 영원히 하나님께 능력을 입음으로, 자유로운 창의적 행위자로서 자기가 원하는 일을 하게 된다. 그러면서도 그것은 하나님 자신의 뜻과 늘 완전한 조화를 이룬다.

이곳 지상의 생애 동안 그리스도를 닮아가는 영성 형성은 하나님이 우리 각자에게 정해 주신 피조세계 속의 그 영원한 자리—"창세로부터 너희를 위하여 예비된 나라"(마 25:34; 또한 눅 19:17 참조)—를 향한 끝없는 전진이다. 지금 이 전진은 예수 그리스도께 대한 우리의 제자도를 통해 이루어진다. 이것은 하나님 앞에 온전히 충성된 자로 성품이 변화되는 과정이다.

"빛의 자녀들"의 종합 조감도

지금부터 앞의 여러 장에서 살펴본 내용의 결과를 한데 모아,

존재의 여러 본질적 차원에서 이미 변화된 그들의 모습을 바탕
으로 "빛의 자녀들"의 종합 조감도를 그려 보자. 성경에 사용된
빛의 **자녀들**이라는 표현은, 그들이 빛의 기본 특성을 지녔다는
뜻이다. 즉 모든 부모가 그렇듯이, 그들의 부모인 빛이 그들에
게 **자신의** 특성을 전수한 것이다.

이 사람들은 완전하지 않으며 완전한 세상에 살고 있지도 않
다. 아직은 아니다. 하지만 그들은 확연히 다르다. 차이는 그들
이 취하는—어쩌다 한번씩이든 혹은 지속적이든—자세에 있지도
않고 그들이 행하거나 행치 않는 일들에 있지도 않다. 물론 그
들의 행동도 판이하게 구별되지만 말이다. 빛의 자녀들의 차이
는 주로 그리고 가장 중요하게 삶의 "내면"에 있다. 가장 깊은
차원에서 그들의 됨됨이 자체에 있다.

사고생활. 그들의 내면생활을 접할 때 우리 눈에 가장 먼저
띄는 것은 그들의 생각을 점하는 사고 내용일 것이다. 간단히
말해, 그들은 하나님을 생각한다. 그들 머릿속에는 절대 하나님
이 떠나지 않는다. 그들은 예수 그리스도 안에 계시된 하나님과
그 위대하심과 아름다움을 생각하는 것이 즐겁기만 하다. 그들
은 자연과 역사와 그 아들 예수와 성도들을 통해 하나님을 사
모한다. "하나님께 취했다"고 말해도 과언이 아니다(행 2:13; 엡
5:18). 그럼에도 실제적 현실감각이 그들보다 또렷한 사람은 없
다. 그들의 생각은, 성경에 나타난 대로 세상에서 그들을 위한
하나님의 성품과 행동과 계획으로 가득 차 있다. 그들은 악을
생각하지 않는다. 그들의 생각 속에서 악은 별 문제가 못된다.
그들은 악의 패배를 잘 알지만, 지금은 각각의 구체적 상황에서

적절히 악에 대처한다.

하나님을 생각의 중심과 기준점으로 삼았기에 그들은 다른 모든 선한 것들도 생각 속에 즐거이 받아들인다. "무엇에든지 참되며 무엇에든지 경건하며 무엇에든지 옳으며 무엇에든지 정결하며 무엇에든지 사랑할 만하며 무엇에든지 칭찬할 만하며 무슨 덕이 있든지 무슨 기림이 있든지"(빌 4:8) 그들은 그것들을 생각한다. 자신이 깨달은 하나님의 속성에 근거해 그들은 긍정적이되 현실성 있게 긍정적이다.

감정. 이어 우리 눈에 띄는 것은—이미 보아 온 모습을 감안할 때 별로 놀랄 일이 아니다—이 빛의 자녀들의 정서생활에 사랑이 깊은 특징을 이룬다는 점이다. 그들은 자기 존재의 정서적 차원을 사랑에 투자한다. 그들은 많은 선한 것들을 사랑하며 사람을 사랑한다. 그들은 자신의 삶과 자신의 정체를 사랑한다. 삶에 많은 어려움과 심지어 핍박과 순교가 따를지라도(마 5:10-12) 그들은 자기 삶으로 인해 감사한다. 그들은 그 모든 것을 하나님의 선물이나 적어도 그분이 허용하신 것으로 받아들이고, 그것을 통해 그분이 크고 선하신 분임을 배우며 영원히 그분과 함께 살아간다. 그래서 가장 힘든 시기와 억울한 고난 중에도 기쁨과 평안이 그들과 함께한다. 하나님이 어떤 분인지 알기에 그들은 확신과 소망이 있으며, 거부나 실패나 절망 따위의 생각에 빠지지 않는다. **그 이상을 알기** 때문이다.

의지(심령/마음). 좀더 깊이 들여다보면, 이 빛의 자녀들이 선과 의를 행하는 데 헌신돼 있음을 알 수 있다. 그들의 생각과 감정이 습성처럼 하나님을 향하듯이 그들의 의지는 습성처럼 선행에 맞춰져 있다. 그들은 남을 돕고 친절을 베풀며 바로 대하는 것을 중시한다. 또 인생살이와 사람들의 필요, 적절한 방식으로 선과 의를 행하는 법에 의도적으로 식견을 갖춘다.

이들은 나와 내가 원하는 것부터 먼저 생각하는 자들이 아니다. 정말 이들은 제 뜻을 관철시키는 데 별 관심이 없다. "각각 자기보다 남을 낫게 여기고 각각 자기 일을 돌아볼뿐더러 또한 각각 다른 사람들의 일을 돌아보아"(빌 2:3-4). 이것이 그들에게는 쉽고 좋은 말씀이다. 하나님 뜻에 자신을 맡겼기에 그들은 뻔히 잘못인 줄 아는 일을 할까 말까 고민하거나 궁리하지 않는다. 그들은 주저 없이 옳은 길을 간다. 당연한 일이다.

몸. 물론 거기에는 몸이 따른다. 그들의 몸은 선을 행하려는 의지 편으로 이미 넘어와 있다. 몸은 굳이 생각 없이도 항상 선과 의를 행할 태세가 되어 있다. 그것은 몸이 자동으로—하지 **말아야지** 생각하기도 전에—잘못된 일에 빠져 들지 않는다는 뜻이기도 하다. 심지어 자신의 결심과 의도를 거스르면서까지 말이다. "마음에는 원이로되 육신이 약하도다"(마 26:41)는 더 이상 그들의 모습이 아니다. 예수의 이 말씀이 인간의 불가피한 상태에 대한 선언이 아니라, 바로잡아야 할 상태에 대한 진단임을 그들은 경험으로 안다. 그들의 "지체들"은 사실상 성령께 접수됐다.

따라서 그들은, 자신의 혀와 얼굴 표정과 눈빛과 손 따위가 무심코(생각할 겨를도 없이) **이미** 저질러 놓은 일에 늘 끌려 다니지 않는다. 몸과 각 부위가 하나님을 섬기는 데 바쳐져 그분의 거룩한 도구로 길들었기 때문이다. 그들의 몸은 유혹의 길을 직관적으로 피한다. 이런 사람들의 몸은 겉으로도 달라 **보인**다. 그들의 몸에는 신선함, 조용한 힘, 투명함이 있다. 그리고 하나님이 주시는 체력으로 늘 지쳐 있지 않고 쾌활하다. 그리스도 예수를 죽은 자 가운데서 살리신 분이 그들 안에 거하시는 성령을 통해 그들 몸에 생명을 주셨다.

사회적 관계. 대인관계에서 그들은 철저히 투명하다. 그들은 선한 길로 행하기에 어둠을 끌어 쓸 필요가 없다. 그들은 다른 사람들과, 특히 예수의 다른 제자들과 진정한 사귐과 교제를 얻는다. "저가 빛 가운데 계신 것같이 우리도 빛 가운데 행하면 우리가 서로 사귐이 있고 그 아들 예수의 피가 우리를 모든 죄에서 깨끗하게 하실 것이요"(요일 1:7). 또 "그의 형제를 사랑하는 자는 빛 가운데 거하여 자기 속에 거리낌이 없[다]"(2:10). 그들은 자기 생각과 감정을 숨기지 않는다(그렇다고 무조건 아무에게나 쏟아 놓지도 않는다). 하나님께 대한 확신이 있기에 그들은 남을 조종하여 몰아가려 하지 않는다. 말할 것도 없이 그들은 사회적 정황에서 상대를 이용하거나 해치려는 의도로 공격이나 추적에 나서지 않는다.

그뿐 아니다. 그들은 전혀 남을 정죄하지 않는다. 악에 가담하지도 않는다. 그들이 악에 두는 시선은 주어진 사회적 상황에서 꼭 필요한 정도로 그친다. 나아가, 악이라면 인내와 기쁨으로 가담하지 않는 것이 그들의 원칙이다. 예수께서 친히 그러셨던 것처럼 그들은 악에 동참하지 않으면서도 정말 "그 자리"에(거기가 어디든) 있는 법을 안다. (물론 예수의 경우와 마찬가지로 그들이 "그 자리"에 있는 것을 남들이 비난할 수도 있고, 그냥 자리를 피해야 하는 경우들도 언제나 있다.) 그러나 그들은 그런 상황에 가담중일 수 있는 사람들을 거부하거나 멀리하지 않는다. 그들은 은혜롭고도 효과적으로 "죄는 미워하되 죄인을 사랑하는" 법을 안다.

영혼. 끝으로 이 사람들을 접하다 보면—물론 인간의 육신적 힘만 아는 이들은 **절대** 그들을 이해할 수 없지만(고전 2:14)—위의 모든 내용이 그저 겉으로만 그렇지 않음을 알게 된다. 그것은 깊다. 어떤 의미에서 그것은 분명 힘들지 않다. 그저 **술술** 흘러나온다. 앞에 설명한 일들을 빛의 자녀들은 늘 이를 악물고 안간힘을 쓰며 근근히 이어가는 것이 아니다. 오히려 그것은 하나님 안에 거하는 영혼에 넘쳐흐르는 삶의 자연스런 특징이다.

이것이 그리스도를 닮아가는 영성 형성의 결과다. 다시 말하지만, 그것은 완전을 뜻하지 않는다. 다만 영혼이 온전해진 인간을 뜻한다. 하나님의 온전한 율법을 내면화하고 복음과 성령의 역사에 힘입어 영혼이 회복된 인간이다. 영혼이 그렇게 될 때 하나님과 전인이 잘 조화를 이루며, 자아의 각 측면이 하나님 의도대로 기능할 수 있다.

성경의 정점들

빛의 자녀들의 속 사람에 대한 이런 종합 조감도를 앞에 놓고서, 이제 예수의 제자들의 바람직한 모습을 그린 신약말씀들로 돌아가 보자. 이제 우리는 이런 말씀을 새롭게 이해할 수 있으며 거기서 큰 격려를 얻을 수 있다. 평소 그런 말씀이 주던 인상과 정반대임은 물론이다. 아주 독실한 사람들의 경우도 마찬가지다. 내 생각에 이 밝은 말씀들은 대체로 갈망을 고취시킬 수 있으나, 그 갈망에는 절망감과 죄책감이 묻어 있다. 이제 우리는 그 모든 것을 바꿀 수 있는 자리에 왔다.

이제 말하려는 말씀들은 익히 잘 알려진 것들이다. 물론 마태복음 5-7장이 목록의 선두를 달리지만, 바로 이해한다면 정말 그것은 바울, 베드로, 야고보, 요한 서신의 익숙한 말씀들보다 조금도 더 멀리 나간 것이 아니다. 구약에도 전체적으로 약간 명료성이 떨어지기는 하지만 비슷한 말씀들이 있다. 이 주제의 말씀들로 꼽을 수 있는 것은 로마서 12장, 고린도전서 13장, 고린도후서 3:12-7:1, 갈라디아서 5:22-6:10, 에베소서 4:20-6:20, 빌립보서 2:3-16, 4:4-9, 골로새서 3:1-4:6, 베드로전서 2:1-3:16, 베드로후서 1:2-10, 요한일서 4:7-21 등이다. 구약의 기준점으로는 미가 6:8이 걸맞을 것이다. 신명기 10:12-21도 이에 해당된다. 꼬박 하루동안 시간을 내 한적한 곳에 물러가서, 이 말씀들을 읽고 또 읽고 묵상할 것을 독자들에게 권하고 싶다.

어둠의 대조적 그림

빛의 자녀들을 그린 이 말씀들은, "열매 없는 어두움의 일"(엡 5:11)에 대한 대조적 말씀들을 통해 그 위력이 한층 부각된다. 갈라디아서 5장에서 바울은 인간의 본성적 충동과 능력이 삶을 지배할 때 나타나는 "육체의 일"을 묘사했다. 그 육체의 일이란

"음행과 더러운 것과 호색과 우상숭배와 술수와 원수를 맺는 것과 분쟁과 시기와 분냄과 당 짓는 것과 분리함과 이단과 투기와 술 취함과 방탕함과 또 그와 같은 것들"(19-21절)이다.

바울의 "어두운" 본문 중 또 하나는—로마서 1장은 이미 살펴보았다—디모데후서 3:1-5 말씀이다. 여기서 "말세"란 지상의 악이 "무르익은" 때를 말할 것이다. 그때에 대해 바울은 "사람들은 자기를 사랑하며 돈을 사랑하며 자긍하며 교만하며 훼방하며 부모를 거역하며 감사치 아니하며 거룩하지 아니하며 무정하며 원통함을 풀지 아니하며 참소하며 절제하지 못하며 사나우며 선한 것을 좋아 아니하며 배반하여 팔며 조급하며 자고하며 쾌락을 사랑하기를 하나님 사랑하는 것보다 더하며"라고 말한다. 그들은 겉으로는 종교적으로 살지만 그 안에 담긴 진실함은 모두 거부한다.

이 모든 더럽게 하는 것들이, 병들어 반역하는 마음에서 나온다는 것을 우리는 예수의 가르침을 통해 안다(막 7:21-23). 문제는 자아의 숨은 부위에 있다. 거꾸로 모든 선한 것은 마음의 선에서 나온다. "못된 열매 맺는 좋은 나무가 없고……선한 사람은 마음의 쌓은 선에서 선을 내고"(눅 6:43, 45).

인간 자아의 모든 차원의 변화

이렇듯, 이 모든 것에는 전혀 신비가 없다. 사람들이 악하게 사는 것은 그 "내면"이 잘못돼 있기 때문이다. 마찬가지로 선한 열매가 충만한 삶으로 가는 길은 자아의 내적 또는 "영적" 측면의 모든 차원이 변화되는 것이다. 삶이 변화되려면 여섯 가지 차원 가운데 어느 것 하나라도 그냥 두어서는 안된다. 각 차원은 반드시 약함의 출처 아니면 힘의 출처일 수밖에 없다. 마음이 변화되려면 여지없이 인간 자아의 각 내적 차원이 필히 고쳐져야 하며, "구원을 주시는 하나님의 은혜"를 마음속에—특히 자아의 각 특정 차원 속에—철저히 제대로 받아들임으로써 의(義) 안에 세움을 입어야 한다.

"구원을 주시는 하나님의 은혜"—역시 바울의 표현—는 "우리를 **양육**하시되*paideuousa* 경건치 않은 것과 이 세상 정욕을 다 버리고, 근신함과 의로움과 경건함으로 이 세상에 살고" 우리를 구원하시는 그리스도 예수의 영광스런 재림을 기다리게 한다. 그분이 "우리를 대신하여 자신을 주심은 모든 불법에서 우리를 구속하시고 우리를 깨끗하게 하사 선한 일에 열심하는 친 백성이 되게 하려 하심이[다]"(딛 2:11-15).

그러므로 이제 우리는 마태복음 5장, 고린도전서 13장, 골로새서 3장, 요한일서 4장 같은 "빛나는" 말씀들의 배후에 무엇이 있는지 안다. 그것은 이 책에 "영성 형성"으로 표현된 내적 변화의 과정이다.

베드로가 제시한 영적 성장의 진보

이 사실이 유난히 명쾌하게 제시된 말씀들이 있다. 베드로후서 1:3-11은 가장 명쾌한 말씀 중 하나다. 여기서 베드로는 "그의 신기한 능력으로 생명과 경건에 속한 모든 것을 우리에게 주

[신]” 그 기초에서 출발해—잠시 멈추고 “모든 것”에 제외되는 것이 있는지 생각해 보라—계속해서 하나님의 “보배롭고 지극히 큰 약속”을 일깨운다. 그 약속으로 말미암아 우리는 “정욕을 인하여 세상에서 썩어질 것을 피하여 신의 성품에 참예하는 자가 [될]” 수 있다(3-4절).

그 피하는 일은 어떻게 일어나는가? **혼신의 노력**을 다해—“더욱 힘써”도 잘된 번역이다—믿음(그리스도께 둔 내 확신)에 **덕**(도덕적 탁월성)을 더하는 것이다. 선과 의라면 무조건 행하도록 자신을 훈련한다는 뜻이다. 분명 이것은 누가 해주는 일이 아니라 우리 쪽에서 할 일이다.

이어 우리는 그 덕에 지식, 곧 **이해**를 더한다. 내가 행하는 선과 의가 **정말** 선과 의인 까닭을 깨우치는 것이다. 통찰을 통해 그 모든 것의 실체 속으로 들어간다.

이어 그 통찰에 **절제**, 곧 자기 통제를 더한다. 상황에 휩쓸리지 않고 의도한 바를 수행하는 능력을 기르는 것이다.

이어 절제에 **인내**(견딤, 참음)를 더한다. 이것은 기분과 상관없이 장기적으로 한길을 고수하는 능력이다.

이어 인내에 **경건**을 더한다. 앞서 말한 모든 은혜의 역량이 더 철저히 심화된다고 생각하면 가장 맞다. 선의 자원이 고갈되지 않는 것이 하나님의 특징이다.

이어 그 경건에 형제 간에나 참 친구 간에 볼 수 있는 **우애와 자상한 관심**을 더한다. 여기 쓰인 단어는 **필라델피아***philadelphia* 다. 살면서 만나는 사람들을 가족 같은 느낌과 행동으로 대하는 것이다. 이 상한 세상에 그것이 어떤 의미일지 생각해 보라. 이 초인적 삶은 오직 경건의 선한 능력을 통해서만 가능하다.

이어 그 형제 우애에 **아가페** 사랑을 더한다. 이것은 하나님 자신의 속성이자 예수의 십자가와 고린도전서 13장에 비장할 정도로 자세히 설명된 사랑이다. 이것은 필라델피아의 차원을 훨씬 넘어 하나님의 심장으로 통한다. 우리는 가족처럼 사랑하는 정도가 아니라 하나님이 우리를 사랑하신 것처럼 사랑해야 한다(요 13:34). 빛의 자녀들에 대한 성경의 묘사에서 아가페 사랑은 언제나 영적 진보의 다른 모든 성과를 완성하고 굳혀 주는 궁극적 차원으로 나타난다(롬 5:5; 고전 13장; 갈 5:14; 엡 4:15-16; 골 3:14; 요일 4:16 등 참조).

베드로는 우리가 이 말씀대로 하면 "언제든지 실족지 아니하리라……우리 주 곧 구주 예수 그리스도의 영원한 나라에 들어감을 **넉넉히** 너희에게 주시리라"(벧후 1:10-11)는 말로 위대한 진보에 대한 말을 맺는다.

이에 대한 가장 흔한 오해

오늘날 신자들이든 일반 사람들이든, 빛의 자녀들에 대한 이런 빛나는 말씀을 접할 때 가장 흔히 범하는 과오는 무엇인가? 한마디로 그들은 이 모든 말씀에 그리스도를 닮아가는 내적 변화라는 전제가 수반된다는 것을 이해하지 못한다. 마음과 영혼과 뜻과 힘을 다하여 하나님을 사랑하는 것도 없이, 무조건 이 말씀들에 언급된 모든 빛나는 일들을 "행해야" 하는 것으로 그들은 착각한다. 사실 마음과 영혼과 뜻과 힘은 여전히 정반대 방향으로 하나님을 거스르는 강한 성향을 보이고 있음에도, 그렇게 해야만 한다는 것이 그들의 생각이다. 물론 그들의 절망은 완전히 정당화된다. 그들이 생각하는 일은 원래부터 아예 불가능한 까닭이다.

내면의 각 본질적 차원이 변화되지 않은 사람에게 악과 죄는 **여전히 좋아 보인다.** 죄가 강한 매력으로 다가온다. 그것이 바로 베드로가 말한 "정욕을 인하여 세상에서 썩어질 것"(벧후 1:4)이다. 그런 사람들은 율법이 싫기만 하다. 그들이 마음두는 일들을 율법이 부정하기 때문이다. 이제 그들은 무슨 수를 써서라도 율법을 교묘히 피해 자기 마음대로 해야 한다. 그들의 전 존재의 힘은 그리스도를 닮는 것과 대치된다. 심지어 자기 잘못을 알고 양심에 찔릴 때도 마찬가지다.

그러나 예수께서 그들을 훈련하여 "자기를 위해 깨끗하게" 하시면 모든 것이 전복되기 시작한다. 율법이 하나님의 아름다운 선물이요 참된 선과 의를 일러 주는 값진 진리로 보이기 시작한다. 시편기자의 표현으로 율법은 "벌집에서 지금 막 떨어지는 꿀보다 달다"(시 19:10, 꿀은 처음 채취할 때가 가장 맛있다). 이제는 도리어 죄가 미련하고 터무니없고 혐오스러워 보인다. 사실 죄란 그런 것이다. 그래서 이제 벌이 무서워서가 아니라 죄의 실상을 새삼 똑똑히 보았기에 죄를 물리친다. 죄는 정말 좋은 것인데 하나님이 임의로 금하신 것이라는 환상이 깨진다. 그렇게 금하신 것이야말로 그분의 극진한 자비임을 깨닫고 우리는 감사한다.

이제야 우리는 비로소 "성화"sanctification에 대해 말할 수 있다. 성화란 인간 영혼에 의가 부여된(단순히 "전가된" 정도가 아니라) 상태다. 그것은 빛의 자녀들의 영혼이 성숙한 상태다. 성화를 어떻게 이해해야 할까? 특히, 성화를 예수의 모든 제자의 목표로 삼아야 할까? 성화란 현실적인 것인가, 마술적인 것인가?

성화란 정확히 무엇인가? 옛날 사람들이 지금보다 성화를 훨씬 잘 이해했다. 그래서 옛 저자들의 말을 들어보려고 한다. A. H. 스트롱A. H. Strong은 『조직신학』Systematic Theology에 유명한 신약학자 고뎃Godet의 말을 인용했다.

세상에서 예수의 사역은 양면성을 띤다. 한편으로 그것은 **우리를 위해** 성취된 사역으로, 하나님과 인간 사이를 **화목케** 하기 위한 것이다. 동시에 그것은 **우리 안에** 성취되는 사역이며, 목표는 우리의 **성화**를 이루는 것이다. 전자를 통해 하나님과 우리 사이에 바른 **관계**가 맺어진다면 후자를 통해서는 회복된 질서의 **열매**가 맺힌다. 전자를 통해 정죄된 죄인이 은혜의 상태에 받아들여진다면 후자를 통해서는 용서된 죄인이 하나님의 생명에 연합된다……. 용서와 그것이 가져다 주는 평안만 얻으면 모든 것이 끝나고 구원사역이 완성된 것처럼 말하는 사람들이 얼마나 많은가! 구원은 영혼의 건강에 있고 영혼의 건강은 거룩함에 있건만, 그들은 그것을 전혀 모르는 것 같다. 용서는 건강의 회복이 아니라 회복으로 가는 고비다. 죄인을 의롭다 선언하는 것을 하나님이 옳게

보신다면, 그것은 그 선포를 통해 그를 거룩하게 회복하시기 위함이다.[3]

스트롱은 계속해서 다른 저자(이제 미상이 된)의 인상적 예화를 인용한다. "기계장치가 고장난 증기선은 항구로 들어가 신속히 부두에 정박한다. 이제 배는 **안전**하지만 **온전**하지는 않다. 수리에 오랜 시간이 걸릴 수 있다. 그리스도는 우리를 안전하면서 동시에 온전하게 만들려고 하신다. 우리를 안전하게 해주는 것은 칭의다. 우리를 온전하게 해주는 것은 성화다."[4]

그리고 또 다른 저자의 말을 인용한다. "성화는 완전에 도달했다는 뜻이 아니라 하나님께 받은 생명이 완전을 향해 나아가고 있다는 뜻이다. 성화는 그리스도인을 그리스도인답게 만드는 작업이다."[5]

끝으로 그는, 용서받는 것과 성화를 받아들이는 것의 불가분성에 관해 A. A. 하지^{A. A. Hodge}의 말을 인용한다. "칭의를 얻고자 그리스도를 영접한 사람이 동시에 성화를 얻고자 그분을 영접하지 않으면서 그리스도인으로 자처한다면, 그는 바로 그 체험에서 비참하게 미혹된 것이다."[6]

그제야 스트롱은 자신의 중요한 논평을 덧붙인다.

성령께서 자연인에게 주시는 처방은 문화가 아니라 십자가의 죽음이다……. 성화는 내가 무엇을 하든 말든 저절로 되는 당연지사가 아니다. 성화는 한편으로 하나님의 직접적 감독과 수술을 요하며, 다른 한편으로 우리 쪽에서도 실제로 악을 미워하며 하나님의 주도에 협력해야 한다……. 성령은 그리스도인으로 하여금 믿

음의 성장을 통해 더 온전히 의식적으로 그리스도를 닮아가게 하
시며, 그리하여 자기 본성에 남아 있는 죄성을 점차 정복하게 하
신다.[7]

성화에 대한 스트롱 자신의 정의—"중생 시에 주어진 거룩한 성
향을 성령께서 계속 유지하며 강화해 나가시는 작업"[8]—의 뜻을 잘
보충해 주는 논평이다.

현대의 한 해석

현대의 탁월한 저자 웨인 그루뎀Wayne Grudem은 성화에 대한 이야
기를 이렇게 시작한다.

> [성화란] 구속의 적용과정의 일부로, 우리가 이 땅에 사는 동안 계
> 속되는 **점진적** 작업이다. 이것은 **하나님과 인간**이 각기 다른 역할
> 로 서로 **협력하는** 작업이기도 하다. 구속의 적용과정의 이 부분을
> 성화라 한다. 성화란 우리로 하여금 실생활에서 점점 죄를 벗고
> 그리스도를 닮아가게 하는 하나님과 인간의 점진적 작업이다.[9]

내가 이해하는 성화에 대해서라면 여기서 한 가지만 짚어 두면
될 것 같다. 제자를 **성화시키는** 작업이나 과정이 새로 중생한
심령에 즉각 시작되는 것은 분명 사실이지만, 그럼에도 앞서 인
용한 표현대로 "안전하나 아직 온전하지 못한" 사람은 의가 두
루 퍼져 자리잡은 상태—그 상태의 적절한 명칭이 "성화"다—에

있지 못하다.

물론 이생에서의 성화는 언제나 정도 문제지만, 그럼에도 참된 영적 성장의 어느 시점 이전에는 성화라는 단어를 차마 붙일 수 없는 법이다. 커피가 "뜨겁다"고 하는 것이 정도 문제지만, 그럼에도 어느 시점 이전에는 설령 지금 데우는 중이라 하더라도 "뜨겁다"는 말을 쓸 수 없는 것과 같은 이치다.

성화 요약

그렇다면 성화를 어떻게 요약해 말할 것인가? 성화는 주님과 제자 사이에 상호관계가 의식적으로 선택되고 유지되는 것이며, 그 안에서 제자는 자기가 옳다고 알고 있는 것을 하나님 앞에서 능히 할 수 있고 실제로 일상적으로 행한다. 인격의 모든 측면이 실질적으로 변화됐기 때문이다. 성화는 일차적으로 도덕과 종교생활에 적용되지만, 사려 깊은 실생활(지혜로운 행동)에도 어느 정도 미친다.

다양한 부류의 체험이 성화에 개입될 수는 있지만 성화는 체험이 아니다. 성화를 통해 신분이 유지되지만 성화는 신분도 아니다. 성화는 외적 형태가 아니며 외적 형태들과 어떤 본질적 관계도 없다. 그러면서도 한편 성화는 "이력"과 습관체계가 된다. 성화는 영성 형성 과정을 통해 이루어진다. 그 과정을 통해 개인의 마음(심령/의지)과 내면생활 전체는 예수의 내면생활의 성품을 입는다.

전 존재가 빛의 자녀답게 틀이 잡힌 자들의 표지로 몇 가지 특징을 꼽을 수 있다. 우선 그들은 잘못을 지적받을 때 절대 변호하지 않는다. 하나님께는 물론 자신과 남에게도 마찬가지다. 그들은 잘못이 지적된 것을 감사하며, "지혜 있는 자를 책망하라, 그가 너를 사랑하리라"(9:8)는 잠언 말씀을 현실로 보여준다. 잘못하지 않았는데 억울하게 비난받을 때도 사실 그들은 **자신을** 변호하지 않고 다만 사건의 진상을 진정 알리려고 하는 자들을 돕고, 선이 오해당하는 것을 막는 데 꼭 필요한 만큼만 말한다. 은혜로만 **의롭게 된다**는 것의 의미가 그만큼 그들 존재의 모든 기공 속에 파고든 것이다. 그들은 하나님 앞에서만 아니라 대인 관계에서도 그것으로 안식한다.

또 다른 특징으로 그들은 죄를 짓지 않음으로 해서 뭔가 좋은 것을 놓치고 있다는 느낌이 없다. 실망감과 박탈감이 없다. 그들은 악을 행하는 자들이 잘된다고 불평하거나 시기하지 않는다(시 37:1). "의인의 적은 소유가 많은 악인의 풍부함보다 승[함]"(16절)을 그들은 안다. 물론 이것은 앞서 말한 대로, 그들이 죄를 뭔가 좋은 것으로 보지 않고 더러운 구정물—일단 범한 후에는 누구나 죄가 정확히 그것임을 안다—로 여긴다는 사실과 관련된다. 내 머리를, 영혼을, 몸을 **그 속에** 들이밀 까닭이 무엇인가?

위 내용에 뒤이어 또 다른 특징은, 빛의 자녀들은 주로 선의 인력(引力)에 지배당한다는 사실이다. 그들은 잘못을 저지르지 **않는** 데 에너지를 쏟지 않고 선을 행하는 데 쏟는다. 예컨대 그들은 "탐내지 말지니라"는 말로 고민하는 것이 아니라 남들이 좋은 것들을 가지고 있음을 기뻐한다. 하나님이 금하신 것들에 대한 모든 욕심은 심각하게 고민할 일이 아니라 터무니없는 일로 여겨진다. 생각할 가치가 있는 것은 오직 선뿐이다.

끝으로, 의의 길을 걷는 삶이 즐겁고 쉬워진다. 그것이 그 길에 깊숙이 들어선 빛의 자녀들의 특징이다. 리처드 백스터Richard Baxter와 동시대에 산 청교도의 거목 월터 마샬Walter Marshall은 오래전에 이렇게 말했다.

고백건대, 하나님이 필요한 자원을 알맞게 채워 주시는 자들에게는 하나님의 일이 쉽고 즐겁다. 물론 평소 상태의 인간에게 그 일이 쉽다고 주장하는 자들은 이교도들과 그리스도인들의 전반적 경험을 반박하는 경솔함만 보이는 꼴이다. 그러나 하나님의 지혜는 언제나 사람들에게 최상의 힘을 넉넉히 주셨다. 본분을 다하려는 의지뿐 아니라 실제 행할 수 있는 힘까지 주신 것이다.[10]

덕망 있고 행복한 자

예수 그리스도의 기쁜 소식은 누구나 이런 삶을 살 수 있다는 것이다. 우울과 절망에 빠진 한 남자가 존 웨슬리를 찾아와, 밤낮으로 꾸준히 대하는 수많은 청중에게 주는 메시지가 무엇이냐고 물었다. 웨슬리의 대답은 이렇다.

그 사람들을 어떻게 하려는 것이냐고 물으셨지요. 자신에게 편안하고 타인에게 유익한, 덕망 있고 행복한 사람들이 되게 해주려 합니다. 어디로 데려가려는 것이냐고요? 천국입니다. 모든 사람을 사랑하시는 심판자 하나님께, 새 언약의 중재자이신 예수님께 데려가려는 것입니다. 제가 설교하는 종교란 무엇일까요? 사랑의 종교, 복음으로 밝히 드러난 자비의 율법입니다. 이것이 무엇에 좋으냐고요? 받아들이는 모든 자로 하여금 하나님과 자신을 기뻐하게 해줍니다. 그들 모두를 하나님처럼 되게 해줍니다. 모든 사람을 사랑하게 해줍니다. 자신의 삶에 자족하게 해줍니다. 그리고 죽을 때 잔잔한 확신으로 이렇게 외치게 해줍니다. "사망아, 너의 이기는 것이 어디 있느냐? 우리 주 예수 그리스도로 말미암아 우리에게 이김을 주시는 하나님께 감사하노라."[11]

여기에 이른바 "신앙의 고달픈 짐"에 대한 이야기는 없다. 종교가 생명이 아니라 "종신형"이라는 이야기도 없다. 그리스도와의 동행을 제대로 배운다면 그것은 짐이 아니다. 새에게 날개가 짐이 아니고 비행기에 엔진이 짐이 아닌 것과 같은 이치다. 성숙한 빛의 자녀들은 그들의 주님과 같다. 그들은 하나님과 그분 말씀을 알고, 바르게 사고하며, 진리 안에 살아간다. 존재의 모든 본질적 차원—마음, 영혼, 생각, 힘—이 하나님을 섬기도록 변화됐기 때문이다.

에베소서 5:15-17에 그것이 잘 담겨 있다.

그런즉 너희가 어떻게 행할 것을 자세히 주의하여 지혜 없는 자 같이 말고 오직 지혜 있는 자같이 하여 세월을 아끼라. 때가 악하

니라. 그러므로 어리석은 자가 되지 말고 오직 주의 뜻이 무엇인
가 이해하라.

세상의 빛

예수는 온 인류 가운데 세상의 빛으로 우뚝 서셨다(요 8:12,
9:5). 이것은 무슨 뜻인가? 사도는 "그 안에 생명이 있었으니 이
생명은 사람들의 빛이라"(요 1:4)고 말했다. 그것은 세상의 어두
움이 끌 수 없을 만큼 강한 빛이었다. 빛은 동시에 에너지와 지
식을 뜻한다. 그리스도의 인격에서 세상으로 대신할 수 없는 에
너지와 지식이 왔고, 그것을 통해 인간은 악에서 구원받아 본연
의 삶을 살 수 있다.

1장에서 우리는 예수께서 제자들을 보내 지상 모든 족속으
로 제자를 삼게 하실 때 마음에 두신 것이 **세상의 도덕적 변혁**
이었다고 말했거니와, 그 이유가 바로 거기에 있다. 그것은 지
구상 사람들이 여기서 말한 "빛의 자녀들"로 변화된다는 개념
을 통해서만—아니 그런 사람들이 어느 정도 소수만 있어도—실현
될 수 있다. 각기 다른 곳에서 평범하게 살아가는 평범한 인간
들을 그분은 "세상의 빛"으로 부르시고 능력을 주셨다. 산 위의
동네를 숨길 수 없는 것처럼 그들을 숨기는 것도 불가능하다(마
5:14-16). 미래 역사의 추이를 이해하려면, 역사를 그리스도의
제자 된 자들, 곧 그리스도 자신의 성품과 능력으로 세상의 빛
이 되어야 할 자들의 **성공과 실패**의 총합으로 보아야 한다.

어둠이 빛으로 선포되다

현대의 인류—1800년대 말 이후라고 하자—는 도덕적 자기 의(義)에 취해 살아왔다. 지도층 지식인들 사이에 그것은 소위 "기독교" 문화의 도덕성에 대한 비난과 우월의식의 태도로 이어져 왔다. 현대 "최고의" 예언자들은 예수를 도덕적 저울에 달아 결격 판정을 내렸다. 내로라하는 사상가들 사이에서 그런 사조를 볼 수 있다.

사실 그들은 예수를 어떻게든 비현실적 인물로 취급했고, 나아가 그분의 제자로 자처하는 자들의 결격 사유를 찾는 데 총력을 기울였다. 그들은 섬뜩한 "기독교" 유형들—강제로 주입하는 자들, 자기네가 최고라는 자들, 선동을 일삼는 자들, 나만 행복하면 된다는 부유층, 아부로 출세하는 자들, 비겁하게 충성하는 자들, 무자비하게 성공한 자들 등—을 그리스도의 길의 도덕적 파산에 대한 증거로 내세워 가차 없이 공격한다. 사실 그것은 모든 문화에 나타나는 **인간** 유형일 뿐인데도 말이다. 그럼에도 현대 인류의 **지배기관**들은 세상의 참빛인 예수 그리스도를 공식적으로 버렸다. 아쉬울 때 다시 그분께 기도할지는 모르나, 그들은 그분을 현실과 세상의 갈 길을 아시는 유일한 분으로 생각하지 않는다.

한편 20세기의 모든 끔찍한 정치운동—소련식 공산주의, 히틀러의 파시즘 정부, 모택동주의, 폴란드 사태 등—은 자기네 쪽이 도덕적으로 옳고 상대 쪽이 틀렸다고 주장하면서 온갖 만행을 정당화했다. 실제 벌어지기 전에는 감히 누구도 상상조차 못했던 만행들을 말이다. 전 세계 테러 지도자들이 하는 일도 동일하다. (예컨대 나치는 자기네가 유대인, 집시, 기타 집단들보다 **도덕적으로** 우수하다고 보았다. 그 근거를 내세워 나치는 그들을 유린했다.) 인류의 지도층 지식인들은 세상에 주어진 세상 최고의 윤리적 가르침을 거부하고 다른 가르침을 내세웠는데, 그것이 불러온 인간행동 형태들은 지금까지의 세상 어떤 것보다 저열한 것이었다. 19세기와 20세기 역사를 정확히 쓰려면 반드시 그 사실을 강조해야 한다.

역사의 모든 참사는 그리스도인들, 곧 **그리스도를 고백하고 온 세상에 분명한 빛의 자녀로 선 자들의 실패에 일부 기인한다.** 물론 그렇다고 그런 참사가 정당화되는 것은 전혀 아니지만, 그럼에도 이것은 현대세계의 진상에 절대 빼놓을 수 없는 부분이다. 현대문화를 염려하는 자들은 지금도 그간의 진상—그리스도 자신과 그리스도를 따르는 자들을 도덕적으로 열등한 존재로 보게 됐다는 사실—을 제대로 파악치 못하고 있는 듯 보인다. 그들은 소위 기독교의 전통적 도덕성—또는 그냥 "전통적 가치관"—에 대한 공격들이 **도덕적** 공격, 즉 도덕적 우월성(그들 생각에)의 관점에서 비롯된 공격임을 모른다.

어둠이 빛으로 둔갑하다

부도덕을 조장한다고 간혹 비난받는 "할리우드" 사람들은 대체로 자신들을 그렇게 보지 않는다. 오히려 그들은 자신들이 "더 높고 더 좋은" 도덕을 선도한다고 생각한다. (가장 확실한 예로 휴 헤프너 Hugh Hefner 를 들 수 있지만 다른 영화인들의 말도 들어 보라.)

전통적 기독교의 실천은 "할리우드" 작품들이 지지하는 가치관보다 **도덕적으로** 열등한 것으로 치부되며, 지적인 면에서도 폄하돼 왔다. 물론 "서구"에 대한 회교권의 비난도 같은 태도를 취한다. 이런 목소리에서 우리가 배울 것이 있는가?

현시점에서 공격은 다분히 대중문화와 정당의 손으로 넘어갔다. 물론 정부도 특히 교육 분야에서 여전히 다양한 방법으로 개입하고 있다. 비틀즈와 밥 딜런 전까지만 해도 대중음악 가사가 보라는 듯이 전통 (기독교적) 가르침을 비난하지는 않았다. 페리 코모와 도리스 데이의 가사만 한번 떠올려 보라. 심지어 엘비스 프레슬리도 기독교적 행동을 위협하는 자로 인식된 것과는 달리 그것을 비난하지 않았다. 그는 기독교의 가르침을 자신의 도덕적 통찰보다 열등하게 보지 않았다.

그러나 비틀즈와 밥 딜런이 나오면서 모든 것이 달라진다. 이전 세대의 문학작품에 갇혀 있던 모든 신랄한 적의가 그들을 통해 문화 전반으로 튀쳐나왔다. 그들은 "기성 체제"를 **꿰뚫어** 보았다고 고백한다. 거기에 정당히 비판할 점들이 많았음은 물론이다. "예술"을 통해 그들은 자기들 눈에 비친 "기성 세대"를 대치할 "더 높은" 도덕을 퍼뜨렸다. 여기가 현대생활의 중대한 전환점이다. 그때부터 어둠은 빛으로 둔갑해 예술성 있게 빛으로 그려졌다. 물론 그것은 지난 몇 세기의 "최고의 사상가들"의 작업이 아니고는 있을 수 없는 일이었다. 그들은 문화적 **권위가** 됐다. 그들을 이해한다고 장담할 수 있는 사람은 거의 없음에도 말이다.

대중 차원의 이 일대전환이 현재의 추세를 결정했다. 이제

대중 앞에 쏟아지는 가장 저급하고 잔인한 "음악"이 도덕적 우월성과 자기 의의 확신 속에 전달되고 있다. 어찌나 강렬하고 또 만연돼 있는지, 대다수 사람들이 그 실체를 인식조차 할 수 없을 정도다. 이제 모든 예술형태가 그렇다. 사실 어둠을 빛으로 둔갑시키는 것에서 다른 많은 형태의 예술은 대중음악을 한 세기나 앞섰다.

어쨌든 전통적으로라면 노골적 악으로 간주됐을 행동들에 대한 도덕적 자부심과 자기 의(義)야말로, 이제 우리 세계의 가장 두드러진 특징이다. 대중매체의 "섹스와 폭력"은 이 압도적 사실의 한 증상일 뿐, 핵심 이슈와는 거리가 멀어도 한참 멀다. 핵심 이슈는 세상의 빛이신 예수 그리스도를 니체, 존 레논, 레닌, 모택동 같은 사람들로 대치시킨 것이다.

"빛의 자녀"로 부르심에 응답할 때

그것이 지금 우리가 서 있는 세상이다. 그것이 지금 우리가 상대해야 할 상황이다. 우리는 **말로만**—아무리 바른 말일지라도—감화를 끼칠 수 있는 선을 이미 벗어났다. 시연(試演)이 필요하다. 우리는 말대로 살아야 한다. 삶대로 말할 수 없는 곳에서도 마찬가지다. 우리는 다시 갈멜 산에 서 있다(왕상 18:19 이하). 아니, 1세기의 세상이 우리 상황과 가장 비슷하리라. 빛의 자녀들이 처음 들어섰던 그 세상 말이다. 시험대는 **현실**이다. 그리스도의 제자도가 할 수 있는 일을 우리 시대에 숱하게 범람하는 황당무계한 영성들과 이념들도 할 수 있다면 무슨 말을 더 하겠는가?

빛의 자녀들이 머리되신 그리스도의 부르심대로 **빛의 자녀다워지지** 않는 한, 인류의 현재 상황에 유효한 해답은 없다. "이성"과 "사실"만으로는 제대로 대응할 수 없다. 예술과 대중생활 전반과 마찬가지로 이제 이성과 사실도 대중적 사조와 제도에 똑같이 휩쓸리고 있기 때문이다. 사실 "가시적 교회"도 다분히 마찬가지다. 예수 그리스도가 세상의 빛임을 진정 아는 자들이 그분과 함께 분연히 일어나, 자신이 처한 자리에서 빛의 자녀의 소명을 다해야 한다. 그래야만 악의 풍조를 막고, 그 풍조에서 정말 벗어나기 원하는 자들에게 출구를 **보여줄** 수 있는 현실적 희망이 가능하다.

오늘 그리스도의 부르심은 "세상 끝 날까지"(마 28:20) 그분을 섬기도록 우리를 이곳에 두시던 그때와 동일하다. 우리는 아직 "세상 끝 날"에 이르지 않았다. 이 부르심은 그분의 제자가 되어 하나님의 능력으로 살면서, 그분이 명하신 모든 것을 행하는 법을 배우고, 다른 사람들을 제자도의 길로 인도하며, 아울러 그들에게도 그분의 모든 말씀을 행하는 법을 가르치라는 것이다.

오늘 우리가 자신이 속한 기독교 단체에서 **이 부르심**에 따른다면, 예전에도 그랬듯이 우리 지역 사회에서 일어나는 가장 중요한 일은 곧 우리 교회들에서 일어나는 일들이 될 것이다. 이제 우리는 지금까지의 공부를 통해 성숙한 빛의 자녀가 되는 길을 알았다. 그러니 그 열린 길에 들어서지 않거나 남들을 그 길로 이끌지 않을 아무런 구실이 있을 수 없다. 그럴 때 우리는 불

로 응답하시는 하나님의 임재를 우리 가운데서 다시 한번 보게
될 것이다. 오래 전 모세가 하나님께 아뢴 대로다. "나와 주의
백성이 주의 목전에 은총 입은 줄을 무엇으로 알리이까. 주께서
우리와 함께 행하심으로 나와 주의 백성을 천하 만민 중에 구별
하심이 아니니이까"(출 33:16).

묵상 및 토의 질문

1. 하나님의 관점에서 볼 때 인류 역사의 결과는 무엇인가? 그리고 거기서 당신이 차지하는 자리는 무엇인가?

2. 당신이 아는 이들 중에 이번 장에 그려진 빛의 자녀들의 종합 조감도에 꼭 들어맞는 사람이 있는가? 상당히 근접한 사람이 있는가? 그 방향으로 가고 있는 사람이 있는가?

3. 당신은 빛의 자녀들에 대한 성경의 묘사("정점들")가 예수의 첫 제자들이 실제로 된 모습을 정확히 그린 것이라고 생각하는가?

4. **영적 변화는 자아의 각 본질적 차원이 중생한 의지의 지휘 아래, 하나님 은혜의 끝없는 주도에 협력하여 실제로 그리스도처럼 변화될 때 이루어진다.** 이 책의 이 핵심 주제를 당신은 어떻게 생각하는가?

5. 오늘날 교인들은 베드로가 말한 영적 성장 계획(벧후 1:3-11)을 실천할 수 있을까? 그 대답에 대한 이유는 무엇인가?

6. 당신의 경우 어떻게 지식에 절제를 더하겠는가? (그 밖에 베드로가 "더하라"고 말한 다른 주제에 대해 답해도 좋다.)

7. 이번 장에 제시된 성화의 관점에 대해 어떻게 생각하는가? 그것은 성경적이며 심리적으로 바른 것인가?

8. 여기 제시한 "빛의 자녀들의 특징" 목록은 그 정도로 충분한가? 당신이 더하거나 뺄 것이 있다면 무엇인가?

9. 본문에 성화된 삶이 **쉽다**는 것을 강조했는데 그것은 적절한 일인가? 아니면 거룩해질수록 삶이 힘들어진다고 말하는 것이 옳은가?

10. 현대인들은 예수가 세상의 권위 있는 스승이 아니라고 **거부**하는데, 그것과
현재 상태의 대중예술(음악, 영화)과의 관계를 당신은 어떻게 보는가?

지역 교회에서의 영성 형성

> 만일 내가 지체하면 너로 하나님의 집에서 어떻게 행하여야 할 것을 알게 하려 함이니 이 집은 살아계신 하나님의 교회요 진리의 기둥과 터이니라. _사도 바울(딤전 3:15)

> 그리스도께서 교회를 사랑하시고 위하여 자신을 주심같이 하라. 이는 곧 물로 씻어 말씀으로 깨끗하게 하사 거룩하게 하시고 자기 앞에 영광스러운 교회로 세우사 티나 주름잡힌 것이나 이런 것들이 없이 거룩하고 흠이 없게 하려 하심이니라. _사도 바울(엡 5:25-27)

빛의 자녀들의 영성 형성에 대해 지금까지 말한 내용이 맞다면, 예수의 제자들의 지역별 모임인 이른바 "교회"에 기대할 수 있는 것은 무엇일까? 우리 주변의 실제 교회들에서 빼는 것이 좋을 부분은 무엇이며 더 필요한 부분은 무엇일까?

지역 교회들이 출석자들의 영성 형성—이 책에 설명한 "마음의 변화"—에 전적으로 헌신하는 것이 이치에 맞는 반응이다. 바울의 생각도 그랬던 것 같다. 교회—지구상의 이 새로운 존재, 하나님의 비(非)민족적 백성—를 정의하는 역할은 누구보다도 그에게 맡겨졌다. 교회 안에는 "헬라인과 유대인이나 할례당과 무할례당이나 야인이나 스구디아인이나 종이나 자유인이 분별이 있을 수 없나니 오직 그리스도는 만유시요 만유 안에 계시니라"(골 3:11). 그리스도와 합해진 자들로 그리스도의 공동체가 출현하자 다른 모든 신분과 정체는 사라졌다. 부정된 것이 아니라 새로운 긍정적 실체로 변한 것이다.

에베소 교회를 향한 바울의 장엄한 진술이 거기서 나온다. 능력으로 승리하여 만물의 주가 되신 부활의 그리스도께서 (4:10) "불러냄을 입은 자들" 또는 에클레시아(교회)에게 특정한 사람들을 "혹은 사도로, 혹은 선지자로, 혹은 복음 전하는 자로, 혹은 목사와 교사로"(11절) 주셨다는 것이다. 이 특별한 초자연적 기능들은 순전히 "성도(거룩한 자들)를 온전케 하며 봉사의 일을 하게 하며 그리스도의 몸을 세우려 하심"이며, 이 일은 "우리가 다 하나님의 아들을 믿는 것과 아는 일에 하나가 되어 온전한 사람을 이루어 그리스도의 장성한 분량이 충만한 데까지 이르[도록]"(12-13절) 계속된다.

이 "세움"의 결과로 우리는 어린아이 상태를 벗어난다. 어린아이는 주변 모든 교훈의 풍조에 밀려 요동하거나 인간의 술수와 간사한 유혹에 빠진다. (어디서 많이 듣던 이야기 같지 않은가?) 대신 우리는 "오직 사랑 안에서 참된 것[말]을 하여 범사에 그에게까지 자랄지라. 그는 머리니 곧 그리스도라. 그에게서 온몸이 각 마디를 통하여 도움을 입음으로 연락하고 상합하여 각 지체의 분량대로 역사하여 그 몸을 자라게 하며 사랑 안에서 스스로 세우느니라"(14-16절).

영적 "병원"

물론 그 과정에는 연약하고 어려운 교인들과 암담한 사건들의 여지가 여전히 남아 있지만, 그 모든 것의 마땅한 결과에는 전혀 의심의 여지가 없다. 보통의 경우 제자들의 지역 모임에는 여정의 단계가 각기 다른 사람들이 반드시 있게 마련이다. 이를 테면 건강 회복과 차도의 단계가 사람마다 각기 다른 병원에 견줄 수 있다. 전격적 수술에 들어가거나 기타 강력한 치료가 진행중인 이들도 있다. 중환자실에 있는 이들도 있다. 장기간 병상에 묶여 있다 겨우 비틀비틀 걷기 시작하는 이들도 있다. 체력이 안정되고 건강이 아주 좋아져 일상생활을 재개할 준비가 된 이들도 있다.

이와 비슷한 단계들을 어느 교회에서나 볼 수 있다. 분명 그렇게 인식하고 대해야 한다. 그 밖에도 그저 "아프지"(죄에 빠지지) 않은 정도를 훨씬 넘어 원기 왕성하여 힘차게 걸어 나가는 이들도 있을 것이고, 전쟁의 갖은 상처와 승리를 거치며 눈빛에 언제나 "더 나은 본향"(히 11:16)을 머금은 백전노장들도 있을 것이다.

이러한 지역 교회들의 모습이 에베소서 나머지 부분(4:17-6:24)에 더 상세히 설명돼 있다. 여기서 잠시 비켜나서, 이 찬란한 말씀을 읽어 보는 것도 결코 독자들의 시간이 아깝지 않을 일이다. 그러나 앞서 말한 모든 내용을 감안해 여기서는 이 말로 족할 것이다. 곧 지역 교회는 세상을 비추는 빛의 자녀들로 구성된다는 사실이다. 에베소서 말씀에 더없이 밝히 나타난 것처럼, 본문에 나오는 이들은 그리스도를 닮아가는 영성 형성이 그 안에 계속 꾸준히 진행돼 왔고 지금도 진행되고 있는 자들이다. 그들은 새로 출현한, 성숙한 빛의 자녀들이다. 그들은 "흠이 없고 순전하여 어그러지고 거스르는 세대 가운데서 하나님의 흠 없는 자녀로" 어두워진 세상 가운데 "빛들로 나타[난다]"(빌 2:15).

이것이 무형교회, 곧 세대를 초월한 하나님 백성의 최선의 모습을 보여주는 것임을 우리는 솔직히 인정한다. 그러나 여기 나타난 모습은 불가능한 꿈이나 가망 없는 이상이 아니다. 그것은 전에도 이루어졌고 지금도 이루어질 수 있다. 하나님 아래서 우리 노력을 바른 방향으로 돌린다면 말이다. 그 방향이란, 그리스도를 닮아가는 영성 형성을 **지역 교회의 유일한 최고 목표로** 삼는 것이다. 그것이 바울의 말을 읽은 후—사실 예수께서 자신의 혁명전사들을 세상에 보내 행하라고 명하신 일(마 28:18-20)을 읽은 후—우리가 마땅히 기대해야 할 바다.

지역 교회들은 세상의 빛이 될 "빛의 자녀들"을 꾸준히 양산하는 데 처참히 실패해 왔다. 그러나 여기서 지역 교회들의 잘못을 지적하는 데 많은 시간을 들이고 싶지 않다. 지금쯤 아주 분명해졌겠지만, 나는 현대 교회의 이런 실패를 심각하게 여기며 우리는 마땅히 그 핵심 원인을 거론해야 한다. 그러나 지금부터 이 장에서 하려는 이야기는 어떤 개인이나 단체에 대한 비판이 아니다. 그것은 정말 내가 의도한 바가 아니다.

오늘 그리스도인들을 이끄는 지도자 위치에 있는 사람치고 나름으로 최선의 방법으로 최선을 다해 그리스도를 섬기지 않는 사람을 나는 거의 보지 못했다. 대개 그들은 희생적으로 섬기며, 종종 많은 결실을 보기도 한다. 그러나 우리는 더 잘할 수 있는 길을 알 필요가 있다. 더 잘한다는 것의 기준에 대해서는 별 이의가 없으리라고 믿는다.

교회 안팎 "실패"의 핵심 원인

규모가 크든 작든 대다수 지역 교회들의 특징은 단순히 **산만함**이다. 흔히들 말하는 교회 안팎의 갖가지 "실패"가 오늘날 교회생활의 근본 문제는 아니다. 그런 실패들은 원인이라기보다 차라리 결과에 가깝다.

반면, 내가 현대 교회생활의 이해와 관련해 근년에 읽었던 가장 유익하고 뜻깊은 말 가운데 하나는 라이스 앤더슨^{Leith Anderson}의 다음 말이다.

> 신약성경은 교회에 대해 자주 말하지만, 우리는 교회 구조나 생활과 관련시키는 많은 문제들에 대해서는 놀랄 만큼 침묵한다. 건물, 강대상, 설교의 통상적 길이, 주일학교 정관에 대한 이야기가 전혀 없다. 음악 형태, 예배순서, 집회시간에 대한 이야기도 별로 없다. 그때는 성경도 교단도 캠프도 목회자 수련회도 제직회 의사록도 없었다. 신약 교회상을 구현하려는 자들은 소소한 세부사항을 따라할 것이 아니라, 그 원리와 절대적 요소를 살리려 노력해야 한다.[1]

그런 세부사항은 아예 나와 있지도 않다.

이제 이런 물음이 나올 법하다. 오늘날 웬만한 교회들이 생각과 노력을 다 쏟다시피 하는 그 모든 문제들에 대해 신약성경은 왜 아무 말도 없는가? 답은 이렇다. 그런 문제들은 일차적인 것이 아니며, 일차적인 것이 제대로 해결되면 언제나 별 노력

없이도 저절로 해결되기 때문이다. 신약 교회의 "원리와 절대적 요소"에 집중하면 다른 모든 것은 제자리를 찾는다고 할 수 있다. 다분히 "다른 모든 것"은 이렇게 하든 저렇게 하든 정말로 그다지 중요하지 않기 때문이다. 반면, 그 원리와 절대적 요소에 집중하지 못하면 곁길로 벗어나 산만한 상태에 빠진다. 그것이 대다수 지역 교회들이 실제 처해 있는 상태다. 그들은 결국 작은 일들을 크게 여기며, 그 결과 신약의 관점에서 볼 때 큰일들은 자취를 감추고 만다.

그릇과 보배

물론 우리는 자신이 산만하다고 생각하지 않는다. 우리가 노력을 쏟고 있는 일들은 절대로 중요해 보인다. 그 일들이란 대개 흠 없는 개신교인, 천주교인, 성공회 교인, 침례교인 혹은 특정한 곳에서 말하는 "좋은 그리스도인"이 되는 것과 상관된다. 그러나 거기 속한 사람들은 사실 **그릇**을 **보배**로 착각해 왔다.

바울의 말처럼 그 둘의 구분은 중대한 것이다. "어두운 데서 빛이 비취리라 하시던 그 하나님께서 예수 그리스도의 얼굴에 있는 하나님의 영광을 아는 빛을 우리 마음에 비취셨느니라. 우리가 이 보배를 질그릇에 가졌으니 이는 능력의 심히 큰 것이 하나님께 있고 우리에게 있지 아니함을 알게 하려 함이라"(고후 4:6-7).

문맥 속에서 보배와 그릇 구분의 일차적 적용은 바울 자신의 몸과 세상에서 그의 삶에 닥쳐온 가시적 사건들에 있었다. 거기에 대해 그는 "우리의 겉 사람은 후패해 간다"고 말했다(16절). 그는 영적 세상에 속한 자신의 영적 측면을 보았기에 그런 문제로 고민하지 않았다. 아울러 그는 편지를 읽는 자들의 믿음이 "성령의 나타남과 능력" 위에 굳게 서고 그들의 "믿음이 사람의 지혜에 있지 아니하고 다만 하나님의 능력에"(고전 2:4-5) 있기를 원했다. 바울은 그릇의 약함, 곧 자신의 육체적 실상을 받아들였고 그것을 보배가 승리할 계기로 간주했다.

그러나 "그릇과 보배"의 원리는 우리 지역 교회들과 그곳의 전통과 소위 "교단"이라는 상부 단체에도 동일하게 적용된다. 여기서 한 가지 주목할 것이 있다. 어느 교단을 막론하고 교단을 규정하는 요인은 부정적 내용—"저들"은 하는데 "우리"는 하지 않는 일—이 거의 전부다. 우리 단체들의 거의 대다수는 부정(否定)에서 탄생했다. 개신교도Protest-ants라 불리는 수많은 교단들의 거대한 무리를 한번 생각해 보라. **항의하는** 일이 우리의 정체란 말인가? 무엇에 대한 항의인가? 남들은 하는데 "우리"는 하지 않는 일들로 규정되는 단체들은 개신교와 천주교 내에도 수없이 많다.

우리의 여러 단체들은 세월이 지나면 거의 100% "그릇"이 된다. 즉 그들이 본질로 여기며 거의 모든 관심과 노력을 쏟는 일들이, 실은 특정 방식으로 개인들에게 전수된 인간적·역사적 곁가지들에 관한 것이다. 물론 그들은 이런 곁가지를 중시한다. 그리고 그런 곁가지의 형태 내에서 자기들과 삶을 공유해 온 이들을 애지중지한다. 곁가지들이 내게 **소중**하기에—사실 과거에 큰 유익을 끼친 경우가 많다—우리는 그것을 우리 가운데 계신 그리스도의 참 임재라는 보배로 착각한다. 그리고 우리 단체의 역사적 우발 사건이나 곁가지와 관련된 일에 대부분의 시간을 소모한다. 심지어 남들에게 그것을 구원의 본질이나 최소한 우리와 그들에게 **가장 좋은** 것이라고 역설하기도 한다. 그러니 우리가 그리스도 안의 영성 형성의 길에서 벗어나 산만해진 것도 무리가 아니다.

예컨대, 사람들은 어떤 복장으로 모임에 나와야 하나? 노래할 때 가만히 서 있어야 하나? 무슨 노래를 해야 하나? 기도 사역이 있어야 하나? 있어야 한다면 예배에 포함돼야 하나, 예배 후에 있어야 하나, 아예 다른 예배 때 해야 하나? 불신자나 구도자에게 편한 교회가 돼야 하나, 아니면 그 반대로 해야 하나? 예배중에 기적이 일어날 것을 기대해야(허용해야) 하나, 아니면 건전한 가르침으로 그칠 것인가? 성찬식은 어떻게 행해야 하나? 세례는? 기도서를 사용해야 하나? 사용해야 한다면 옛날 것으로 해야 하나, 최신 것으로 해야 하나? 교회 재정은 어떻게 조달하고 어떻게 지출해야 하나? 누가 지출해야 하나? 신조 내용은 어떠해야 하며, 신조가 있기는 있어야 하나? 향(香)을 사용하는 이들은 어떻고 사용하지 않는 이들은 어떤가? 사역을 수행할 때 특이한 복장을 입는 이들은 어떻고 그렇지 않은 이들은 어떤가? 말하자면 한이 없다.

오해하지 말라. 나는 지금 이런 일들이 중요하지 **않다고** 말하는 것이 아니다. 물론 그중에는 거의 중요성이 없는 것들도 있다. 내 말은 두 가지다. 하나는 이것들이 출발점, 곧 본질적이고 근본적인 문제가 아니라는 점이다. 라이스 앤더슨의 지적대로, 신약성경에 그런 것들에 대한 이야기가 전무한 것이 그 때문이다. 둘째로 이것들을 본질 또는 심지어 **매우** 중요한 일로 삼을 때—실제적 차원에서만 그렇게 한다고 해도(시간을 대부분 그런 일에 쏟는다는 의미)—지역 교회는 정규 참석자들의 영성 형성에 전혀 혹은 거의 진보를 보일 수 없다. 취하는 것이 이쪽이든 저쪽이든 이런 "그릇" 문제들은 누구도 그리스도를 닮게 할 수 **없다**. 인생의 검증된 사실이다. 주변을 둘러보라.

비열한 그리스도인

사실 그런 일들을 본질로 삼기 때문에 비열하고 분노에 찬 그리스도인들이 생겨난다. 모든 것의 초점을 그리스도의 성품을 지닌 자가 되는 데 두지 않을 때 그것은 필연적 결과다.

워런 위어스비^{Warren Wiersbe}가 말씀을 전하기로 돼 있는 교회에서 어느 노신사가 그에게 다가왔다. 남자는 워런이 간혹 잘 알려진 특정 풀어쓰기 성경을 인용하는 것에 대해 우려를 표명했다. 워런은 대답했다. "집필할 때 저는 책의 그 시점에서 내가 말하려는 바가 가장 잘 표현된 성경 번역판을 인용합니다. 그렇다고 제가 그 번역판의 모든 내용에 찬동한다는 뜻은 아닙니다." 그러자 남자는 "나는 하나님 말씀에 아무 확신도 없는 사람의 말을 잠자코 앉아 들을 마음이 없소"라고 고함치다시피 말한 뒤 "자신이 옹호하고 있다는 바로 그 성경에 불순종한 채 분을 품고 돌아서 쿵쾅거리며 교회를 나갔다."[2]

"그리스도인들은 왜 걸핏하면 서로에게 그토록 비열한가?"

가장 훌륭한 기독교대학 총장 가운데 한 사람이 최근 자신의 정기 뉴스레터를 온통 이 질문에 할애했다. 그는 이 주제에 대한 많은 유명 기독교 지도자들의 말을 인용한 뒤 이렇게 정리했다.

기독교 기관의 지도자로서 나는 기독교 공동체 내의 이런 식의 비열함, 세상문화와 다를 바 없는 천박한 의심과 비판을 피부로 느낀다. 내가 아는 모든 기독교 지도자가 느끼는 바다……. 세속 세상에서 그리스도인이 된다는 것은 어렵다……. 그러나 정말이지 기독교계 내에서 지도자가 된다는 것이 때로는 더 어렵다. 남의 눈에 거슬리는 아주 조그만 행동 하나로도 중상모략을 당할 수 있기는 여기도 마찬가지다.

이어 자세한 내용이 소개된다.

이것이야말로 교계 지도자들이 공통적으로 가장 안타깝게 여기는 일 가운데 하나다. 한 교단 지도자는 최근 내게 이렇게 말했다. "이번 일이 끝나면 '그리스도인들은 왜 이렇게 비열한가?'라는 주제로 책을 쓸 참입니다."

사실 그 질문에는 답이 있다. 우리는 그 답에 직면해 제대로 다루어야 한다. 그렇지 않으면 사탄이 지역 교회의 영성 형성에 대한 목조르기를 늦추지 않을 것이다. 평소 말과 본을 통해 그리스도인들은, 그리스도를 닮는 것보다 옳은 것(언제나 자기네가 애지중지하는 그릇이나 전통의 기준에서)이 더 중요하다고 배운다. 사실 옳다는 것 하나로 비열함도 허용된다. 아니 **반드시** 비열해야만 한다. 물론 의로운 비열함이다. 잘못된 자들에게는 가혹해야 한다. 상대가 기독교 지도자 자리에 있는 자라면 더욱 그렇다. 그들은 그 이상 대접받을 자격이 없다. 이것이 내가 다른 책에 "정죄 공작"이라 표현한 실상의 한 부분이다.[3]

독자들이 **내게** 화낼지 모르지만, 여기서 꼭 할 이야기가 있다. 오늘날 미국 교회 보수 진영과 서구 교회 주류의 근본적 과오는, 최대한 많은 이들에게 죽어서 천국 갈 준비를 시키는 것이 **기본** 목표가 됐다는 점이다. 사람들 안에 천국을 들여놓는 것이 아니라 사람들을 천국에 들여놓는 것이 그들의 목표다. 물론 그러려면 장차 천국에 "들어갈" 자들은 기본사항에서 **옳아야** 한다. 그것은 왈가왈부할 수 없는 사실이다. 그러나 "기본사항"에 옳다는 것이 알고 보면 그리스도를 닮는 면에서 옳은 것이 아니라 특정 교회의 해당 그릇이나 전통에서 **옳다**는 뜻이다.

작업을 그렇게 이해하고 실행할 때 자멸은 뻔하다. 그 일은 안에서 저절로 파열하게 돼 있다. 그렇게 만들어지는 인간 집단은 죽을 준비는 됐을지 모르나 살 준비는 전혀 안되어 있기 때문이다. 그들은 "바깥 사람들"과는 고사하고 서로 간에도 좀처럼 잘 지낼 줄 모른다. 그들의 가장 친밀한 관계는 피차 간의 가해와 냉담함과 원한으로 얽힌 경우가 많다. 그들은 그리스도를 닮지 않고도 "그리스도인"이 되는 길을 찾아냈다.

그 결과 그들은, 실제 최대한 많은 이들에게 죽을 준비를 시키는 일에 턱없이 못 미친다. "회심자들"의 삶이 "참된 생명"*ontos zoas*, 딤전 6:19 , 곧 삶다운 삶과 오히려 반대되기 때문이다. 최대한 많은 이들을 천국에 들여놓는 길은, 최대한 많은 이들 속에 천국을 들여놓는 것이다. 그것은 참된 영성 형성의 길이나 예수 그리스도께 대한 전격적 제자도의 길을 따르는 것이다. 결과를 계산할 때 우리는, 살아있는 인간에게서 그리스도의 실체를 한번도 확실히 본 적이 없는 까닭에 천국에 들어가지 **못할** 허다한 무리(교회들에 둘러싸여 있는)도 반드시 염두에 둘 필요가 있다.

찰스 피니 Charles Finney 가 말했듯이, 그리스도인 사역자란 자신이 입증하려는 사건(성경이 말하는 위로부터 난 생명)을 법정에서 진술하는 변호사 입장에 처할 때가 많은데, 문제는 그가 부르는 증인(믿는다는 그리스도인)들이 여태껏 그가 입증하겠다고 말한 모든 사항에 반대되는 증언(그들의 삶)을 내놓는다는 점이다.

"그릇"의 덫을 피하려면

그렇다면 지역 교회들이 갈 다른 길은 없을까? 우리는 그릇의 덫을 피할 수 있을까? 그릇을 **소유**하는 것은 절대 피할 수 없다. 그릇이란 유한한 인간 삶의 일부인 까닭에 우리는 그것을 품어야 한다. 예수님께도 그분만의 그릇이 있었다. 유대인이라는 그릇이었다. 그것이 초대교회 제자들이 부딪친 첫번째 그릇의 덫이었다. 사도행전과 신약 서신서들은 그 그릇을 뛰어넘는 과정에 대한 기록이다.

이렇듯 우리도 그릇을 보배로 둔갑시키는 일을 피할 수 **있**다. 보배는 언제나 그릇에 담기게 마련이지만, 그럼에도 우리는 그릇과 따로 떼어 보배를 식별할 수 있다. 예수께서 친히 길을 보이셨고 지역 교회는 그 길을 따를 수 있다. 그러기 위해서는 영적 성장의 VIM 패턴(5장 참조)을 단체에 속한 개인들에게만 아니라 단체에도 적용해야 한다.

간단히 말해, 신약의 "원리와 절대적 요소"를 본받으려는 지역 교회는 "너희는 가서 모든 족속으로 제자를 삼아 아버지와 아들과 성령의 이름으로 세례를 주고 내가 너희에게 분부한 모든 것을 가르쳐 지키게 하라"(마 28:19-20)는 예수의 고별명령에 따르기만 하면 된다. 그러면 빛의 자녀가 되고 빛의 자녀를 삼는 결과가 자연히 뒤따른다. 이 명령 양쪽에는 수행에 필요한 충분한 자원에 대한 절대적 약속이 버티고 있다. "하늘과 땅의 모든 권세를 내게 주셨으니……볼지어다. 내가 세상 끝 날까지 너희와 항상 함께 있으리라"(18, 20절).

신약 교회의 원리와 절대적 요소가 이 짧은 말씀에 들어 있다. 그 결과를 역사가 선포해 주고 있다. 이 말씀대로 행하는 한, 우리는 그 목표에 도움된다면 어떤 일이고 할 수 있다. 나머지는 반드시 "옳을" 필요조차 없고 그래야만 하나님이 우리를 복 주시는 것도 아니다. 물론 우리가 그 옳음을 신뢰하지 않는 한, 옳은 것이 분명 언제나 더 낫기는 하지만 말이다. 하나님이 "옳은" 것만 복 주신다고 생각하는 자들은 경험이 매우 좁을 뿐 아니라 하나님이 자기를 위해 행하신 일을 잘 모른다고 할 수 있다.

하나님의 영성 형성 계획

그러나 이제 모든 부정적 내용을 접어 두고 마태복음 28:18-20의 적용에만 초점을 맞추자. 이것이야말로 교회 전반은 물론 각 지역 교회의 성장과 형통을 위한 하나님의 계획이다. **이것은 지**

역 교회의 영성 형성을 위한 그분의 계획이다. 여기에는 세 단계가 있다.

1. **예수의 제자, 곧 도제를 삼는다.** 불러냄을 받은 자들의 지역 모임들은 바로 이런 자들로 이루어지게 돼 있다. 신약성경은 현재 예수 그리스도의 제자이면서 하나님 나라의 삶을 살아가지 않는 그리스도인의 범주를 인정하지 않는다. 아직도 자연적 인간 능력에 주로 지배당하며 거기 의존하는("육신적인") "어린 아기" 제자들은 분명 인정하지만 말이다.

2. **성장 단계가 각기 다른 제자들을 삼위일체의 임재 안에 적신다.** 우리 가운데서 치유하시고 가르치시는 하나님이야말로, 지역 교회를 흥왕케 하는 단연 으뜸의 요소다.[4]

3. 그리스도의 말씀과 행실을 실천하는 것이 의식적 노력이 아니라 당연한 결과나 부산물이 될 정도로 제자들을 내적으로 **변화시킨다.** "내가 너희에게 분부한 모든 것을 가르쳐 지키게" 하는 것이 바로 이것이다. 인간의 노력과 관련된 것인 한, 이것이 정녕 지역 교회의 주되고 지속적인 기능이다(엡 4-6장 참조). 신약성경 전체에 나타난 성품 형성의 이상적 결과에도 그것이 가정돼 있다.

제1단계

우선 예수의 제자(도제, 학생)를 삼는 것으로 시작한다. 이후의 모든 일이 그것을 전제로 하고 있기 때문이다. 여기에 대해서는 다른 책들에 아주 자세히 썼기 때문에 다시 그 주제를 꺼내기가 망설여진다.[5] 그러나 몇 가지 분명히 할 점이 있다.

물론 가장 기본은, 예수의 제자가 무엇인지 분명히 아는 것이다. 예수의 제자란 자기가 이해하는 차원에서 삶 전체를 예수께 맡긴 사람이다. 그렇게 맡겼기에 그들은 하나님 나라 삶의 현재성과 영원성에 대한 그분의 모든 가르침을 배우려 한다. 그리고 그것을 배우기 위해 늘 그분과 함께 있는다.

예수의 제자들은 그분과 함께 있어 그분을 닮아가는 법을 배우는 자들이다. 그들은, 자기 삶과 실존을 그분이 나라고 했을 때 내 삶을 살아가실 것처럼 살아가는 법을 배운다. 그들이 지역 교회 안에서 함께 배우는 것이 바로 그것이다. 교회를 늘 삶의 일부로 삼아 그들은 예수와 동행하는 법을 배우며 사생활의 모든 영역에서 그분께 배운다.

제자도의 분리될 수 없는 두 측면

제자도의 두 가지 상이하면서도 따로 뗄 수 없는 측면을 짚어 둘 필요가 있다. 첫째는 흔히, 특별히 **종교적** 측면으로 잘못 표현하는 부분이다. 거기서 우리는 예수께서 구체적 명령과 교훈으로 맡기신 일들을 이해하고 행하는 법을 배운다. 우리는 4복음서를 통해 그분의 말씀과 행실을 공부한다. 이 "배움"은 함께 모인 교회의 교육사역을 통해 주로 이루어진다.

예컨대 여기서 우리는 그리스도께 자신을 전폭적으로 맡기는 법, 그리하여 "몸은 죽여도 영혼은 능히 죽이지 못하는 자들을 두려워하지 않는" 법, "예수의 이름으로 어린아이 하나에게 냉수 한 그릇이라도 주는" 법, "맹세하지 않는" 법, "너희 원수를 사랑하며 너희를 핍박하는 자를 위하여 기도하는" 법 등을 배운다. 실제로 이런 일들을 행하는 방법을 배운다. 제자들 모임 안에서 진행되는 이런 배움이 완성에 이르려면 그것을 삶의 모든 활동, 특히 가정과 직장생활에 흡수해야 하며 예수께서 가르치신 것들을 모든 삶의 현장에서 점점 당연한 일로 연습해야 한다.

그러나 제자도의 두번째 측면은 "교회생활이 아닌" 소위 "세상적" 삶의 모든 세부사항과 관련된다. 더 마땅한 표현이 없으니 그냥 그렇게 부른다. 사업체를 어떻게 운영할 것인가? 부모나 배우자와 어떻게 살며 가정을 어떻게 거느릴 것인가? 이웃들과 어울리고 정부에 참여하고 교육을 받고 사회의 문화생활에 가담하는 것 따위를 어떻게 할 것인가? 이런 것 역시 예수께서 나라고 했을 때 내 삶을 살아가실 방식을 우리가 끊임없이 배워야 할 주제들이다. 그분이 우리라면 분명 그런 일들을 하실 것이다. 여기에는 그분의 계명을 지키는 것이 전제되지만, 단지 그 문제만은 아니다. 이런 평범한 인간 실존의 문제들에서도 예수는 우리의 끝없는 스승이요 우리는 그분의 끝없는 제자다. 옛 찬송가 가사처럼, 그분은 이 모든 문제에 대해 "나와 동행하시며 말씀하신다."[6]

출발에 필요한 모든 것

처음 제자가 될 때 우리는 이 모든 내막을 거의 모른다. 그저 우

리는 예수께서 정말 모든 것을 주관하시는 분—다시 말해 "주
님"—이시며, 선하시고 믿을 만한 분임을 믿을 뿐이다. 우리는
그분의 존재와 그분이 행하시는 일에서 제외되고 싶지 않은 마
음이 간절하다. 정말 중요한 것은 그분의 일뿐이며, 그것을 벗
어나서는 내 삶이 아무것도 아님을 희미하게나마 느끼기 때문
이다. 내 일이 곧 그분의 일이 돼야 한다. 그래야 우리는 그 시점
에서 이해하는 차원만큼 자신의 전 존재를 그분께 바친다.

죄를 용서받는 것과 주의 멍에를 메고 주께 배우는(마 11:29)
것은 사실 **한 동작**이다. 이 둘이 분리될 수 있다는 개념은 오래
전 A. W. 토저의 지적대로, 한마디로 현대의 이단이다. 켜켜이
들러붙은 오해에 기초한 이런 생각이 정론의 위치를 점해 버렸
다. 이것이 현대 서구 교회의 숨통을 막고 있다.[7]

그분의 제자로 출발할 때 우리는 자기 "내면"에 있는 모든
해로운 것—잘못된 생각과 감정, 아집, 악으로 치닫는 몸의 성향, 경
건치 못한 대인관계 방식, 영혼의 상처와 어긋난 것—에 극명히 부
딪친다. 우리가 그분 자신과 그 나라와 그 백성들의 다면적 사
역을 통해 진보에 힘쓸 때, 우리 구주요 스승께서 우리를 도와
그런 것들을 벗게 하신다. 모든 것이 성령에 푹 적셔진다. 그리
스도를 닮아가는 영성 형성 과정은 우리 삶의 모든 차원이 점점
스승 되신 예수의 성품을 입어 변화되는 과정이다. 이 과정은
예수의 제자들의 자연스런 상태이며, 그 당연한 결과로 우리는
갈수록 더 그분 말씀대로 살아가게 된다.

영성 형성을 부정하는 잘못된 신앙관

반면, 영성 형성은 예수의 제자가 되지 않은 자의 상태에는 **부자연스런** 일이다. 그런 사람에게는 그런 일이 일어나지 않는다. 제자도가 당연시되지 않는 교회 상황에서 영성 형성은 신기한 변칙으로 간주된다. 그것이 대체로 우리 지역 교회들의 현재 상태다. 서글픈 사실이지만 이런 교회는 제자도에 기초하고 있지 않으며, 신약적 의미의 제자가 절대 되지 않고도 영원히 그리스도인이 될 수 있다고 생각한다. 그리스도를 믿는 것이 무엇인지에 대한 잘못된 신앙관 때문이다.

오늘 대다수의 믿는다는 그리스도인들은, 자신이 느낀 필요를 그분의 도움으로 해결하고 싶어 "그리스도를 영접하는 기도"를 했다. 그러나 "당면 문제"의 관점에서 사람들에게 다가가서는 영성 형성이나 은혜 안의 성장에 충분한 기초를 놓을 수 없다. "느껴진 필요"를 무시해야 된다는 말이 아니다. 다만 인간사에서 "당면 문제", 곧 **지금 해결돼야** 할 일이 참 문제인 경우는 거의 없다. 물론 우리는 외로운 자, 죄책감에 시달리는 자, 삶에 적응하지 못하는 자 등에게 긍휼을 품어야 하지만 그것이 그들의 참 문제는 아니다.

참 문제는 그들이 어떤 이유로든 하나님을 버리고 인생을 제 힘으로 살기로 한 것이다. 그들은 자기 의지를 그분께 내려놓지 않았다. 그들은 하나님이 명하시는 대로가 아니라 자신이 보기에 최선의 길로 행하려 한다. 그 때문에 그들은 3장에 설명한 대로 잃어진 상태다. 그들은 자신의 참 필요가 무엇인지 모른다.

그들은 근본부터 변화되지 않고는 하나님께 받아들여질 수 없는 반역자요 무법자이건만, 자신을 그렇게 생각하지 않는다. 그들은 자기 존재의 근본적 변화를 위해 하나님의 은혜가 필요하다고 생각하지 않고, 그저 약간의 도움만 있으면 된다고 생각한다. 그들은 착한 사람들이다. 적어도 자기가 보기에는 그렇다.[8]

내 삶을 바친다

예수의 제자가 된다는 것은 그런 식으로 협상될 수 없다. 반대로, 제자가 된다는 것은 현재 이해하는 차원에서 내 삶을 **바치는** 문제다. 예수는 누가복음 14장을 비롯한 여러 곳에서 이 점을 아주 분명히 밝히셨다. 그렇게 "바치지" 않고는 그분의 제자가 될 수 없다. 여전히 자신이 주인 행세하며, 인생 성공이라는 내 사업에 예수의 도움이 약간 필요한 정도로 생각하기 때문이다. 그러나 우리가 집착하는 "인생 성공"이야말로 정확히 우리의 문제다.

개인들과 사회에 그리스도를 닮아가는 변화가 확연히 일어나서 인간 질서를 기초까지 흔들어 놓은 단체들과 시대들을 보면, 하나같이 그것을 강력히 증거한다. 초창기 그리스도인들, 초창기 수도사들, 초창기 프란체스코 수도회나 도미니크 수도회, 초창기 퀘이커 교도들과 초창기 감리교인들 등이 좋은 예다. 매 경우 "초창기"라는 단어가 사용돼야 함에 주목하라. 철저한 제자도의 각 출현과정에서 생겨나는 "그릇"이, 점차 본래 그 안에 담아 냈던 천국 "보화"를 삼켜 버리기 때문이다. 그것은 지상의 그리스도의 일을 궤멸시키려는 사탄의 주요 전략이다. 이제 우리 앞에는 기독교 역사 박물관에 진열할 또 하나의 전통만 남는다.

대개 그것은 모종의 기관—예컨대 한 지역 교회나 교단—의 지속과 생존이 거기 속한 사람들의 주요 관심사가 된다는 뜻이다. 그리스도의 제자도는 기본 목표에서 아예 빠지거나 기관에 대한 헌신으로 정의가 바뀐다. 이제 경우에 따라, 영성 형성은 실제로 특정 전통에 동화되는 과정으로 당연히 통한다. 신약성경의 명백한 의미대로 제자가 되고 제자를 삼는 일은 지역 교회와 그 상부기관에서 생략된다.

그래서 마태복음 28:18-20에 나온 지역 교회 영성 형성을 위한 예수의 계획 제1단계는, 영적 성장의 VIM 패턴 중 비전과 의도 부분에 해당된다. 영성 형성이 지역 교회의 구심점이 되려면, 교회가 하나님 나라의 삶—그것이 구원의 핵심 실체요 기쁜 소식의 기본이다—으로 나타나는 예수의 제자도에 대한 비전에 사로잡혀야 한다. 그리고 제자가 되고 제자를 삼는 것을 단체의 중심 사역으로 삼겠다는 분명한 의도가 서 있어야 한다.

우리가 먼저 제자가 돼야 한다

이것을 이루기 위해 지역 교회 지도자들, 곧 섬기는 장로들과 감독들이 반드시 인식해야 할 것이 있다. 제자도의 첫 후보자는 이미 그곳에 있는 사람들이라는 점이다. 그들은 또 기존 교인들을 예수의 제자로 이끄는 첫걸음은, 먼저 섬기는 장로들과 감독들이 예수의 제자가 되는 것임을 인식해야 한다.

조심스럽게 말하지만, "전도"를 지역 교회의 **일차** 목표로 삼는 것은 중대 과오다. 이미 "우리와 함께" 있는 자들이 예수의 총명하고 헌신된 제자가 아니며 전반적으로 그 길에 견실한 진보가 없는 경우라면 특히 더 그렇다. 전도는 그리스도의 사람들의 본질적 과제 중 하나며, 그들 중에는 언제나 전도에 특별한 은사를 받은 자들이 있게 마련이다. 그러나 가장 성공적인 전도 사역은, 사람들로 하여금 어디에 가든 어두운 세상에서 빛이 되게 해주는 **내면의 변화 작업**이다.

특정 단체 지도자들의 단순한 목표는, 예수의 제자가 되어 삶 전체에서 제자도에 견고히 헌신한다는 것의 의미를 모든 참석자들에게 분명히 이해시키는 것이다. 자신이 누구냐는 질문을 받을 때 그들 입에서 맨 먼저 "나는 예수 그리스도의 제자다"라는 말이 나와야 한다. 이 목표는 기존 단체들을 상대로 아주 부드럽게 사랑과 인내로 추진돼야 하며, 단체에 속한 사람들은 그것이 정식 멤버로서의 헌신의 일부임을 이해해야 한다.

물론 지역 교회 내의 모든 사람이 온전히 그 상태에 이르렀다고 단정지을 수 있어야 하는 것은 아니다. 그러나 목표는 그들이 적어도 **그쪽으로** 분명히 움직이는 것이어야 하며, 이 목표는 모본과 교육과 의식(儀式)을 통해 단체 앞에 꾸준히 부드럽게 제시돼야 한다. 우리는 이 일을 행하는 세부방식에 대해 까다로워질 생각은 없다. 어떻게든 해야 할 일이며, 목회는 사람들의 그 과정을 도와야 한다. 제자가 되고 제자를 삼는 것에 대한 너무 세부적인 **기술**은 상당히 조심해서 대해야 한다. 필시 주제넘게 인간의 힘으로 너무 많은 것을 하려 하기 때문이다.

덧붙일 점이 하나 더 있다. 늘 오해가 아주 흔한 부분이다. 우리는 지금 "가라지"를 다 뽑아(마 13장) 교회를 **정결케** 하자는 이야기를 하는 것이 아니다. 우리는 가라지—실제이든 그렇게 보이든—도 사랑하고 섬기며 예수의 제자도로 불러야 한다. 반면, 교회 "정화"는 언제나 완벽히 "옳게" 되려는 환상의 일환이었다. 우리가 할 일은 그 환상을 추구하는 것이 아니라 그리스도께서 부르신 교회의 의미를 지역 교회로 **분명히** 알게 하는 것이다. 설령 거짓으로 고백하는 자일지라도, 정식으로 회중의 일원이 되려면 반드시 고백해야 하는 것이 무엇인지 우리는 분명히 밝혀야 한다. 그들은 예수의 제자가 되기로 고백해야 한다. 단체를 정화시키는 분은 주님뿐이다. 그분이 그분의 때에 그리하실 것이다. 우리가 할 일은, 풍성한 알곡이 되고 남들도 그렇게 되도록 키우는 것이다.

내면 가장 깊숙한 곳에서 우리는 누구인가? 이것이 가장 기본 문제다. 꽤 오래 전 레이 스테드먼^{Ray Stedman}은 이렇게 썼다.

하나님의 일차적 관심은 교회가 하는 일에 있지 않고 교회의 **됨됨이**에 있다. 언제나 존재가 행위를 앞선다. 행동은 성품에 저절로 따라 나오기 때문이다. 하나님 사람들의 도덕적 성품을 이해하는 것이야말로 교회의 본질을 이해하는 첫 본질이다. 세상을 향해 우리 그리스도인들은 예수 그리스도의 성품을 반사하는 도덕적 모본이 돼야 한다.[9]

우리의 현재 상황을 볼 때, 물론 심각한 작업이 시행돼야 하며 실패의 소지가 강하다. 여기 한 실화가 있다. 제자도를 강조해 온 한 목사에게 어느 여신도가 찾아와 말했다. "나는 그리스도 인만 되고 싶어요. 제자가 될 생각은 없어요. 제 삶은 지금 이 대로 좋아요. 저는 예수께서 나를 위해 죽으신 것과 내가 죽을 때 그분과 함께 있게 될 것을 믿어요. 왜 굳이 제자가 돼야 하지 요?" 당신은 이 질문에 뭐라고 답하겠는가? "그럴 필요 없습니 다"라고 말할 것인가?

제2단계

이제 지역 교회의 영성 형성을 위한 예수의 틀의 마지막 두 단 계로 넘어가자. 이 둘은 VIM 패턴의 M, 곧 **방법**에 관한 것이 다. 그중 제2단계는 제자로 고백한 이들을 단체 안에 거하시고 단체를 감싸고 계신 삼위일체의 임재 안에 적시는 것이다. 일단 예수의 제자들이 한 단체를 이루면 이제 지역 교회의 영성 형성 을 형통케 하는 주요 요소는 단연 이것이니, 곧 그들 가운데 거 하시는 하나님—성부와 성자와 성령—의 가르침이다. 이것은 제 3단계인 인간의 일과 늘 상호작용하면서도 인간의 일이 아니다.

우리 가운데 거하시는 하나님의 임재는 참된 **에클레시아**의 유일한 보증수표다. 물론 하나님이 단체에 임재하지 않으실 상 태들이 있으며, 성경과 교회 역사가 가슴아프게 그 사실을 거듭 예증하고 있다. 구속(救贖)의 본질적 요소인 그분의 임재가 빠진 단체는, 다시금 그릇을 보배로 둔갑시키려는 것에 불과하다. 그 경우에는 영적 변화가 일어나지 않는다. 이것이 하나님의 일인 까닭이다. 하나님의 의도는 그의 백성들 가운데 임재하셔서 그들을 치유하시고 가르치시며 채워 주시는 것이다.

레위기 26:11-12는 이렇게 말씀한다. "내가 내 장막을 너희 중에 세우리니 내 마음이 너희를 싫어하지 아니할 것이며 나는 너희 중에 행하여 너희 하나님이 되고 너희는 나의 백성이 될 것이니라." 출애굽기 29:44-46에는 이렇게 말씀하셨다. "내가 그 회막과 단을 거룩하게 하며 아론과 그 아들들도 거룩하게 하여 내게 제사장 직분을 행하게 하며 내가 이스라엘 자손 중에 거하여 그들의 하나님이 되리니 그들은 내가 그들의 하나님 여호와로서 그들 중에 거하려고 그들을 애굽 땅에서 인도하여 낸 줄을 알리라. 나는 그들의 하나님 여호와니라."

시편기자는 "하나님께 가까이함이 내게 복이라"(73:28)고 부르짖었다. 신명기 7:21은 주위를 에워싼 적에 대하여 이렇게 말씀한다. "너는 그들을 두려워 말라. 너희 하나님 여호와 곧 크고 두려운 하나님이 너희 중에 계심이니라." 예수께서는 제자들에게 "두세 사람이 내 이름으로 모인 곳에는 나도 그들 중에 있느니라"(마 18:20)고 약속하셨다. 바울은 특히 에클레시아의 모임에 관해 말하면서, 외부인들이 예언의 말씀이 임재한 곳에 들어와 "모든 사람에게 책망을 들으며 모든 사람에게 판단을 받고 그 마음의 숨은 일이 드러나게 되므로 엎드리어 하나님께 경배하며 하나님이 참으로 너희 가운데 계시다 전파하리라"(고전 14:24-25)고 말했다.

그렇다면 예수의 제자들이 모인 지역 교회에 우리가 기대해야 할 것은 무엇인가? 신약 교회의 실체—"원리와 절대적 요소"—와 역사적 기독교의 최고 이상의 관점에서 접근할 때 우리가 기대해야 할 모습은 이것이다. 곧 지역 교회는 **하나님의 생명과 능력이 명백히 임재함으로, 회개하는 죄인들의 필요를 채워 주고 하나님께 영광을 돌리는 곳이어야 한다.** 그렇게 되려면 교회 분위기가 정직하고 마음이 열려 있고 만인을 차별 없이 받아들이고 초자연적으로 사랑하는 분위기가 돼야 하며, 예수를 향한 깊은 애정과 믿음이 있어야 한다.

행위를 제한다

행위란 제 모습 그대로가 아니라 뭔가 좋은 인상을 주려는 태도다. 삼위일체가 임재하는 모임에는 행위의 요소가 부재하게 돼 있다. "오늘 예배 어땠지?"에 관한 끝없는 근심도 마찬가지다. 하나님이 모임의 최고 행위자이시다. 사실 유일하게 중요한 관점인 하나님의 관점에서 볼 때, 인간은 어느 누구도 예배가 어땠는지 모를 소지가 높다. 어디까지나 그것은 참석자들의 겉으로 드러난 반응을 읽어 판단할 문제가 아니다.

모임과 예배에서 우리 노력의 기초는, 만인을 채우시는 그리스도의 충족성이다. "하늘과 땅의 모든 권세를 내게 주셨으니"와 "볼지어다. 내가 세상 끝 날까지 너희와 항상 함께 있으리라" 하신 그분 말씀이 우리의 유일한 소망이다. 목사와 교사 등 모든 사역자들은 지역 교회 안에서 자신의 역할을 감당하는 데 필요한 깊은 통찰력, 아름답고 강한 성품, 풍성한 능력을 "우리와 함께하시는 그리스도"로부터 받을 것을 기대하되, 시간과 경험을 바탕으로 그리해야 한다. 사역자는 잔꾀와 기술이 필요 없고 오직 하나님의 명백한 임재 안에 서서 그리스도의 성품으로 그리스도의 말씀만 전하면 된다. 물론 이것은 일시적 감화가 아니라 꾸준한 인생노선을 두고 하는 말이다. 교회는 지도자들의 그런 삶을 애타게 갈망한다.

집회로 모일 때 우리는 설교자나 다른 지도자들이 어떻게 하는지 보려고 오는 것이 아니다. 그들의 행위를 검사하는 것이 아니다. 우리는 와서 삼위일체의 임재를 만나고 그 안에서 그들을 세워 준다. 그것이 우리의 기대다. 바울의 표현대로 우리는 "너희 중에서 예수 그리스도와 그의 십자가에 못박히신 것 외에는 아무것도 알지 아니하기로 작정"(고전 2:2)한 자들이다. 우리는 다른 이들 속에서 그리스도를 발견하려 하며, 그것이 우리가 찾는 **모든** 것이다. 우리는 "예배"를 예배하지 않는다. 근사한 집회나 흠잡을 데 없는 교육이나 멋있는 사람들을 예배하지 않는다.

우리는 사소한 일에 주력할 만반의 준비를 갖추고 모임에 들어설 때가 너무 많다. 아래 동시에 우리의 태도가 잘 담겨 있다.

고양이야, 고양이야, 어디 갔다 왔니?
높으신 여왕님 보러 런던에 갔었지.
고양이야, 고양이야, 무엇을 보았니?
여왕님 의자 밑의 생쥐를 보았지.

시선을 여왕에게 둘 수 있는 마당에 생쥐 생각은 왜 한단 말인가? 어디까지나 여왕을 보러 가지 않았던가? 우리 가운데 임재하신 예수께 나올 수 있건만, 어쩌자고 행위의 측면—말할 것도 없이 "그릇"의 문제다—을 본단 말인가?

제3단계

교회 전반은 물론 각 지역 교회의 성장과 형통을 위한 하나님 계획의 제3단계는 제자들의 내적 변화에 대한 의도와 실행이다. 역시 방법의 문제지만 제2단계와 달리, 여기의 방법은 인간의 행동으로 수행돼야 한다. 예수의 말씀대로 "내가 분부한 모든 것"을 제자들에게 가르치는 것이 여기에 해당된다. 그러나 재차 강조하거니와, 그분이 분부하신 일들을 **행하는** 것은 이 시점에서 우리 활동의 초점이 아니다. 오히려 그것은 "자연스런" 결과나 부산물이다. 물론 초점은 앞에서 살펴본 대로 인간 성품의 여섯 가지 본질적 측면이 내적으로 변화되는 것이다. 이 내적 변화를 위한 **방법**을 인간 쪽에서 수행하는 것이(물론 제1단계와 제2단계가 없다면 그런 방법은 무용지물이다) 하나님 계획의 제3단계다. 그것이 항상 지역 교회의 중대사가 돼야 한다.

일단 심령/의지가 위로부터 온 새 생명으로 깨어났으면, 이제 내적 변화에서 **순서상 사고**(생각/감정)**가 우선임**을 존중해야 한다. 본인이 그리스도를 아는 은혜와 지식 가운데 자라기 위해 어떻게 할 것인지를 생각할 때도 그렇고, 현재 자신이 섬기고 있는 다른 이들을 돕는 길을 생각할 때도 그렇다. 우리 생각을 점유하는 개념과 이미지와 "정보"와 사고방식이 경건한 것들로 바뀌어야 한다. 우리의 정서생활을 구성하는 감정 기류도 마찬가지다.

삶의 심연 속에 하나님 선물로 온 믿음

믿음과 감정은 선택으로 변화될 수 없다. 선택만으로 다른 믿음과 감정을 가질 수는 없는 일이다. 그러나 다른 개념과 정보를 흡수하고 문제를 다른 방식으로 생각하는 데에는 우리도 어느 정도 자유가 있다. 우리는 하나님 말씀을 흡수하기로 선택할 수 있다. 그렇게 할 때 믿음과 감정은 줄곧 경건한 방향으로 이끌린다.

실제 사역에서 범할 수 있는 최악의 과오 가운데 하나는, 인간이란 다른 믿음과 감정을 선택할 수 있다는 생각이다. 그러다 보니 우리는 감정을 건드려 의지를 움직이고 그 의지를 통해 믿음을 만들어 내려고 엉뚱하게 애쓴다. 그러나 의지는 진리와 현실에 대한 통찰을 통해 움직여야 한다. 그런 깨달음이 새로운 의지와 그 의지 상태에 적합한 감정을 유발한다. 이것이 참된 내적 변화의 순서다.

우리 아버지는 70대까지 하루 두 갑씩 담배를 피우셨다. 그러던 어느 날 아버지는 재향군인 병원에 진찰받으러 갔다가 한 사람을 **보았다**. 그 사람은 흡연으로 암에 걸려 입술이 다 없어졌는데도 특수 보조기구를 사용해 담배를 피우고 있었다. 아버지는 흡연이 얼마나 우매한 일인지 보았다. 그리고 **믿었다**. 그 뒤로 아버지는 담배를 깨끗이 끊었다. 그것이 믿음이 하는 일이

다. 그러나 그저 고백뿐인 믿음은 그런 일을 하지 못한다. 믿음
이란 믿음의 대상이 정말 그런 것처럼 내 전 존재가 행동 태세
에 들어가는 것이다. 우리가 자라갈 때 예수의 분부도 결국 우
리에게 그렇게 다가온다. 그것이 실체로 보이는 것이다.

C. S. 루이스는 어느 날 가까운 곳에 가려고 자기 형의 오토
바이 사이드카에 올랐다. 그때까지 그의 내면에 많은 일들이 일
어나기는 했지만, 오토바이에 탈 때만 해도 그는 아직 불신자였
다. 그러나 내릴 때 그는 신자가 되어 있었다. 그가 만들어 낸 변
화가 아니었다. 그런 일이 있었음을 그는 나중에야 알았다. 그
제야 그는 그것을 "고백할" 수 있었다. 그가 그것을 붙든 것이
아니고, 그것이 그를 붙들었다.[10]

이처럼 자신이든 남이든, 일반적으로 신념은 우리가 통제하
는 것이 아니다. 믿겠다는 **선택**은 절대 없다. 우리는 자신이든
남이든 믿음을 선택하게 하려 해서는 안된다. 그것은 하나님이
하실 일이다. 우리는 이해하려 할 수 있고 남의 이해를 도우려
할 수 있다. 그 이상은 하나님이 일하셔야 한다. 이것을 깨닫고
우리는 남들에게 믿음을 선택하게 만들거나 정작 믿지도 않는
일들을 시키려 해서는 안된다. 우리가 우리 몫을 하는 사이, 그
분이 정녕 그 일을 하신다. 그럴 때 사람들은 예수께서 분부하
신 일들을 행하는 법을 점진적으로 배워 가게 **돼 있다.** 우리는
믿음과 감정의 참 변화를 비로소 보게 되며, 행동은 자연히 뒤
따른다.

우리가 배우려 하고 남에게 가르치는 진리는 이것이다. **하나
님이 계시다.** 이곳은 그분의 세상이며, 우리는 세상과 함께 있

다. 이 하나님은 전적으로 선하시며 전적으로 능하시다. 그분은 예수 그리스도 안에서 우리에게 오신다. 우리는 예수를 전적으로 믿을 수 있다. 그분은 우리에게 한 책과 역사를 주시며, 성령은 그것을 통해 예수와 우리 자신에 대해 알아야 할 모든 것으로 우리를 인도하신다.

영성 형성에서 순서상 사고가 우선임을 존중한다는 것은, 우리가 이런 것들을 이해하고 남들도 이해하도록 돕는다는 뜻이다. 우리는 심층부에서 일한다. 우리는 생각을 이런 진리들 쪽으로 돌리기로 선택할 수 있다. 믿음은 우리 삶의 숨은 심연 속에 하나님의 선물로 와서, 말씀과 성령의 양육을 통해 자라간다. 이것이 하나님의 영성 형성 계획을 따르는 지역 교회 안에 일어나는 일이다.

가르침을 넘어서

그러나 이 길이 막힐 때가 있다. 진심으로 예수의 제자가 됐고 최선의 의도를 품은 자들 속에도 마찬가지다. 그들은 진리를 받을 수 없다. 얼마간의 교육만으로는 그들의 사고에 가닿을 수 없을 만큼, 그들의 몸과 영혼과 감정과 생각과 관계 기류는 심한 혼란에 빠져 있거나 나쁜 성향에 젖어 있다.

"정규 교회예배"는 그들에게 별 도움이 못된다. 우리 가운데 거하시는 치유의 하나님께로부터 나오는 축사(逐邪)사역이 그들에게 필요할 수 있다. 그렇다면 마련해 주어야 한다. 혹 그들은 일상생활을 벗어나 신중한 지도 아래 장기간 훈련을 받아야 할 수도 있다. 우리는 성령의 인도를 받고 성경에 해박해야 한다. 지식을 좇아 실험하며 인내해야 한다. 영성 형성에 대한 거대한 정보창고가 기독교 역사에 있다. 그것은 그리스도의 사람들에게 주어진 보배, 곧 하나님의 예치금이다.

절대 잊지 말아야 할 것이 있다. "일상생활"을 벗어난 이런 식의 집중훈련이야말로, 예수께서 세상 혁명의 돌격대와 "그린 베레"로 택하신 소수 사람들의 영성 형성을 위해 행하신 일이다. 그분은 그들을 일상생활에서 벗어나게 해 3년 가까이 특수 훈련을 시키셨다. 그후에야 그들은 그분의 죽으심과 부활을 통해 다락방으로 인도되었고, 위로부터 오는 능력을 입었다. 우리는 이렇게 자문해 볼 필요가 있다. **영성 형성 과정에서 우리가 실제 거쳐 온 일들은 무엇인가?**

그리스도를 닮아가는 뜻깊은 영성 형성을 막는 현대의 가장 큰 장애물 중 하나는, "정규 교회예배"—어떤 종류의 예배이든—의 영적 효력에 대한 과신이라고 잘라 말할 수 있다. 정규 예배는 중요하지만 그것만으로 부족하다. 간단하다.

제자인 개인들과 지역 교회들은, 사람들—정말 예수의 제자가 됐고 정말 삼위일체의 임재에 젖어 모이는—의 내적 변화를 일으키는 데 필요한 일이라면 무엇이든 찾아내 제대로 수행해야 한다. 그렇게 함으로써 그들은 신약 교회의 원리와 절대적 요소를 실천하게 되며, 반드시 그에 상응하는 열매와 결과를 보게 된다. 예수는 우리에게 뻔히 실패할 영성 형성 계획을 주시지 않았으며, 절대 실패하지 않게 하는 모든 자원이 그분께 있다.

믿음의 두 단계

"그분이 분부하신 모든 것을 가르치는" 이 길에 들어선 교회는, 두 가지 일을 명백히 행할 때 안정되게 자리잡아 앞으로 전진할 수 있다. 곧 보겠지만 사실 아주 간단한 일이면서도 예수께 믿음을 두는 위대한 행위다.

첫째, 제자들이 예수께서 행하라고 가르치신 일들을 실제 배워 행할 것을 공개적으로 **기대하라**. 신앙 프로그램들이 아무리 정교할지라도 현재 우리에게는 이런 기대가 없다. 대체로 학생들은 기대—혹은 기대의 부재—에 부응해, 남이 기대해 주는 대로 행하고 배운다는 것을 우리는 안다. "이미 그리스도인으로" 자처하는 자들로 하여금 그런 삶을 살게 하려면 어마어마하게 많은 "작업"이 필요할지 모른다. 그러나 그것은 가능한 일이다. 기대와 현실적 가르침과 진보의 인정 없이는 참된 진보의 희망이 없다.

적대적인 자들을 진실로 친절히 대하는 것, 욕을 복으로 갚는 것 등 간단한 일들부터 시작하라. 대개 자신의 가정 안에 그런 것들을 훈련하고 다듬어 갈 기회가 아주 많다. 그런 상황에 대한 이해를 길러 주고, 역할 연기를 해보고, 성공과 실패의 간증을 나누고, 추가 교육과 실제적 제안을 베풀라. 계속하라. 제자들에게 일기 쓰기를 권할 수도 있다. 배워서 행하게 된 일들을 기록하게 하는 것이다. (일기는 어떤 식이 돼야 할까? 나는 예수께서 분부하신 어떤 한 가지 일을 정말 배워 **행하고** 있는가? 어떤 일들인가? 아직 배우지 못한 것들은 무엇이며, 거기에 대해 나는 어떻게 하고 있는가?)

둘째, 당신이 사람들에게 예수께서 명하신 일들을 가르치고 있음을 **공표하라.** 표지판에 적어 모임장소 앞에 세워 두고, 지역 인쇄매체와 웹 페이지를 통해 광고하라. 신약성경에 나타난 그리스도의 성품의 특정 요소들을 길러 주기 위한 훈련 프로그램들을 만들어 홍보하고 운영하라.

당신과 당신의 회중은 어떤 사람들이 될 것이며, 그것을 뒷받침하고 수행하기 위해 당신이 할 일은 무엇인가? 지구상 인간 실존의 영성 형성을 위한 하나님의 계획은 바로 거기에 대한 답을 통해 구체화되고 극도로 현실화된다.

이 장을 마감하면서 다시금 강조하고 싶다. 모든 것이 마태복음 28:18-20에 나타난 지역 교회의 영성 형성을 위한 하나님의 계획을 **중심으로 조정돼 있는** 한, 교회 활동의 나머지 모든 세부사항은 어떤 방법으로 하든 크게 중요하지 않다. 어느 정도 중요한 정도만큼 저절로 정리됨으로써 쉽게 제자리를 찾게 돼 있다. 우리의 시선을 하나님 앞에서 정말 중요한 것에 두고 있는 한 그렇다.

거듭 말하지만, 만일 모든 것이 하나님의 계획을 중심으로 조정돼 있지 **않다면**, 설령 우리가 일부 교회들과 일부 "교회 운영" 방식을 다른 것들보다 더 "성공적인" 것으로 친다고 해서 정말 뭐가 달라진단 말인가! 성경과 역사를 보면 "기독교"가 사람들을 "세상에 속하지 않는 나라"로 끌어들여서, 점점 하나님의 성품과 능력으로 살아가도록 가르치는 본분을 다한 시대와 장소들이 있었다. 예수 그리스도와 함께 세상의 빛이 될 빛의 자녀들은 그런 시대와 장소에만 출현했다.

이 일을 실현하는 데는 특별한 재능이나 개인적 기술이나 학위나 돈이나 재산이 필요 없다. 우리는 무슨 율법주의적 제도를 정화하거나 시행할 필요가 없다. 그저 예수의 제자인 보통 사람들이 그분의 이름으로 모이고 그분의 임재에 적셔져서 내적 변화의 걸음을 통해 그리스도의 성품을 입는 것, 그것만 있으면 된다.

그것을 우리의 유일 목표로 삼자. 그러면 우리 시대와 우리 개인들의 삶에서 하나님의 승리는 확실하다. 그리스도의 성품을 입는 마음의 혁신이야말로 틀림없는 열쇠다. 그것은 세상의 돈과 재능과 교육과 재산이 전혀 줄 수 없는 모든 복을 인생에게 가져다 준다. 그리고 하나님의 온전한 임재에 들어갈 영광의 그날을, 현재 이 삶 속에서 간절히 고대하게 한다.

묵상 및 토의 질문

1. 영성 형성의 부르심에 대한 우리 교회들의 "이치에 맞는 반응"(두번째 문단 참조)은 정말 이치에 맞는 반응인가?

2. 그 반응은 "영적 병원"으로서의 교회상과 양립할 수 있는가?

3. 교회들이 현 상태가 된 핵심 원인이 **산만함**이라는 주장에 당신은 동의하는가? 400페이지 라이스 앤더슨의 말을 생각해 보라.

4. "그릇"과 "보배"의 구분은 타당성 있는 것인가? 바울에게 적용할 때 어떤가? 당신에게는 어떤가? 기독교의 각 전통, 교단, 지역 교회에 적용할 때는 어떤가?

5. 기독교의 실천과 노력에서 그릇을 중시할 때 나타나는 결과로 당신이 직접 보았던 사례는 어떤 것이 있는가?

6. "의로운 비열함"은 정말 있는 일인가? 그렇다면 그런 행동이 용납되는 이유로, 이번 장에 제시된 설명에 대해 당신은 동의하는가? 당신은 어떻게 설명하겠는가?

7. "그릇의 덫"을 피할 수 있는 길을 최대한 간단히 설명해 보라. 그릇을 갖는 것 자체는 피할 수 없지 않은가?

8. 지역 교회—그리고 전 세계—의 영성 형성을 위한 그리스도의 계획은 무엇인가?

9. 제자란 어떤 사람이며, 어떻게 제자가 되는지 설명해 보라.

10. 그리스도를 믿는 믿음을 오해할 때 어떻게 믿음과 영성 형성이 분리되는가?

11. "전도"가 교회생활의 **일차** 목표가 돼서는 **안된다**는 것은 정말 맞는 말인가? 무엇이 일차 목표가 돼야 할까? (416페이지 레이 스테드먼의 인용문 참조)

12. 우리의 교회 모임들에서 "행위"를 정말 없앨 수 있을까? 행위가 없어지면 우리 모임들은 어떻게 달라질까?

13. 영성 형성의 우선순위가 사고에 있다는 사실은, 지역 교회가 영성 형성의 진척을 위해 사용하는 **방법**들에 어떤 영향을 끼치는가?

14. 교인들의 영성 형성을 진척시키기 위해 당신의 지역 교회가 "정규 교회예배"를 넘어서 행할 수 있는 일들은 무엇인가?

15. 당신의 지역 교회는 사람들에게 예수께서 명하신 일들을 실제 행하는 법을 가르치고 있다고 정말 공표할 수 있는가? 그렇게 하려면 교회가 전반적으로 어떻게 달라져야 할까?

16. "모든 것이 마태복음 28:18-20에 나타난 하나님의 영성 형성 계획을 중심으로 조정돼 있는 한, 지역 교회가 그 밖에 무엇을 하고 하지 않고는 정말 별로 중요하지 않다." 이 말은 사실일 수 있을까? 그렇다면 우리가 할 일은 무엇인가?

이제 뒤를 돌아보고 앞을 내다볼 때다. 이 책에서 공부한 내용을 돌아보고 우리 앞에 놓인 삶을 내다봐야 한다. 그 삶 속에서 우리는 그때그때 앞으로 전진함으로써 마침내 영원히 되어질 그 모습으로 변해 간다.

이 책에서 나는, 예부터 예수 그리스도의 사람들을 통해 나타난 영성 형성, 곧 진정한 인간 형성의 길을 분명하게 제시하려 했다. 역사와 현대의 전경에 널려 있는 영성 형성의 많은 그릇은 무시하고 **보배이신** 예수 그리스도 자신에 집중하려고 했다. 그분은 그분 자신을 구주와 스승으로 삼아 헌신한 자들의 성품의 여섯 가지 본질적 차원 속에 살아계시며, 그 임재는 갈수록 온전해진다.

그리스도를 닮아가는 마음의 혁신—그것이 처음부터 하나님이 인류에게 의도하신 바다—은 마음(심령/의지)과만 관련된 일이 아니다. 인격의 다른 측면들이 악의 세력 아래 남아 있는 한,

마음은 변화될 수 없다. "의지력"은 인격 변화의 열쇠가 아니다. 아무리 감화를 입은 의지력이라도 소용없다. 의지와 성품은 **인격의 다른 모든 본질적 측면들**이 의지의 의도와 조화를 이룰 때에만 상태와 행위에서 실제로 진보를 보인다. 물론 그 의지는 말씀과 성령을 통해 "위로부터 난" 새 생명을 얻은 상태라야 한다.

이렇듯 심령 변화의 길은, 새 생명을 얻은 의지가 은혜로 주어진 방법들을 사용해 사고생활의 내용, 지배적 감정 기조, 몸의 준비된 행위, 주도적 관계 기류, 영혼의 깊은 흐름을 변화시키는 길이다. 이 모든 차원이 예수 그리스도의 성품을 **향해** 점진적으로 변화돼야 한다. 이것이 우리가 말하는 "그리스도의 성품을 입는 것"이요, 바울의 표현으로 "옛 사람을 벗고 새 사람을 입는 것"이다. 그것이 이루어지면서, 개인이나 단체는 자기 의도대로 선한 일들을 점점 더 잘하게 된다. 선(善)과 선의 하나님에 대한 의지 자체의 헌신도 갈수록 넓어지고 깊어진다.

실제로 이것은, "구름같이 둘러싼 허다한 증인들"(히 12:1) 앞에서 달리는 도덕생활의 일대 경주다. 우리는 영적으로 살아 있는 존재가 되어 "살아계신 하나님의 도성인 하늘의 예루살렘과 천만 천사와 하늘에 기록한 장자들의 총회와 교회와 만민의 심판자이신 하나님과 및 온전케 된 의인의 영들과 새 언약의 중보이신 예수"(22-24절)께 이른다. 이 경주를 잘 달리는—마친 후 "잘하였다, 착한 종이여. 네가 지극히 작은 것에 충성하였으니 열 고을 권세를 차지하라"(눅 19:17)는 말씀을 듣는—길은, 장차 하나님과 더불어 만물을 다스릴 자로(계 22:5) 그분께 환영받을 만한 사람이 되는 것이다. "네가 작은 일에 충성하였으매 내가 많은 것으로 네게 맡기리니 네 주인의 즐거움에 참예할지어다"(마 25:21). 우리 주님의 즐거움은 능력을 선하게 사용하는 것이다. 모든 선한 것을 창조하시고 유지하시는 것이 그분의 기쁨이다. 우리의 기쁨도 그것이 돼야 한다.

작은 일에 충성하여 경주를 잘하는 것은 우리 몫이다. 우리는 앞 경주로를 내다보며 자질구레한 것들을 처치해야 한다. 걸음을 느려지게 하는 특정한 일들과 우리를 얽어매는 죄들을 주위, 현명하고 체계적인 방식으로 치워야 한다(히 12:1). 우리 마음과 감정 등에서 그 뿌리를 제해야 한다. 우리는 이 일에 병적으로 흥분하지도 않고 그렇다고 절망하지도 않는다. 우리는 해야 할 일과 그 방법을 찾아내 실행에 옮긴다. 우리가 적절한 걸음을 디딜 때 하나님께서 문제 하나하나마다 우리를 도와주심을 우리는 안다.

그래서 우리 경주에는 **인내**가 따른다. 우리는 앞에 놓인 경주를 멀리까지 내다본다. 우리는 모든 것을 단번에 이루려 하거나 무리하게 밀어붙이지 않는다. 무거운 것과 죄를 당장 없애지 못해도, 우리는 계속 달린다. 참을성 있게 꾸준히 달린다. 그러면서 하나님의 방법으로 그것을 제할 수 있는 길을 찾아낸다.

시종 우리는 스승이신 그분을 올려다본다. 그분은 처음부터 우리에게 달려갈 믿음을 주신 분이요, 우리를 끝까지 안전히 이끄실 분이다(히 12:2). 우리는 그분의 생각, 감정, 성품, 몸, 대인관계, 영혼에 집중한다. 우리는 끊임없이 그분께 배운다. 그분은 무거운 것과 죄를 떨치고 더 잘 달리는 법을 우리에게 보이신다.

뛰면서 우리는 하나님의 도움으로 걸음이 더 가벼워짐을 느낀다. 진리에 대한 인식이 더 깊어지고 사물을 보는 눈이 더 또 렷해진다. 우리는 함께 뛰는 자들—그리스도 안의 우리 동료들과 앞서 달린 자들과 뒤에 올 자들—을 보며 더 큰 기쁨을 얻는다. 과 연 그분의 멍에는 **쉽고** 그분의 짐은 **가볍다.** 우리의 "겉 사람" 은 후패하지만 "속 사람"은 날로 새로워진다(고후 4:16). 어떤 어려움이 닥쳐도 우리는 "구원이 오리라!" 노래하며 달린다.[1]

그래서 지금은 앞을 내다보며 구체적 계획을 세울 때다. 개 인적으로 우리는 그리스도의 삶의 승리를 내 존재의 모든 차원 속에 더 온전히 들여놓기 위해 내가 해야 할 구체적인 일들이 무엇인지 자문해야 한다. 내 의지가 하나님의 의지에 드려지지 않은 부분이나 타락한 성품의 옛 모습이 적발되지 않고 남아 있 는 부분은 없는가? 내 생각과 이미지와 사고방식 중에 하나님 나라보다 내 나라나 악의 나라를 더 드러내는 부분은 없는가? 예컨대 돈, 사람을 대하는 방식, 세상을 그리스도께 인도하려는 노력 등과 관련해서 어떤가?

내가 그리스도의 사람들 가운데 지도자 역할을 맡고 있는 경 우라면, 나는 그리스도를 닮아가는 그들의 내적 변화의 진보를 돕고 지도하기 위해 내 힘으로 할 수 있는 일들을 다하고 있는 가? 그 진보는 우리 공동생활의 참 목표인가? 우리의 활동들이 그 목표를 더 지원할 수 있는 길들이 있는가? 내게서 나오는 가 르침은 사람들의 상태에 적절한 것인가? 내 모본은 그들에게 분명한 지도와 확신을 주고 있는가? "나의 진보가 모든 사람에 게 나타나고"(딤전 4:15) 있는가?

내 상황이 어떻든 지금은 변화에 돌입할 때며, 이 책에서 살펴본 대로 주도권을 행사할 때다. 바른 방향의 활동들이 그리스도의 인격적 감독 아래 그분의 모든 은혜의 도구를 통해 유지될 때 그리스도를 닮아가는 영성 형성은 보장된 결과다. 이 신음하는 세상은 그리스도와 확실히 연합하여 철두철미 그분이 의도하신 인간이 될 사람들을 기다리고 있다. 세상이 알고 있든 아니든, 지상에 다른 희망은 없다.

지상, 우리가 서 있는 곳은 물론 여기다. 신기하게도, 지상이 내 집처럼 느껴지게 하는 것은 오직 그리스도 안의 영성 형성뿐이다. 당연히 우리는 더 나은 본향을 사모하는 순례자다(히 11:16). 그러나 아직 여기가 본향이 아니어도 우리는 만족한다. 그리스도는 나를 이웃과 나란히 걸을 수 있는 자리로 데려가신다. 이웃이 누구이든 상관없다. 나는 그들 위에 있지 않다. 나는 그들 곁에 있다. 우리 모두의 공통된 사건들 속에서 그들과 함께 그들의 종으로 살아간다.

나는 그들을 판단하도록 부름받은 것이 아니라, 내게 있는 빛과 내게 있는 힘과 하나님이 공급하시는 힘으로 겸손하고 참을성 있게 최대한 그들을 섬기도록 부름받았다. 어느 시점에서 정녕 우리의 길이 영원히 갈린다 해도, 나는 그것과 무관하게 그들을 사랑한다. **내가 그들에게 줄 수 있는 최고의 선물은, 언제나 내 안에 그리고 그분을 진정으로 믿는 다른 이들 안에 있는 그리스도의 성품과 능력이다.** 그 이상 그들 마음의 혁신은 하나님께 맡긴다. 무슨 일이 일어나더라도 그분이 모든 것을 주관하고 계심을 나는 안다.

후기

지난 몇 년간 미국에 닥친 사회·정치적 혹은 역사·문화적 도전들을 반추해 보면서 나는 이런 결론을 얻었다. '지금 미국 교회는 단순히 예수님의 복음이나 (이미 임했지만 아직 극치에 이르지는 않은) 하나님 나라 가운데서 교회에게 주어진 소망을 신학적으로 제시하는 데 실패한 것이 아니다.' 오히려 그 실패의 원인은 명백히 우리 안에 있는 리더십의 문제에서 찾아볼 수 있다. 오늘날 그리스도인들은 '죄'나 '고백', '회개' 같은 표현들을 거의 쓰지 않는 경우가 많다. 그리고 교계의 일부 인사들은 가짜 뉴스와 거짓 사실들을 퍼뜨리면서 대중들을 현혹하는 정치 세력과 결탁하고 있다. 어떤 이들은 애통하는 이들과 함께 울기를 거절하고, 또 어떤 이들은 인기와 명성, 사람들의 인정을 중시하는 현대 문화의 도덕적 쇠퇴 추세에 영합하고 있다. 이런 상황 속에서 우리 하나님의 백성들은 나아갈 길을 잃어버렸다. 지금은 모든 이가 저마다 자기 소견에 옳은 대로 행하곤 한다. 현재 우리에게 불어닥친 것은 **우리 자신의** 영적인 가족 안에 깊숙이 자리 잡은 '위선'의 위기이며, 우리는 이 점을 냉철하게 되짚어 볼 필요가 있다.

기독교에 관한 우리의 증언이 사람들에게 신뢰를 얻기 위해서는 이같이 어긋난 현재의 모습들이 바로잡혀야만 한다. 그리고 그 일을 위해서 우리는 자신의 성품을 신중히 가다듬을 필요가 있다. 지금은 그 어느 때보다도 하나님의 종들이 예수 그리스도의 진리와 사랑과 성품을 일상의 삶 속에서 드러내는 일이 절실히 요청된다. 또 우리에게는 하나님 나라를 위해 충성하는 마음으로 현 사회의 개혁에 대한 자신들의 책임을 깨닫고 힘써 감당해 나갈 제자들 역시 필요하다. 이 일은 예수님이 재림하시거나 우리가 그분 곁으로 갈 때까지 계속되어야 한다. 우리에게는 지금 성령께서 교회를 향해 주시는 말씀을 듣고 또 헤아릴 눈과 귀가 필요하다. 그리고 근본적인 마음의 문제들 역시 직시할 필요가 있다. 이는 우리가 사랑하는 그분의 곁을 떠나 방황하게 될 때가 흔히 있기 때문이다. 우리의 마음상태는 다른 모든 일에 영향을 준다. 무엇보다 우리 자신의 존재에 대한 이해에 핵심적인 영향을 끼치며, 이는 어떤 일에 착수하려는 동기를 품고자 할 때에도 그러하다. 이와 마찬가지로, 하나님이 베푸신 은혜와 그분의 말씀, 그리고 예수님의 모범은 우리의 지성을 새롭게 가다듬도록 자극한다. 이런 갱신이 이루어질 수 있도록, 우리는 하나님께 겸손히 복종하면서 이전의 일들을 **내려놓**고 새로운 일들을 **선택하는** 법을 배워 나가야 한다.

이 마음과 뇌의 수술을 통해 삶의 변혁을 추구하는 것이 곧 영성 형성의 작업이다. 큰 수술을 마친 후에는 늘 회복기가 필요하다. 이때 우리는 예전의 상태에서 벗어나 휴식을 취해야 하며(이제는 그 병의 원인이 되는 일을 중단해야 한다), 온몸의 근육을 제대로 쓰는 법을 다시 배우기 위해 물리치료를 받아야 할 수도 있다. 그리고 마침내는 정상적인 상태가 새롭게 정착되어야 하는 것이다(이는 우리 삶의 방식이 변화됨을 의미한다). 달라스 윌라드는 그의 고전적인 저작인 이 책『마음의 혁신』에서, 큰 수술을 마친 후 뒤따르는 이 회복과 치유의 과정을 우리 앞에 제시하고 있다. 본문에서 그는 이렇게 언급한다. "성품이란 생각 없이 느끼는 감정과 생각 없이 행하는 일을 통해 가장 잘 표출된다. 그러나 그보다 정도는 덜하지만, 성품은 생각 후의 회개와 회개의 결과로 행하는 일을 통해서도 표출된다."

우리가 이 세상에서 감당해야 할 영적 활동이나 이차적인 부르심은 지역 교회를 향한 것일 수도 있고, 교사나 학생들의 경우에는 교실을 향한 것일 수도 있다. 혹은 부모나 조부모로서, 사회 활동가나 변호사, 경찰이나 과학자로서, 아니면 그저 좋은 이웃이자 친구로서 그런 부르심을 받들어야 할 수도 있다. 하지만 우리 하나님의 백성들은 자신의 주된 부르심이 늘 영원한 나라를 주관하시는 분의 제자로서 살아가는 데 있음을 기억해야 한다. 우리는 항상 그 거룩하신 분의 보좌 앞에 나아가 회개할 수 있다. 인자하고 자비로우신 그분은 우리의 연약함을 불쌍히 여기시며, 우리가 어려움에 처할 때 늘 도와줄 준비가 되어 있으시기 때문이다(히 4:15-16). 만일 우리가 회개하는 마음으로 이전의 길에서 벗어나 그리스도의 길을 **따른다면**, 하나님은 능히 우리의 성품을 새롭게 빚으시며 더욱 온전케 만들어 가실 수 있다. 이 점에 관해 윌라드는 이렇게 일깨운다. "통상적인 인간 삶에서 소위 '성품'(좋은 쪽이든 나쁜 쪽이든)이란, 다분히 내가 처한 구체적 상황에서 내 몸이 어떤 행동에 '준비돼' 있는가(혹은 그렇지 않은가)로 이루어진다."

『마음의 혁신』20주년 기념판이 출간되는 지금, 우리 시대의 신자들과 젊은 지도자들은 실로 위태로운 상황 속에 놓여 있다. 세상은 늘 그 안에 임한 진리의 빛을 받아들이거나 거부할 준비가 되어 있다. 악을 행하고 빛을 미워하는 자들은 늘 있기 마련이며, 이런 일들은 전혀 새로운 것이 아니다. 하지만 인류 역사의 현 상황 가운데 우리 하나님의 백성들 앞에는 구체적으로 다음의 질문들이 놓여 있다. '과연 우리는 새로워질 수 있는가?', '우리는 정말 진리 안에서 살아가며 빛을 향해 나아가는 백성들인가?', '우리 삶의 모든 조건, 곧 우리의 생각과 느낌, 선택과 신체, 사회적 환경과 영혼 등은 기꺼이 그리스도의 성품을 본받을 수 있는 상태에 놓여 있는가?'

나는 당신이 예수님의 제자로서 다른 이들을 그분의 제자로 삼고 온전한 목표를 향해 인도하는 일에 헌신하는 데 이 책이 귀한 도움이 되기를 기도한다. 우리 삶의 주춧돌이 되시는 분께 의지하며 그 일을 감당해 나가는 동안 이 책은 내게 큰 유익을 주었다. 그분은 낡고 깨어진 일들을 능히 복구하시며, 이를 통해 우리의 존재를 가다듬을 뿐 아니라 전혀 새로운 일들을 이루어 내실 수 있다.

나타샤 시스트렁크 로빈슨(리더십 링크스Leadership LINKS 설립자 겸 대표)

달라스 윌라드는 2005년 6월 크리스천 오디오(ChristianAudio)와의 인터뷰에서, 『마음의 혁신』의 집필 동기를 포함하여 우리의 영적인 삶을 어떻게 건강하게 발전시킬 수 있는지에 관해 자신의 생각을 밝혔다. 이 인터뷰 내용은 ChristianAudio.com을 통해 무료 오디오북(Interview: Dallas Willard on Renovation)으로 내려 받을 수 있다.

Q. 달라스 박사님, 그동안 리처드 포스터나 존 오트버그 같은 이들이 박사님을 자신들의 멘토로 언급해 왔습니다. 이처럼 박사님이 미국의 으뜸가는 영적 지도자 중 한 사람이 된 비결은 어디에 있을까요?

달라스 윌라드(이하 '달라스') | 저는 지금까지 그리스도를 따르는 일에 온 마음을 쏟았으며, 그런 지도자가 되는 데에는 전혀 관심을 두지 않았습니다. 사람들이 저를 그렇게 부르리라고는 생각해 본 적도 없지요. 사실 저는 그분들의 말을 믿을 수가 없습니다!(웃음) 다만 그분들이 왜 그렇게 이야기했는지는 이해할 수 있습니다. 저를 그렇게 높이 평가해 준 것에 감사할 뿐입니다. 그분들은 믿음 안에서 소중한 형제들이지요.

지금까지 제가 해온 모든 작업은 목회적 성격을 띤 것이었습니다. 대단히 전문적인 철학의 요점들을 다룬 극소수의 글들만을 제외하고는 모두 그러했지요. 간단히 말해서, 제가 영적 훈련에 관심을 갖게 된 계기는 그 이전까지 제가 가르쳐 온 내용들이 그것을 듣는 그리스도인들에게 실제로 도움이 되지 않는다는 점을 언젠가 깨달았기 때문입니다. 그때까지 저는 사람들에게 이런저런 일들을 행해야 한다고 열심히 권면했습니다. 하지만 그 일들을 행하기 위해 꼭 필요한 기초 단계들에 관해서는 제대로 알려 주지 않았던 것이지요.

저는 매디슨에 있는 위스콘신 대학의 박사과정에서 공부하는 동안, 캠퍼스와 여러 교회에서 말씀을 가르쳤습니다. 당시 저는 교회사에 관해 많은 지식을 갖고 있었습니다. 온갖 다양한 유형의 그리스도인들뿐 아니라, 지금까지 그들이 행해 온 일들에 관해서도 잘 알고 있었지요. 하지만 그때까지는 그런 지식들이 하나의 일관된 체계를 이루지 못한 상태였습니다. 그렇기에 저는 이렇게 가르칠 수가 없었지요. "자, 영적인 삶의 비결은 바로 여기에 있습니다. 제가 이야기하는 내용들을 한번 따라해 보십시오. 율법주의나 죄책감에 너무 눌리지 마세요. 그저 고독이나 침묵, 금식 등의 방법들을 지혜롭게 실천해 보시기 바랍니다." 그런데 그 시절에 그 체계가 조금씩 잡히기 시작했습니다.

그 뒤로 여러 해에 걸쳐 저는 사람들의 영적인 성장을 실제적으로 도우려고 노력해 왔습니다. 물론 우리는 스스로도 그 일에 힘을 쏟아야 합니다. 즉 꾸준히 기도하고, 염려에 매이지 않으며, 사람들에게 화를 내지 않는 일을 비롯한 여러 영역에서 영적으로 성장하는 방법을 계속 알아가야 하는 것입니다.

Q. 『마음의 혁신』을 집필하시게 된 동기가 궁금합니다. 혹시 출판사에서 먼저 박사님께 이 책의 작업을 요청했는지요? 아니면 이 책의 내용은 박사님 자신의 경험에서 우러나온 것입니까?

달라스 | 이 책의 내용은 순전히 저 자신의 경험에서 우러나온 것입니다. 저는 영적인 주제를 다룬 책을 일부러 출간하려고 애써 본 적이 없습니다. 제가 평소대로 사람들을 가르치면서 강연을 하다 보면, 어떤 분들이 찾아와서 이렇게 이야기할 때가 있습니다. "아까 말씀하신 내용을 꼭 책으로 내셨으면 좋겠습니다." 그러면 저는 그분들의 말에 동의하고, 그 내용의 집필 작업에 착수하지요. 그동안 제가 쓴 책들은 바로 이렇게 만들어졌습니다. 저는 애초에 책을 출간하려 했던 것이 아니라, 그저 영적인 삶의 모습을 헤아려 보려고 노력했습니다. 그리고 그 모습에 대한 깨달음이 저 자신에게 도움이 되었을 때, 그 내용을 다른 이들과 함께 나누려 했지요. 그런 다음에는 그 깨달음이 그들에게도 실제로 유익한지를 알아보려 했습니다.

또 제가 『마음의 혁신』을 쓴 이유는 다음의 생각 때문이기도 합니다. 이 책의 중심에 놓인 것은 바로 이 위대한 계명입니다. "네 마음을 다하며 목숨을 다하며 힘을 다하며 뜻을 다하여 주 너희 하나님을 사랑하고 또한 네 이웃을 네 몸과 같이 사랑하라"(눅 10:27). 그런데 저는 사람들이 대개 이 단어들, 곧 '마음', '영혼', '생각', '힘'이 무엇을 뜻하는지 전혀 감을 잡지 못한다는 점을 알게 되었습니다. 물론 "네 이웃을 네 자신과 같이 사랑하라"는 말씀의 의미에 관해서는 저마다 어렴풋이 헤아리는 바가 있었지만, 이 경우에도 그 깨달음이 명확한 것은 아니었지요. 저는 주로 철학을 연구하고 가르치는 학자이기 때문에 이런 단어와 개념들을 자세히 설명할 필요를 느꼈습니다. 그래서 성경의 맥락에서 이 단어들의 의미를 드러내는 동시에, 지난 여러 해 동안 사람의 영혼과 의지 등에 관해 제가 심리학과 철학에서 배워 온 내용들을 그 논의에 접목시키려 했습니다. 이는 우리가 자주 인용하면서도 그 내용을 잘 헤아리지 못하는 성경구절들의 의미를 사람들이 적절히 파악하도록 도우려는 것이었지요. 저는 그 성경의 가르침들이 우리의 삶에 실제적으로 적용되기를 원했습니다. 그래서 이 책을 쓰게 되었지요.

Q. 제 생각에, 『하나님의 모략』*The Divine Conspiracy* 이나 『영성 훈련』*The Spirit of the Disciplines* 같이 박사님이 쓰신 일부 다른 책들의 경우에는 보다 이론적인 성격을 띠는 것 같습니다. 그렇다면 『마음의 혁신』은 박사님이 그 책들에서 논의하신 내용을 한층 더 실천적인 측면에서 풀어낸 책이라고 볼 수 있을까요?

달라스 | 네, 이 책의 내용은 실제로 『하나님의 모략』과 『영성 훈련』에서 나온 것입니다. 이제까지 많은 분들이 그 책들을 읽고서 매우 호의적인 반응을 보여주셨지요. 하지만 구체적인 지침의 측면에서, 그 책들의 내용에는 다소 한계가 있었습니다. 그래서 저는 좀더 실제적인 부분들을 다루어야겠다고 느꼈고, 이 책 『마음의 혁신』에서 그 일을 시도해 보았습니다.

Q. 오늘날 그리스도인들을 보면, 그리스도께서 약속하신 삶과는 전혀 다른 삶을 살아가는 것처럼 보이는데요. 그 이유는 어디에 있을까요?

달라스 | 네, 사실 이 문제에 관해 비판적인 태도를 취하고 싶지는 않습니다. 하지만 많은 그리스도인들의 경우, 그저 자신들이 이해한 복음의 진리를 입으로 고백하며 교회생활에 관련된 몇 가지 일들을 실천하면 된다고 배워 왔습니다. 그렇기에 진정한 구속이 그들 자신의 일상적인 삶 속에서 이루어진다는 생각은 미처 접해 보지 못했던 것이지요. 그들은 예수의 진정한 제자(도제)가 되어 하나님 나라에 속한 삶을 살아가야 한다는 도전이나 격려를 받지 못했습니다. 이는 곧 예수님과 날마다 동행하면서 그분께 배우는 삶이지요. 오늘날 교회들은 이런 삶을 거의 강조하지 않습니다. 여러 교회의 설교나 교계에서 논의되는 내용들을 살펴볼 때, 우리는 그리스도의 생명에 동참하는 일에 관한 가르침이나 권면이 거의 없다는 사실을 발견하게 됩니다.

이것은 하나의 시금석과 같습니다. 다시 강조하지만, 저는 누구에 관해서도 비판적인 태도를 취하려는 뜻이 없습니다. 그저 기독교 신앙을 실천하는 일에 관해 지금 사람들이 어떤 가르침과 권면을 받고 있는지를 자세히 살펴볼 필요가 있다는 것입니다. 이는 바로 거기에 이 문제의 핵심 원인이 있기 때문입니다. 사람들은 주로 자신이 받은 가르침이나 권면에 응답하는 방식으로 살아가곤 합니다. 그런데 삶의 모든 영역에서 예수님의 제자로 살아가야 한다는 가르침을 명확히 접한 사람들은 매우 드물지요. 사실 우리는 가정과 일터에서, 또 이웃과의 관계에서 늘 그분과 동행해야 하는데도 말입니다. 우리는 그 모든 일 가운데서 예수님의 뜻을 배우고 실천해 가야 합니다. 바울의 방식대로 말하면, "무엇을 하든지 말에나 일에나 다 주 예수의 이름으로 하고 그를 힘입어 하나님 아버지께 감사"해야 하는 것이지요(골 3:17). 이것이 바로 우리의 기준점이며, 성경은 실제로 우리가 어떻게 살아가야 할지를 분명히 일러 주고 있습니다. 하지만 지금은 그런 성경의 가르침이 많은 그리스도인들에게 적절히 전달되지 않는 상태에 있는 것이지요.

Q. 박사님은 『마음의 혁신』에서 주로 변화를 언급하셨습니다. 정확히 우리 삶의 어떤 부분에서 변화가 필요할까요?

달라스 │ 네, 우리 삶에 변화가 필요하다는 것은 먼저 '변화'에 관한 비전을 품어야 한다는 것을 의미합니다. 우리는 변화를 향한 비전에 붙잡힌 삶을 살아가야 합니다. 때로 그 비전은 변화가 없는 삶의 공허함에 대한 깊은 통찰에서 비롯되기도 하지요. 여하튼 우리는 그 비전을 품어야만 합니다. 이는 어떤 이들이 담배를 끊거나 자녀에게 고함치는 습관을 버리려고 할 때, 또는 고속도로에서 양보 운전하는 법을 몸에 익히고자 할 때 요구되는 일과 별반 다르지 않습니다. 이때 우리에게는 그 비전이 얼마나 선하고 유익한지에 관한 통찰이 필요하지요. 그러면 다음과 같이 굳게 결심하는 일이 가능하게 됩니다. '그래, 이제부터 나는 온 마음과 영혼, 생각과 힘을 다해 하나님을 사랑하는 법을 배워 가겠어.' 그런 다음에는 우리가 그 길로 나아갈 수 있게

도와주는 실제적인 방법들을 하나씩 찾아가게 되는 것이지요.

이것은 삶의 모든 영역에서 공통적으로 나타나는 하나의 과정입니다. 우리는 비전을 품고 결심하며 실천 방법들을 찾아가는 이 세 단계를 전부 거쳐야만 하지요. 그렇지 않으면 어떤 일도 제대로 이루어지지 않습니다. 그런데 사람들을 보면, 어떤 일을 수행할 방법은 있지만 정작 그 일을 실천할 의지가 없는 경우가 많습니다. 그리고 그 의지가 없는 이유는 그 일을 향한 비전을 깨닫지 못했기 때문이지요. 그러니 우리는 변화에 대한 비전을 제시하는 일부터 시작해야 합니다. 어쩌면 사람들은 우리를 찾아와서 이렇게 물어볼 것입니다. "마태복음 5장의 산상수훈에서 예수님이 묘사하시는 그리스도인의 모습은 과연 어떤 것인가요?" 그리고 그 답을 제시할 때 그들은 상당한 충격을 받게 될지도 모릅니다. 이는 그 가르침을 따를 때 자신의 삶 전체가 무너지고 말 것이라고 생각하기 때문입니다. 하지만 우리는 그 말씀 속에 담긴 삶의 비전을 자세히 설명하고, 그 비전이 진실로 선하고 유익한 것임을 깨닫도록 도와주어야 합니다. 이것이 바로 모든 사람에게 기본적으로 필요한 일입니다. 즉 그 비전이 얼마나 선하고 유익한지를 깊이 깨닫는 것이지요.

그리고 그 과정이 계속 진행되는 동안에 우리의 생각을 정돈할 필요가 생깁니다. 즉 이전에 우리의 머릿속을 가득 채웠던 일들을 내려놓는 것이지요. 예를 들어 지금까지 텔레비전 시청에 몰두해 온 이들의 경우, 이렇게 결심할 수 있을 것입니다. "언제까지 그렇게 매여 있을 수만은 없어." 그리고 자신의 재정 상태를 너무 염려하거나 과거의 실수에 집착하는 일, 정치권의

앞날에 지나친 관심을 품는 일들 역시 마찬가지입니다. 이 모든 일을 우리의 머릿속에서 정리해야만 하지요.

그리고 우리는 이렇게 결심해야 합니다. "이제부터는 늘 하나님을 내 삶에 모시고 살아갈 거야. 그분은 결코 내 곁을 떠나지 않으셔." 그런 다음에는 실제로 그분과 동행하는 삶의 방법들을 실천해 볼 수 있습니다. 바로 이 실천을 통해 우리 삶에 큰 변화가 찾아오게 되지요. 또 우리는 자신의 몸을 적절히 다루도록 훈련해야 합니다. 그 훈련에는 충분한 휴식을 취한다든지, 음식을 통해 만족감을 얻으려고 몸을 혹사시키지 않는 일 등이 포함되지요. 물론 매 끼 식사를 즐기는 것은 자연스러운 일입니다. 하지만 음식이 주는 즐거움에 집착한 나머지 자신의 몸을 망가뜨리는 것은 적절치 못하지요.

정리하자면, 우리는 바로 이런 삶의 변화에 관심을 쏟아야 합니다. 그리고 일단 그 여정에 들어서면, 그 과정이 놀라우리만큼 빠른 속도로 이어지게 되지요. 하지만 그 일을 위해서는 우리의 비전과 결심이 요구되며, 그런 다음에는 그 결심을 실천하는 데 도움을 줄 몇 가지 일들을 배워야만 합니다.

Q. 골로새서 3장에서는 우리의 옛 습관을 버리고 그리스도로 옷 입으며, 그분의 성품을 닮아 갈 것을 권면하고 있습니다. 그러면 영적 훈련은 우리가 무언가를 행하는 일일 뿐 아니라, 반대로 어떤 것을 하지 않는 일과도 연관되어 있는 것이 아닐까요?

달라스 | 네, 정말 그렇습니다. 대개의 경우, 우리의 영적인 훈련

은 바로 무언가를 하지 않는 데에서 시작됩니다. 그 때문에 저는 누구든지 제자도의 길을 가겠다고 결심한 경우, 하나의 본질적인 영적 훈련으로 고독을 경험해야 한다고 생각합니다. 고독은 오랫동안 홀로 있는 것을 뜻합니다. 아무 일도 하지 않고, 어떤 일을 이루려고 애쓰지도 않으면서 말이지요. 우리는 지금껏 분주하게 지내 왔던 일상에서 벗어나, 주위의 세상을 차분히 바라보고 그 모습을 누리면서 새로운 마음의 힘을 얻는 법을 배워 가야 합니다. 고독은 날마다 한두 차례, 혹은 그보다 더 자주 낮잠을 자는 일을 뜻할 수도 있습니다. 지금 우리에게 절실히 필요한 일 중 하나는 바로 휴식이기 때문입니다. 고독은 우리가 휴식을 취하는 데 도움을 줍니다.

Q. 지금 여러 교회들에서는 각 사람의 인격적인 특징이나 영적 은사같이 다양한 모습들을 어떤 기준에 맞춰서 평가하곤 합니다. 그런데 과연 영적인 성숙이 그렇게 평가될 수 있는 것일까요?

달라스 | 우리가 영적인 성숙을 일종의 수치화된 척도로 평가할 수는 없습니다. 하지만 다른 방법들은 가능하겠지요. 예를 들어, 저는 자신이 짜증스러운 상황을 얼마나 잘 참아 넘길 수 있는지를 종종 점검해 보곤 합니다. 저 자신이 어떤 상황에 직면할 때 비로소 짜증을 내게 되는지를 살피는 것이지요. 저는 이 문제가 마음 깊은 곳의 여러 가지 요소들과 밀접히 결부되어 있음을 깨달았습니다. 즉 우리가 어떤 일을 지나치게 염려하거나 제대로 쉬지 못하는 일, 그리고 무언가를 이루려고 무리하게 애쓰는 일

들이 그런 짜증을 낳는 것이지요. 이런 일들은 우리의 영혼에 파괴적인 영향을 끼칩니다.

그리고 또 다른 시험 방법은 이것입니다. 길에서 차를 몰고 가다가 참혹한 사고 현장을 목격했다고 가정해 보십시오. 이 때 우리는 어떤 생각을 품게 될까요? 만약 우리가 곧바로 하나님께 마음을 집중하면서 그곳에 하나님 나라와 성령님, 천사들과 그분의 모든 능력이 임하여 그 피해자가 도움을 얻기를 기도한다면, 우리의 심령은 상당히 바람직한 상태에 있는 것입니다. 하지만 그런 생각이 들지 않을 경우, 이는 우리의 심령이 올바른 상태에 있지 않음을 보여줍니다. 이런 식으로 우리 자신의 영적인 상태를 분간할 수 있는 것이지요.

또 저는 우리가 예수님의 가르침을 얼마나 자연스럽게 순종할 수 있는지 여부가 중요하다고 이야기하곤 합니다. 만약 어떤 이가 정직한 태도를 취하는 데 어려움을 겪는다면, 그는 그 부분에서 상당한 도움을 받아야만 합니다. 그리고 그 사람 자신도 그 부분에 관해 많은 노력을 기울여야 하지요. 우리가 솔직하게 진실을 말하는 일이 그토록 어려운 이유는 무엇일까요? 그것은 꽤 흥미로운 문제이며, 그 내용을 제대로 다루려면 상당히 긴 시간이 필요할 것입니다. 이 문제의 해결에 착수하는 이들은 매우 복잡한 현실 앞에 직면하곤 합니다. 그렇기에 다양한 도움이 필요하게 되지요. 특히 고독과 침묵이 큰 도움을 주며 금식 역시 유익합니다.

이처럼 우리는 다양한 방식으로 자신의 영적인 성숙도를 살필 수 있습니다. 지금 마주하고 있는 사람들의 이야기를 귀담아 듣는지 여부도 하나의 중요한 지표가 되지요. 물론 어떤 자 같은 것을 가지고서 그 정도를 측정할 수는 없지만, 우리는 여러 방식으로 자신의 현 상태를 헤아려 볼 수 있습니다. 그리고 주위의 사람들도 우리 자신의 상태를 알아차리게 되지요. 그렇기에 우리는 그들과 협력해서 영적인 훈련을 수행해 갈 수 있습니다.

Q. 제가 즐겨 인용하는 글귀 중 하나는 프랑수아 페넬롱이 언급한 다음의 구절입니다. "성령님은 이 세상 속에 늘 바람처럼 임해 계시지만, 그 인도하심을 받기 위해서는 우리 삶의 돛을 높이 올려야만 한다." 여기서 그는 하나님과 우리 사이의 밀접한 협력을 통해 영적인 변화가 이루어진다고 말합니다. 그러면 하나님은 우리의 영적인 변화에서 어떤 역할을 감당하시는 것일까요?

달라스 | 먼저 말씀드릴 것은, 영적인 변화를 향해 나아가도록 하나님이 우리를 부드럽게 권고하신다는 사실입니다. 그분은 우리를 영적으로 거듭나게 하시며, 자신의 말씀과 성령을 보내심으로 그 변화의 토대를 놓으십니다. 하지만 우리의 의지와 상관없이 억지로 그 변화가 생겨나도록 만드시지는 않지요. 그러니 우리가 그분의 뜻 아래서 적절한 일들을 행하지 않는 한, 그 변화는 결코 찾아오지 않을 것입니다. 우리는 이 문제에서 하나님이 먼저 일하시기만을 기다려서는 안된다는 점을 알아야 합니다. 이는 하나님이 그분 자신의 일들을 이미 이루어 놓으셨기 때문입니다. 하나님은 늘 우리에게 손을 내밀고 계십니다. 그리고 우리가 그분께 속한 신자들이기에, 그분의 영이신 성령님이

이미 우리 안에 거하고 계시지요. 이처럼 하나님 편에서는 모든 준비가 되어 있는 것입니다.

이제 우리 앞에 놓인 질문은 바로 이것입니다. "그러면 우리는 어떻게 해야 할까?" 과연 예수님이 행하셨던 어떤 일들을 우리가 본받아서 실천할 때, 하나님과의 보다 깊은 교제를 경험할 수 있을까요? 앞서 언급했듯이, 하나님은 우리 안에서 영적인 변화를 억지로 이끌어내지 않으십니다. 그러나 우리가 그분의 뜻을 좇아 행할 때, 하나님은 그 일에 대한 응답으로 우리의 내면을 변화시키시고 우리 자신의 힘으로는 할 수 없는 일들을 감당하도록 만드시지요. 그리고 그분의 격려와 인도하심 가운데서, 우리는 자연스럽게 예수님께 순종하는 성품을 가꾸어 가게됩니다.

Q. 박사님은 분명히 영적인 진보가 가능하다고 생각하실 것입니다. 그런데 혹시 '영적인 추진력' 같은 것도 존재한다고 믿으시는지요? 저는 가끔씩 영적 성장을 위해 노력하다가, 마치 아래로 내려가는 에스컬레이터 위를 걸어 올라가려고 애쓰는 듯한 느낌을 받을 때가 있습니다. 그리고는 그 노력을 중단하자마자, 이내 모든 추진력을 잃는 동시에 그때까지 이루었던 성과들도 다 사라지는 듯이 여겨집니다.

달라스 | 네, 영적인 추진력이 분명히 존재합니다. 그 추진력은 부분적으로 우리가 '습관의 지배를 받는 피조물'이라는 사실에 근거하지요. 우리가 어떤 일에 익숙해질수록, 그 일을 계속하기가 보다 쉬워집니다. 저는 사실 영적인 세계에도 물리학에서 말

하는 일종의 '관성' 같은 것이 있다고 봅니다. 일단 우리가 어느 쪽으로든 움직이기 시작하면, 그쪽으로 계속 움직이면서 전진하기가 더 쉬워지는 것이지요. 저는 그동안 여러 해에 걸쳐 많은 사람들의 영적인 삶을 지켜보았습니다. 어떤 이들은 하나님이 원하시는 방향으로 잘 나아간 반면, 또 다른 이들은 그 일에 싫증을 느끼고 그분의 뜻을 벗어나서 잠시 자기만의 시간을 갖고 싶어 했지요. 그리고 이 싫증은 흔히 언급되는 일곱 가지 대죄 중 하나의 핵심에 자리 잡고 있습니다. 이 죄는 종종 '나태'로 번역되지만, 사실 그것은 적절한 표현이 아닙니다. 이 죄를 나타내는 원래의 그리스어 단어는 '아케데이아'인데, 이 말의 의미는 '싫증'에 더 가깝습니다. 그리고 이런 상태에 있는 사람들은 결국 점점 더 힘든 상황에 처하게 됩니다. 이는 다시금 하나님을 향한 영적 성장의 길로 나아가기 위해서는 처음부터 모든 일을 새롭게 시작해야 하기 때문이지요. 이때 그들은 자신의 온 힘을 쏟아야만 합니다. 하지만 그럴 준비가 되어 있지 않을 경우, 그들은 그렇게 정체된 상태 그대로 머물게 되지요. 대개 사람들은 하나님 없는 삶이 얼마나 쓰라린지를 뼈저리게 경험하고 나서야 그 상태에서 벗어나곤 합니다. 그때에 비로소 하나님께로 돌이키는 일에 요구되는 대가를 기꺼이 치르겠다는 마음의 각오를 품는 것이지요. 이것은 그저 무언가를 획득하는 일에 관한 문제가 아닙니다. 오히려 이 일은 영적인 삶 자체의 역학과 관계가 있습니다. 이는 우리의 영적인 삶이 바로 이와 같은 방식으로 움직이기 때문이지요.

Q. 박사님, 마지막으로 교회의 지도자와 목회자들에 관한 질문을

드리려고 합니다. 그들이 사람들의 영적인 변화를 돕기 위해 해야 할 일, 혹은 하지 말아야 할 일은 무엇일까요? 또 각 지역 교회의 역할은 무엇일까요?

달라스 | 현재 대다수의 교회와 목회자들은 매우 주의가 산만한 상태에 있습니다. 그들은 아주 많은 일들을 감당하려고 애쓰는데, 사실 그중 대부분은 그다지 중요하지 않은 일들입니다. 목회자들은 일반적인 교회생활에 속한 업무를 줄이고, 그들 자신의 삶 속에서 하나님의 임재를 경험하며 누리는 일에 보다 깊이 관심을 쏟을 필요가 있습니다. 그런 다음, 각 교회와 신자 개개인이 그리스도께 구체적으로 순종하는 삶을 살아갈 수 있도록 인도해 나가야 합니다. 예수님은 요한복음 14장에서 이렇게 말씀하셨습니다. "사람이 나를 사랑하면 내 말을 지키리니 내 아버지께서 저를 사랑하실 것이요 우리가 저에게 와서 거처를 저와 함께하리라"(23절). 그분의 계명에 순종할 때, 우리의 삶은 올바른 방향과 참된 능력을 얻게 됩니다. 각 교회는 바로 이런 일들에 더 많은 시간과 관심을 쏟을 필요가 있지요.

제가 종종 제안하는 일은 예수님이 주신 계명 중 하나를 실천해 보는 것입니다. 아주 간단한 예로 "너희를 저주하는 자를 위하여 축복하[라]"는 말씀을 들 수 있겠네요(눅 6:28). 우리가 고속도로에서 차를 운전할 때나 평상시의 가정생활 가운데서 그 말씀을 실천해 볼 기회가 많이 있을 것입니다. 각 교회들의 경우에는 앞마당에 이런 표지판을 내걸어 볼 수도 있겠지요. "우리 교회에서는 '자신을 저주하는 이들을 축복하는 법'을 알려 주는 6주 과정의 프로그램을 운영하고 있습니다.” 또는 다음의 계명도 생각해 볼 수 있을 것입니다. “오직 너희 말은 옳다 옳다, 아니라 아니라 하라”(마 5:37). 교회들은 이처럼 구체적인 사안들에 초점을 맞추고, 신자들이 그 계명에 순종할 때 어떤 열매가 맺히는지를 생생히 체험하도록 도와줄 필요가 있습니다. 사실 그것은 매우 흥미로운 과정입니다. 우리가 예수님의 두세 가지 계명을 이같이 지켜 행할 때, 다른 대부분의 계명들 역시 따르기가 더 쉬워지거나 저절로 순종하게 되는 것을 경험하기 때문입니다. 그 이유는 곧 예수님이 주신 계명들은 그저 ‘명령’의 수준에 그치지 않는다는 데 있습니다. 오히려 그 계명들은 그분을 따르는 삶의 방식이 어떤 것인지를 보여주는 외적인 표현들이지요. 우리가 일단 그 삶의 방식을 선택하게 되면, 그 일은 서서히 삶의 모든 영역에 영향을 끼칩니다. 우리는 그저 어느 한 영역에서만 그 방식을 붙들 수가 없는 것입니다.

Q. 박사님의 말씀을 들으니, A. W. 토저의 말이 생각납니다. 제가 기억하기에 그는 이렇게 이야기했던 것 같습니다. “산상수훈의 팔복과 그리스도의 계명들은 우리가 수행해야 할 일들을 하나씩 열거해 놓은 도표가 아니다. 오히려 그것들은 우리가 평생에 걸쳐 따라가야 할 삶의 방향을 기록해 둔 하나의 헌장이다.”

달라스 | 네, 그 말이 옳습니다. 정말 좋은 표현입니다.

달라스 윌라드에 관하여

달라스 앨버트 윌라드[1935-2013]는 고전적인 철학적 어투를 써서 다음과 같이 유쾌하게 말하곤 했다. "나는 1935년 9월 4일에 미국을 발견했습니다." 그는 미주리 주의 작은 마을인 버펄로에서 태어났으며, 그로부터 77년 후인 2013년 5월 8일에 캘리포니아 주 남부에서 "하나님의 위대한 우주 안에서 자신에게 주어진 영원한 운명"의 다음 단계로 들어갔다.

네 살이 되었을 때, 달라스는 자신의 형과 누나를 따라 학교에 다니기 시작했다. 그곳은 소박하고도 장엄한 오자크 산맥 기슭에 있는 시골풍의 방 한 칸짜리 학교였다. 그곳에서 달라스는 일찍부터 책 읽기의 즐거움에 빠졌다. 그 이후로 책들은 마치 요술 창문처럼 그에게 늘 모험과 도전적인 생각들로 가득 찬 새로운 세상을 보여주는 통로가 되었으며, 그런 독서 경험은 그의 마음을 환히 밝혀 주었다. 그 뒤로 달라스는 배움을 향한 열정을 잃어버린 적이 없었다. 그는 자신이 청소년기에 농장의 이주

노동자로 일하면서 고된 하루를 마친 뒤에 플라톤의 글을 읽었던 일을 종종 이야기하곤 했다.

달라스는 마침내 대학을 졸업하고 남침례교단의 목사로 안수받은 뒤에도, 아직 자신이 배워야 할 것들이 많음을 알고 있었다. 그는 자신이 하나님과 인간의 영혼에 대해 '대단히 무지하며', 따라서 자신의 설교를 듣는 이들에게 '심각한 위험'을 끼칠지도 모른다고 여겼다. 이 때문에 그는 대학원에 진학하여 철학의 '중요한 개념'들을 공부하기로 결심했다. 이는 예수님이 자신의 가르침을 통해 다루신 물음들이 철학자들이 인류 역사 전체에 걸쳐 씨름해 온 내용과 동일한 것임을 알았기 때문이다.

바로 이 시기에, 하나님이 그에게 다음과 같은 예언적인 메시지를 주셨다. "만약 네가 교회의 사역자로 머문다면, 대학에서 가르칠 기회를 잃게 될 것이다. 하지만 대학에 남는다면, 교회에서 말씀을 전할 기회 역시 얻게 된다." 달라스는 하나님의 인도하심을 따라 학계에 발을 들여놓았다. 그리고 1965년, 그는 남캘리포니아 대학교의 부교수직을 제안받는다. 이는 그가 그 자리에 지원하지도 않았음에도 불구하고 이루어진 일이었다.

달라스는 학생들을 가르치는 일을 사랑했으며, 그것을 향후 수십 년 혹은 수백 년에 걸쳐 이 세계의 미래에 영향을 끼칠 수 있는 고귀한 직분으로 여겼다. 그는 전문적이고 학술적인 수준의 강의와 저술, 연구를 통해 젊은이들이 진리와 이성, 하나님에 관해 깊이 알아갈 수 있도록 양육했다. 그는 췌장암에 걸려 투병하면서 2012년 말에 교수직을 은퇴했지만, 세상을 떠나는 날까지 더욱 심오한 가르침을 많은 이들에게 계속 전해 주었다.

2007년부터 남캘리포니아 대학교 철학과의 학과장을 맡고 있는 스캇 솜즈 박사에 따르면, "달라스는 이 대학 철학과에 재직했던 교수들 가운데서 가장 인기 있고 다재다능하며 헌신적인 인물 중 하나였다." 같은 대학의 종교실장을 맡고 있는 배런 소니는 달라스를 전 세계에 걸쳐 활동 중인 그리스도인 학자들의 귀감이 되는 인물로 꼽았다. "달라스는 최고의 학자이자 실천가였다. 그는 철학과 신학 사이의 간격을 해소시켰으며, 영적인 삶과 학문적인 삶을 의미 있게 통합하는 방법을 보여주었다."

달라스의 연구 분야 가운데는 체계적인 형이상학과 함께 개념과 언어, 사유에 대한 존재론적 분석, 윤리학의 역사와 종교철학, 그리고 현상학 등이 포함되어 있었다. 그는 (현상학의 주된 창시자였던) 독일 철학자 에드문트 후설의 사상에 대한 전문가로서, 후설의 많은 글을 영어로 번역한 최초의 학자였다. 그는 후설의 저작들을 번역한 두 권의 책을 출간했으며, 그 외에도 후설의 여러 짧은 글을 영어로 옮겼을 뿐 아니라 1984년에는 후설의 사상을 다룬 자신의 저작을 집필했다.

달라스는 철학과 신학을 두루 잘 알았으며, 심리학과 과학 분야에 관해서도 상당한 배경지식을 갖고 있었다(그는 심리학 전공으로 첫 학사학위를 받았고, 박사과정에서는 과학사를 부전공했다). 그렇기에 전 세계 곳곳에서 다양한 주제에 관해 강연해 달라는 요청이 종종 들어왔으며, 그 주제들 가운데는 기독교적인 것과 '세속적인' 것들이 모두 포함되어 있었다. 그는 자신만의 독특한 관점과 온화한 권위를 지니고서 그 일들을 감당했다. 달라스 자신의 설명에 따르면, 그가 늘 제시했던 철학적 가르침과 기독교적 가르침 사이의 접촉점은 바로 다음의 질문 속에 담겨 있다. "지금 당신은 어떤 인격체가 되어 가고 있습니까?"

달라스는 삶의 진리를 추구하는 이들에게 종종 이런 이야기를 들려주었다. "만약 당신이 더 나은 삶의 방식을 찾아낸다면, 예수님은 그 누구보다도 먼저 '그 길을 택하라'고 말씀해 주실 것입니다." 이 점을 깨달을 때 우리가 "모든 사유의 영역을 솔직한 태도로 살필 수 있게" 된다고 그는 믿었다. 그럼으로써 "공통적인 탐구의 영역에서 다양한 신념을 품은 사람들을 열린 마음으로 대면하게 되며, '반드시 지켜내야' 할 어떤 전제들에 매이지 않게" 된다는 것이다.

달라스는 날마다 예수님의 방식을 좇아 살아가는 일의 중요성을 강조했다. 그는 기도와 봉사, 연구와 예배, 고독과 금식 같은 영적 훈련을 우리가 하나님의 은혜 가운데서 그리스도를 닮은 모습으로 자라가기 위한 중요한 방편들로 여겼다. 그는 온화하고 사려 깊은 태도로, 청중들을 향해 하나님께 순종하는 작은 발걸음을 내딛을 것을 권면하곤 했다. 그런 발걸음들이 하나둘씩 이어질 때 우리는 예수 그리스도를 닮은 모습으로 조용히 변화되어 가기 때문이다. 이런 그의 권면과 가르침은 많은 이들에게 깊은 영향을 끼쳤다.

달라스 윌라드의 생애와 사역을 보다 자세히 알고 싶은 독자들은 dwillard.org를 참조하기 바란다.

• '개정증보판 서문', '후기', '저자 인터뷰', '달라스 윌라드에 관하여' 번역. 송동민

개정증보판 서문

1   시 139:14, NIV.

2   C. S. Lewis, *The Weight of Glory and Other Addresses*(San Francisco: HarperOne, 1980), p. 46. (『영광의 무게』 홍성사)

1. 영성 형성: 내면과 예수의 길

1   예수에 대한 오해가 팽배한 가운데 역사가 윌 듀런트(Will Durant)는 세계 혁명 가로서의 예수의 역할을 정확히 간파했다. "예수는 기존의 정치 경제적 제도를 공격할 뜻이 없다……. 그가 추구한 변혁은 훨씬 차원이 깊다. 그것 없는 개혁 은 모두 피상적이고 일시적인 것에 지나지 않는다. 그가 인간의 마음에서 이기 적 욕망과 잔인성과 정욕을 제할 수 있다면 유토피아는 저절로 올 것이며, 인간 의 탐욕과 폭력에서 비롯된 모든 제도와 그로 인한 법의 필요성은 사라질 것이 다. 이것은 세상에서 가장 심오한 변혁이며, 그 밖의 모든 변혁은 계급이 계급 을 몰아냄으로 차례로 군림하는 쿠데타에 지나지 않는다. 따라서 이런 영적 의 미에서 그리스도는 역사상 가장 위대한 혁명가였다." *Will Durant, Caesar and Christ*(New York: Simon & Schuster, 1944), p. 566.

2 전자의 표현은 현재까지 그 학문적 배경이 길지만 주로 폴 틸리히(Paul Tillich)의 사상과 연관돼 있다(Paul Bjorklund, *What Is Spirituality?*[Plymouth, MN: Hazelden Foundation, 1983], pp. 3 & 9 참조). 후자의 표현은 다음 책에 나온다. Leo Booth, *When God Becomes a Drug*(Los Angeles: Tarcher Inc., 1991), p. 20. 여기서 우리는 하나님 없이 "영적" 존재가 되려는 인간의 집요한 욕구를 볼 수 있다. 심지어 노골적 무신론도 내 영적 측면을 해결해야 할 끈질긴 필요성을 막아 주지 못한다. 대중적 차원에서 이런 충동의 존재는 슈퍼마켓 계산대 옆의 희한한 잡지들을 통해, 그리고 오프라(Oprah)와 셜리 맥클레인(Shirley MacLaine) 같은 사람들을 통해 끊임없이 표출된다. 그러나 사실 그것은 겉보기보다 훨씬 깊이 흐른다. 그 실체와 그것이 참된 그리스도 제자도에 미치는 위협에 대해서는 6장에서 더 자세히 살펴볼 것이다.

3 이 문제에 대해서는 예컨대 다음 책들을 참조하라. Pierre Hadot, *Philosophy as a Way of Life: Spiritual Exercises from Socrates to Foucault*, Arnold I. Davidson ed., Michael Chase trans.(Cambridge, MA: Blackwell, 1995); Martha C. Nussbaum, *The Therapy of Desire: Theory and Practice in Hellenistic Ethics*(Princeton, NY: Princeton University Press, 1994). 물론 인간 심령의 형성을 다룬 자료는 동양사상 쪽에서도 방대한 양이 나와 있다.

4 "Lord, I Want to Be a Christian," African American spiritual, first published in Frederick J. Work, *Folk Songs of the American Negro*(Nashville, 1907), public domain.

5 Newsweek, 2001년 4월 16일자, p. 49 자료. 33,800개의 교단이 저마다 자기가 "옳다"고 주장하니 아이러니다. 세계기독교연구센터는 2019년 현재 전 세계적으로 45,000개의 기독교 교단이 있다고 보고하고 있다. gordonconwell.edu/center-for-global-christianity/research/quick-facts.

6 이 책에서 학구적으로 다룰 의향은 없지만, 영성과 영성 형성에 대한 이런 표현을 다른 저자들의 말과 비교해 보는 것도 유익할 것이다. 예컨대, Richard p. McBrien, *Lives of the Saints*(San Francisco: HarperSanFrancisco, 2001), 특히 pp. 18-19; Francis A. Schaeffer, *True Spirituality*(Wheaton, IL: Tyndale, 1971), 특히 pp. 16-17. 이 책의 내 말을 이들과 다른 저자들의 말과 비교해 보면, 영성과 영성 형성에 관한 많은 깊은 문제들을 이해할 수 있다. (『진정한 영적 생활』 생명의말씀사)

7 내 책 The Divine Conspiracy(San Francisco: HarperSanFrancisco, 1998), 5장을 참고하기 바란다. 이 점과 관련 문제들에 대한 예수의 가르침을 더 자세히 설명해 놓았다. (『하나님의 모략』 복 있는 사람)

8 오거스터스 토플레디(Augustus Toplady)의 유명한 찬송가 '만세반석 열리니'에 나오는 가사다. 대부분의 역사 동안 그리스도의 사람들이 이해해 온 내용이 이 찬송에 잘 담겨 있다. 즉 그리스도인의 구속에는 죄책의 사면과 죄의 지배로부터의 우리 삶의 구원이 단절되지 않고 하나로 들어 있다. 둘은 서로 다른 것이지만 역사 속에서 대체로 분리될 수 없는 것으로 간주됐다. 물론 둘은 절대 분리될 수 없다. 찰스 웨슬리의 찬송가 '만입이 내게 있으면' 가사도 참조하기 바란다. "내 죄의 권세 깨뜨려/그 결박 푸시고/이 추한 맘을 피로써/곧 정케 하셨네."

2. 인생 시스템 안에서의 마음

1 몸의 본질과 몸이 삶과 영적 삶에서 차지하는 역할을 다룬 본 단락에 관해서는 나의 책 The Spirit of the Disciplines(San Francisco: HarperSanFrancisco, 1988), 5-7장을 참고하기 바란다. (『영성 훈련』 은성)

2 이 점에 관해서는 교회의 구조를 다룬 디트리히 본회퍼의 탁월한 연구보다 유익한 책이 없다. The Communion of Saints: A Dogmatic Inquiry into the Sociology of the Church(New York: Harper & Row, 1963), 특히 2장. (『성도의 교제』 대한기독교서회)

3 Oliver Wendell Holmes, "The Chambered Nautilus," in J. H. Castleman, ed., Selections from the Poems of Oliver Wendell Holmes(New York: Macmillan, 1922), p. 88.

4 다음 책에서 인용했다. Aylmer Maude, Tolstoy and His Problems(New York: Grant Richards, 1901), p. 64.

5 Samuel Stennett, "On Jordan's Stormy Banks," copyright 1787, public domain.

6 "하나님의 교회는/능한 거북처럼 움직인다/형제들아 우리는 늘/밟던 땅만 밟는다." 찬송가 '믿는 사람들은 군병 같으니'의 극히 냉소적인 이 패러디에 뼈아픈 교훈이 담겨 있다. 우리는 그럴지 모르나 하나님은 절대 그렇지 않으시다.

1 C. S. Lewis, *The Weight of Glory*(Grand Rapids, MI: Eerdmans, 1973), p. 15. (『영광의 무게』)

2 *Christianity Today*, 2000년 7월 10일자, p. 2. 알코올 중독 방지회(AA)는 여태까지 알려진 가장 성공적 '회복' 프로그램이다. AA의 설립 이론과 실천은 하나님의 직접적 선물은 아니라 하더라도 거의 100% 기독교 운동의 건전한 원리에서 온 것이다. 교회가 그것을 꾸준히 가르치며 실천하지 않고 있으니 그야말로 인간 역사상 유례없는 최대 아이러니 중 하나다. 이 사실에 대해 어떤 정당화나 설명이 가능할 것인가?

3 Henry Blossom and Victor Herbert, "I Want What I Want When I Want It," copyright 1905.

4 Edith Schaeffer, *Affliction*(Old Tappan, NJ: 1978), p. 212.

5 John Calvin, *Institutes of the Christian Religion*, vol.2(Grand Rapids, MI: Eerdmans, 1975), p. 7. (『기독교 강요』)

6 Calvin, p. 9.

7 Dietrich Bonhoeffer, The Communion of Saints(New York: Harper & Row, 1963), p. 71. (『성도의 교제』)

8 악 연구는 폴 쇼어(Paul Shore)가 다음 기사에서 제창했다. "The Time Has Come to Study the Face of Evil," *The Humanist*, 1995년 11월/12월호, pp. 37-38. 쇼어는 세인트루이스 대학교 교육학 및 미국학 연구 교수다. 악을 다루지 못하는 "학계"의 무능력이 달라질 수 있다는 몇몇 조짐이 나오고 있다. 최근 간행된 Iris Chang, *The Rape of Nanking*(New York: Penguin Putnam, 1997)과 특히 Jonathan Glover, *Humanity: A Moral History of the Twentieth Century*(London: Jonathan Cape, 1999)는 악에 대한 현실적 인식이 증대되고 있다는 청신호다. 그러나 우리 자신과 세상의 악을 다룰 수 있을 만큼 현실성 있고 공감대가 넓은 악의 개념 정립은 아직 요원한 실정이다.

9 이 주제는 C. S. Lewis, *The Great Divorce*(New York: Macmillan) 1975년판과 기타 여러 보급판에 강력히 제시돼 있다. 아울러 다음 두 책도 참고하라. John Finnis, *Fundamentals of Ethics*(Washington, D.C.: Georgetown University Press, 1983), p. 152; Bonhoeffer, p. 201. (『천국과 지옥의 이혼』 홍성사)

4. 영혼에 회복되는 철저한 선

1 John Calvin, *Institutes of the Christian Religion*, vol.2(Grand Rapids, MI: Eerdmans, 1975), p. 7. (『기독교 강요』)

2 칼빈의 영성은 기독교 역사에 깊은 뿌리를 두고 있다. 자세한 내용은 다음 책을 참고하라. Lucien Joseph Richard, *The Spirituality of John Calvin*(Atlanta: John Knox Press, 1974).

3 Calvin, *Institutes*, p. 7.

4 Calvin, chap. 7, bk. 3.

5 Franz Blumenfeld, quoted in Philipp Witkop, ed. and trans., and A. F. Wedd, trans., *German Students' War Letters*(Philadelphia: Pine Street Books, 2002), p. 21.

6 William Ernest Henley, "Invictus," in *The Oxford Book of English Verse*, ed. A. T. Quiller-Couch(Oxford: Clarendon Press, 1900), p. 842.

7 Jim Elliot, quoted in Elisabeth Elliot, *Shadow of the Almighty: The Life and Testament of Jim Elliot*(New York: HarperCollins, 1979), p. 108. (『전능자의 그늘』 복 있는 사람)

8 Brother Ugolino, *The Little Flowers of St. Francis of Assisi*(Grand Rapids: Christian Classics Ethereal Library, n.d.), pp. 24-25.

9 Erich Fromm, *The Art of Loving*(New York: Harper, 1974), pp. 18-19. (『사랑의 기술』 문예출판사)

10 Fromm, pp. 18-19.

11 B. McCall Barbour, "If It Die"..., no.3 of the Deeper Life Series(Edinburgh, Scotland: B. M all Barbour, n.d.), p. 24. 이 작은 소책자의 남은 부분과 같은 시리즈 다른 책들에서 그 밖에도 많은 간증을 찾아볼 수 있다.

12 Immanuel Kant, in Thomas K. Abbott, trans., *Kant's Theory of Ethics*(London: Longmans, Green, Reader & Dyer, 1873), p. 34.

13 Thomas à Kempis, *The Imitation of Christ*, pt. 3, chap. 25. (『그리스도를 본받아』)

14 John Wesley, *The Works of the Reverend John Wesley*, A. M., 7 vols., trans. John Emory(New York. T. Mason and G. Lane, 1839), 5:243.

15 하나님을 떠난 삶에서 분노의 중심성과 뿌리에 대해서는 내 책 *The Divine Conspiracy*(San Francisco: HarperSanFrancisco, 1998) 5장을 참고하기 바란다. (『하

나님의 모략』)

5. 영적 변화: 확실한 패턴

1 더 자세한 내용은 9장 '몸의 변화'와 내 책 *The Spirit of the Disciplines*(San Francisco: Harper & Row, 1988) 6-7장을 참고하기 바란다. (『영성 훈련』)

2 Erich Przywara ed., *An Augustine Synthesis*(Gloucester, MA: Peter Smith, 1970), p. 89.

3 자세한 내용 전개는 내 책 *The Divine Conspiracy*(San Francisco: HarperSanFrancisco, 1998) 1-2장을 참고하기 바란다. (『하나님의 모략』)

4 유대인 철학자 스피노자(1632-1677)는 "지성개선론"이라는 글에 자신의 결단을 이렇게 기록했다. "스스로 알릴 힘을 지닌 진정한 선(善), 다른 모든 것들 없이도 단독으로 지성에 영향을 미칠 선이 있나 알아보자. 사실 발견하고 얻기만 하면 내게 계속해서 끝없이 지고한 행복을 누리게 해줄 그런 것이 있나 알아보자." 이것은 인류 보편의 갈망이다. 사고하되 어느 정도 절망하지 않은 모든 자들의 갈망이다.

5 내적 방해물을 물리치는 충분한 대책과 긍정적 조치에 대해 그리스도인 교사들 사이에 웬만큼 표준이 존재했던 때가 있다. 그 사례로는 리처드 백스터(1691년 사망)의 많은 책을 참고하라.

6. 생각의 변화1: 영성 형성과 사고생활

1 1952년에 간행된 극히 중요한 책에서 J. V. 랭미드 캐설리(J. V. Langmead Casserley)는 이렇게 말했다. "종교를 구속(救贖)하는 일이야말로 사실 기독교가 당면한 가장 막중한 과제일 수 있다. 종교 자체의 자연적 성향은 사람들을 하나님께 데려가는 것이 아니라 오히려 그들을 모종의 우상숭배에 빠뜨리는 것이다. 종교 지도자들이 아무리 전자를 위해 성실하고 지혜롭게 애써도 소용없다." *The Retreat from Christianity in the Modern World*(London: Longmans, Green and Co., 1952), p. 7.

그에 따르면 우리는 지금 "기독교에서 퇴각하는 두 넓은 길이나 노선을 보고 구분할 수 있다. 기독교에서 무종교로 퇴각하는 것과 기독교에서 종교로 퇴각하는 것이다"(pp. 4-5). 그는 무종교(세속주의)로 퇴각하던 시기는 250년 만에 이제 막을 내리고 있다고 아주 설득력 있게 피력한다. "기독교에서 모종의 대안적 종교로 퇴각하는 것이야말로 가장 깊고 지속적으로 중요한 퇴각 형태다……. 기독교에서 무종교로 퇴각하는 것은 기껏해야 영적 진공 상태를 만들어 낼 뿐이지만 기독교에서 종교로 퇴각하는 것은 인류의 미래에 훨씬 더 끔찍하고 위험한 일을 자행할 수 있다. 즉 그것은 진공 상태를 채우되 되살아난 미신과 신화로 채우며 이교신앙과 우상숭배에 새 생명을 부여할 수 있다. 인간의 삶과 에너지를 무모하게 희생시켜 가며 말이다. 한때 우리를 거기서 구원했던 복음은 이제 다시 우리를 거기서 구원해야 할 수 있다"(p. 5).

캐설리가 50년 전 이토록 선명히 내다본 일이 지금 실질적으로 이루어졌고 그 기세는 계속 더해가고 있다. 프랑소와 모리악(François Mauriac)이 지적한 것처럼 "정복됐나 싶던(그래봐야 지구의 한 부분이지만) 이교신앙은 모든 산 자의 마음속에 잔뜩 웅크린 자세로 살아남아 있다." *Holy Thursday: An Intimate Remembrance*(Manchester, NH: Sophia Institute Press, 1991), p. 46.

2 A. W. Tozer, *The Knowledge of the Holy*(New York: Harper & Brothers, 1961), p. 10. 그의 다음 책도 참조하라. *Worship: The Missing Jewel*(Harrisburg, PA: Christian Publications, 1992). (『하나님을 바로 알자』 생명의말씀사)

3 Henri J. M Nouwen, *Life of the Beloved*(New York: Crossroad, 1992), p. 21. (『이는 내 사랑하는 자요』 IVP)

4 Anna Bartlett Warner, "Jesus Loves Me," copyright 1859, public domain.

5 Charles Wesley, "And Can It Be That I Should Gain?," copyright 1738, public domain.

6 Roland H. Bainton, *Here I Stand: A Life of Martin Luther*(New York: The New American Library, 1955), p. 144. (『마르틴 루터의 생애』 생명의말씀사)

7 이 문제에 관해서는 다음 두 책을 참고하기 바란다. J. P. Moreland, *Love Your God with All Your Mind*(Colorado Springs, CO: NavPress, 1997). (『그리스도인을 위한 지성 활용법』 죠이북스); James W. Sire, *Habits of the Mind: Intellectual Life as a Christian Calling*(Downers Grove, IL: InterVarsity, 2000). (『지식건축법』 IVP)

8 이에 관해 더 자세한 내용은 내 기사 "Jesus the Logician," *Christian Scholar's Review*, 1999, vol. 28, no. 4, pp. 605-614(*The Best of Christian Writing 2000*[San Francisco: HarperSanFrancisco, 2000]에 다시 수록)와 내 책 *The Divine*

Conspiracy(San Francisco: HarperSanFrancisco, 1998) 3장을 참고하기 바란다. (『하나님의 모략』)

9 Isaac Watts, *Logic: The Right Use of Reason in the Inquiry after Truth*(1724; reprint, Morgan, PA: Soli Deo Gloria Publications, 1996), pp. iii–iv.

10 Thomas Watson, *All Things for Good*(1663; reprint, Carlisle, PA: The Banner of Truth Trust, 1986), p. 74.

11 Frederick W. Faber, "The Holy Trinity," public domain.

12 Immanuel Kant, "Idea for a Universal History," Proposition 6, p. 62, in *German Idealist Philosophy*, Rüdiger Bubner ed.(New York: Penguin Books, 1997).

13 C. S. Lewis, *Surprised by Joy*(New York: Harcourt Brace, 1955), p. 219. (『예기치 못한 기쁨』 홍성사)

14 Gerard Manley Hopkins, "No Worst, There Is None. Pitched Past Pitch of Grief," in *Poems*(London: Humphrey, Milford, 1918), bartleby.com/122.

15 훈련의 정체와 작용원리를 이해하는 데 가장 좋은 출발점 중 하나는 Richard Foster, *Celebration of Discipline: The Path to Spiritual Growth*(San Francisco: HarperSanFrancisco, 1978, 1998)이다. 이런 이해는 심령의 변화에 절대 필수다. 그것은 VIM 구조 중 방법의 주요 부분이다. (『영적 훈련과 성장』 생명의말씀사)

16 이들 많은 과거 인물들에 대해 알려면 다음 두 책을 공부하라. Richard Foster, *Streams of Living Water*(San Francisco: HarperSanFrancisco, 1998); James Gilchrist Lawson, Deeper Experiences of Famous Christians(Uhrichsville, OH: Barbour Publishing, 2000). (『생수의 강』 두란노)

7. 생각의 변화2: 영성 형성과 감정

1 Benedict de Spinoza, "Of Human Bondage, *Ethics*," 제4권과 스피노자에게서 제목을 따온 서머셋 몸(Somerset Maugham)의 소설 『인간의 굴레』(*Of Human Bondage*)를 들 수 있다. 두 책 다 여러 판으로 출시됐다. (『에티카』 서광사)

2 *City of Angels*, directed by Brad Silberling(West Hollywood: Atlas Entertainment, 1998).

3 Bob Mumford, *The Prison of Resentment*(n.p.: CGM Publishing, 1977).

4 Jeff Imbach, *The River Within* (Colorado Springs, CO.: NavPress, 1998)은 인생과 영성에 대한 감정의 중요성을 정리하는 데 아주 유익한 책이다.

5 Henry David Thoreau, *Walden*, ed. Stephen Fender (Oxford: Oxford University Press, 1999), p. 9. (『월든』 은행나무)

6 현대성과 그것이 오늘의 삶에 미치는 의미에 대한 최고의 입문서 중 하나로 다음을 꼽을 수 있다. Anthony Gidden, *The Consequences of Modernity* (Stanford, CA.: Stanford University Press, 1990).

7 Leo Tolstoy, *A Confession*, etc., Aylmer Maude trans. (London: Oxford University Press, 1958), p. 17. (『젊은 날의 고백』 푸른나무)

8 토마스 힙스(Thomas Hibbs)는 소위 '시트콤'의 실상에 대한 탁월한 연구서를 펴냈다. 그의 다음 책을 보라. *Shows About Nothing: Nihilism in Popular Culture from The Exorcist to Seinfeld* (Dallas, TX: Spence Publishing Company, 1999).

9 Tolstoy, p. 57.

10 클린턴 정부 때 노동부 장관을 지낸 로버트 라이시(Robert Reich)는 저서 *The Future of Success* (New York: Knopf, 2001)에서 '기막힌 거래의 시대'에 대해 아주 유익한 분석을 제시했다. (『부유한 노예』 김영사) 지금 우리는 그 시대를 살며 엄청난 대가를 치르고 있다. 그 책 pp. 221-223에 내용이 잘 요약돼 있다. 그러나 그가 제시한 대책은 내가 보기에 대단히 방향이 어긋나 있다. 본질상 동일한 문제에 대해 전혀 다르면서 좀더 깊은 접근을 보려면 F. H. Bradley, *Ethical Studies*나 John Ruskin, Unto This Last를 참고하기 바란다. 둘 다 여러 판으로 나와 있다. (『나중에 온 이 사람에게도』 아름다운 날)

11 다음 책에 인용된 말. Amy Carmichael, *Gold Cord* (Ft. Washington, PA: Christian Literature Crusade, 1996), p. 41.

12 Sidney Lanier, "The Marshes of Glynn," in Percy H. Boynton, ed., *American Poetry* (New York: Charles Scriber's Sons, 1921), p. 467.

13 이 주제에 대한 자세한 내용은 내 책 *The Divine Conspiracy* (San Francisco: Harper SanFrancisco, 1998), 5-7장을 참고하기 바란다. (『하나님의 모략』)

8. 의지(마음/심령)와 성품의 변화

1 John Calvin, *Institutes of the Christian Religion*, trans. Henry Beveridge (Grand Rapids: Eerdmans, 1989), p. 7. (『기독교 강요』)

2 William James, *The Principles of Psychology*, vol. 2 (London: Macmillan, 1918), pp. 578-579. (『심리학의 원리 2』 아카넷)

3 이 점에 관한 한 칸트의 해설이 역시 압권이다. 다른 윤리학 저서들과 아울러 다음 책을 참고하라. Immanuel Kant, *Foundations of the Metaphysics of Morals*, sect. 2 (여러 판). (『윤리형이상학 정초』 아카넷)

4 이 문제와 바로 앞 문단에 언급된 내용에 대해서는 다음 책에 실린 글들을 참고하기 바란다. Walter Kaufmann ed., *Existentialism from Dostoevsky to Sartre* (New York: Meridian Books, 1968).

5 Gerard Manley Hopkins, "I Wake and Feel the Fell of Dark, Not Day," quoted in Frederick Buechner, *Speak What We Feel* (San Francisco: HarperSanFrancisco, 2001), p. 40.

6 20세기 역사의 충격적 현실에 대해서는 다음 두 책을 참고하라. Jonathan Glover, *Humanity: A Moral History of the Twentieth Century* (London: Jonathan Cape, 1999); Philip Hallie, *Tales of Good and Evil, Help and Harm* (New York: HarperCollins, 1997).

7 W. B. Yeats, "A Dialogue of Self and Soul," in *The Collected Poems of W. B. Yeats*, ed. Richard J. Finneran (New York: Scribner, 1996), p. 234.

8 Edith Schaeffer, *Affliction* (Old Tappan, NJ: Revell, 1978), p. 126-127.

9 Andrew Murray, *Absolute Surrender* (Chicago: Moody, n.d.), p. 124.

10 Alfred Tennyson, "In Memoriam," in *The Complete Poetical Works of Alfred Tennyson* (Boston: Houghton, Mifflin, 1882), p. 288.

11 다음 책에 나오는 내용. Margaret Magdalen, *A Spiritual Check-up: Avoiding Mediocrity in the Christian Life* (East Sussex, UK: Highland Books, 1990), p. 101.

12 Yeats, "The Second Coming," in *Collected Poems*, p. 187.

13 David Hume, *A Treatise of Human Nature* (London: Thomas and Joseph Allman, 1817), p. 106. (『인간 본성에 관한 논고』 서광사)

14 플라톤의 『공화국』 제8-9권에는 "지배적 감정"에 짓눌린 생활상이 나온다. 그

것이 우리에게 가르쳐 주는 교훈은 도덕적·영적 심리학에서 사상 최고라 할 만큼 정곡을 찌른다.

15 Lelia Naylor Morris, "Sweet Will of God," copyright 1900, public domain.

9. 몸의 변화

1 오늘 건강 관리와 의학 분야에 신체의 본질에 대한 이견이 분분하다. 몸을 주제로 한 책으로는 Walter B. Cannon, *The Wisdom of the Body*(New York: Norton, 1963)를 참고하기 바란다. 오래됐지만 아주 깨우치는 바가 많은 책이다. 아울러 보다 최근의 책으로 Paul Brand, *Fearfully and Wonderfully Made*(Zondervan, 1981)도 참고하라. (『나를 지으신 하나님의 놀라운 손길』 생명의말씀사)

2 이 문제에 대한 더 자세한 내용은 내 책 *The Spirit of the Disciplines*(San Francisco: Harper SanFrancisco, 1988) 7장('사도 바울의 구속의 심리학')을 참고하기 바란다. (『영성 훈련』)

3 몸의 영적 본질과 소명에 대해서는 *The Spirit of the Disciplines* 4-6장을 참고하기 바란다. (『영성 훈련』)

4 Karen R. Norton, *Frank C. Laubach: One Burning Heart*(Syracuse, NY: Laubach Literacy International, 1990), p. 11.

5 로바크의 회복과 이후 영적 성장의 감동적 사연은 위 Norton의 전기 나머지 부분과 함께 로바크 자신의 다음 책을 참고하기 바란다. *Frank C. Laubach: Man of Prayer*(Syracuse, NY: Laubach Literacy International, 1990).

6 예컨대 *Worship and Service Hymnal*(Chicago: Hope Publishing Company, 1957) 335장을 비롯해 많은 표준 찬송가에 수록돼 있다. (우리말 찬송가 348장.)

7 Frances Ridley Havergal, *Kept for the Master's Use*(London: James Nisbet & Company, Ltd., 1897).

8 Margaret Magdalen, *A Spiritual Check-up: Avoiding Mediocrity in the Christian Life*(East Sussex, UK: Highland Books, 1990).

9 파스칼의 『팡세』 중 "산만함" 부분 135절에 나오는 말로, 출전은 Richard H. Popkin ed., *Pascal: Selections*(New York: Macmillan, 1989), p. 214 등 다수가 있다.

10. 사회적 차원의 변화

1 Origen, Against Celsus, III, 29. 다음 책에 인용된 말. John Hardon, *The Catholic Catechism* (Garden City, NJ: Doubleday, 1975), p. 215. (『켈수스를 논박함』 새물결플러스)

2 C. S. 루이스는 "친한 반경"에 대해 논하면서, 거기에 들고 싶은 열망을 "인간 행동의 영원한 중심 동기 중 하나"라고 표현했다. 그의 다음 책을 참고하라. *The Weight of Glory* (Grand Rapids, MI: Eerdmans, 1973), p. 61. (『영광의 무게』)

3 성경적·도덕적 사랑의 개념에 대해 내가 아는 가장 훌륭한 주해는 Charles Finney, *Lectures on Systematic Theology*, lectures 12-15 (Grand Rapids, MI: Eerdmans, 1953)에 나와 있다. 특히 피니는 사랑이 감정이 아님을 설득력 있게 보여주고 있다.

오늘날 "서구문화"에서 사랑을 생각하는 방식은 크게 두 가지다. 오늘날 사랑을 모종의 궁극적 가치요 삶의 길잡이로 인정하지 않을 사람은 거의 없다. 그러나 현재 대다수 사람들에게 남을 사랑한다는 것은 상대의 욕망과 결정에 쾌히 찬동하며 그 성취를 돕는다는 뜻이다. "나를 사랑한다면 너도 내가 원하는 것을 해줄 것이다." 이것이 구호다. 성경적 견해에서(모든 건전한 견해는 다 마찬가지) 남을 사랑한다는 것은 상대의 유익(선)을 구하며 그것을 지향해 상대를 쾌히 돕는다는 뜻이다. 여기에는 필요에 따라 상대의 욕망과 결정에 반대하고 그 성취를 막으려 하는 것까지도 포함된다.

오늘날 선과 욕망을 동일시하는 데서 심각한 문제가 생겨난다. 선의 기준점이 욕망 외에 달리 없다면, 이 둘의 동일시(혼동)는 당연한 귀결이다. 그렇게 되면 욕망과 선을 구분할 길이 없어진다. 물론 성경적 관점에서 보면 이 둘을 구분할 자원이 넘쳐난다.

4 "남을 위한 삶"은 인간의 지상(至上)의무거니와, 놀랍게도 현대세계에 그 개념이 되살아나고 있다. 유대인 사상가 Emmanuel Levinas의 작품에 소개돼 있다. 예컨대 논문집 *The Levinas Reader*, edited by Sean Hand (Oxford: Blackwell, 1997)을 참고하되 특히 "Substitution"이라는 논문, pp. 88-199를 보면 좋다.

5 Aristotle, *Politics*, bk. 1, chap. 2(여러 판).

6 Jone Donne, *Meditation XVII*(여러 판).

7 Larry Crabb, *Connecting* (Nashville: Word, 1997), p. xi. (『끊어진 관계 다시 잇기』 요단)

8 C. S. Lewis, *The Screwtape Letters*, Letter II (New York: MacMillan, 1962), p. 12.
(『스크루테이프의 편지』 홍성사)

9 Dietrich Bonhoeffer, *The Communion of Saints* (New York: Harper & Row,
1963), p. 137. (『성도의 교제』)

10 Robert Reich, *The Future of Success* (New York: Knopf, 2001). 이번 장에 다뤄진
문제와 관련해 오늘 인간의 현실을 이해하려면 이 책 전체를 신중히 공부할 필
요가 있다. 저자는 자신이 평가하는 인생관의 한층 깊은 도덕적 뿌리와 결과를
인식하지 못하는 듯 보이며, 영적 의미에 대해서는 더 말할 것도 없다. 그의 책
은 사실 이 책 1장에 설명한 광의의 인간적 의미에서의 "영성 형성"을 심도 있
게 다룬 책이다.

11 Fulton J. Sheen, *Three to Get Married* (Princeton, NJ: Scepter, 1951).

11. 영혼의 변화

1 심층 심리학으로부터 신화와 언어의 심층구조에 이르기까지 대부분의 인간관
에서 당연시되는 것 한 가지는, 인간 내면에 뭔가 "깊은" 것이 있다는 점이다.
정말 우리 시대 인기 저자들 중에는 "깊다"는 것 외에 영혼에 대해 달리 어떤 개
념도 내놓지 않는 이들도 있다.

2 Robert L. Wise, *Quest for the Soul* (Nashville: Nelson, 1996), p. 88.

3 비극 속에서 은혜에 반응하는 영혼의 가장 현실적이고 교훈적인 간증 가운
데 하나는 다음 책이다. Gerald L. Sittser, *A Grace Disguised: How the Soul
Grows Through Loss* (Grand Rapids, MI: Zondervan, 1995). 이 주제에 대해 해야
할 말이 맨 뒷부분인 pp. 178-181에 거의 다 나와 있다. (『하나님 앞에서 울다』 좋
은씨앗)

4 영혼에 대한 성경의 용어와 가르침을 공부하는 데 좋은 출발점은 Gustave F.
Oehler, *Theology of the Old Testament* (Grand Rapids, Mich: Zondervan, n.d.), §
§70-71일 것이다. A. B. Davidson, *The Theology of the Old Testament*, chap
6 (Edinburgh: T. & T. Clark, 1955)도 아주 유익하다. Franz Delitzsch, *A System
of Biblical Psychology*, 2nd English ed. (Edinburgh: T. & T. Clark, 1869)은 이 분
야의 고전이다. A. H. Strong, *Systematic Theology* (Valley Forge, PA: Judson Press,
1993), pp. 483-497과 Wayne Grudem, *Systematic Theology* (Grand Rapids, MI:

Zondervan, 1994), 3장도 '인간 본성의 필수 요소'에 대해 유익한 내용을 담고 있다. (『웨인 그루뎀의 조직신학』 은성)

좀더 철학적인 접근으로는 St. Thomas Aquinas, Summa Theologica(여러 판) 제1부 질문 75-89 "Treatise on Man"을 빼놓을 수 없다. 아울러 다음 세 책 도 권한다. F. R. Tennant, *Philosophical Theology*, vol. 1, "The Soul and Its Faculties"(Cambridge: At The University Press, 1956); S. L. Frank, Man's Soul: An Introductory Essay in Philosophical Psychology(Athens, OH: Ohio University Press, 1993); Richard Swinburne, *The Evolution of the Soul*, rev. ed.(Oxford: Oxford University Press, 1997).

끝으로, 네덜란드에서 간행된 Kees Waaijman, "The Soul as Spiritual Core Concept: A Scriptural Viewpoint," in *Studies in Spirituality*, 1996년 6월, pp. 5-19를 권한다. 특히 *Journal of Psychology and Theology*, vol. 6(1998) no. 1 은 책 전체가 영혼을 주제로 하여 대부분의 현대 이슈들을 탁월하게 다루었다.

5 빅터 프랭클(Viktor Frankl)은 의미와 영혼을 임상 심리학 분야의 근본 개념으로 삼고자 했다. 그의 책 *Man's Search for Meaning*, 3rd ed.(New York: Simon & Schuster, 1948)과 *The Doctor and the Soul*, 2nd ed.(New York: Bantam Books, 1969)을 보라. 칼 융(Carl Jung) 등 다른 심리학자들도 이런 개념을 진지하게 취급하려 했고 종종 놀라운 결과를 내놓았다. 그런 결과는 특히 이른바 "초(超)개인 심리학"의 방향으로 나타났다. (『죽음의 수용소에서』 청아)

6 이 용어와 개념은 사회학자 David Riesman의 *The Lonely Crowd*(New Haven, CT.: Yale University Press, 1961)에서 유래된 것으로, 현대 그리스도인들과 일반인들의 영적 생활을 이해하는 데 매우 중요한 것이다. (『고독한 군중』 문예출판사)

7 이 귀하고 본질적인 전통에 대해서는 John T. McNeill의 역작 *A History of the Cure of Souls*(New York: Harper & Brothers, 1951)를 참고하기 바란다. 오늘 우리가 영혼을 무시하다가 잃어버린 것들을 신중하게 철저히 짚어 낸 연구서다.

8 Ann Stafford, "Angela of Foligno," in *Spirituality Through the Centuries: Ascetics and Mystics of the Western Church*, James Walsh ed.(New York: P.J Kenedy & Sons, n.d.), p. 191.

9 "반율법주의자들"이라는 탁월한 기사에 나오는 말. in *Cyclopaedia of Biblical, Theological and Ecclesiastical Literature*, vol. 1, John M lintock & James Strong eds.(New York: Harper & Brothers, 1895), pp. 264-266.

10 오늘 미국 내 반정부 감정의 많은 부분은(전부는 아니다) 법 혐오와 지독한 아집 예찬을 슬쩍 가려 놓은 것이다. 그래서 그것은 걸핏하면 "의로운 범죄"로 치닫는다.

12. 빛의 자녀들과 세상의 빛

1 Frank Laubach, *Man of Prayer* (Syracuse, NY: Laubach Literacy International, 1990), p. 154.

2 William K. Hartmann & Ron Miller, *The History of Earth* (New York: Workman Publishing, 1991), p. 195.

3 Augustus H. Strong, *Systematic Theology* (1907; reprint, Valley Forge, PA: Judson Press, 1993), p. 869.

4 같은 책에 인용된 말, p. 869.

5 같은 책에 인용된 말, p. 869.

6 같은 책에 인용된 말, p. 869.

7 같은 책, p. 870.

8 같은 책, p. 869.

9 Wayne Grudem, *Systematic Theology: An Introduction to Biblical Doctrine* (Grand Rapids, MI: Zondervan, 1994), p. 746. 뒷부분에 계속해서 나머지 유익한 내용이 이어진다. (『웨인 그루뎀의 조직신학』)

10 Walter Marshall, *The Gospel Mystery of Sanctification* (1692; reprint, Grand Rapids, MI: Zondervan, 1954), pp. 25-26. (『성화의 신비』 복 있는 사람)

11 John Wesley, *Selections from the Writings of the Rev. John Wesley* (New York: Eaton & Mains, 1901), p. 138. 본문에 인용된 말은 "이성과 종교의 인간을 향한 진지한 호소"라는 웨슬리의 소책자에서 취한 것으로 그의 저작 여러 판에 실려 있다.

13. 지역 교회에서의 영성 형성

1 Leith Anderson, *A Church for the 21st Century* (Minneapolis: Bethany House, 1992), p. 62.

2 Warren Wiersbe, *Being a Child of God*, 10장에서 발췌한 기사 "우리는 사랑의 기류 안에서 자란다"에 나오는 내용.

3 내 책 *The Divine Conspiracy*(San Francisco: HarperSanFrancisco, 1998), 7장을 참고하기 바란다. (『하나님의 모략』)

4 실제 마태복음 28:19 뒷부분을 "내가 아버지와 아들과 성령의 이름으로 그대에게 세례를 주노라"라는 말과 함께 원하는 자들을 적절한 방식으로 물로 적셔 주라는 명령으로만 믿는 자들이 있다면, 우리는 그들에게 이 문제를 깊이 생각해 볼 것을 권할 수밖에 없다. 성경 세계에서 이름이란 결코 말로 끝나지 않고 그 이름의 대상이 담겨 있다. 의식(儀式)은 실체에 들어가는 특별한 순간이 돼야 한다. 성경 시대에 세례는 정확히 그렇게 이해됐다. 우리 가운데 계시는 하나님의 임재는 분명한 실체이자 위험한 것이었다. 사람들은 잘못된 태도로 주의 만찬을 취하거나(고전 11:30) 교제권 내의 다른 이들을 속이다가(행 5:1-12) 죽었다.

5 특히 내 책 *The Divine Conspiracy* 8장과 *The Spirit of the Disciplines*(San Francisco: HarperSanFrancisco, 1988) 1장과 부록 2를 참조하라. (각각 『하나님의 모략』, 『영성 훈련』)

6 C. Austin Miles, "In the Garden," copyright 1913, public domain.

7 A. W. Tozer, *I Call It Heresy*(Harrisburg, PA: Christian Publications, 1974), p. 5.

8 이 글을 쓰고 있는 현재, 미국 대중은 수치스런 추문에 연루된 정부 지도자를 또 한 차례 구경해야 했다. 그가 최소한 장기적 간음자요 거짓말쟁이인 것은 아주 분명하다. 전국에 방영된 인터뷰에서 자신의 행위를 극구 부인한 후 그는, 자신이 도덕적인 사람이냐는 질문을 받았다. 그의 표현을 정확히 옮겨 그는 이렇게 답변했다. "나는 정말 도덕적인 사람입니다." 아주 분명히 그는 그렇게 믿었다.

9 Ray C. Stedman, *Body Life: The Church Comes Alive*(Glendale, CA.: Regal, 1972), p. 13.

10 C. S. Lewis, *Surprised by Joy: The Shape of My Early Life*(San Francisco: HarperOne, 2017), pp. 289-90. (『예기치 못한 기쁨』)

맺는 말

1 John B. Matthias, "Deliverance Will Come(Palms of Victory)" copyright 1836, public domain.

나는 어떤 성경본문을 연구하거나 묵상할 때마다, 달라스였다면 그 내용을 어떻게 여겼을지 궁금해하게 된다. '이 구절은 하나님 나라와 어떻게 연관될까?', '이 구절은 우리 성품의 변화에 관해 무엇을 가르치고 있을까?', '이 구절은 하나님과의 연합에 관해서 어떤 내용을 이야기해 주는가?'

그리하여 나는 큰 즐거움을 품고서(이는 솔직한 고백이다!), 『마음의 혁신』에서 언급되는 성경구절들에 대한 색인 작업을 시작했다. 달라스는 사람의 인격을 전인적인 관점에서 살폈으며(그는 그 인격의 측면들을 여섯 가지로 구분했다), 하나님이 역사의 시초부터 지금까지 사람들과 함께 일해 오신 방식에 대해서도 그런 관점을 취했다. 이에 따라 그는 성경 66권 가운데서 44권을 인용했는데, 그중 절반은 구약, 나머지 절반은 신약에 속해 있다. 그러므로 나는 하박국서나 베드로후서의 본문을 숙고할 때, 이 성구 색인을 펼쳐서 달라스가 그 본문을 어떻게 다루었는지를 살피면서 유익을 얻곤 한다. 이제는 독자 여러분도 그와 같은 유익을 얻게 되리라 믿는다.

은혜와 평안을 빌며
잰 존슨

41:18　369

41:20　369

42:1-6　150

53:11　252

55:8-9　175

58:11　342

59:15　229

60:3　150

64:4　266

64:6　98

66:2　62

예레미야

6:8　356

6:16　345

9:9　356

17:9　88, 258

17:10　98

29:13　62, 162

에스겔

16:49-50　190

18:4　70

다니엘

4:3　149

7:14　149

호세아

4:6　178

4:14　178

미가

6:8　385

하박국

1:13　192

말라기

4:6　313

마태복음

4:23　178

5장　387

5-6장　339

5-7장　42, 315, 385

5:10-12　381

5:14-16　398

5:19　369

5:20　43

5:21　242

5:39　131

5:46-48　319

6:13　149

6:25　293

6:33　26

7:24-25　26

9:35　178

9:36　362

10:39　112, 274

11:12　149

11:27　178

11:28-30　24, 44, 363

11:29　345, 357, 424

8:28　127, 149, 236, 263

8:31-32　180

8:34　235

8:35-39　149

10:12-13　261

10:14　177

12장　385

12:1　297, 300

12:1-21　339

12:2　111, 168

12:9　240

13:8-10　270

12:12　225

13:14　250

14:7-9　320

14:17　204, 234

15:13　242

16:18　101, 366

고린도전서

1:24　26

2:2　432

2:4-5　413

2:14　384

2:16　176

6:11　110

6:13　293, 304

6:15　293, 304

6:19-20　277

6:20　297

9장　139

9:27　139

11:1　138

13장　195, 315, 385, 387, 389

13:4　45

13:5　298

13:7-8　45

13:13　224

14:24-25　430

14:33　78

고린도후서

3:5　338

3:6　42

3:12-7:1　385

3:18　133

4:4　174

4:6-7　412

4:16　413

4:17-18　225

5:6　140

5:17　107

9:7-8　123

9:8　76, 338

10:3-5　194

갈라디아서

2:20　111, 249, 283

4:19　42

5:14　389

5:17　65

5:19-21　238, 386

5:22-23　224

5:22-6:10　385

5:24　204, 239

6:8　113, 115